# 境界線(ボーダー)から考える都市と建築

三宅理一 監修
「境界線から考える都市と建築」
制作実行委員会＝編

鹿島出版会

序文

# 境界＝ボーダーを越え出る

三宅理一

## この半世紀を振り返って

　半世紀ほど前の日本、まだ私が高校生、大学生であった頃の日本では、新幹線や高速道路が開通し、オリンピックが開催され、大都市ではニュータウンが続々と建設されるなどして、来るべき時代に向けたインフラ整備やビッグイベントが華々しく行われていた。それから半世紀を経て、コンピュータの普及が大きく世の中を変えてしまったが、物理的な器としての都市はそう大きくは変化していないようにも思える。異なるのは、当時は始まりだったものがまもなく終わりの瞬間を迎えるということだ。多くの郊外団地がゴーストタウン化し、銀座ソニービルや出雲大社庁の舎が取り壊されてしまったのがその証しである。逆に、東京文化会館や代々木のオリンピック競技場は今や20世紀の遺産として認識され、歴史の教科書に登場するようになってきた。

　その当時は、まだ地球が有限であり、資源の枯渇、地球温暖化といった危機的な状況が訪れるとは大半の人が考えていなかった。グローバリズムに向かって胎動する20世紀文明を謳歌したものである。漠然とした不安や苛立ちが異議申し立てやアングラを誘発したのは間違いないが、当時世界を驚愕させた中国の文化大革命やプラハの春といった政治的大変動は、まだ対岸の火といった印象であった。その頃の日本は良い意味でも悪い意味でも世界史的な出来事から距離を置いていた。1970年代末から90年代初めにかけて断続するイスラーム革命やソ連東欧の社会主義政権の崩壊も、火の粉を浴びることなく済ませたのはラッキーですらあった。

　しかし、今の状況は異なる。時代は間違いなくグローバリズムの真只中に入っている。アジアの外れであったはずの日本が世界を引き受けなければならない時代なのである。一昔前であれば、日本を軸としてそこからの距離を測りながら考えていれば済んだものが、いくつもの場所を共有しながら世界と対峙していかなければならないのが今日である。歴史認識ひとつをとってみても、日本史・東洋史・西洋史といった文明開化の産物のような区分けでは世界を把握できないのは一目瞭然であ

る。世界を一瞬にして測り、相互の関係の上に事象を整理する視点が必要になってくる。

## 変容のモメント

世界がまだ異なった文明で動いていた19世紀以前の段階では、世の東西で起きたことは互いに関係がなく、それぞれの文化圏で完結したストーリーとして認識されていた。江戸時代のように鎖国が国是となり、固有の成熟した文化を育んでいた時代であれば、その点ははるかに顕著に表れる。しかし、日本には長崎を通した世界への眼があった。朝鮮と江戸を繋ぐ外交ルートも存在していた。大坂では北京のガイドブックが出版され、庶民が北京の旅を勝手に夢想していた。人々の間で共有される想像力、異国への想いは現実の国の境を越え、自由自在に動き回っていた。同じ頃、アムステルダムの出版社は清国の乾隆帝からの発注で中国語の書籍を印刷し、1年後には無事マカオに納品している。イスファハーンの宮殿建設にあたってフランスのガラスメーカーは、鏡仕様のガラス板を大量に製造し、キャラバンの輸送でペルシアの高原まで届けている。

20世紀であらずとも、人ともの、そしてアイデアはさまざまなルートを経て異なった文化圏に移動していた。今日いうところの「技術移転」はそれこそ古代から存在していた。大きく見れば、文化の衝突と邂逅そして変容というプロセスであり、虫の目風に語るなら、建築家やエンジニアが新たな課題を抱えて外国の新技術を導入しソリューションをはかるということである。ロココの家具の下絵に中国家具のディテール図が使われる、幕末の洋館の設計にベランダを回したコロニアルもしくはクレオール風の意匠が用いられる、といったものだ。変容というプロセスの背景には、何かそのような大きなきっかけがある。

世界でばらばらに発生しているさまざまな事象を互いに関連付け、統合的に把握していく視座はないのだろうか。そのような問いかけに対して提示したいのが、文化の移転、文化の対称性という概念である。ともに複数の文化圏をまたぐ考え方である。前者については、上に語ったようにある文化圏から別の文化圏への文化や技術の移動を指す。古くはシルクロードや巡礼の道、最近では洋風化とか近代化のプロセスでこの種の見方が受け入れられている。後者は、相似する行為や空間が対称的に存在することを示す。エチオピアを起源とするコーヒーと中国南部を起源とする茶の文化は、実際には何の関係もないにもかかわらず、ふるまいにあたって同じような儀式としつらえを提供している。あるいは、トルコと日本の間で似たような歓談の場が室内に設けられる、といった点である。比較文化という捉え方もあるが、食住に関わる人間の基本的な行為、技術の基本となる物性の共通性からその点を詰めるという見方もある。

## 境界を越える思想

　いくつもの文化をまたぎ包摂する見方はこのように豊かであり、考えるだけでも楽しい。文化や技術に関わる知を追い求める者にとっては、発想の豊かさが必要であり、時には意表を突いた物事の把握が求められる。過去の文明、20世紀から現在にかけてのグローバル社会、そして未来について、妙な縄張り意識を捨てた自在に羽ばたく思想が何よりも重要なのである。

　仮に20世紀文明を考えるとするなら、それは先進国のものだけでなく、途上国と呼ばれる国々についても想いを馳せなければならない。虚構によって成立した第二次大戦以前の帝国主義的な世界観が崩れ落ち、西と東、北と南の対立が生々しく登場してくるのが20世紀の後半であり、小さな渦のような紛争がアジアやアフリカ、さらにはラテン・アメリカの各地を絶えず襲っていた。高度のテクノロジーが達成されながら、他方で貧困と頽廃が蔓延する、格差を下敷きにした社会であった。地球の底辺とでもいうべきそれらの人々を身近に感じてこそ、初めて20世紀を論じることができるに違いない。国境を越えた発想とは、異文化だけではなく、ピラミッドの上も下も自由に行き来できる柔軟さを持ち合わせていなければならない。

　本書の企画は、私が藤女子大学を定年退職することをきっかけに始まった。1980年代以来、国内外のいくつもの大学に職を得て、建築と都市にまつわる教育を研究を行ってきたが、この間に育ったOB/OGたちの研究成果を主体となし、共同研究者のメンバーにも参加頂いて、ひとつの書籍として出版することが企画された。研究領域はきわめて広く、それを多分野横断的に整理しまとめてみた。OB/OGたちの多くが、建築史・都市史、設計論、都市計画、遺産保護などの専門領域に関り、グローバルに活躍しているので、活動のきっかけを上記のように「境界＝ボーダーを越える」点に集約し、それぞれの立場から論考をまとめて頂いた。

　なお、本書の制作にあたって全体の進行役の矢谷明也、編集統括の高木伸哉、編集の青島啓太、高池葉子、長谷川栄子、岩井桃子、ブックデザインの古谷哲朗、調整役の舘﨑麻衣子の各氏には大変お世話になったことを記し、感謝の言葉としたい。

# 目次 contents

序文 — 2

## 第1章 風化する遺産と記憶 — 8

### 1-1 失われつつある近代の住まい — 11

1-1-1 田舎家の近代和風●土屋和男 — 12

1-1-2 前川國男と日本のアイデンティティ——空間をその媒介として
ヘラ・ファン・サンデ＋イヴ・ショーンヤンス — 22

1-1-3 日本における近代住宅の継承——住宅遺産トラストの活動●木下壽子 — 33

1-1-4 樹木のドローイング表現から読み解く
アルネ・ヤコブセンの緑のデザイン●和田菜穂子 — 43

### 1-2 宗教空間の再発見 — 55

1-2-1 中世モザーン建築とクリプトの関係
——ベルギー・ウイのノートル＝ダム参事会聖堂をめぐって●柘植雅美 — 56

1-2-2 モルドヴァ共和国カウシェニの聖母就寝聖堂の由来と
編年をめぐるいくつかの仮説●舘﨑麻衣子 — 69

1-2-3 セブ島アルガオにおけるポブラシオンの形成と
イエズス会ハウスの役割●三宅理一 — 82

1-2-4 パリ外国宣教会史料から読み解く、
宣教師メルメ・カションの箱館での足跡●前島美知子 — 99

### 1-3 集落と都市の形成 — 109

1-3-1 ヴォルガ・ウラル地域の僧院都市の盛衰をめぐって〈スヴィヤスク島〉
石山さつき — 110

1-3-2 近世における日朝通交拠点「倭館」の建築実態と
二国間遺産リプロダクトへの視座 ● 夫 学柱 ——————— 122
1-3-3 幕末から明治における蝦夷地漁場集落の発展と衰退
——土地利用形態と集落形成「厚田場所」を対象地として ● 外崎由香 —— 136
1-3-4 ル・コルビュジエのユルバニスム「アルジェ」
——ヨーロッパとアラブの結節としての地中海 ● 山名善之 ————— 148

## 1-4 保存をめぐる紛争と制度上の諸問題 ——————————— 159

1-4-1 文化遺産の所有権をめぐるイスラエルとパレスチナの葛藤 ● 岡田真弓 —— 160
1-4-2 日常と近代の間にあるもの ● 香川 浩 ————————————— 171
1-4-3 世界遺産に揺れる地方都市の現状と取り組み ● 伊達 剛 ————— 182
1-4-4 エチオピア・メケレ大学における
遺産保護学科および日本語教育の歩み ● 古崎陽子 ———————— 192

# 第2章 脆弱で危機にさらされた社会 ————————————— 200

## 2-1 脆弱な都市と社会 ————————————————————— 203

2-1-1 打ち棄てられる都市 ● 藤田 朗 ———————————————— 204
2-1-2 モクミツの都市再生に向けて
——東京・向島地域での取り組み ● 長谷川栄子 ————————— 216
2-1-3 場所性の恢復
——人と人とのあいだに生きられる場に向かって ● 坂倉杏介 ———— 227

## 2-2 開発途上国の過去と現在 ——————————————————— 237

2-2-1 東アフリカ・ジブチ共和国におけるスラムの実態と
その形成プロセスについて ● 小草牧子 ————————————— 238
2-2-2 売春と歴史遺産——エチオピアにおける歴史的環境と女性の貧困化をめぐって
岡崎瑠美 ————————————————————————— 248
2-2-3 レジリエンスのメカニズム——スラムをめぐるもうひとつの解釈 ● 唐 敏 —— 258

## 2-3 伝統社会と近代化 ————————————————————— 273

2-3-1 ネパールの伝統的住宅の温熱環境と熱的快適性
リジャル・ホム・バハドゥル ————————————————— 274

2-3-2 エチオピアの都市・建築分野の
　　　国際協力プロジェクトの課題と可能性●設楽知弘 ──── 283
2-3-3 取り込みとしての建築技術の移転
　　　──エチオピアのティグライ地方における近代伝統建築史●清水信宏 ── 292

## 2-4 災害と難民 ──────────────── 305

2-4-1 トルコにおけるシリア難民の「統合」について●浅見麻衣 ──── 306
2-4-2 東日本大震災における緊急住居の実態と
　　　コミュニティ再形成のあり方〈女川町の事例〉●石坂 玲(大友) ──── 318

# 第3章 再生に向けたヴィジョンとデザイン ──────── 328

## 3-1 地域と構法、そしてイノベーション ──────────── 331

3-1-1 ティンバーローテーションによる木質都市のビジョン●青島啓太 ──── 332
3-1-2 アルミニウムと地域性
　　　──北陸における地域構法の開発〈アルミハウスプロジェクト A-ring〉
　　　宮下智裕 ──────────────── 344
3-1-3 地域素材から街づくりへ●山下保博 ──────────── 354

## 3-2 復興支援と防災・減災 ──────────────── 363

3-2-1 スイスの核シェルターと軍事要塞●木村浩之 ──────── 364
3-2-2 被災地の「みんなの家」がもたらすもの
　　　──復興支援の在り方●高池葉子 ──────────── 379
3-2-3 洪水リスクに対応した環境共生型の住まいの提案●田名後康明 ──── 391

## 3-3 地球への新しいヴィジョン ──────────────── 405

3-3-1 オーサグラフ図法による世界地図
　　　──歪みの少ない多面体図法の理論とその応用例●鳴川 肇 ──── 406
3-3-2 アルゴリズムによるネットワーク型の空間をめざして
　　　──細かい離散系によるネットワークとしての
　　　建築・都市のデザインの方法論●柄沢祐輔 ──────── 419

　　　執筆者プロフィール ──────────────── 428

# 第1章
## 風化する遺産と記憶

# 第1章
## 風化する遺産と記憶

# 1-1
## 失われつつある近代の住まい

### 1-1-1
田舎家の近代和風
土屋和男

### 1-1-2
前川國男と日本のアイデンティティ——空間をその媒介として
ヘラ・ファン・サンデ ＋ イヴ・ショーンヤンス

### 1-1-3
日本における近代住宅の継承——住宅遺産トラストの活動
木下壽子

### 1-1-4
樹木のドローイング表現から読み解く
アルネ・ヤコブセンの緑のデザイン
和田菜穂子

# 田舎家の近代和風

土屋和男

田舎家は、古い民家を移築し、茶室や別荘として改修したもので、明治中期から昭和初期にかけて富裕層の間で広まった。建築主は日本の近代化の立役者であり、東洋と西洋、前近代と近代の間を生きた人々である。田舎家は、既存の民家の再生によって、建物が経てきた時間という価値を表し、田園趣味を享受するにふさわしい建築であった。

## 田舎家とは

田舎家とは、古い民家を移築し、手を加え、茶室や別荘として改修したものである。主に明治中期から昭和戦前期にかけて日本の富裕層の間でつくられた。茶会記等の文献からだけでも70棟以上が確認できるが、現存するものはわずかである。田舎家となる民家は、江戸期、あるいはそれ以前につくられた古い家で、ときに、かつて庄屋を務めたような草葺きの大きな家であった。これを地方から探し出し、都市郊外や別荘地に移したのであった。その姿は前近代の家だが、田舎家は郊外や別荘地という敷地としても、移築を可能にする移動手段としても、その成立には近代化が不可欠な建築であった。さらには、前近代の支配層が旧家を手放すという事情や、新たな所有者が椅子座を取り入れるなどという点でも、近代にならなければ実現しなかったものである。本稿では田舎家を、前近代の民家を骨格としながらも、近代化の恩恵によって実現した、近代和風建築の一種として考えたい。

　ところで、近代和風建築というのは、近代ならではの社会的、物理的条件から実現した和風の建築のことである。近代和風の概念は、非常に幅広い建築を包含しており、その多様性を概観するには既に多くの研究書があるが、

ここでは木造の住宅、とりわけ富裕層によって建設された邸宅に焦点を当てたい。明治中期以降の約50年間につくられたそれらの住宅は、最良の木材を用いて、きわめて高度な大工技術によって組み上げられ、日本建築史上、和風木造の最高品質と言えるものであり、材料の希少性と技術の担い手の減少から考えて、今後とも覆されることはないだろう。

　こうした住宅が実現するには、鉄道や自動車による移動、土地の流通、建築的制限の自由などが社会的に準備され、一方、物流の広域化、大工技術の公開、道具の精密化、合理的な架構法の開発などの技術的展開が必要であった。だがさらにその前提には、前近代までの文化的、技術的背景があった。すなわち、景勝地に住むことへの憧憬、隠棲への志向、茶人・文人としての趣味などの理想とともに、山林の備蓄、大工技術の伝承、木造住宅の形式などが必要であった。つまり、近代和風の住宅は、前近代に準備された理想と材料と技術と形式が、近代化の助けを借りて建築物として実現したものと位置づけられる。前近代の文化を近代が参照した産物であるが、それはまた近代にならなければ存在しなかったことも確かである。

　こうした近代和風の邸宅を造営した建築主たちが、その寛ぎや趣味のために建てたのが田舎家であった。したがって、田舎家は単独で考えられるよりも、同じ建築主が所有した複数の邸宅の中で、また広大な邸宅内のいくつもの建物の中ではじめて意味を持つ。最高の材料でつくられた正式な座敷を持った上で、その座敷のみではなし得ない雰囲気と使用法と価値とを目指した建物、それが田舎家だったのである。

## 田舎家の建築主

田舎家の建築主は、主に近代数寄者と呼ばれる人々であった。近代数寄者とは、主に政財界に重きをなす富裕層によって形成された茶の湯を趣味とする集団で、強力な財力によって茶道具の蒐集と住宅・茶室の建設、作庭を行った。彼らは政財界の要職にあり、近代化を進める立場にあった。ところが彼らがのめり込んだのは茶人あるいは文人趣味であった。彼らには政治信条や会社での立場は違えども、重要な共通項がある。一つは、仕事の展開の上でも交友の上でも国際的な視野を持ち、日本の近代化の立役者であったことである。もう一つは、前近代までの日本の伝統的芸術に憧れを持ち、何よりそ

れらを所有したいと強く願っていたことである。彼らがつくった住宅や別荘、特に田舎家は建築主の私的な一面を示している。そこは寛ぎと趣味の舞台であり、真の人間性と好みが現れる場であった。田舎家を好んだ二人の人物の例を挙げよう。

益田孝（1848〜1938年）は三井物産を創設し三井財閥の成長に尽くした実業家であるが、「鈍翁」と号し、近代数寄者の中でも最大の影響力を持った人物であった。鈍翁の本邸は品川にあり、「碧雲台」と呼ばれていた。1881（明治14）年から、そこで茶会を催したことが知られるが、1899（明治32）年から、庭内に配されたいくつもの茶席のなかのひとつに「田舎家」が設けられ、その後毎年のようにこれが用いられた。このあたりの時期が数寄者の間で田舎家が広まった始まりと見られるが、この頃は田舎風の小屋のようなもので、まだ民家を移築したものではなかったようだ。

1906（明治39）年、鈍翁は小田原に土地を入手し、「掃雲台」と称する広大な別荘の造営を始めた。1920（大正9）年以降は常住地とするようになり、和洋の邸宅の他に、10棟以上の茶室や茶屋が点在していた。その中に、1929（昭和4）年に建てられた「観濤荘」がある（図1）。これは尾張から移築した、足利時代のものと伝えられる古民家であった。伝えられる写真は明らかに農家で、草葺きの入母屋に煙出しの小屋根が載り、瓦葺きの下屋の下には縁が廻っている。平面図を見ると、建物の右側に土間があり、左側に座敷が続く田の字型の間取りである。座敷は8畳が4間あり、次の間には囲炉裏、その奥の座敷には土間から見て正面に床が取られている（図2）。鈍翁はここで形式張らないくだけた茶事を催したようであり、建物の大きさを活かして寄付、本席、書院に相当する空間を一棟のなかで賄っている。鈍翁は最晩年に至るまでこれを茶席として使っており、動きやすい広々とした室内で、露地の移動が少ない田舎家は、年深き閑寂の境地を示すと同時に、機能面でも適した茶室であったのかもしれない。

西園寺公望（1849〜1940年）は公家出身で、首相を二度務め、長く最後の元老であった政治家である。フランスに10年留学した明治政府きっての国際派だが、同時に文人趣味を解する知識人であった。西園寺は茶の湯はやらなかったので、狭義には近代数寄者ではないが、近代化を進めながら、前近代の文化に深く親しんだという意味では同じ仲間に属するといってよいだろう。西園寺の本邸は東京にあったが、出身地の京都と静岡県の興津に数寄

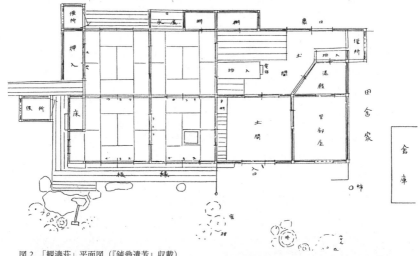

図2 「観濤荘」平面図（『鈍翁遺芳』収載）

図1 益田孝小田原別邸・掃雲台内「観濤荘」
（『大茶人益田鈍翁』学芸書院、1939 収載）

図3 西園寺公望御殿場別邸
（御殿場市教育委員会提供、1988 撮影）

屋造の別邸を持っていた。さらに御殿場に田舎家を所有し、興津を避寒に、御殿場を避暑に使い分けていた。晩年は興津を常住地とし、夏の御殿場行きは他界する前年まで17年間にわたって続いた。

　御殿場に田舎家を建設したのは関東大震災の前で、地震で被災後、1924（大正13）年に再建したものと推測される。近隣の寄棟の大規模農家を移築し、玄関を北東に向け、元の農家とは南北を逆転させていた（図3）。農家としての機能を脱した、移築ならではの自由な配置と言えよう。応接室は天井を張らず梁組が現しになっており、椅子座であった可能性がある。主人の居室にある床の間は、床脇の棚が興津と京都の別邸と同じ意匠であり、おそらくは西園寺好みとでもいうような共通の仕様の下につくられたのだろう。

## デザインしないデザイン

　小田原の益田別邸は、往時をしのぶ遺構は何もないが、箱根の強羅公園内には鈍翁がつくった田舎家「白雲洞」「不染庵」が残されている（図4、5）。これは1916（大正5）年に造営されたと見られ、鈍翁から原富太郎（三溪）に渡り、さらに松永安左エ門（耳庵）に譲られた茶席である。

　この茶席の主要部分を手がけたのは、仰木敬一郎（1863〜1941年）と伝わる。彼は「魯堂」と号し、近代数寄者の住宅や茶室の建築に携わった人物である。魯堂は自らも数寄者としてその施主と対等に渡り合ったが、その職能はいわゆる大工と言うよりも、施主と職人の間に立ち、高橋箒庵によって「建築技術家」と呼ばれ、中村昌生の言葉を借りれば「工匠とか棟梁ではなく、むしろデザイナーであり茶匠に近い働き」であったと言われる。そして魯堂は、鈍翁が広めた田舎家趣味を実現し、数寄者の邸宅内に田舎家を建てた実務家であった。特に実業の上でも益田孝の後を継いだ団琢磨（狸山）の邸宅・別荘に、次々と田舎家を建てていったことが知られる。

　しかしながら、魯堂の働きは建築家のそれとも異なる。例えば、魯堂が晩年に自ら建てた葉山の別荘について、耳庵は鈍翁の田舎家を引き合いに出しながら、「寂十分に匠気を見ない」と評価している。すなわち、建築家の個性のようなものを排し、いかにも昔から存在したかのようなてらいのなさ、ある種の匿名性を重視しているのである。建築の目立たなさ、慎み深さが、肝心だったのではなかろうか。個性の強い近代数寄者の間にあって魯堂が重用された理由の一端が、ここに現れているように思われる。つまり数寄者たちは、専門家によってセットされた空間よりも、自分が寛ぎ客をもてなすための環境を、第一義的には自らつくり出したいのであり、それをむしろ抑制的に実現してくれる魯堂を求めたのである。別の言い方をすれば、数寄者たちは魯堂を、デザインしない（しているかどうかわからないような）デザイナーに育てたのである。

　実は「白雲洞」「不染庵」も、魯堂の関与が指摘されながら、いつ、どの部分を手がけたのかについては不明な点が残っている。三代の数寄者を経るうちに少しずつ手が加えられ、なかでも耳庵は1940（昭和15）年に入手したときに魯堂を用いてかなり改変したことがうかがい知れる。しかしこの建築は、まさに茶道具が付属品や添状を加えながら受け継がれていくように、

(上)図4　強羅公園内「白雲洞」／(下)図5　強羅公園内「不染庵」

また時には大胆に切り継いだり補修を加えたりするように、そのときどきの持ち主に応じて変化のなかにあり続けたことに、むしろ独特の意義を見出すべきであろう。手が入っているのは間違いないが、どこに誰が手を加えたのかわからないような変化の仕方こそ、数寄者が求めた田舎家の姿としてふさわしい。

　うなるほどの財力のあった近代数寄者たちが田舎家に求めたもの、それはいくら金を積んでも確実ではない価値であった。それは古い建物が経てきた時間であり、古材に現れる気品であった。長い時間にわたり人間が手をかけてきた証、それを自ら見出し見立てること、これが田舎家であった。

### 田園趣味との親和性

西園寺別邸は失われたが、御殿場には別の田舎家が残されている。1927（昭和2）年に時の日銀総裁であった井上準之助（1869～1932年）が別荘としてつくり、1941（昭和16）年から秩父宮御殿場御別邸となった建物である（図6）。かつて名主を務めた近隣の民家を移築したものだが、ここで注目されるのは、旧家の座敷であった和室はそのままにして、土間に床を張り洋間に改造していることである（図7）。2本の大角柱が自立し、手斧跡を見せた梁が2本の大角柱を結んでおり、鴨居より上は等間隔の束がハーフティンバー風の意匠をつくっている。造り付けの飾り棚の尖頭アーチ、レンガの暖炉、ステンドグラス風の建具などゴシック的なデザインが見られる。すなわちここでは既存の民家の大きな柱梁を活かして、カントリーコテージ風なしつらえが実現していて、ゴシック・リヴァイヴァルの中世趣味、田園志向と、日本の民家の親和性に着目した改造がなされているのである。

図6　井上準之助別邸＝秩父宮御別邸
　　（現秩父宮記念公園）

図7　井上準之助別邸＝秩父宮御別邸　洋間

図8　レッチワース・ガーデンシティの草屋根の住宅

　北ヨーロッパの民家には、木造の骨組みを見せたハーフティンバーや茅葺き屋根の伝統がある。そして次が重要なのだが、それらは19世紀のリヴァイヴァリズムを経て、近代における田園住宅の姿として、意図的にデザインされていった。例えば、世界初の田園都市として知られるイギリスのレッチワース・ガーデンシティ（1903年〜）には、ハーフティンバーや茅葺き屋根の家が数多く見られるし（図8）、19世紀後半に開発されたパリ郊外のル・ヴェジネでは、伝統的な民家をアレンジした様々な住宅が見られる。こうしたヨーロッパ、特にイギリスにおける田園趣味のデザインは、例えばジョサイア・コンドルが邸宅の意匠として伝えていたし、日本人建築家も継承し、大正期には清水組の田辺淳吉のようにアーツ・アンド・クラフツの試みを導入した例もある。

　しかし、田舎家における改造は、その元となる民家がまさに日本版カントリーコテージであっただけに、建築家による新築住宅にはない物語性がある。時間を経て黒光りする柱や梁は元々民家に備わっていたものであり、それを見立てて新たな形に活かしたというところに、田舎家の面白さがある。井上別邸の土間を改造した洋間は、欧米の邸宅における流行を、日本の民家に重ね合わせたものと考えることができ、いわば欧米経由の視線が民家に新たな

価値を見出すことになったのである。日本の近代が生み出した独自の意匠と言っては大げさだろうか。

　井上は御殿場の別荘で、茶の湯はやらない代わりに、欧米での留学と勤務で身につけた趣味のゴルフとテニスを楽しんだと言う。田舎家は、近代化の過程で学習した欧米の文化を、日本の風土の中で実践する器でもあったのだ。さらにこの建築は、ほとんどそのまま秩父宮御殿場御別邸として使われた。戦時下の療養が御別邸としての始まりとは言え、田舎家は両殿下の趣味にも適っていたと思われる。玄関の一角に飾られたシカの頭部の剥製には、次のように読める銘板がある。

H.I.H. PRINCE CHICHIBU/INVERMORISTON/16TH SEPT. 1925.
秩父宮殿下／インヴァーモリストン（スコットランドの地名）／
1925年9月16日

　これは秩父宮雍仁親王がイギリス留学中に贈られたものと思われるが、当然、井上別邸時代にはなかったはずである。しかしそれは、初めからそこにあったかのように田舎家の空間にしつらえられており、これはイギリスの田園生活とこの建物の相性の良さを示す事例である。

## 田舎家が示す近代、そして和風

田舎家は今の言葉で言えば古民家再生であり、リノベーションあるいはコンバージョンである。それは新築ではなく、既存の建築に価値を見出し、時には積極的に手を加えながら、新たな使い道を与えることである。一般に近代建築史は、新築の歴史であり、また建築家の歴史である。田舎家は新築ではないから近代住宅ではなく、民家研究としても移築、改造を経ているので一級のものとは見なされず、建築史からは等閑視されてきた。だがしかし、既存の建物の再生という田舎家の特徴こそ、むしろ現代において示唆を含んでいるように思われる。

　新築ではないということは、既に存在したものに新たな価値が見出されたということである。ここにはそれまでの風景を、新たな目で見直す視線の変化があったと言わねばならない。文化のゆらぎ、美意識の変化が起きたので

ある。元々、茶の湯には侘び寂びを想起させる草庵があり、あるいは文人趣味には自然の境地を謳歌する庵があったが、田舎家を「発見」する新たな目は、大きく二つの要因から生じたと考えられる。一つは、伝統的な日本文化の担い手が、前近代までの支配階層から近代の政治家、実業家らに交代したことである。近代数寄者らは、それまでの因習にとらわれない自由な目で、古代から近世に至るまでの日本文化を洗い直す役割を果たした。もう一つは、西欧文明との出会いと学習である。とくに、日本の近代化の初期段階とヨーロッパでの中世趣味、田園志向の高まりとが、時期を同じくしていたことは、初めて彼の地を踏んだ日本のエリートたちに鮮烈な印象を残したであろう。そして彼らが功なり、日本の近代化が一定の局面を迎え、世界にもそれが知られるようになった時期、まさにその近代化の主導的な人物たちによって田舎家は好まれたのである。

　田舎家は外観を見れば、前近代までの民家である。そしてそれは和風と言う以外ないであろう。しかし、ことさらに和風の創造を目指したわけではなく、新築の住宅では得がたい時間という価値と、近代的な文化を背景とした田園趣味を享受するにふさわしい建築を求めた結果、「発見」された姿であった。田舎家の実現には古い民家への再賦活という方法が取られたが、元の民家のつくり手は、場合によっては専門の職人ですらない。この、いわば民家の無名性を田舎家の建築主たちは好んだ。無名であるだけに、かえってそれを見出し、手を加える主人の生活と意見を表現するものとなったのである。

　田舎家を住まいにすることは、和辻哲郎（哲学者、1889～1960年）、白洲次郎（官僚・実業家、1902～1985年）、小津安二郎（映画監督、1903～1963年）らに引き継がれた。彼らの仕事を想いつつ田舎家について考えることは、非西欧文明が近代化の過程で生み出し得る文化について、思いを馳せることにつながっていく。

**参考文献**

高橋箒庵著、熊倉功夫・原田茂弘校注『東都茶会記』全5巻、淡交社、1989年
同『大正茶道記』全3巻、同、1991年
高橋箒庵著、熊倉功夫編『昭和茶道記』全2巻、同、2002年
松永耳庵著、粟田有聲庵編『茶道三年』上中下巻、飯泉甚兵衛、1938年
同『茶道春秋』上下巻、日本之茶道社、1944年
中村昌生『茶道聚錦6 近代の茶の湯』pp.148-153「数寄者を支えた仰木魯堂」、小学館、1985年

1-1-2

# 前川國男と日本のアイデンティティ
## 空間をその媒介として

ヘラ・ファン・サンデ＋イヴ・ショーンヤンス

　200年以上にわたって外国との関係を断った日本は、西洋の産業革命を知ることなく独自の国内文化を発展させた。1853年にアメリカの黒船が開国を迫るに及んで初めて、西洋の産業経済に多大の遅れを取っていることを痛感した。西洋の科学技術の優位が揺るがないことに気がついた日本人は、即座に近代化の道を走り始める。明治維新から一世代を経た頃には産業国家としてそれなりに地位を築くことになったが、その一方で封建的価値と伝統を過去に置きやってしまった。1920年代までに登場した新たな建築物は、西洋建築の様式と建設技術を基本に、若干のアジア的あるいは和風のスタイルを折衷させるのが一般となっていた。このような急激な変化に晒されることで、若い世代の建築家たちは日本が本来有していた伝統的価値に対して逆に疎くなる。第二世代の建築家たちの間で西欧的な歴史主義に身を任せるわけにはいかないとの気持ちが芽生えてくるのがこの時代なのである。

　激しい変化に見舞われた社会の中で日本建築のアイデンティティをいかに規定するか、これが20世紀初頭の日本の建築界で発せられた最も重要な設問であった。江戸時代的な状況に戻ることなく同時代的な「日本らしさ」をいかに定義するか、と言い換えることもできる。国家のアイデンティティやあり方をめぐって様々な議論が提出され論戦に沸いた。一部の建築家は歴史的形態こそが唯一の基盤であるとした。逆にモダニストである佐野利器（1880～1956年）は、建築は科学を基礎とした技術に徹するべきで、適切なコストで強度が担保され効率的な建築をつくることを主張する[*1]。彼にとって伝統などは必要なかったのだ。

　当初、前川國男（1905～1986年）は佐野利器と同じ考え方をしていたようだ。1905年に士族の家に生まれ（父親は技師）、前川家のしきたりに従っ

て育てられたが、同時に西洋的な考え方にも関心を抱き[*2]、まだ若い時分に建築家になることを決心する。それまでに受けた教育、そして英文学への傾倒から西洋世界に触れ始め、1925年に東京帝国大学に入学した頃には、西欧の建築に対して強い興味を抱くようになっていた。その5年前の1920年には「日本分離派」宣言がなされ、日本で最初のモダニズムの運動が始まっていた。当時主流であったアカデミズム主導の歴史主義を断ち切ることが分離派たちの願いであった。第一次世界大戦後直後の最も激しい運動でもあったドイツ表現主義の影響を受け、時流に乗り真の「歴史」を創造することによって過去を再定義しようとしたのである。

　前川國男としては、分離派の下敷きとなっているドイツやオランダの潮流よりは、ラテン系の建築に惹かれていた。その頃の日本の出版界ではまだル・コルビュジエの作品はさほど紹介されていなかったが、彼の師でもある岸田日出刀が欧州出張の折にル・コルビュジエの著作を4冊持ち帰ったことが幸いした。この著作に自身の関心を重ね、とりわけ『今日の装飾芸術』に鼓舞されて彼はパリのル・コルビュジエの事務所で働くことを決意する。この時以来、前川はモダニズムと伝統を融合するという生涯を通した命題に身を捧げることになるのだ。ル・コルビュジエの建築モデルを引合いに出し、そのコンセプトを日本の風土に置き換え適応させることで日本でのアイデンティティ形成が可能と考えた。彼の頭にあったのは、形態的に同じものをつくるのではなく、日本の伝統建築に内在するデザイン性や質の高さを引き出し、それらをモダニズムの側に引き寄せ融合させることで近代日本のアイデンティティに到るということであった。

## タウト、グロピウスと桂離宮

日本の建築モダニストたちが伝統建築の再評価に足を踏み出したちょうどその頃、正確には1933年に、ドイツ人建築家ブルーノ・タウト（1880～1930年）が日本の地を踏んだ。戦間期に日本を訪れ、仕事をこなし、研究を行ったヨーロッパ人モダニストの中でもタウトの果たした役割は、日本人に自国の伝統理解を促したという意味でも、国際的に日本建築を紹介したという意味でも圧倒的に大きい。後者に関して言えば、彼の見方はこうだ。過去数十年にわたって西欧の建築モダニストを惹きつけてきたのは、伊勢神宮、そして何よ

りも桂離宮といった生粋の日本建築に見られる「自然の素材に対して理想化された清澄性、明晰性、単純性、快活性、従順性」[3]なのである。

タウトは日本に来てまもなく桂離宮を訪れ、深い感動に襲われた。その頃、桂離宮は天皇家の所有になり、一握りの人間しか見学を許されなかった。そのこともあって当時、桂離宮は知名度がなかった。ごく僅かの写真、例えば明治初期に印刷された霞みがかった庭園の絵葉書（1872年）などが知られている程度である。タウトは桂離宮を手放しで褒めたたえた[4]。彼によってこの皇室の別荘が「再発見」されることで、モダニズムを軸にした日本の伝統に対する見方が決定的に変わったのである。『永遠の桂』と題されたエッセーの中で、彼は「桂離宮の中に溢れる美の感覚は悟性を超越している。偉大なる芸術に帰属する美なのである」[5]と記す。タウトは桂離宮を日本建築の中でも最高位に位置するものとして捉えていた。この考え方が日本人一般に広まることで、伝統建築に対するモダニスト的探究は誰もはばかる必要がなくなった。彼は桂離宮をはるか前に生まれるべくして生まれたモダニズムの先駆的事例と見なし、近世日本の伝統の流れの中で頂点を形づくると考えていた。この流れは近代に入ってインターナショナル・スタイルとして確立するモダニズムの基本原理となっていく。すなわち、規格化されたモジュール、透明性、露出された構造、禁欲的な表面素材、移動可能の間仕切り、内部空間と外部空間の視覚的連続性といったものだ。素材と空間を効果的に用いることで、完璧な（プレ）モダンの形式を得ることになったのである。このように桂離宮が真正なるものとして評価されるに到ったのは、まさにタウトのおかげである。

桂離宮が日本におけるモダニズムの先駆けとなったという見方は、その後、1950年代に入って高名な建築家たるヴァルター・グロピウス（1883〜1968年）によって再び示される。1952年のことだが、桂離宮を訪れた彼はル・コルビュジエに絵葉書を認め、以下の文章を添えた。「親愛なるコルへ、我々が現在必死に追い求めているものと同じものが日本の古い文化の中にあります。13世紀の禅宗の石庭—岩と白砂—はアルプやブランクーシと並び、平安の中の歓びの場所とでもいうのでしょうか。私が2000年もの時を経た智慧の空間で会得するのと同じように貴殿も興奮に包まれるでしょう。…グロピウスより」[6]。その後何年かして別の批評で「連続した空間構成、引違の襖や障子などによって自在に連なる内部空間のシークエンス、空間の固定

化の拒否、シンメトリーの否定、無焦点」から達成される「建物のヒューマンスケール、完璧なる単純性、永遠の近代性」に言及することになる。「空間は芸術を成就させるための唯一の媒体となって、さながら魔法にかかったかのように宙を漂う」[*7]。

同じ頃、写真家石本泰博（1921〜2012年）は桂離宮での写真撮影にのめり込んでいた。1953年から翌年にかけ彼は同時代のモダニストの視線から桂離宮をレンズに捉え、一群のモノクロームの写真を撮影した。記念碑的な意味をもつ写真集『桂 KATSURA 日本建築における伝統と創造』（1960年）が高い評価を受けるのは、石本の写真に対応するように丹下健三[*8]の解説が挿入され、これまたモダニストの語彙を散りばめて桂離宮の意味づけを行っているからである。欧米世界ではこの著作は長きにわたって桂離宮だけでなく日本の古建築のエッセンスを伝える最良の情報源として扱われ、何世代もの建築家たちに影響を与え続けた。石本泰博の写真のおかげで、桂は現在最も知名度のある日本の歴史的建築となっている。

石本はもともと日系アメリカ人で、1948年から52年にかけてシカゴ・インスティチュート・オブ・デザインでハリー・キャラハンに師事している。ミース・ファン・デル・ローエもその頃この大学で教鞭をとっており、両人は互いに知り合いの関係だった。キャラハンはドイツのバウハウス的な実験写真からより個人的で主観的な写真法に軸足を移すようになったが、その方法こそが石本が自身の撮影法として用い、モダンそのもののフレーミングとタッチを生み出していく[*9]。1953年、石本はニューヨーク近代美術館の写真展『庭園の中の住宅』にふさわしい撮影物件を探すため、日本に渡る。何人かの紹介を経て桂離宮に足を運んだところ、予期せぬ驚きに襲われ、思わず「モンドリアンのようだ」[*10]と口にした。日本のモダニズムの教典ともいうべき建築で、ミースの作品を髣髴させる。石本の写真はモダニスト的な解釈を徹底させ、桂離宮に内在する幾何学を前面に出してフレーミングされている。彼の一連の写真によって桂離宮が半ば抽象化されたと言っても良い。桂離宮は「素材が相互に作用しあい、幾何学的形態が抽出され、それゆえに場所の概念自体が揺れ動き、時間体験が非連続的になるという点でモダニズムの語彙そのもの」[*11]として解釈された。

桂離宮をめぐるブルーノ・タウトとヴァルター・グロピウスの解釈は、それをモダニズムの先駆と位置づけたという点で、当然ながら彼らの西洋

的思考に裏付けられている。しかし、この二人の著名な建築家が絶賛したことで、モダニズムに与する日本の建築家たちは、自らに課してきた日本の近代建築そして日本らしさなるものの再定義に際して、桂離宮を有効な規範として用いることとなった。それも欧米の論調とは異なった文脈で解釈した。前川國男、丹下健三（1913 〜 2005 年）そして最近では磯崎新（1931 年〜）が、欧米の解釈とは違った建築における真の日本らしさを理解するために、桂離宮の空間に内在する歴史風土的な複層構造をめぐって新たな論評を試みる。

　丹下健三の場合は、日本人の立ち位置に則り桂離宮から別のものを引き出したと言って良い。言うなれば、タウトの美学的な見解を実現可能なデザイン手法に転換してみせたのである。桂離宮を日本の建築ならびに美術の伝統に宿る本質的な部分として提示した。丹下にとってその伝統とは、古代文化史を彩る二つの力、すなわち弥生なるものと縄文なるものの相互作用として理解される[12]。丹下は桂離宮をその二つの力と文化が一体化してひとつの美的作品を生み出した結果と見る。そのことはまた、日本人、言い換えれば、自然への愛情と親近感によって情熱と洗練の双方を育くんできた国民を想起させるものだった。丹下の考えでは、日本文化の基底にあるのは「縄文」と「弥生」という二つの伝統であり、桂離宮の時代においては、上流階級の文化的形式性と下層階級の溌剌としたエネルギーの邂逅と読み替えることができる。この二つが合一したところに、桂離宮に見られる創造性、言い換えれば、伝統と再生の相互作用的な溶融が生み出されたとする[13]。この議論の中心は、モダニズムの芸術とデザインを実施に移す上での伝統の創造的解釈にある。丹下は、写真が建築論の重要なレトリック・ツールとなり得るとする。対象の内的なリアリティを明らかにし、何か新しいものを創出しようとの目標に向けて伝統を解体し再解釈するための手立てなのである。石本の桂離宮の写真に、伝統を検証する上での新しく、面白く、そしてそれまでにない方法を看て取った。つまり、丹下自身が達成しようとした現代への置き換えをきわめてダイナミックに行い得る方法である。丹下健三と石本泰博は、そのやり方、方法論、姿勢は異なるものの、建築デザインと写真の領域でともに第二次世界大戦後の日本の新たな視覚的イメージを打ち立てようとしたのである。

## 前川國男と日本らしさの創造

前川國男は1930年代から50年代にかけての建築をめぐる議論の中で常に論陣を張り、丹下健三や磯崎新といった後輩世代に影響を及ぼした。モダニズムの空気を胸いっぱいに吸い、先述したように、1920年代の終わりにル・コルビュジエの事務所でキャリアを積んで日本に戻ってきた。多くの人にとって、前川は正真正銘のモダニストであって、日本の伝統建築にはあまり深入りをしないように思われていた。とは言え、彼はヨーロッパにおけるル・コルビュジエのモデルを横滑り的に用いたのではなく、それを日本という固有の文脈に移し替えたことは間違いない。彼の作品は、日本なるもののアイデンティティ形成に向けてなされた自身の探求と進化の過程を写し出している。

前川は、桂離宮あるいは他の伝統建築に類まれなクラフトマンシップについては認めるものの、その見方は丹下健三のやり方、すなわち彼が桂離宮論の中で用いたトリミングされた石元泰博の写真とは大きく異なっていた。桂の重要性はそこにモダニズムが胚胎され産み出されることにあるのではない。桂離宮という空間に、重層性と多義性を内包した移行期の空間の様相が指し示されていることに深い意味を感じるのである。いくつもの書院が雁行することで成立する空間であり、それ自体が空間の重なり合いと多層性を示し、境界の縛りを突き破って破調をきたすことが暗に目論まれている。磯崎新の言葉を借りれば、空間の箍が外れてジグザグになることで「その内部において様々な力が互いにぶつかり合う非等質的で非統合的な空間」[*14]とも言うべきダイナミックな均衡が生み出される、ということだ。これといった中心がないことで、斜め方向の力によって運動が加速される。訪問者は、いろいろな方向に身体が引き寄せられるという空間体験を果たし、空間それ自体の場所性と具体性を感じ取る。伝統的なフォルム、形態、要素についての言葉での解説では説明できない別次元の日本らしさを問うことが必要になってくる。これまでの建築的用語をもって説明可能な事実だけではなく、建築物の物理的形状では見えない何かを見据えることが必要なのだ。建造物は固定されたオブジェとしてのみではなく、出来事として把握されなければならない。前川によれば、桂離宮あるいは他の日本の伝統建築を構成する諸室は、糸によって結ばれたビーズのようにU字あるいはL字を形作り、どの部屋も隣の部屋と繋がることで意味を持つ。遠方を見やるヴィスタがなく、すぐ

目の前の空間的な関係のみが視覚的に認証される。この連鎖する空間に十分な採光を果たすのが効果的に配された小さな中庭だ。中庭はそれぞれ独立し、どれも建物と一体化しているので、部屋の中から視認できるものと言えばこの中庭だけである。建物全体、そして外の世界との関係で自身の場所を把握することは叶わない[15]。内部空間と外部空間の関係はより重要になり、屋根と床が建築にとって決定的な要素となる[16]。日本固有の文化的脈絡から見ると、室内と屋外とを敢えて厳密に区切らないで曖昧（両義的）となすのが一般的で、建築の部位としては縁（えん）が内部から外部への移行ゾーンとなり、内でも外でもない中間領域と見なされる。この領域とは内部と外部の直接的な対話を促す閾（しきい）であり、その考え方からすれば、内部と外部はそれぞれ異なった空間とはなり得ない。自然となごむことを何よりも尊ぶ神道に連なる考え方と言っても良い[17]。自然との水平的かつ開放的な関係にこだわるのはそのような経緯による。

　前川國男が手掛けることになる1958年のブリュッセル万国博日本館のデザインはまさにこの考え方に基づいていた。第二次世界大戦後の初の万国博覧会であり、日本にとっては伝統を尊重しつつも近代化された社会の実現を目指す国として存在をアピールする格好の機会であった。日本政府としては、面倒な説明がなくとも日本ならではの文化の固有性と持続性を強調できるコンセプトが必要であった[18]。前川は日本文化の基本に戻り、桂離宮と同じ考え方で、世界の中の人間、自然の中の人間を掲げ、パビリオンを庭園の中央に配する。強い陽光や風雨から人を守り、周囲との調和、内部から外部へのゆったりとした移行を図る巨大な屋根ができあがった。パビリオン自体、庭園の動線上に乗り、人々が動き回る場所であった。大屋根の下で様々な出来事が起こる一方、大屋根自体はさらに大きな存在の一部であった。

　前川はこう考えた。「日本の建築的伝統の中で役に立ちそうなのは、おそらくは空間の感覚だけであろう」[19]と。若い頃、ル・コルビュジエの事務所で働いていた時分、平面はデザインを生み出す原動力となるというル・コルビュジエの信念に共感していた。しかし、まもなくして建築の本質はマスとか量塊といったものではなく空間そのものであるとの見解に達し、平面と断面の双方から自身の作品をスタートさせるようになった。日本の空間概念が彼に染みわたってきたのか、あるいは彼がそれに目覚めたかのは確かでないが、彼なりのスタイルあるいは彼なりの手書きのスケッチといった方が良

いだろうか、そういったものが登場してくる。内部に限られるか、内と外との両方になるかは関係なく、いくつもの層や単位を空間的に重ね合わせるという方法である。彼の新たな方法は「一筆書き」と呼ばれ、重なりながらも切り分けられた層によって流れるような空間の繋がりを達成する。彼の描くイメージとは、ヒューマンスケールに即した構造に沿って空間単位を拡散させていくといったものであった。

　この計画原理は、神奈川県立図書館・音楽堂（1954年）に初めて適用された。フランス式に「パルティ」と呼ばれるダイアグラムをつくり、二つの建物を切り分けながら配置する。その結果、音楽堂は広々としたエントランス・ホールを中心に据え、逆に図書館は中庭型の静の空間を主役としつつも、双方が流れるような調和の中に両立している。そのそれぞれに隣り合う二つの空間、すなわちホワイエと閲覧室は、見た眼にも明らかなよう、お互いに対話を結び、一つの流れを生み出している。1958年のトロントのコンペでは、江戸後期の建物に見られた雁行配置が主題となり、空間単位を重合させることで相互貫入の原理を導入した。空間がジグザグに連なる雁行配置を取ると、各単位の両側で空間の連鎖がほどけ、再び混じり合うことで中間領域が誘発される[20]。彼のスケッチブックには神奈川県立図書館・音楽堂のために空間の切り分けを試みたものがある（例えば前川のスケッチブックのうち、整理番号25所収のスケッチ405や、スケッチブック整理番号52所収の様々なスケッチ）が、空間の重ね合わせの試みとして解釈されているのがわかる。

　この方法は建築を周囲の環境と一体化させ、独自のランドスケープを生成する。内と外が同時に作用することで水平性が強調されるのである。この点が前川國男の美的センスを指し示し、彼がどのように日本的なるものを把握していたかを物語る。上記の建築物がどのように最終形に到ったかもこれではっきりするだろう。動線は行き先を見せるのではなく、捩じれ回転しながら歩行の経路を形作っていく。前川にとってコンセプトづくりから設計段階に到るまで、価値を真っ先に与えるべきは、ブリュッセル万国博の日本館（1958年）、東京文化会館（1961年）、埼玉県立美術館（1971年）がそうであるように、歩行の体験それ自体であった。東京文化会館に入った人は、先ずは各々の空間への繋ぎとなっているホワイエでいつもとは違う空間体験をした後、そこが内か外かが分からない不思議な感覚に襲われる。その先を斜めに動いていくと、いくつもの異なった流れが合流していくようなダ

イナミックな意識に捉われる。このように円形もしくはスパイラル状の通路に沿って動き回り、歩く途中で面白い場所を発見するという体験が、実は日本では昔からの伝統として引き継がれている。全体のフレームワークに対して構成要素がどの位置にあるかはさして重要ではない。全体を貫く軸線やフレームワークはむしろ否定される。肝要なのはそれぞれの要素が互いにどういう関係にあるのかという点である。人の動く通路が不意に曲げられ、あるいは視線の方向が妨害されることで、空間の構成は断続的に視認される。それゆえ、動きによる空間の観察は、視認者／歩行者の参加を促進し、視認者の動きを必要とする。その意図するところは、動きと変化に満ちた空間を創出することにあり、万物は生生流転であるとの仏教的無常観と対をなすと言っても良い[21]。

前川國男は日本人モダニストとして丹下健三を感化し、1920年代後半にパリのル・コルビュジエの事務所で働いた最初の日本人であり、デザイン方法論の上では自身の作品の中で空間の多層性・複合性を全面的に展開した。西洋的手法と日本の伝統的アプローチとの間で揺れ動きながら、空間体験・関係性を織り込むことで独自の平面計画を達成していったことは、彼のスケッチブックのページをめくってみれば容易に察しが付く。透明性という点では桂離宮もル・コルビュジエのステイン邸も共通し、その双方が内包する現象学的資質に帰着すると言っても良い。実際、ステイン邸の空間構成は前川にとって生涯は離れられないテーマとなる[22]。何よりもル・コルビュジエ事務所に入所して初日に訪れたのがこの住宅なのだ。彼はいくつものスケッチでこの感動の意味を捉えようとしているが、おそらくはこの1927年のル・コルビュジエのいかにもモダニスト的な作品に、桂離宮の空間的な力を直感的に感じていたのかもしれない。長い経験の果てに、日本の伝統建築の持つ空間特性を用い、近代日本での自身の建築のあり方を根付かせることに成功した。伝統的なフォルム、形状、要素といった文字通りの日本的文物とは別の次元に日本らしさを仮定してみることが必要なのである。建築物の物理的特質、言い換えれば建築を語る際の既成事実なるものに枠を外した視点が必要ということである。建築は単なる固定的なオブジェではなく、出来事、それも空間構成の中で展開する出来事として把握されなければならない。

註記

*1 Riki, Sano. "Kenchikuka no kakugo," *Kenchiku Zasshi* 25, no. 295, May 1911, p. 363; reprinted in Fujii and Yamaguchi, *Nihon Kenchiku sengen*, p. 54. Translated by Reynolds, see Reynolds, Jonathan M., *Maekawa Kunio and the Emergence of Japanese Modern Architecture*, Berkeley, Los Angeles, London: University of California Press, 2001, pp. 20–21.

*2 Reynolds, Jonathan M., *Maekawa Kunio and the Emergence of Japanese Modern Architecture*, Berkeley, Los Angeles, London: University of California Press, 2001, p. 41.

*3 Taut, Bruno. Fundamentals of Japanese Architecture, 2nd ed., Tokyo: Kokusai Bunkai Shinkokai, 1937, p. 9.

*4 It must be mentioned that also from Japanese side interest in the own indigenous culture slowly rose. In 1929 Kishida had published an article on the "structures of the past" calling already the attention to the Imperial Katsura Villa. This showed how Japanese modernist architects were beginning to reconsider their traditional architecture in the light of modernism.

*5 Ito, Teiji. "Interpretations vary; Katsura remains." In *Katsura*. Tokyo: Shinkenchiku-sha, 1983, 1991, p. 5.

*6 Post stamp dates from June 23, 1954, written by Gropius and addressed to Le Corbusier, in Fondation Le Corbusier, Paris.

*7 Gropius, Walter. "Architecture in Japan." *Perspecta*, vol. 3, 1955, pp. 8–21, 79–80..

*8 Nakamori, Yasufumi illustrates in his book *Picturing modernism in Japanese Architecture. Photographs by Ishimoto Yasuhiro* (2010), how they adapted the photographes to a discourse on modernistic architecture and form.

*9 Nakamori, Yasufumi. *Picturing modernism in Japanese Architecture. Photographs by Ishimoto Yasuhiro*. Houston: Museum Fine Arts Houston; First Edition edition, 2010, p. 17.

*10 Nakamori, Yasufumi. *Picturing modernism in Japanese Architecture. Photographs by Ishimoto Yasuhiro*. Houston: Museum Fine Arts Houston; First Edition edition, 2010, p. 20.

*11 Isozaki, Arata. *Japan-ness in Architecture*. Cambridge, London: the MIT Press, 2006, p. 252.

*12 These two cultures, dating back to the dawn of Japanese history (and pre-history) make up the two basic forces Tange sees at work in Katsura and throughout Japan. The *Yayoi* is the refining and civilizing force that created the delicate black eggshell thin poetry. It was a culture created by a desire for order and founded on the need for a more civilized way of living in order to allow for the growing of rice and use of agriculture—its founding premises. From the *Yayoi* culture, Japan obtains its eye for refinement and sophistication. This culture also came to be identified with imperial class. The *Jomon* culture represents the wild and energetic side of Japan as well as the common people. It is the force that bubbles and seethes beneath the surface occasionally erupting in a flash of inspired creation. The *Jomon* culture were a hunter-gathering people who created lively and organic works of pottery and did not know the more ridged social system of the Yayoi. They were also very dependent on and close to nature.

*13 Tange, Kenzo. *Katsura: Tradition and Creation in Japanese Architecture*. New Haven: Yale University Press, 1960, p. 35.

*14 Isozaki, Arata. "Authorship of Katsura: The Diagonal Line", *in Japan-ness in Architecture*. Cambridge, London: the MIT Press, 2006, p. 303.

*15 Inoue, Mitsuo. *Space in Japanese Architecture*. New York, Tokyo, Weatherhill, 1985, p. 146.

*16 Ashihara, Yoshinobu. *The Hidden Order*. Tokyo, New York, London: the Kodansha International, 1989 (first ed.), 1992 (first paperback ed.), p. 15.

\*17 Chang, Ching-Yu, *Japanese Spatial Conception: A Critical Analysis of its Elements in the Culture and Tradition of Japan and in its Post-War Era*. Doctoral dissertation, Faculty of the Graduate School of Arts and Sciences, University of Pennsylvania, 1982, p. 163.

\*18 "Plans for Japanese Participation in Brussels Universal and International Exhibition", *Industrial News*, vol. 26, no. 3, March / April 1958, p. 3.

\*19 Riano Paolo (ed.) *Contemporary Japanese Architecture*. Firenze, Orsanmichele: Centro di Edizione, 1969, p. 133.

\*20 Kurokawa, Kisho. *Rediscovering Japanese Space*. New York, Tokyo: Weatherhill, 1988, p. 19.

\*21 Kamo no Chomei. *Hujoki: Visions of a Torn World*. Hojoki by *Kamo-no Chomei*. Translated by Yasuhiko Moriguchi and David Jenkins; illustrated by Michael Hofmann. Berkeley: Stone Bridge Press, 1996, p.5.

\*22 Van Sande, Hera. *Kunio Maekawa: A Japanese Modernist in Search for Architectural Identity*, Doctoral Dissertation, Doctor in Engineering Sciences in the Vrije Universiteit Brussel, 2008, p. 419.

# 日本における近代住宅の継承
## 住宅遺産トラストの活動

## 木下壽子

今日の日本において、様々な事情により、歴史的、文化的、あるいは建築的に重要な住宅建築の多くが、人知れず、その姿を消している。こうした価値ある住宅建築を失うことは、私たち日本人の建築文化や生活文化にとって大きな損失であるだけでなく、地域の記憶や成熟した景観を失うことにもつながる。住宅遺産トラストは、後世に残すべき価値ある住宅を「住宅遺産」と呼び、その保存・継承、そして活用を目指している。

### 住宅遺産トラスト設立の経緯

住宅遺産トラストは（以下、トラスト）、2013年3月に設立された一般社団法人である。様々な事情により、今日の日本において、歴史的、文化的、あるいは建築的に重要な住宅建築、とりわけ20世紀に建てられた近代住宅が失われつつある。その多くが個人所有であること、また、建築だけでなく多岐にわたる専門的な知識と経験が必要とされることから、「住宅遺産」の保存・継承はきわめて難しいテーマだ。トラストは、吉村順三設計による「旧園田高弘邸」（現伊藤邸、1955年）の保存・継承活動をきっかけに、建築家、建築史家、弁護士、不動産鑑定士など、様々な分野の専門家が集まり、継続的に住宅遺産の保存・継承活動を行うことを目的に設立された（図1）。

「旧園田高弘邸」は、吉村順三が藝大助教授であった46歳の時、ピアニストの園田高弘夫妻のために設計した延床面積23坪の小住宅である。1987年に吉村の弟子である小川洋が増築部分を設計し、現在の姿となった。2008年、所有者である園田春子さん（故園田高弘夫人）から地元のまちづくりNPO「玉川まちづくりハウス」に、「50年余りを過ごしたこの家を残したい。で

きれば建物を壊さず引き継いでくださる方にお譲りしたい」との相談がもたらされた。さっそく訪問したところ、「自由が丘の家」として知られ、戦後の小住宅を代表するこの名住宅は、ほぼ建てられた当時のデザインのまま良好な状態で維持されていた。増築部分、街並みに豊かな緑を提供する庭、そして園田高弘氏の足跡を含め、継承されることが望まれた。

　そこで 2008 年秋、想いを同じくする建築の専門家、地域住民が中心となり「園田高弘邸の継承と活用を考える会」を立ち上げ、4 年間にわたり計 13 回「園田高弘邸　音楽と建築の響き合う集い」を実施した。この集いを通して、音楽と建築を愛する多くの方々とこの住宅の素晴らしさを分かち合うと同時に、トラストの現在の活動につながるネットワークを構築することができた。しかし残念ながら、この集いを通して継承者に出会うことができなかったため、2012 年秋、「昭和の名作住宅に暮らす一次世代に引き継ぐためにできること　吉村順三、吉田五十八、前川國男による三つの住宅」と題する展覧会を開催。この展覧会が新聞、雑誌等に取り上げられたことがきっかけとなり、2013 年春、「旧園田邸高弘邸」は新しい所有者に継承されることとなった。この展覧会で同じく建物を残すことを前提に継承者を探した吉田五十八設計による玉川田園調布の「旧倉田邸」(1955 年) は、残念ながら解体された後、土地は分譲された。前川國男設計による二つ目の自邸「新・前川國男自邸」(1974 年) は、トラスト設立後も、現所有者とともに長きにわたる保存を目指して引き続き継承のあり方を検討している（図 2）。

## 日本の近代住宅

住宅建築の近代化は、19 世紀半ばにイギリスで展開したアーツアンドクラフツ運動やドメスティックリヴァイヴァルといった、住宅建築および日用品の改善運動をルーツとし、20 世紀に入り、ヨーロッパ大陸やアメリカにも広がった。急速な技術の進歩により、新たな建設技術や材料が積極的に取り入れられ、実用性、経済性、衛生を重視し、新たな時代精神を空間的、造形的に表現するムーブメント（モダンムーブメント）へと発展していった。

　日本においては、明治に入り、本格的に西洋建築が取り入れられるようになった。1877 年にはイギリス人建築家ジョサイア・コンドルが工部大学校造家学科教授として来日。建築教育に携わると同時に、多くの公共建築や邸

図1　旧園田高弘邸　居間（齋藤さだむ氏撮影）

宅の設計を手がけた。その多くは、クライアントの要望に応えた西洋スタイル（リヴァイヴァリズム）の建築であったが、邸宅建築において、西洋建築と日本建築の融合を試みた。1905年に建てられた自邸（現存せず）は、日本固有の建築と美術を敬愛したコンドルが、イギリスのドメスティックリヴァイヴァルの思想をベースに、日本における住宅建築のあるべき姿を表現したきわめて興味深いものであった。

　20世紀に入ると、日本においても、欧米同様、中産階級の住宅の改善運動が活発になる。1909年（明治42年）、アメリカのシアトルから帰国した橘口信助は、日本で初めての本格的な住宅供給会社「あめりか屋」を設立した。また、明治の終わりから大正時代にかけて、田園調布等の郊外住宅地や軽井沢をはじめとする別荘地の開発が進んだ。

　欧米では、アメリカのフランク・ロイド・ライト、ドイツのワルター・グロピウスやミース・ファン・デル・ローエ、フランスのル・コルビュジエらによって革新的な近代住宅の思想が示され、具体化していった。

1917 年にはフランク・ロイド・ライトが帝国ホテル建設のために来日する。ライトが日本を離れた後は、ライトの一番弟子であった遠藤新の指揮のもと建設が続けられ、1923 年 7 月に完成した。帝国ホテルの建設に携わるため 1919 年に来日したチェコ出身の建築家、アントニン・レーモンドは、1922 年に日本で設計事務所を設立した後、43 年にわたり日本で建築家として活動し、日本の近代建築に大きな足跡を残した。また、1923 年 9 月 1 日に発生した関東大震災の復興支援を目的に同潤会が設立され、鉄筋コンクリート構造の集合住宅が建設された。

　1931 年（昭和 6 年）に満州事変が勃発すると、日本は第二次世界大戦（1939 ～ 1945 年）へと突き進んでいくことになるが、この時期、レーモンド、堀口捨己、藤井厚二、土浦亀城、吉田五十八らによって、同時代の欧米のモダンムーブメントに影響を受けつつ、日本独自の近代住宅が具体化されていった。

　第二次世界大戦は、先の大戦を上回る破壊と技術の進歩をもたらした。参戦した国々では住宅不足が著しく、住宅の工業化が推し進められた。一方で、戦後の近代住宅は、機能性や時代精神の表現だけでなく、温かみや地域性が求められた。

　戦後の日本では、戦前・戦中から住宅建築を手がけた建築家たち、主に戦後活躍する吉村順三をはじめとするレーモンドの弟子たち、前川國男、吉阪

図 2　新・前川國男自邸　居間（齋藤さだむ氏撮影）

隆正、坂倉準三らル・コルビュジエの弟子たちに加え、清家清、増沢詢、池辺陽など、住宅を設計活動の中心テーマと捉える建築家たちが活躍した。

1950年代後半に入ると日本は高度成長期を迎える。1960年代にはミースやコルビュジエといった近代建築の巨匠たちが相次いでこの世を去る。日本は東京オリンピック（1964年）や大阪万国博覧会（1970年）といった国際的なビッグイベントの開催に象徴されるように、空前の高度成長を続けた。高度成長、その後に起こるバブル経済、そしてバブルの崩壊といった経済や社会の情勢は、住宅建築の世界にも様々な影響を与えた。

## 他国における近代住宅の保存活動

今日の日本において、住宅遺産の保存・継承を取り巻く状況はきわめて厳しい。とりわけ都市部に建てられた住宅遺産は、幸運にも壊されずに継承されたもの、移築によってその姿をとどめたものも中にはあるが、その多くが経済的な理由が優先される中で姿を消している。

その背景には、日本の戸建て住宅市場が極端に新築に偏り中古住宅の流通が欧米などに比べきわめて未熟であること、地価が高い都市部では建物を解体し土地を分譲した方が高く早く売れる傾向にあること、他国に比べてもきわめて高額な相続税が世代を超えた継承を難しくしていること、建築的な価値を評価しその存続を担保する仕組みが機能していないことなど、今日の日本社会の状況がある。こうした経済性優先の下、貴重な建築が壊される状況は、住宅の分野に限られたことではない。日本の近代デザインのシンボルともいえるホテルオークラ（1962年）が2015年に解体され、国内外から保存をめぐる大きな議論が巻き起こったことは記憶に新しい。また、公共建築なども、市民や建築関係者の保存活動も虚しく解体される例が後を絶たない。

他国における歴史的建築、とりわけ近代住宅の保存はどのような状況にあるのだろうか。

歴史的建造物や景観を保存する活動における先進国はイギリスであろう。イギリスでは、「国民の利益のために、美しくあるいは歴史的に意味のある土地や資産を永久に保存するよう促進すること」を目的に、1895年、慈善団体としてナショナルトラスト（National Trust）が誕生した。そして、「この目的のために、資産の所有者から歴史的建造物や景勝地の寄贈を受け、獲

得した土地や建物などのプロパティを国民の利用と楽しみのために信託財産として保持すること」としている。現在では、350を超える歴史的住宅や庭園、モニュメントを所有し、450万人の会員を有する。設立当初は主に富裕層からの寄付と会費によって活動資金を得ていたが、近年は一般会員の会費や新たな事業展開によってその活動が維持されている。近代住宅については、1995年に取得したエルノ・ゴールドフィンガー設計の 2 Willow Road（1939年）が「最初のモダンハウス」である。ナショナルトラストの活動は、その後日本をはじめとする他国にも影響を与え、各地でナショナルトラスト運動が展開している。

　1965年には、長年ナショナルトラストの活動に従事してきたジョン・スミスによって、ランドマークトラスト（The Landmark Trust）が設立された。資金的な理由でナショナルトラストによる保護がかなわなかった小規模な歴史的建造物を救うため、これらを宿泊施設として活用することにより修復の費用およびその後の管理コストを賄うというアイデアがその最大の特徴である。当初はスミス氏個人の慈善団体からの資金によって活動していたが、現在は助成金や寄付、また宿泊による売り上げによって活動資金を調達している。

　また、オランダでは、1988年にモダンムーブメントに関する建築、敷地、環境の記録と保存を目的とする国際組織、DOCOMOMO（Documentation and Conservation of buildings, sites and neighborhoods of Modern Movement、以下「ドコモモ」）が設立され、2000年にはドコモモ・ジャパンの設立が承認された。ドコモモは、20世紀の建築の保存に焦点を当てている点に特徴がある。また、2012年にはアイコニックハウジズ（ICONIC HOUSES）という国際的ネットワークが、オランダを中心に複数の近代住宅ミュージアムによって立ち上げられた。その目的は、一般に公開されている20世紀の建築的に重要な近代住宅のネットワークを構築し、修復や管理といった共通の課題を専門的に議論するためのプラットフォームを提供することにある。日本からは江戸東京たてもの園の前川國男邸（前川國男、1942年）と中銀カプセルタワービル（黒川紀章、1972年）の2軒のみが登録されている。

**住宅遺産トラストの活動**

このように、近年、20世紀の近代建築を含む歴史的建造物を保存する動き

図3　代田の町家　外観（齋藤さだむ氏撮影）

は世界的に広がりを見せている。トラストでは、現在のところ明確なクライテリアを設けているわけではないが、活動の対象となっている住宅遺産の大半が、建築家によって設計された建築的価値が高い20世紀の近代住宅である。2013年の発足以降、「富士見の家」（アントニン・レーモンド設計、1968年）、「代田の町家」（坂本一成設計、1976年）、「加地邸」（遠藤新設計、1928年）などの継承に関わった（図3）。現在も、東京を中心に、複数の近代住宅の保存・継承活動、継承後の活用に取り組んでいる。「旧園田高弘邸」は、新たな所有者に継承された後も住宅遺産トラストが建物の管理と活用に関わり、現在も「音楽と建築の響き合う集い」を継続している。「加地邸」も、新たな所有者とともに、今後の保存と活用について検討を進めている（図4）。

　2015年10月には、関西でも住宅遺産トラストの活動が本格的に始まった。住宅遺産トラスト関西と東京のトラストは互いに独立した組織だが、連携を

取りながら活動している。2016年には、関西と東京のトラストが協働し、「喜多源逸邸」（藤井厚二設計、1926年、登録有形文化財）の継承が実現した。現在は、「岡本の洋館」（木子七郎設計、1923年築）等の保存・継承に取り組んでいる。

　世代交代、相続問題、老朽化など、住宅遺産が失われるきっかけは様々だ。これまで、歴史的、文化的、あるいは建築的に価値のある住宅であっても、売却するための相談窓口は銀行、税理士、不動産会社等が一般的で、建築的な価値について議論されることなく「解体・更地売却」という選択肢が示されるケースがほとんどだったのではないかと思う。あるいは、所有者をはじめとする関係者が建築的な価値を認識したとしても、時間的な制約などの理由で壊されてしまうケースもある。

　前述した通り、住宅遺産の保存・継承には、建築のみならず様々な専門分野の知識や経験が必要とされる。トラストは、価値ある住宅を残しつつ売却を望む「住宅遺産」の所有者、あるいは売却することなく所有し続けることを希望する所有者の最初の相談窓口となり、建築、法律、税務、金融、不動産、行政といった多岐にわたる分野の専門家のネットワークを駆使し、その継承あるいは活用を実現するための具体的な方法を提案、実行していきたいと考えている。

図4　加地邸　外観（齋藤さだむ氏撮影）

## 今後の課題

こうしたトラストの活動を通して、現在の日本における様々な課題、そして可能性も明らかになってきている。

まず、住宅遺産を保存・活用する上での様々な制度上の課題である。国によって、歴史的建造物の保存・活用に関わる法律や制度、文化や人々の価値観は異なるため、他国の仕組みをそのまま日本に当てはめることは現実的ではない。日本におけるナショナルトラスト運動がイギリスのような成果を見ないのも致し方ない。

日本では、貴重な歴史的建造物や景観の保護の担い手として、国や行政ではなく、市民による非営利団体等が取り組むケースが、近年、多く見られる。しかしながらこうした組織の多くは財政的な問題を抱えており、その結果として運営に必要な専門的知識を持つ人材を獲得することが困難なケースも少なくない。イギリスのようなチャリティ（慈善活動）や寄付の文化が根付いておらず、不動産の取得、修復、維持管理に多額の資金が必要となる近代建築の保存活動において、ファンドレイジング（資金集め）は容易ではない。また、寄付に頼らず、事業によって活動資金を得ようとする場合も、様々な規制によってその可能性が制限されている。例えば、住宅遺産の場合、その多くが第一種住居専用地域に立地しているため、居住用以外の活用が難しく、イギリスのランドマークトラストのような宿泊事業等の事業を行うことが原則として認められない。

さらに、文化財を保護するための制度にも課題がある。日本においては、「文化財を保存し、且つ、その活用を図り、もって国民の文化的向上に資するとともに、世界文化の進歩に貢献することを目的」として、1950年に文化財保護法が制定された。この法律に基づき国が指定する重要文化財と、1996年の改正により創設された登録有形文化財の他に、地方自治体による指定文化財がある。しかしながら、実際には、国の登録有形文化財あるいは地方自治体の指定文化財に登録されていても、様々な理由によってすでに壊されてしまったか、これから壊されかねない状況に置かれている住宅遺産がある。文化財であっても、永続的に保存できないのが我が国の実情である。

こうした状況においては、規制緩和や文化財に関する制度の見直しに期待し、あるいは海外の仕組みを参考にしつつも日本の実情に合わせた方法を模

索せざるを得ない。

　近年、海外からの訪日観光客が大幅に増えているのを背景に、現在、民泊に関する規制緩和が議論されている。旅館やホテルなどの宿泊事業者との調整もあり、最終的にどのような内容となるかは現時点ではわからないが、いわゆるワンルームマンションなどを貸し出す民間の民泊事業とは一線を画し、日本の建築文化を守ることを目的に、関係省庁、地方自治体等が連携し、一定の条件を満たせば用途地域に関わらず住宅遺産を宿泊施設として活用できるような仕組みを考えるべきではないだろうか。いわば「日本版ランドマークトラスト構想」の実現である。

　既存の仕組みをあらためて研究し、応用することも検討すべきであろう。

　現在トラストでは、住宅遺産を持続的に継承する一つの方法として、住宅以外の活用の可能性を拓くため、専門家とともに「その他条例」(建築基準法第3条1項3号に規定する「歴史的建造物における建築基準法例等の適用を除外することができる条例」)の制定に向け、研究を進めている。「その他条例」の制定には、地方自治体の協力が不可欠だが、実現すれば、現行法に合わせるために建物の価値を減じることなく、不特定多数を対象とした用途変更の可能性が開かれる。

　また、古くて新しい「信託(トラスト)」の仕組みも、住宅遺産の保存・継承のための手段としてさらに検討される余地がある。住宅遺産トラストの「トラスト」は、本来、ナショナルトラスト同様、「信託」を意味し、住宅遺産を信託財産として保持することによってその持続的な保存・継承を確実にすることが理想である。その仕組みの複雑さ、信託業法との関わり、専門家の不足など、現時点では信託を住宅遺産の保存・継承のために普及させるにはハードルが高いが、トラストでは、今後もその可能性を検証したいと考えている。

　これらの課題を解決し、実効性のある仕組みを構築するには時間がかかる。しかし、住宅遺産の保存は時間との闘いである。言い方を変えれば、時間があれば救える確率も高まる。時間的制約のある住宅遺産を一時的あるいは継続的に保護できる受け皿(ファンド)の構築が急がれる。

# 樹木のドローイング表現から読み解く
## アルネ・ヤコブセンの緑のデザイン

和田菜穂子

デンマークの戦前戦後の時代を牽引したアルネ・ヤコブセン[*1]（1902～1971年）は、デンマーク国内を中心に数多くの建築を手がけ、フィンランドのアルヴァ・アールトと並び、北欧モダニズムの形成に寄与したことで知られている。ヤコブセンは設計活動の傍ら、生涯にわたり水彩風景画を描き続けている。その多くは自然を写実的に描いたもので、常に客観的な視点で自然と対峙している。実際の建築空間においても、屋内外を問わず植物を大胆に組み入れていることから、ヤコブセンにとって植物は設計に必要な要素であったことがうかがえる。しかし彼自身、建築やデザインの新機軸については雄弁であっても、植物をめぐる言説はきわめて少なかった。ところがデンマーク王立芸術図書館に所蔵されているドローイング類を調査すると、植物をめぐる表現が際立ち、他の建築家を凌駕している。そこで本稿ではヤコブセンの植物へのこだわり、とりわけ透視図における樹木の表現に着目し、植栽デザインの推移を時系列的に分析する。

### 建築ドローイングにおける他の建築家との差異

ヤコブセンがいかに卓越した表現力を持っていたのかを知ってもらう前に、ここでは同時代に活躍した3人の建築家の代表作のドローイング表現を比較する。例えばル・コルビュジエは油彩画の抽象絵画を描くことで知られているが、建築のドローイングの表現を見ると（図1）、低木、高木を描き分けており、樹木に対する配慮が見られる。アルヴァ・アールトの樹木表現（図2）を見ると、極端なほど抽象性をきわめており、葉や枝の表現を省いている。デンマーク国内に視点を移し、ヨーン・ウッツォンのドローイング（図3）

を見ると、樹木の表現が同一で単調であることがわかる。

## 風景画における樹木表現

さてヤコブセンの卓越した描写力であるが、実は母親譲りだった[2]と言われている。小学校高学年の頃、美術の教師はヤコブセンの才能を見い出し、彼に水彩絵具一式を与える。図4は14歳の頃、自宅の近隣を描いた水彩画である。道路からの視点で描かれ、前景に街路樹、次いで歩道、後景に住宅が並び、人物は描かれていない。寒々とした冬景色が力強い筆致で表現され、早熟な才能が見てとれる。その後ヤコブセンは画家を目指すが、親に反対され、建築家の道を歩み始める。しかし生涯にわたり水彩画を描き続けていた。そのほとんどは風景画であった。図5はイタリア旅行の際に描いたものであり、手前の4本の樹木を中心に塀の奥に広がる遠景を捉えている。

## 建築ドローイングの変遷

■1920年代　デンマーク王立芸術アカデミーで建築を学ぶ(1924〜1928年)
ヤコブセンは技術学校を経て、1924年にデンマーク王立芸術アカデミーに入学、本格的に建築家への道を歩み始め、カイ・フィスカー[3]らに師事する。ヤコブセンは在学中、カイ・フィスカー設計のパリ万博のパビリオンを手伝い、椅子のデザインでゴールド・メダルを受賞する。後述するが、卒業後も師の強い影響を受けている。

　さて在学中の設計課題を調べると、水彩で薄く着色されたドローイングが多く残されている。図6は礼拝堂の設計課題であるが、樹木は描かれていない。次に優秀賞を獲得した卒業設計[4]の図7を見ると、建築の外観は図6と類似しているが、樹木を描いている点で大きく異なる。ヤコブセンは海辺

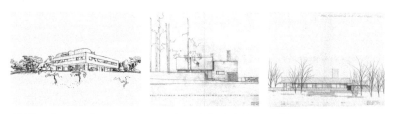

(左) 図1 「サヴォア邸」ル・コルビュジエ (1931年竣工) ／ (中) 図2 「自邸」アルヴァ・アールト (1936年竣工) ／ (右) 図3 「ニッセン邸計画案」ヨーン・ウッツォン (1946年)

に近いクランペンボー[※5]を敷地に選定し、国立博物館の提案を行った。彼自身、敷地周辺の公園の樹木保存を命題とし、常日頃考えていた「自然と建築との共存関係」を主題に卒業設計に挑んだものと思われる。

■ 1930年代　設計競技に連勝し、実施設計を重ねる
卒業後の1929年、友人のフレミング・ラーセンと協働で提案した「未来の家」が設計競技で優勝する。線画で描かれた透視図（図8）を見ると、細い木々が乱立する林の中に円形の住宅が見える。次の契機は1931年、海辺の一大リゾート計画の設計競技での優勝である。卒業設計で敷地としたクランペンボーに、集合住宅と夏の劇場等を併設した複合施設の設計を行う。図9は海辺に設置する付帯施設の透視図である。木々の表現は卒業設計時の表現と類似している。図10は住宅案であるが、手前に樹木を配し、その奥に住宅を配している。この構図はその後よく見られるようになる。この頃の図面のほとんどは、鉛筆か黒インク、着色されていても色鉛筆によるものが多く、水彩絵具を用いているのは、設計競技など特別な場合のみであった。ヤコブセンは設計競技での提出を重ねるにつれ、少年時より習得してきた水彩風景画の手法を建築透視図に反映させ、独自の表現方法を見い出していったのだろう。それと同時に、1930年代に住宅等の実施設計の経験を重ねたことも、周辺環境への配慮につながり、やがて既存の樹木を忠実に描く画風の定着に至った。

■ 1940年代前半　スウェーデンへ亡命（1943～1945）
ユダヤ系のヤコブセンは、1943年9月よりドイツ軍の占領から逃れるためスウェーデンへ亡命する。不遇の時代ではあるが、スウェーデン人建築家の支援を得て設計活動は細々と続けられ、いくつかの実施案や設計競技案、テキスタイル・デザインがつくられる[※6]。

図11と図12はニルス・コッペル[※7]との共同設計案で、今までの透視図とは作風が異なっている。大きな相違点は人物が描かれている点で、それによって住まいと住み手にまつわるさまざまな物語を想起させる。かつて「未来の家」で共同設計した際も人物が描かれていたが、ヤコブセン個人で描く透視図は、人物を排除する傾向にある。さらに異なる点は、住宅の前の低木には花が咲き誇り、周辺には花壇がある点である。このように花を使ってピンク、

黄色などの明るい色彩や季節感を表現しているものは、それまでのヤコブセンの透視図の手法には見られなかった。協働したニルス・コッペルによる影響が透視図に反映されていると見て良いだろう。

■ 1940年代以降　テキスタイル・デザインに着手
スウェーデン亡命中は後妻のヨナと協働でテキスタイル・デザインを手掛け、それで収入を得ていた。ヤコブセンが原画を描き、妻がそれをシルクスクリーンで製品化していた。次第に人気を博し、やがてストックホルムの老舗百貨店で展示会が行われるようになり、スウェーデン女王の眼に止まるほどとなった。モチーフは愛らしい草花を描いたものが多く（図13）、おそらく商品として売れ筋を狙ったものと思われる。

　戦後になると、ヤコブセンは写真に凝り始め、庭の植生をみずから克明に記録している。あたかも植物図鑑を作るかのように一つひとつの花卉をクローズアップで撮影し、それらを一群のアーカイブとして残している。テキスタイルのモチーフも「虫の眼」で捉えた植物の詳細を描くように変化する。花弁や棘などを描いた「アザミ」（図14）、葉の葉脈を丁寧に描いた「シュロソウ」（図15）など、写実的に描かれた原画から、ヤコブセンの関心が戦後になると顕微鏡的視点に移ったことが明白に見てとれる。

■ 1940年代後半　戦後の意欲的な設計活動（1945～）
終戦とともに帰国したヤコブセンは、戦後の住宅供給に携わり精力的な設計活動を再開する。そこで描かれる建築透視画は、「近景に樹木、中景に対象建築、遠景にそれ以外の建物」という奥行きのある構成がより明確になる。
（1）スウェーデン亡命時代の影響
図16は戦後デンマークで提案した集合住宅の透視図である。左にある花の咲く低木はスウェーデン亡命時代の図12と同じ樹種であり、その表現が同一であることから、どちらもヤコブセン本人が描いている証拠と言える。その時に習得した、華やかさを打ち出した透視図の表現が戦後まもなくは継続している。
（2）既存の樹木のシンボル化
ヤコブセンの作品の中で植生に関する新機軸を最大限に打ち出したのは、コペンハーゲン郊外に建設した集合住宅「スーホルムⅠ」（1950年竣工）である。

図4　自宅付近の風景（1916年）　　　図5　フィレンツェの風景（1949年）

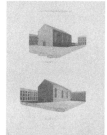

（左）図6　学内課題（1927年）／（右）図7　卒業設計「国立博物館」（1928年）

（左）図8　未来の家（1929年）／（中）図9　海辺の付帯施設（1931年）／（右）図10　住宅案（1935年）

図11、図12　設計競技案「スウェーデンの住宅」（1945年）

（左）図13　ヨウヤクユリ（1942年）／（中）図14　アザミ（1950年）／（右）図15　シュロソウ（1952年）

第Ⅰ章　風化する遺産と記憶　――　失われつつある近代の住まい

ベルビュー海岸に面した風光明媚な土地に、デンマーク特有の黄色の煉瓦ブロックを用い、5戸連続のテラスハウスを設計した。ヤコブセンはその一画の最も道路側に面した区画を自宅兼オフィスにしている。自邸ということもあり、この集合住宅で緑に関する様々な要素を導入している。図17を見ると、右手前に大きなシンボルツリーが描かれている。海風から守るために元々植えられていた防風林の一部を残し、住宅とバランスの取れた関係性をつくるようにしたもので、新規に植えた樹木ではない。このように既存の樹木を透視図に登場させ、奥行きを示している例は他にもいくつか見受けられる（図18）。この手法は「多層的構図」と呼ばれるもので、「近景、中景、遠景」とレイヤーを伴って構成されている。ヤコブセンは手前に樹木を持ってきているのが特徴で、先に見た風景画から発展したヤコブセン独自の奥行表現と言える。木々の表現は葉がついていないものが多く、以前と比べると力強さを感じさせる。このように、透視図上の手前に樹木を力強く描き、中景に対象とする建築を描くことによって、既存の樹木はアイキャッチの機能を果たしていると言える。

■ 1950年代　公共建築や外部空間の設計

ヤコブセンは1950年代になると、学校建築、庁舎建築、ホテル、工場など、住宅以外の比較的大きな案件に関わるようになり、精力的に設計活動を行っている。そして完璧主義者の性格が顕著に表れるようになり、樹木を建築デザインと等価に考える提案が透視図にも表現されてくる。

(1)「ムンケゴー小学校」の中庭

戦後のヤコブセンの植栽デザインは、より規則性を深めていく。その中でも特筆すべきは中庭型の校舎配置で知られるムンケゴー小学校（1957年竣工）である。「囲う」という手法は戦後に登場するヤコブセンの造園の手法で、先に述べたスーホルム自邸の庭もパーティションによる囲い型となっている。完全に四方を壁で囲んだ中庭型の設計として、「ロドオウア図書館」（1956年竣工）、「デンマーク国立銀行」（1978年竣工）などが挙げられる。

　図19はムンケゴー中庭の様子を描いたイメージ透視図である。教室内には座っている生徒と立っている教師の姿が描かれ、庭には赤や黄色の花が植えられており、この表現方法はスウェーデン亡命時代のものを踏襲していると言って良いだろう。

図16 集合住宅案（c.1947年）

図17 スーホルムⅠ（c.1946年）

図18 スレルズの住宅（1947年）

図19 ムンケゴー小学校中庭（c.1951年）

図20 ムンケゴー小学校（c.1951年）

図21 トンビュー市庁舎 設計提案（1954年）

図22 「フレデリスクベアのケアホーム」
　　 カイ・フィスカー（1919年）

図23 「アレフースネ」
　　 アルネ・ヤコブセン（1953年竣工）

(2) 規則的な樹木配置

同校の外構デザインに際しては、校舎に至るアクセス歩道に中木をグリッド状に配置し、校庭に日陰の空間を生み出している（図20）。校舎の規則性に準じた幾何学的な植樹パターンによって反復性と等質性が投影されている。同様の外構デザインがこの頃よりたびたび出現するようになる。「トンビュー市庁舎設計提案」（図21）を見ると、樹木の幹が列柱のように均一に並び、上部の葉は屋根付きアーケード的な役割を果たしている。

次に規則的に配置された街路樹と建物の関係性を示す二つの透視図を見てみよう。図22はヤコブセンの恩師であるカイ・フィスカーが描いたものである。ヤコブセンが入学する以前の1919年に描かれていることから、在学中になんらかの形で目にしていたのではないかと推測可能である。図23は1953年に集合住宅アレフースネの透視図として描いた水彩画である。手前に3本の巨木が描かれており、どれも枝の表現が異なっている。どちらも手前に幹の太い大木が力強く表現されていて、一見すると建物よりも樹木の方が主役であるかのように見える。2枚とも現実の樹木を忠実に描いていると思われる。この大胆な構図は透視図の中でも珍しいものであり、かなり類似している。このふたつを比較すると、ヤコブセンの樹木表現は卒業後も尊敬する師を意識し、その影響が色濃く残っていると見て間違いないだろう。

■ 1960年代　インテリアとしての緑のデザイン

ヤコブセンは1950年代後半から緑を室内インテリアとして扱い、積極的にデザインするようになる。「デンマーク国立銀行」（1978年竣工）がその事例として最も顕著であるが、最初に「緑のインテリア」を大胆に展開したのは「SASロイヤルホテル」（1960年竣工）であった。SASロイヤルホテルは、コペンハーゲン中央駅に程近い場所にスカンジナビア航空の直営するホテルとして亜熱帯風に緑のインテリアを取り入れて設計され、竣工当初はコペンハーゲン市民から「歴史的景観にそぐわない」と反発された。しかし時の経過とともに受け入れられるようになり、今ではデンマークを代表する近代建築として市民の誇りとなっている。完璧主義者のヤコブセンはホテル内のすべての家具はもちろんのこと、レストランの食器や、ホテルのサイン計画、ゲストブックまで統一感を求め、自らデザインしている。そしてホテルの顔とも言えるロビーに「緑のデザイン」を導入することを試みた。

(1) 空間を仕切るためのガラスケース

SASロイヤルホテルのロビー内に「オーキッドルーム」と呼ばれたウィンターガーデンが設けられた（図24）。ガラスケースの上部から蘭の花が吊り下げられ、亜熱帯風の印象を持つ。SASロイヤルホテルではすべての客室の花瓶にも蘭が生けられ、統一した緑のデザインが図られている。しかし残念なことに「オーキッドルーム」は1991年に取り壊されてしまい、今は写真でしか当時の様子を知ることはできない。右手に見えるヤシの木に関しては、実際には設置されていない。

ヤコブセンはSASロイヤルホテル以降、ガラスケースをパーティションとして空間に取り入れることを好むようになった。ガラスという透過性のある素材は、空間を区切りながらも視覚的に向こう側とこちら側のアクティビティを相互に認識できるというメリットをもつ。

(2) 観賞植物の飼育

植物を愛していたヤコブセンは以前から住宅やオフィスの内部空間に植物専用のプランターを設計しており[8]、備え付けの植物専用スペースはSASロイヤルホテルが最初ではなかった。しかし巨大なガラスケースが登場したのはSASロイヤルホテルが初めてである。高緯度に位置する北欧は地理的条件から冬は日照時間が短く、厳しい自然環境にある。そのため四季を問わず緑が常にある生活を望んだのは、自然を愛するヤコブセン独自のアイディア

図24　オーキッドルーム（1959年）

と言える。長い時間、室内で過ごすことが多い北欧で、家具や照明器具等のデザインが優れているのは、それが理由の一つである。しかし植物をインテリアとして大胆に扱った建築家は、北欧の中でもヤコブセン以外に見ることができない。ヤコブセンはある工場のホワイエ空間の設計提案でも、緑をインテリアとして導入している。図25は中に植物を挿入した巨大な円柱のガラスケースを配置し、観賞用としている図である。このガラスケースは透過性のあるアイストップとして機能している。

## 構図の特徴　写真的なフレーミング手法

今までいくつかの透視図、風景画を見てきたが、ヤコブセンの構図の大きな特徴は、手前に大木を置き、視点を定め、そこから奥へと俯瞰するものが多いことが分かった。

　ここではさらに窓枠をフレーミングとしている二つのドローイングを比べてみたい。図26はスウェーデン時代に描かれた水彩画で、左手前に描かれているのは窓枠で、室内から室外を望む冬の情景である。窓の外に見えるのは凍った湖畔のほとりに自生する異なる樹木と、そのさらに向こうにある街の情景である。この構図は古くから絵画の分野で用いられており、フレーミングを用いた写真的技法と言えよう。

図25　ある工場のホワイエ設計提案（1968年）

図26　窓からの眺め（1945年）　図27　トンビュー市庁舎 設計提案（1954年）

ヤコブセンはこの構図を建築透視図でも展開している。図27は室内からの視点で捉えた建築透視図である。右前に柱があり、天井、床、ガラス窓のサッシがフレームとして機能しており、建物で囲まれた中庭が描かれている。屋外には右手前に樹木があり、中庭の向こう側に左右に分かれて2本の樹木がある。この構図は中景に凍った湖がある図26と同様の多層的構図と言える。異なるのは図27の透視図のようにでは室内にも観賞用の低木が置かれている点である。どちらの図も一つひとつの樹木を丁寧に描き分けており、ヤコブセンが樹木のそれぞれの個性を重んじていることが分かる。

## 考察

緑に対するヤコブセンの出発点は、風景画家としての視座であり、少年期よりその習練を積み、王立芸術アカデミー卒業以来、建築の専門的な表現技法と風景画の統合を試行錯誤してきた。各種ドローイング表現の変遷を見ると、細部にこだわる写実性を重んじる傾向が見られ、加えて、彼の写真に対する強い関心も、建物と樹木の配置計画に影響を与えていると見て良いだろう。完成予想図を示す透視図において、写真的な技法が用いられ、植栽計画に際しても奥行や高低のバランスを意識していると思われる。

　自然に対するヤコブセンの眼識は常に客観性を保ち、「鳥の眼」と「虫の眼」の両方を兼ね備えていた。生涯にわたり水彩風景画を描き続けていたことが、彼の観察力をより一層高めることにつながっている。画風は写実性をきわめ、晩年は自ら撮影した写真を用い、植物の細部まできちんと描く細密画の域に達するほどとなった。テキスタイル原画だからといってパターンの繰り返しではなく、花弁や葉のつき方をじっくりと観察し、一つひとつ忠実に写し取っているのは、完璧主義者としての性癖もあったのだろう。一方、距離を置いたところから俯瞰する「鳥の眼」は、風景画を描くときと同じ感覚で、周囲の自然環境を観察した上で視点を定めている。もちろん既存の樹木に対する配慮も欠かさなかった。

　このようにヤコブセンの自然に対峙する姿勢をドローイングから読み解いていくと、幼少の頃から生涯を通じて変わらぬ、自然を愛するヤコブセンの眼差しが見て取れる。本稿の結びとして、モダニストとしてのヤコブセンの評価に「自然と建築との共存を目指した実践者」という、新たな側面を加えよう。

**註記**

*1 Arne Emil Jacobsen(1902〜1971)はデンマークを代表する近代建築家である。デンマーク王立芸術アカデミー卒業後、デンマーク国内で先駆的な白いモダニズム建築を手がけ、ル・コルビュジエ風の建築が話題を呼ぶ。代表作として「SASロイヤルホテル」「オーフス市庁舎」「デンマーク国立銀行」などがあり、椅子「セブンチェア」「アントチェア」「エッグチェア」「スワンチェア」は今も世界中で愛されている人気のロングセラーである。

*2 母親ポーリンが描いた花の絵をみると、ヤコブセンの卓越した画力は母親譲りであることがみてとれる。『Arne Jacobsen』(The Danish Architectural Press, 2001) p12より

*3 カイ・フィスカー(1893〜1965年)は、王立芸術アカデミーで1936〜1963年教鞭をとり、アルネ・ヤコブセン、フィン・ユール、ヨーン・ウッツソンなどを指導し、優れた近代建築家を輩出した。代表作は「オーフス大学」(1933年)。

*4 その年の「ゴールドメダル」は該当者なしで、ヤコブセンは「スモール・ゴールドメダル」が授与された。

*5 クランペンボーはコペンハーゲン郊外のビーチリゾートの地であり、ヤコブセンが幼少の頃、家族と毎年訪れた親しみのある土地であったため、そこを敷地に選んだものと思われる。

*6 デンマークの事務所はヤコブセンが亡命後も細々と続けられた。ヤコブセンのスウェーデン滞在期間は2年余りであるが、デンマークの事務所とやり取りしながら、ジャーナリストのエッペ・ムンクの住宅を実現した。

*7 ニルス・コッペル(生没年不明)はスウェーデンの建築家。実際はもうひとりの建築家カール・アクセル・アッキングと3人でコラボレーションしている。出典『Arne Jacobsen』(The Danish Architectural Press, 2001) p120より。

*8 初期の自邸(1929年)では自分の仕事机の窓に直結したウィンターガーデンを増築している。戦後の自邸スーホルムではサボテン専用の巨大プランターをリビングに備え付けていた。王立芸術図書館の建築資料室ではヤコブセンの他、カイ・フィスカーなど歴代の卒業生の図面、スケッチ、模型、写真を保管している。

**図版出典・参考文献**

Royal Danish Library- Danish National Art Library, Collection of Architectural Drawings (図6. 7. 8. 9. 10. 11. 12. 13. 14. 15. 16. 17. 18. 19. 20. 21. 22. 23. 24. 25)
http://kunstbib.dk/en/collections/the-book-collection
Utzon Archives by Aalborg University Library (図3)
http://www.utzon-archives.aau.dk/
Poul Erik Tøjner, (2003), *Arne Jacobsen akvareller ATLAS*, Denmark, Kunstbogklubben (図5. 26)
Carsten Thau, Kjeld Vindum (2001), *Arne Jacobsen*, The Danish Architectural Press (図4)
Felix Solaguren+Beascoa, (2002), *Arne Jacobsen – Approach to his Complete Works*, Denmark, The Danish Architectural Press (図27)
W. Boesiger, O. Stonorov (1964), *Le Corbusier –Oeuvre complète 1910–29* (図1)
建築と都市 a+u 1998年6月臨時増刊号「アルヴァ・アアルトの住宅―その永遠なるもの」(図2)
Michael Sheridan (2003), *ROOM 60 – The SAS House and the WORKS OF Arne Jacobsen*, Phaidon
Poul Erik Tøjner, Kjeld Vindum (1999), *ARNE JACOBSEN Arkitekt & Designer*, Danish Design Center
Poul Erik Tøjner (2002), *Arne Jacobsen Absolutely Modern*, Louisiana Museum of Modern Art
和田菜穂子 (2010)『アルネ・ヤコブセン 時代を超えた造形美』(学芸出版社)

# 第1章
## 風化する遺産と記憶

## 1-2
## 宗教空間の再発見

### 1-2-1
中世モザーン建築とクリプトの関係
——ベルギー・ウイのノートル=ダム参事会聖堂をめぐって
柘植雅美

### 1-2-2
モルドヴァ共和国カウシェニの聖母就寝聖堂の
由来と編年をめぐるいくつかの仮説
舘崎麻衣子

### 1-2-3
セブ島アルガオにおけるポブラシオンの形成とイエズス会ハウスの役割
三宅理一

### 1-2-4
パリ外国宣教会史料から読み解く、
宣教師メルメ・カションの箱館での足跡
前島美知子

# 中世モザーン建築とクリプトの関係
## ベルギー・ウイのノートル=ダム参事会聖堂をめぐって

柘植雅美

フランス北部に端を発するムーズ河は、ベルギー東部を貫きオランダを抜けて北海に至る。歴史学の領域では、中世のこの地域の建築や都市にムーズ河流域を意味する「モザーン」[*1]を冠して地域特性を表すのが一般的となっており、ナミュール、ウイ、リエージュ、マーストリヒトといった都市がモザーン地方の中心地としての役割を与えられてきた。

この地方には多くの中世ロマネスク建築が分布しているが、その多くはオットー朝建築の系譜に連なる西構え[*2]を伴ったマッシブな壁体を特徴とし、堂内においては独特の角形柱頭が散見できる。これらの建築群を指して「モザーン建築」と総称する。この建築を論ずるにあたって無視することができないのがクリプト(地下聖堂)である。聖人や献堂者など際立った人物の墓室であることが多く、ロマネスク期には多く設けられるもののゴシック期には消えてしまう。本論考は、モザーン地方の主邑であるウイ[*3]に注目し、ムーズ河に沿って建つノートル=ダム参事会聖堂(la Collégiale Notre-Dame de Huy 以下、新聖堂)のクリプトの実地調査を通して、中世モザーン建築の特質を探る(図1)。

このクリプトは1906年に行われた新聖堂の暖房機器設置工事の際に、内陣地下で偶然発見されたもので、発見時は土砂と砕石によって完全に埋められていた。それらをすべて取り除いたところ、新聖堂を支持する基礎構造体が新たに出現した。またクリプトのヴォールト天井は上端が断ち切られていて構造的に機能していなかったため、補強が施された後に、堂内整備が行われ今日に到っている[*4]。

今日眼にするゴシック様式の新聖堂は1311年に建て替えられたものである*5。その前身であるロマネスク期の聖堂（以下、旧聖堂）は1066年に建設されたことが分かっている*6。新聖堂は西構えを有しているが、その内陣は南北二つの小塔に挟まれるという、近隣のモザーン建築ではフランス革命期に破壊されたリエージュの大聖堂にだけ見られる形式を採用している。1851年から断続的に6人の建築家によって修復工事がなされているが、本格的な発掘調査は行われておらず、その建設の経緯は今なお不明である。筆者は、かつて存在した旧聖堂の形態の復元を目的に、旧聖堂の唯一の遺構とされるクリプトの実測調査を行った。1066年から1311年、すなわちロマネスク期からゴシック期にかけての聖堂建設活動を再考し、なぜクリプトが埋められたか、どのように現在の新聖堂内陣の形態が生み出されたかを探ることが主たる関心事である。

本研究を進めるにあたっては文献調査と実測調査の双方が根幹となった。前者に関しては、ウイの参事会聖堂に関する文献資料の調査を行い、参事会聖堂建設に関する古文書『1066年文書 la Charté de Huy』に注目した*7。この文書は旧聖堂の建設に際し、リエージュ司教テオドワン*8と都市ブルジョワジーの間で締結された都市憲章であり、その中で建設資金の提供について

の言及されている。後者の実測調査に関しては、2010年5月ならびに11月に筆者が現地に赴き、当聖堂修復建築家のジャン=ルイ・ジョリス氏の協力を得て新聖堂とクリプトの調査を行った。文献から得られた知見と現地調査の結果を突き合わせ、クリプトと地上の旧聖堂の形態を復元したのが本論考である。なお、本論考は、2010年の調査をもとに執筆された筆者の学会論文[9]を再編集し、クリプト部分に絞ってまとめ直したものである。

## モザーン建築におけるクリプト

モザーン建築にとってクリプトは決定的とも言える意味を有しているが、この分野の研究第一人者ジェニコは同地方のクリプトを、「地下クリプト」(les cryptes souterraines)と「外クリプト」(les cryptes extérieures)の二つに大別し、それによって聖堂建築の分類を行っている。

■地下クリプト
地下クリプトとはその名称の通り地上聖堂の地下に存在するクリプトのことであり、その多くは地上聖堂の内陣部の直下、もしくは身廊部の内陣寄りの地下部に設けられている。聖人の墓所でもあり聖遺物を納める場でもあったクリプトは、地上聖堂内に設けられた階段を通じて礼拝のできる空間となっていた。例として3つの地下クリプト平面図を挙げる（図2）。

　ジェニコはウイの参事会聖堂のクリプトを地下クリプトのひとつに分類した。しかしその他のモザーン地方の地下クリプトと比べて規模も大きく平面計画上の特徴も多いことから、ウイのクリプトを特殊な事例として扱っている[10]。トランセプトを有する広い堂内には、モノリスの双子柱が三組と単柱が一組配置され、ヴォールトが架けられていた。そのヴォールトの上端が断ち切られる以前は、モザーン地方のクリプトの中でも随一の天井高5,700 mmを有する地下空間であった。また堂内の東端には二つの小アプスに挟まれる形で半円のアプスが造られ、西端には納骨堂が設けられていた[11]。

■外クリプト
外クリプトとは教会堂後陣の外部に付属した礼拝堂を示す。地下クリプトとは異なり、多くが地盤面上に建つ外クリプトは、その西端部が地上教会堂の

アプスを取り囲むように配置されるのが特徴である。例として3つの外クリプト平面図を挙げる（図2）。

　ジェニコはウイの聖堂のクリプトが地下クリプトであると断定しているが、当クリプトを外クリプトの平面と比較した場合、堂内への進入口の位置やアプス・小アプスの存在から、1311年以前には外クリプトであった可能性も完全には否定できない。ウイの旧聖堂の形態を示す物的な痕跡がきわめて少ない以上、そのクリプトの分類を判断する際には、平面計画の比較だけではない別のアプローチが必要となる。

## ウイの旧聖堂

■ロマネスク様式の聖堂の成立
ウイのロマネスク様式の聖堂が完成したのは1066年のことであった。それ以前にも同じ敷地に小さな教会堂が建っていたとされるが、規模や形態を示す史料は見つかっていない。その小さな教会堂は1053年にフランドル伯ボードワンの放った火によって全焼してしまう。しかし当時のリエージュ司教テオドワンは石造の聖堂の再建を直ちに決定し、その後13年の歳月を費やしてロマネスク様式の聖堂が完成した[*12]。

　この旧聖堂建設活動について特筆すべきことは二点ある。一つは建設活動資金の出所であり、もう一つはリエージュ司教との関わりである。

■ウイの1066年文書
11世紀の西ヨーロッパ各地では、交換経済の発展によって財をなした都市

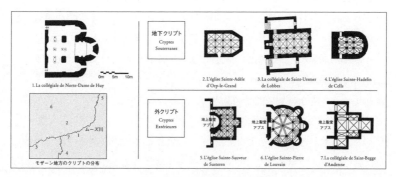

図2　モザーン地方のクリプト

ブルジョワジーが台頭し始め、みずからの社会的地位の確立を封建領主に対して強く要求するようになった。ウイも例外ではなく、1066年[13]に都市ブルジョワジーの特権を保護する文書を司教から獲得している[14]。この文書が参事会聖堂建設にとって重要なのは、これが旧聖堂建設資金供出の見返りとして、リエージュ司教テオドワンからウイの都市ブルジョワジーに授与されたものであったからである。ウイの都市ブルジョワジーの特権[15]が承認されることを条件に、彼らの動産の1/3が旧聖堂の建設資金として司教に提供されたのであった。最終的にこの譲与の額はブルジョワジーの全動産の1/2までに上がり、その増額の文書への追記から、旧聖堂の建設活動への都市ブルジョワジーの貢献の大きさが窺える[16]。

■二人の司教による献堂式と参事会の成立
13年の建設期間を経て完成した旧聖堂は、1066年8月25日[17]にリエージュ司教テオドワン(在位1048〜1075年)とカンブレ司教リベール(在位1051〜1076年)によって献堂された。地上部分の聖堂は二人の司教によって、またクリプトは同じ日にリエージュ司教によって献堂式が執り行われたとされる。ムーズ河流域において、二人の司教によって献堂されたのはこのウイの聖堂だけであった[18]。司教座聖堂でないにも関わらず、ウイの参事会聖堂はリエージュ司教の多大な関心を惹き寄せていたのである。

また献堂式の同日、司教テオドワンは既存の15の聖職禄に加え、さらに15の聖職禄を追加している。合わせて30人の参事会会員を抱えるようになったウイの参事会は、この地域における宗教的な優位性を確立するとともに、本来は領主が担う行政的な役割をも果たすようになっていった[19]。当時の参事会会員の個人名は判明していないが、時代が下ると都市ブルジョワジーの子弟が参事会会員となったことが判明している。おそらく当時の司教と都市ブルジョワジーは、聖堂建設資金の提供とその見返りとしての特権の享受だけにとどまらない、複層的な利害によって結び付いていたのであろう。

■クリプトの成立時期に関する検証(1311〜1906年)
既往研究では1066年8月25日に地上聖堂と「クリプト」が併せて献堂されたとされている。しかし、1311年から1906年までの新聖堂建設工事や修復活動に関する史料の中で、クリプトの存在に触れる記述は確認できなかっ

た[20]。実測調査の結果、新聖堂内陣部の床レベルはクリプトのヴォールト上部を断ち切らねば実現できない高さに存在していることが確認できた(図3)。この点は重要である。新聖堂完成以後に内陣部地下を掘り下げて新たにクリプトを建築し、その後なんらかの理由でクリプトを埋め、さらに内陣床レベルも引き下げた、とする改築の可能性も想定できるが、工程の複雑さと典礼上最も重要な箇所を長期間使用不可能にしてしまうことから現実的とは言い難い[21]。従って、クリプトの存在は新聖堂内陣の建設に先行するものであったと理解するのがもっとも妥当ではないだろうか。つまり、1906年に発見されたクリプトは、1311年以前に建設された旧聖堂と同時期に存在していたということである。

## クリプトの実測調査

■構造的な特徴

クリプトに入るためには、新聖堂交差廊より西に一つ目の小祭室に設けられた階段(図4のa)[22]を25段下る。中に入ってみると意外と開放感のあ

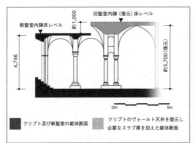

図3 復元したクリプトのヴォールト

図5 上部が断ち切られたヴォールト天井

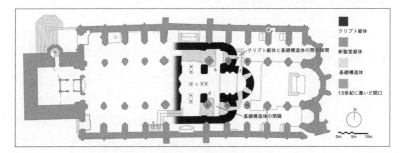

図4 クリプト・新聖堂内陣平面図

る空間である。ヴォールト上端が断ち切られ当初よりは天井高が抑えられているものの、平均で4,700mm程度の高さが保たれているからであろう。上端が断ち切られたヴォールト（図5）を復元したところ、天井高は最高で5,700mm程度あったことが判明し、ジェニコの記述とも整合する。

クリプトの内外には、通常のクリプトの構造体である壁体や柱に加えて、マッシブな石造の新聖堂基礎構造体が築造されている。これはクリプト上部の新聖堂を支えるための基礎であり、旧聖堂から新聖堂への建て替えにあたって築造されたものであった。

クリプトの床面積の1/3ほどを占めている新聖堂基礎構造体は、一見無計画に配置されクリプト内部を不整形にしてしまったかのようである。しかし、地上地下の平面図を重ねればゴシック様式の新聖堂の大円柱（図4のⅰ・ⅱ・ⅲ・ⅳ・ⅴ・ⅵ）の真下に基礎が造られていることが分かる（図4のb）。つまり、新聖堂基礎構造体は直接地上からの荷重を受ける箇所にのみ築造されたのである。

またそれぞれの新聖堂基礎構造体は1,500〜2,000mm程度の間隔を空けて配置されていることから、使用する石材量を減らそうとする試みがあったことも推測される。基礎構造体の石積みの中に取り壊された旧聖堂の一部と思われる石材が再利用されているのである。調査では少なくとも5つの廃材が再利用されていることが確認され、そのうち3つの材は基礎構造体の石積みの同一層に用いられていた。

■クリプトの成立時期

それでは1311年以降放棄され1906年に発見されたクリプトと1066年に完成したとされるクリプトの間には、平面・立面・断面上、大きな違いがなかったのであろうか。この問題を検証する為に、モノリスの小柱群と床レベルについて考察したい。

クリプトのヴォールトはモノリス小柱の頂部から立ち上っていることから、ヴォールトの架設は小柱群の設置に続いて行われた作業であったと理解される。また石タイルの敷かれた床は、モノリス小柱の礎石底面と等しい高さであることから、モノリスの小柱群の設置とヴォールト天井の架設そして床面へのタイル敷きは、一連の工程の中で行われたものだと推定することが可能である。

ヴォールト天井なしには、このクリプトは人が立ち入れる空間としての役割を果たせない。また当クリプトが「地下クリプト」であるならば、上部の旧聖堂が完成した後、新たに地下にクリプトを設ける可能性はあまり現実的ではない。よって現在確認できるクリプトの小柱群・ヴォールトの下端部・床レベルは、1066年にクリプトが完成した当時のものであると考えることが、最も無理のない解釈だと思われる。

## 1311年以前のクリプトと旧聖堂の復元

これまでの考察より、ウイのクリプトは地下クリプトに分類され、現在のクリプトのヴォールトを復元し基礎構造体を除いた状態が、1066年のクリプトにほぼ等しいとする仮説が導き出された。以下、1066年のクリプトの形態を明らかにするとともに、そのクリプトが地上の旧聖堂とどう関連し、また新聖堂の建築にいかなる影響を与えたかについて考察する。

■1311年以前のクリプトの復元
新聖堂の基礎構造体を取り払い、ヴォールトを復元した状態が、1311年以前のクリプトの形状だと考えられる（図6）。その平面は、後陣ならびにその左右の小後陣に対応する三廊式の形式を採っていた。現在も通行可能な南側の階段に対応するかたちで、北側にも同様の階段があり、信徒や巡礼者が堂内を一方通行で巡回することができる計画であったのだろう。1311年以前の堂内は十分に広く、地上の聖堂と同等の典礼儀式の遂行が可能であったはずである。

また当クリプトは地下クリプトでありその床レベルも地盤面より低いが、アプス・小アプスに大きな開口部が設けられていることから、当初から堂内に外光が差し込むように計画されていたことが考えられる。

■旧聖堂の平面上の復元 — 規模と形態の推定
旧聖堂の復元を試みる際に考慮しなければならないのは、クリプトの形態との関連である。これまでの考察により、当クリプトは地上の旧聖堂と等しい平面計画からなる地下クリプト[23]であるとする仮説が有力となった。またクリプトへ降りる階段が壁体に沿う形で設置されていることも、地下と地上

二つの聖堂の平面が重なることを示していると考えられる。従って本稿では地上の旧聖堂躯体はクリプトの壁面がそのまま立ち上がったものであり、その平面計画は、クリプトと同じ三廊式・交差廊の平面であったと推測するものである。

■旧聖堂の断面上の復元

続いて、断面上で地上地下の聖堂がどのように関連していたかを検討したい。この問題を考察するにあたって、1311年に始まる新聖堂建設工事に伴ってクリプトのヴォールト上端が断ち切られたという事実に注目する。

クリプトの内外に新聖堂のための基礎構造体を築造し、残りの空間も土砂で埋めるという行為は、新しい参事会聖堂にとって機能的にも象徴的にもクリプトが不要であることを示している。ただもしこのようにクリプトを完全に埋めてしまうのであれば、わざわざヴォールト上部を切る必要などなく、既存の旧聖堂内陣の床面（図7のa）をそのまま新聖堂の床面として利用すれば良いはずである。しかし実際には新聖堂の床面は旧聖堂の内陣の床面より1,000mm程度低い位置にある（図7のb）。

そこで仮説として挙げたいのは、旧聖堂の内陣と身廊の境には高低差があり階段によって繋がっていたという可能性である。つまり旧聖堂には少なくとも二つの床レベルが存在し、新聖堂が建設された際に新しい床レベルとして採用されたのが、低い方の床レベル（図7のb）であったと考えるものである（図7）。そしてクリプトのヴォールトは、旧聖堂の低い方の床レベルに合わせるために、その上端を断ち切られたのではないだろうか（図7のc）。

同じく地下クリプトに分類されるクリプトを有するセルのサン＝タデラン教会やロベスのサン＝トゥルスメ聖堂も、身廊部と内陣手前に数段から

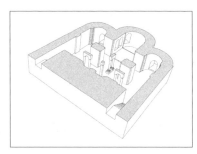

図6　1311年以前のクリプト

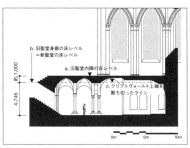

図7　旧聖堂復元図

なる階段が存在している。ウイの旧聖堂もこれら二つの教会と似た断面構成だった可能性がある。

　仮に新聖堂の全床面積に等しい基壇を旧聖堂の最も高い床レベルに合わせて築いたならば、必要石材量と基壇築造の作業量が著しく増加するのは明白である。より合理的に新聖堂の建設活動を進めるのならば、旧聖堂全床面積の1/5程度しかないクリプトのヴォールト上部を切り取り、既存の地上聖堂の一番低い床レベルに合わせるのが施工上の現実的な判断であったのだろう。

■クリプトの設計変更と改築の可能性
アプス壁体の一部に地盤面に対して垂直に積まれた箇所が確認される。アプスと小アプス外壁の境目近くにあるこの箇所では、分断された数段分（図8のb）を除き、石材左端が垂直方向に一直線に積まれている（図8のa）。組積造の場合、石材の目地をこのように垂直に通すことは荷重の分散が図れない等の理由で構造的な弱点となることから、望ましい工法とは言えない。よってこの垂直目地の箇所は当初から通し目地として壁面の一部に計画されたというよりも、元々はコーナー部として設計されたところであり、何らかの理由で工事が中断した結果偶然にその石積みが現れてしまったものと推察した。

　つまりクリプトの東端部が建造される際、まず図8のaの部分がクリプトのコーナーとして建造され、続いて図8のcの部分の壁体が延長されるとともに半円状のアプスが追加され、更に既存の図8のaの部分に壁体の一部図8のbを嵌入させるようにして小アプスも建造したのではないだろうか。

　以上より図8のaの箇所はcの箇所よりも前の段階で建造され、また図8のbの箇所にも先行するものであったと考える。本来ならば連続すべきアプスと小アプスの壁体がこのように断絶しているという事実は、単純な工期区分

図8　アプス開口部（左：アプス開口部周辺の切石積み
　　　右：小アプスのモエロン積み）※石積みの目地を白く着色

に起因する問題ではなく、何らかのかたちで設計変更がなされたことを物語ってはいないだろうか。そこでクリプト東端部の建造過程とその開口部の移動を併せたクリプトの形態の変遷を、図9のように三段階に分けて考察した。

　当初計画されていたクリプトはアプス端部が隅切りされ半円の小アプスも持たないものであったが（図9のI）、その施工中、つまり旧聖堂地上部の建設が始まる以前に、アプスと小アプスを付け加えるという計画変更がなされたと思われる（図9のII）。さらに資料には、13世紀頃にアプスの二つの開口が塞がれ新たな開口がその両脇に設けられたとありことから、この開口の移動という改築を経て、1311年以前のクリプトの形態に至ったと推測される（図9のIII）。

　ロマネスクからゴシックへの転換は、教区の社会基盤の発展や都市構造の変化などを外的要因としながら、様式や技術の転換を伴って発生する。しかし、建て替えという物理的行為は、先行する建築が何らかのかたちで次の建造物を規定する。ウイのクリプトはその典型であり、今回の一連の考察から地上の旧聖堂の平面をそのまま伝えている可能性がきわめて高いことがわかった。現存するクリプトは基礎構造体の挿入により不整形な平面となってしまっているが、地上の新聖堂と照らし合わせれば、基礎の配置が効率的で無駄のない処置であったことが判明した。また断面上では、施工上の合理性を求めて、新聖堂の床レベルとして旧聖堂の最も低い床レベルがそのまま採用された。旧聖堂の存在は平面的にも断面的にも新聖堂の設計と建設工事にとって所与の条件であったのである。

　またクリプトの石積みを分析し、さらに当時の地盤面や地理的背景と照らし合わせることで、クリプトの形態の変遷が明らかになった。既往研究で取

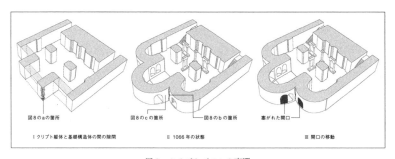

図9　クリプトプランの変遷

り上げられていたウイのクリプトの特異性は、三度に及ぶプラン上の変更から生まれたものであった。新聖堂は完成までに少なくとも225年を費やした。旧聖堂の一部は廃材となって再利用されたのだろうが、残された空間では工事中も典礼儀式が継続して行われていた。ウイの旧聖堂は一度に失われたのではなく、長い時間をかけて新聖堂の形態と構造そして機能に混ざり合い溶け込むかたちで徐々に姿を消していったのであろう。

## 註記

*1 最初に「モザーン」（mosan）という語を用いたのは歴史家・作家のA. Borgnetだとされる。1856年の著作の中でBorgnetは《le "Mosan" que je suis 》と生まれ育った地を詩的に表現した。Benoît Van den Bossche (sous la direction de), *L'art mosan : Liège et son pays à l'époque romane du XIe au XIIIe siècle*, Liège, 2007, p. 16

*2 massif occidental【仏】Westwerk, Westbau【独】

*3 現ベルギー王国の南部ワロン州に位置する人口約2万の地方都市。10世紀から18世紀までこの地域を政治的・宗教的に掌握した司教座都市リエージュの上流30kmに位置し、冶金産業と毛織物産業で栄えた。

*4 現在、この空間は新聖堂付属の宝物館となっている。

*5 Albert LEMEUNIER, *La Collégiale de Notre-Dame de Huy*, Association Culturelle du Condroz rural, 1978, p. 4

*6 *ibid.*, p. 4

*7 1066年文書の完全な原本は現存していない。1408年にリエージュ都市同盟を破ったブルゴーニュ公とエノー伯によりこの文書は接収され、ウイのブルジョワジーに返却されることのないまま消失してしまった。ただし部分的な複写が三つ残っており、それを合わせることで不完全ながらも1066年文書を再現することが可能になったのである。

*8 司教在位期間1048～1075年　Bruno DEMOULIN et Jean-Louis KUPPER , *Histoire de la principauté de Liège*, Toulouse, 2002, p. 23

*9 柘植雅美『ベルギー・ウイにおけるノートル=ダム参事会聖堂の建設過程に関する考察―11世紀から14世紀にかけてのクリプトと地上聖堂の形態(その1)』日本建築学会計画系論文集、第77巻、674号、2012, pp.911–920

*10 ジェニコは地下クリプトと分類したクリプト群について、それぞれの平面計画から、さらに細かい分類を行っている。この詳細な分類の中でのウイのクリプトの位置付けについて、本稿の目的と性質上ここで充分に言及することができないため取り上げられないが、後の研究の中で詳細に触れる予定である。

*11 クリプトの西端及び納骨堂については未発掘であるため、それらの詳細は現在のところ不明である。

*12 Albert LEMEUNIER *op.cit.*, p. 13

*13 ウイの文書は神聖ローマ帝国内の同種の文書の中では最古のものであり、ムーズ河流域の諸都市におけるブルジョワジーの台頭と中世都市社会の変容を示す象徴的なものだと考えられる。アンドレ・ジョリス著, 齊藤 綱子訳:西欧中世都市の世界 ベルギー都市ウイの栄光と衰退、八朔

社, 1995. 5, pp.37–54

*14　アンドレ・ジョリス著, 前掲書, pp.37–54

*15　リエージュ司教の空位期間中のウイの自治や私有財産・軍役・刑事裁判に関する規定等 René FURNEMONT, *La Charte de Huy 1066, Première Charte Européenne de Liberté*, Musée Communal Huy, 1966, pp.9–15

*16　この増額の追記がいつ行われたかは不明であるが、文書が複写される際に故意に付け加えられたのでなければ、文章が起草された1066年から、原本がウイのブルジョワジーの手から奪われた1408年の間だと推定される

*17　René FURNEMONT, *op.cit.*, p.4

*18　Luc-François GENICOT, *Les Eglises Mosanes du XIe Siècle*, Livre I, Publications Universitaires de Louvain, 1972, pp.127–129

*19　アンドレ・ジョリス著, 前掲書, pp.39–42

*20　1311年にゴシック様式の聖堂建設が始まり、内陣部分が完成によって新聖堂で典礼儀式が行えるようになったのは、66年後の1377年8月24日であった。文書に初めて『建設資金難により工事が中断した』という記述が現れたのは1380年である。参事会員達が私財を投じ、また当時のリエージュ司教 Arnold de Hornesが全司教区へ向け建設資金の寄付を募った結果、工事は再開され1382年に聖堂の正面入口が完成した。*ibid.*, p. 4

*21　1311年以降、新聖堂の内陣床レベルが変更されたという記録は、残されていない。

*22　この階段はクリプトの壁体に沿った直階段の部分と、新聖堂の小祭室に収まるように造られた回り階段から構成されている。それぞれの蹴上げは180mm前後で踊り場も合わせると、クリプト床面から新聖堂内陣までの距離は4,867mmとなった。クリプト内の天井高さは各部分で異なるが、概ね4,700mm前後である。また実測した断面図からヴォールトの曲線を復元したところ、5,700mm程度になった。復元した旧聖堂の内陣高さは、この5,700mmの天井高に必要な床厚を加えた値になると考えられる。

*23　『地下』クリプトという分類になるが、実際は躯体の大部分が地盤面上に露出していたはずである。またクリプト本体の発掘は行われたが、それより以深のクリプトの基礎や地盤等は未調査であるため現在でも不明である。

# モルドヴァ共和国カウシェニの聖母就寝聖堂の由来と編年をめぐるいくつかの仮説

舘﨑麻衣子

モルドヴァ共和国（ベッサラビア）南部に位置するカウシェニには歴史的記念物（重要文化財）に指定されているフレスコ画で知られる聖母就寝聖堂（以下、カウシェニ聖堂）[*1]が立地している。半地下の単郎式聖堂の形態は特異で、フレスコ画の碑文からそれが1760年代に描かれたことがわかる以外、聖堂建立の時期やその後の編年については不明である。

1940年からのソヴィエト連邦社会主義時代には、政教分離政策の下、聖堂をはじめとする多くの宗教施設が閉鎖・破壊された。そのため、現存する近世以前の聖堂は少なく、現存しても改修されているのが通常である。カウシェニ聖堂は、第二次大戦後、倉庫として使用されていたというが、実際はおよそ50年にわたり放置されていたため、同国において、往時の姿のまま現存する唯一の組積造建造物となった。

研究者は数度の現地調査を経て、建築構法や空間形式、フレスコ画のイコノグラフィー等の考察を進め、聖堂の由来に関する現行のいくつかの仮説を検証し、その問題を探った。

その結果、オスマン帝国、クリミア・ハン国、モルドヴァ公、ギリシア人官僚（ファナリオット）、ロシア帝国と支配が変転する中で、辺境ブジャク地方に位置するカウシェニが強くその影響を受け、特異な正教聖堂の建立に至った可能性に言及する。

## 歴史的背景

■モルドヴァ公国とブジャク地方

プルト川とドニエストル川に挟まれたベッサラビアと呼ばれる地域は、中世

モルドヴァ公国[*2]領の一部であった。15世紀後半、シュテファン大公[*3]の治世において最盛期を迎えるが、その一方で、東西交易や交通の要路であるこの地を巡り、隣国との抗争が激しくなる。西方への拡大を狙うオスマン・トルコの進出はそのまま国土がイスラームに塗り替えられることを意味し、正教を奉ずるキリスト教国であるモルドヴァ公国にとって到底受け入れられるものではない。シュテファン大公は、度重なるオスマンとの闘いで戦勝を重ねたが、1484年に2度の敗北を喫し、経済と防衛の拠点であったドナウ・デルタのキリアとドニエストル河口のチェタテ・アルバを占領された。その結果、両都市を含む黒海沿岸のブジャク地方[*4]はオスマン帝国に割譲され、シリストラ州[*5]として総督（ベイレルベイ）の支配下となる（図I）。

■カウシェニ

カウシェニが最初に史料に登場するのは15世紀半ばで、ケシェナウ・ロシュという名称で、ティギナ[*6]からほど近いボトナ川沿いの商業市として繁栄していた。1535年に、オスマン軍のティギナ遠征に伴ってカウシェニを含む12村がモルドヴァ公国領から切り離されて、オスマン帝国領に組み入れられる。それに伴い、町の名は現在のカウシェニ（トルコ語でカウシャン）に変更された。

　オスマン帝国の地方統治は、州（エヤレット）の下に県（サンジャク）を置き、イスタンブールから派遣された州総督（ベイレルベイ）がそれぞれの代官（ベ

図I　モルドヴァ公国とブジャク地方

イ）を統括する形をとる。しかし、帝国の外縁部を形作るシリストラ州（後のヨズィ州）においては、クリミア・ハンがベイレルベイを兼ねてタタールの地方政権を樹立するとともに、東方のノガイ・オルダから移り住んだムスリムのノガイ人が独自の勢力を形作っていた点が特徴的である。

　カウシェニを含むブジャク地方は、半遊牧的生活を送りながら非常時には合従連衡して軍団組織に切り替わるノガイ人が広く分布することになり[*7]、17世紀半ばにはベイレルベイもノガイ人の族長[*8]から選ばれることとなる。その後、クリミア・ハンは、クリミア半島のバフチサライに宮廷を構えつつ、カウシェニに進出して城館を建設し、政庁を置いた[*9]。都市定住型のタタール人と半遊牧のノガイ人が拮抗し、被支配者であるモルドヴァ人と混住する。この地域はドナウ・デルタからドニエストル河河口部に到る沿岸部を占め、キリア、イスマイル、ティギナ（ベンデル）などの河川港から内陸に到る交易路が延び、アルメニア人、ギリシア人、ユダヤ人などを含めた多民族による高い商業活動を誇るようになる。18世紀後半の旅行者の記述によれば、ティギナに近いカウシェニは「タタール人とトルコ人が多数居住する」「20タタール里ほどを隔てた二つの丘に挟まれた小さな町」であった[*10]。丘の一つを城館が占め、ハーレムを備えたクリミア・ハンの宮廷が置かれていた。しかし、ロシア遠征に失敗したクリミア・ハンが病に臥し、1770年にこの城で急逝した直後にノガイ人反乱勢力の襲撃を受けてカウシェニは灰燼に帰し、さらに1790年の露土戦争の戦場となったことで再度、破壊された。

■プロイラヴィア府主教座

オスマン帝国は非ムスリムの共同体の存在を認め、正教会は貢納義務を伴った正教共同体（ミレット）として存続することとなる。総主教座はイスタンブールに留まり、オスマン帝国内外の多くの府主教座等を裁治することになるが、ロシアなど帝国外の正教会は新たな総主教座を設けて独立を果たしていく。

　オスマン帝国に割譲されたブジャク地方では、16世紀半ばからプロイラヴィア府主教座が設置され、カウシェニも含まれた。その結果として、モルドヴァ、ワラキアの府主教座とは別系統の教会行政機構に組み替えられる。この府主教区は、帝国領（ブジャク県）の拡大にともなって範囲を広げ、最大時の18世紀後半には北辺エディサン地方（ユズィ）からドナウ・デルタ

までを含む広大な地域を管轄することとなる。府主教座もブライラ（1672〜1751年）、イスマイル（1751〜1792年）、ブライラ（1793〜1828年）と変転する。カウシェニでは1760年代半ばのクリミア・ハン滞在時に、ダニイル府主教[11]のため府主教館が設けられていた。カウシェニ聖堂をめぐって大工事が行われるのはこの頃である。

## カウシェニ聖堂の建築的考察

■立地と形態

カウシェニの聖母就寝聖堂（Biserica Adormirea Maicii Domnnului）は旧市街の東側、丘の麓に立地する（図2）。他のモルドヴァ地域の聖堂とは大き

図2　カウシェニ聖母就寝聖堂　南西からの外観

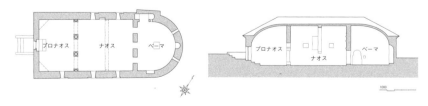

（左）図3　カウシェニ聖母就寝聖堂　平面図／（右）図4　カウシェニ聖母就寝聖堂　断面図（西−東）
（共にEugen Bîzgu氏の図を基に作成）

く異なり、床面が地表面から1mほど下がった半地下の単廊式聖堂の形をとり、東西の軸線上に東からベーマ、ナオス、プロナオスを配する（図3、4）。それぞれの空間は石造のイコノスタシスと、一対の円柱と両脇の付柱に支えられるブルンコヴェネスク風アーチ（火炎形の装飾アーチ）によって仕切られていて、天井は高さ約5.2mの筒型ヴォールトで、東西両端が半円ドームとなっている[12]。シンプルな外観とは対照的に、内部は壁一面が色鮮やかなフレスコ画で覆われている（図5、6）。

■碑文等から読み取るカウシェニ聖堂の由来
カウシェニ聖堂についての同時代の文字記録としては、現在のところ、聖堂の内外に記された碑文や壁画文の類が唯一の手がかりである。西側入口外壁

図5　石造のイコノスタシス（ナオス）

図6　ブルンコヴェネスク風アーチの仕切り壁（ナオス）

図7 入口上部の碑文（外部）　　　　図8 入口上部の銘板（内部）

のリンテルにはギリシア語で記された碑文が刻まれ、この聖堂がコンスタンティノポリスの総主教座に属し、1763～67年に「大がかりな工事」が行われ、壁画が描かれたことを伝えている（図7）。内部に入ると、入口上部のフレスコ画面に教会スラブ語の銘板が描かれ、前身となる教会について言及している（図8）。さらにプロスコミディアには画家の署名がキリル文字の綴りで記されている。以上3点の文字記録を総合すると、前身となる木造聖堂が全壊したこと、1763～67年、プロイラヴィア府主教ダニイルとグリゴリエ・カリマキ公°13 の時代に、画家スタンチュウ、ヴォイク、ラドゥにより、フレスコ画が制作されたことが読み取れる。

■献堂図

モルドヴァの聖堂では、内壁に聖堂の奉献者を表す献堂図を描くことが一般的である。カウシェニ聖堂においてもプロナオスの壁面に献堂図が描かれているが、南北両壁面に図像を配している点で中世の献堂図の構図とは異なっている。南側壁面は伝統的な献堂図の構図を取り、府主教ダニイルが聖堂を手にし、その左に寄進者であるモルドヴァ公の4名（コンスタンティン・マヴロコルダトならびにニコラエ・マヴロコルダトの兄弟、グレゴリエ3世・アレクサンドル・ギカ、グリゴリエ・カリマキ）ならびに公妃エカテリーナが並ぶ°14。北側壁面では、使徒聖ペテロと聖パウロが聖堂を持ち、その横により質素な服装で無冠の人物が群像として描かれているが、タタール支配のこの地にモルドヴァ公の訪問が叶わないことを考えれば、実際の教会建設を支えた地元の有力者層の図像である可能性が高い。

■史料の検討

　カウシェニ聖堂の様子を伝える文書や図版史料は極めて限られているが、図版については少なくとも以下の2点は聖堂の編年を行う際に有効である。一つは1768年のドイツ人商人クレーマンによるスケッチで、丘上のタタールの城館を中心に据え、丘の麓に描かれたカウシェニの街並みの中に聖堂が示されている。他の建物と異なり寄棟風の屋根が付き、屋根上に塔らしきものが載る。スケッチ制作者の視点を考慮すると、聖堂の南側面をほぼ正面に捉えているが、内陣にうがたれた窓を含め、4窓が並んでいるのがわかる（図9、10）。

　他の一点は、1920年頃に撮影された古写真で、南西側からのアングルで、

図9　ドイツ人商人クレーマンによるカウシェニのスケッチ（1768年）。実際と同じ場所に聖堂らしき建物が確認できる（白破線部）

図10　他の建物屋根の切妻に対して寄棟となっており、聖堂の西側（左手）にはモスクのミナレットが描かれている（図9　部分拡大）

図11　1920年頃のカウシェニ聖堂　南からの外観

扉口、プロナオスの窓（3窓）がはっきりと写っている。屋根にはナオス上部に六角形平面の塔がたつ（図 II）。2002 年に実施された同聖堂の屋根補修工事で、塔が建築の主体構造と一体化していないことが確認され、後世の付加物であるとして撤去された（72 項　図 2 参照）。1768 年の図に示された塔状の物体が、同一物かは不明であるが、外部から判断する限り、18 世紀後半から 20 世紀前半にかけ、大きな変化はほとんどないように見受けられる。

　19 世紀初頭のカウシェニについては、当時この地を訪れたイギリス人旅行者が詳しく叙述しているが、カウシェニ聖堂については「丸みを帯びた建物で、半分が地下に埋まっている。外壁・内壁には聖者の行伝、殉教者への拷問がフレスコ画として鮮やかな背景の上に描かれている。内陣には整った大理石の祭壇と洗礼盤が置かれ、異教徒風の神話を下敷きとした象徴的な人物像が刻まれている」[15] と記している。


■意匠
カウシェニ聖堂の建設年代判定にあたって、建築や壁画の様式、あるいは建築仕様が大きな意味を持つ。以下、特徴的な建築様式および仕様について考察する。

・建築様式
カウシェニ聖堂の意匠は内部と外部が極端に異なる。室内の意匠は、後期ブルンコヴェネスク様式[16] に分類される。この様式は、コンスタンティン・ブルンコヴァーヌ公（在位 1688 〜 1714 年）治世下のワラキアにおいて発展し、ルーマニアの伝統的な様式に、ビザンチン、ヴェネツィア派、オスマンからのイスラーム的な要素が融合したスタイルで、カウシェニ聖堂の場合、入口周りの石のレリーフ、原色の彩色柱と火炎状のアーチを組み合わせたアーケード、蔓や葉を反復させた植物文様により、流動感にあふれた装飾空間が特徴である（73 項　図 6 参照）。

・フレスコ画のイコノグラフィー
室内のフレスコ画を手掛けた 3 名の画家のうち、スタンチュとラドゥに関しては 1778 年から翌年にかけてプリャジュバの聖シュテファン聖ゲオルゲ聖堂[17] の壁画制作者として名前を連ねていることが確認されている。装飾的な彩色手法はブルンコヴェネスク様式に通じるものであり、彼らがワラキア出身の画家である可能性が極めて強い。

● 古材の転用

外壁エントランス部分の一対のライオン彫刻は、9世紀以降、西ヨーロッパで一般的に用いられているモチーフである。正教会の聖堂では通常は用いられないが、例外的に10・11世紀のロシア、ブルガリアに建立された幾つかの聖堂に例がある。他方、外壁入り口上部の碑文は、その下のライオンの彫刻部分と比較して表面が平滑で壁面への納まりがいい。よって、碑文はカウシェニで、彫刻は他の場所で制作されたと推測され、後者は古材が転用された可能性が高い。この他にも、プロナオスのアーチを支える円柱の柱礎や、ベーマの祭壇は花崗岩の柱頭の材がそのまま用いられている。

　古材を転用した理由には資材の不足、あるいは加工時間の短縮が考えられるが、そもそも半地下式で聖堂を建立しなくてはならない状況を踏まえると何ら不思議はなく、商業市としての環境から他国からの古材が入手し易い環境にあったとも考えられる。

## カウシェニ聖堂の類型的特質ならびに建設年代

■半地下式の聖堂類型

カウシェニの聖母就寝聖堂がモルドヴァの聖堂群と大きく異なるのは、半地下式になっている点である。ルーマニアには半地下式の事例は見当たらず、確認できるのは同じ府主教区に属するキリア・ノウア[18]の聖ニコラエ聖堂（Biserica Sf. Nocolae）である[19]。現在ウクライナ領のキリア・ノウアは、当時はオスマン帝国領シリストラ州の河川港としてドナウ河の水運に寄与していた。同聖堂の建設年代については、聖堂入口の碑文にシュテファン大公とイタリア人建築家ジョバンニ・プロヴァーナ（イオアン・プロヴァーナ）により建立され、1647年5月10日、モルドヴァ公ヴァシレ・ルプ[20]によって、以前に比べ高く修復されたと記される。しかし、シュテファン大公の治世下におけるモルドヴァ公国において、半分が地下に埋まった形式の聖堂が建設されることは考えにくく、聖堂の建設は少なくともオスマン帝国にキリア・ノウアの町が支配された1484年以降と考えらえる。1809年にイコノスタシスが造り替えられた際に増築された可能性など、聖堂にはこれまで幾度か改変された痕跡が認められ、建設年代についての同定は15世紀後半から19世紀後半まで開きがある。

■カウシェニ聖堂の建設年代をめぐる諸説の検証
カウシェニ聖堂扉口の碑文に記された、1763～67年に「大がかりな工事」が行われ、壁画が描かれたという内容は、碑文に記されたフレスコの画家が1778～79年に再建されたプリャジュバの聖シュテファン・聖ゲオルゲ聖堂の壁画制作者として氏名が確認でき、さらに1769年代の図版にこの聖堂が描かれていることから裏付けられるが、それでも建設年代に関する疑問は残る。「大がかりな工事」が、再建工事か修復工事かによってそのあたりが大きく異なるからである。

従来のカウシェニ聖堂研究の歴史の中では、建設年代に関する説は大きく3つに整理でき、それぞれについて検証する。

①カウシェニが史料で確認された1455年以前とする説
モルドヴァ公国において、本格的に組積造建築が建設されるのは、14世紀後半であり、仮に本聖堂が1455年以前の建立であれば、現存する中では極めて初期の事例となる。

モルドヴァ公国において、初期に建立された聖堂のうち、カウシェニ聖堂と同様に長方形平面に単一ヴォールトが架かる例[21]には、ドルヘシュティ・マーリ（～1481年）などいくつかを挙げることができる。しかし、これらの聖堂では、プロナオスとナオスを隔てる壁は外壁と同程度の厚みをもつ構造壁で、そこに小さな開口部が設けられ、ブルンコヴァーヌ様式が用いられるようになるまでこの形態が一般的であった。

仮に、カウシェニ聖堂も当初このような形態であったとしても、規模が小さいため現状のアーチに改変することは構造的には可能である。しかし、18世紀の修復時に内部空間の構成を変更するほどの改修を行ったとは考えにくい。

②17世紀後半以降に建立され、1763～1767年にフレスコ画が描かれたとする説
ブルンコヴァーヌ様式の時代となる17世紀後半以降に建立された後、1763～67年にフレスコ画を含む修復が行われたという見解である。同一類型であるキリア・ノウアの聖ニコラエ聖堂を参照すれば、聖堂建設とその後の修復を分けて考えることの意味は大きい。

③1763～67年に建立され、同時期にフレスコ画が描かれたとする説
1763～67年にそれまでの古い建築を改め、新築されたという見方である。

18世紀半ばのプロイラヴィア府主教ダニイルの時代には、カウシェニはブジャクのタタール政権の中枢であったため、この地に聖堂を整備することは正教会として大きな意味があったと考えられる。ダニイル府主教は、周辺地域の聖堂の復興にも精力的に取り組んだといわれ、背景には、オスマンに代わり、勢力を強めつつあったロシアやオスマン国内のキリスト教徒の影響が少なからずあった。建築史的な考察と社会背景を複合的に考慮すると、府主教ダニイルが就任した1751年から、フレスコ画が制作された1767年までの間に、カウシェニ聖堂は建立されたと推測される。しかし、1763〜67年の工事時に、修復されたのか新築されたのかについては、不明である。

本論文では、オスマン帝国領となったブジャク地方の聖堂形式について考察し、モルドヴァやワラキアとは異なった建築類型を抽出した。おそらくはタタール政権の下、何らかの建築上の制約があり、それが半地下の特異な形式を生み出していった経緯を整理した。カウシェニ聖堂の建設年代を確定するには至らなかったが、モルドヴァ公国中心部では、民族特有の文化が開花し、モルドヴァ様式として完成されていったのに対し、カウシェニを含む南部ブジャク一帯の人々は、オスマン帝国の地方政権という政治的宗教的コンテキストの中で文化や歴史が形成された。カウシェニ聖堂は、意匠的には、モルドヴァ由来の地域の伝統に基づくとともに、ワラキアから伝搬したルーマニア・ルネサンスの流れを汲みながら、多民族との共存という往時の複雑な地域社会の在り方が半地下の形式に表出した、唯一無二の文化遺産である。

## 註記

*1　Biserica Adormirea Maicii Domnului, Căuşeni

*2　現在のモルドヴァ共和国ドニエストル河以西（ベッサラビア）、ルーマニア北東部、ウクライナ南部一帯に存在していた。1359年に形成されたボグダニア公国に由来する。

*3　シュテファン大公（Ştefan cel Mare）、シュテファン3世（在位1457～1504）。版図を最大とし、最盛期へと導いた。信仰心に篤く、度重なる戦闘に勝利するたびに神の加護を祝して聖堂を寄進し、ルーマニア正教会において列聖された。献堂を通じて、芸術の発展にも貢献し、地域特有のモルドヴァ様式の基盤を形成した。中世モルドヴァ公国時代の8つの聖堂がユネスコ世界文化遺産に記載されている。

*4　ブジャク（Bugeac, Bujak）。黒海沿岸のドナウ河とドニエストル河に挟まれた地域。南ベッサラビアとも呼ばれた。現在はウクライナ・オデッサ州の一部。オスマン帝国時に多数を占めていたタタール人、ノガイ人はロシア併合時にこの地を去るが、今日でもガガウス人など少数民族が多く分布している。

*5　シリストラ州は黒海沿岸部（ドニエストル河からドナウ・デルタ）からドナウ河を遡りブルガリアのシリストラに到る。北はポーランド・リトアニアに接し、その後退後はクリミア・ハン国と国境を接した。西は、モルドヴァ公国、ワラキア公国に接する。

*6　ティギナ（Tighina）は、モルドヴァ公国の通商路であり、クリミア半島の税関が置かれていた。1538年、オスマンにより、ティギナからベンデル（Bender）に改称された。

*7　18世紀後半のブジャク地方を知る上で、1768年から足掛け3年でウィーンからクリミア半島までを旅したドイツ人商人のニコラウス・エルンスト・クレーマンの日記は大変参考になる。それによると当時のノガイ人の人口は50万世帯程度であったという。Kleemann, Nikolaus Ernst "Nikolaus Ernst Kleemanns Reisen von Wien über Belgrad bis Kilianova, durch die Butschiack-Tartarey über Cavschan, Bender, durch die Nogeu-Tartarey in die Crimm, dann von Kaffa nach Konstantinopel, nach Smirna und durch den Archipelagum nach Triest und Wien, in den Jahren 1768. 1769. und 1770", Leipzig, Verlag Johann Paul Kraus, 1773, p.241

*8　ノガイ諸部族を率いるカンテミール・ミルザがホティン（現ウクライナ）の要塞を激戦の末落としたことでブジャク地方の覇権を握ることとなる。

*9　François Baron de Tott "Mémoir du baron de Tott, sur les turcs et les tartares" Amsterdam, 1784, Vol.2, p.178。トット男爵は18世紀後半にフランス領事としてクリミアに派遣され、バフチサライ、カウシェニ等でクリミア・ハンと親交を結ぶ。彼によれば政庁（caimakan）の置かれたカウシェニはロシアの進出に対抗し、オスマン軍との連携を図る上で戦略上の要地であった。

*10　Nikolaus Ernst Kleemann, op.cit. p.53　なお、クレーマンの日記にはブジャク地方のモルドヴァ人（ルーマニア人）に関係する描写は一切見られず、アルメニア人やユダヤ人に言及しつつも正教に関する記述もない。

*11　プロイラヴィア府主教ダニイル（Mitropolitul Daniil al Proilaviei）（在位1751～73）。

*12　聖堂は、外形が東西20m、南北8.6m、棟高5.4m、軒高2.9mの組積造建築で、半地下の状態で建設されている。壁厚は約0.9m、外壁は凝灰岩の石積みで、屋根は木造の寄棟で瓦葺きである。

*13　Grigorie Calimachi（在位1761～64、1767～69）

*14　コンスタンティン・マヴロコルダト（Constantin Mavrocordat 1711～1769）はファナリオット貴族のマヴロコルダト家出身、父ニコラエを継いでワラキア公兼モルドヴァ公（1733～35、1741～43、1748・49、1769）に就く。税制改革で知られるが、1769年に第五次露土戦争（1768～1774）にトルコ側で参戦、ロシアの捕虜となり、ヤシにて没。ヨアン・ニコラエ（Ioan Nicolae Mavrocordat 1712～1747）はコンスタンティンの弟で1743～47年にかけてモルドヴァ公となる

が、圧政がたたりポーランドに逃避後、イスタンブールに送還、同地にて没。グレゴリエ3世・アレクサンドル・ギカ（Grigore al III-lea Alexandru Ghica）はコンスタンティンと前後してモルドヴァ公（1764〜1767、1774〜1777）、グリゴリエ・カリマキ（Grigorie Calimachi）はモルドヴァ公（1761〜64、1767〜69）。エカテリーナ（Ecaterina Mavrocordat Rosetti 生年不詳〜1756）は1732年にコンスタンティンの妻となった。

*15　Baron Pierce Balthasar Campenhausen "Travel through Several Provinces of the Russian Empire: With and Historical Account of Zaporog Cossaks and of Bessarabia, Moldavia, Wallachia and Crimea" Richard Phillips, London, 1808, p.58

*16　様式年代的には、ギリシア文化をモルドヴァ、ワラキア両公国に波及させたファナリオットのニコラエ・マヴロコルダット（Nicolae Mavrocordat、在位 モルドヴァ公1709〜10、1711〜16、ワラキア公1716、1719〜30）の治世までが含まれる。例には、世界遺産にも記載されているホレズ修道院（1690〜1702）の他、ヴァカレシュティ修道院（1716〜22）、スタヴォロポレオス修道院　聖大天使ミハイル・ガブリイル聖堂（1724〜30）などが挙げられる。

*17　聖シュテファン聖ゲオルゲ聖堂（Biserica " Sf. Ștefan și Sf. Gheorghe"ルーマニア東部オルテニア地方ドルジュ県、マル・マーレ郡プリャジュバ））

*18　キリアの町はドナウ河支流キリア川の南岸に位置するキリア・ヴェケ（Chilia Veche、現ルーマニア領）と北岸のキリア・ノウア（Chilia Nouă, Нова Кілія、現ウクライナ領）からなる。ビザンチン時代から続く前者がオスマン・トルコに落ちたことで、シュテファン大公により後者が建設され、モルドヴァの黒海への港として機能。1484年にオスマン軍に攻略され、オスマン帝国領となる。

*19　1768年末にこの町を訪れたドイツ人商人クレーマンによって「多くの建築が建ち並び、多数のモスクとふたつのアルメニア教会を擁する」とともに「ドナウ河に面して大きな城塞」が建つ「たいそう美しい町」と形容されているが、実際のところはモルドヴァの聖堂を擁していた。Nikolaus Ernst Kleemann, *op.cit.* p.34

*20　Vasile Lupu（在位1634〜53（〜4月）、1653（5〜7月））

*21　これらの直方形の平面形式は、当時、既に存在していた木造聖堂に倣ったという見方もある。

## 図版出典・参考文献

Kleemann, Nikolaus Ernst "Nikolaus Ernst Kleemanns Reisen von Wien über Belgrad bis Kilianova, durch die Butschiack-Tartarey über Cavschan, Bender, durch die Nogeu-Tartarey in die Crimm, dann von Kaffa nach Konstantinopel, nach Smirna und durch den Archipelagum nach Triest und Wien, in den Jahren 1768. 1769. und 1770", Leipzig, Verlag Johann Paul Kraus, 1773, p.67（図9　一部修正、図10　部分）

Petrescu, Cezar (1892-1961) "Cartea Unirii: 1918–1928", Bucuresti, Luceafărul, 1929（図11）

Kleemann, Nikolaus Ernst "Nikolaus Ernst Kleemanns Reisen von Wien über Belgrad bis Kilianova, durch die Butschiack-Tartarey über Cavschan, Bender, durch die Nogeu-Tartarey in die Crimm, dann von Kaffa nach Konstantinopel, nach Smirna und durch den Archipelagum nach Triest und Wien, in den Jahren 1768. 1769. und 1770", Leipzig, Verlag Johann Paul Kraus, 1773

François Baron de Tott "Mémoir du baron de Tott, sur les turcs et les tartares", Amsterdam, 1784, Vol.2

Constantin I. Ciobanu "Biserica Adormirea Maicii Domnului din Căușeni" Știința, Chișinau, 1997

# セブ島アルガオにおける
# ポブラシオンの形成とイエズス会ハウスの役割

三宅理一

## スペイン統治期におけるセブ島

■セブ島の教会遺産

フィリピン中部に位置するセブ島は、マゼランが世界一周航海の途中に立ち寄り、そこで地元民との抗争の果てに落命した場所として世界史の中に刻まれている。スペインによる植民地支配は16世紀の半ばに始まり、19世紀末の米西戦争の結果、アメリカに宗主権が移るまで、実に300年以上にわたって続く。ミンダナオからの度重なる海賊の襲来を受け、スペイン領フィリピンの総督府は早い段階で北部ルソン島のマニラに移るものの、セブ島は海岸沿いにいくつもの港町を立地させ、異文化の混淆による独自のヴィサイヤ文化を生み出していった。

スペイン支配の特徴は、メキシコ副王から派遣された総督を頂点に全国が州（アルカディア）に分割され、州知事（alcade mayore）の下で土着の首長層を介した都市（プエブロ）や村落（バランガイ）の間接統治が行われていた点にある。地元民のカトリックへの改宗を至上の課題としてスペインの修道会から相当数の宣教師が派遣され、主だった都市や村落に教会を構えた。都市経営と小教区運営は統治の両輪とされ、その結果、セブ市だけではなく、カルカル、アルガオ、ダラゲットなど各地に想像を上回る大規模な小教区聖堂を伴った植民都市が成立していった。当時としては人口数千人に過ぎない都市に数百人から千人規模の信徒を収め得る巨大な聖堂が建立されていったこと自体、驚きである。今日、セブ島は隣のボホール島と並び、18世紀から19世紀の建立になる聖堂を数多く擁し、その中にはボルホオンのようにユネスコ世界遺産候補となっている教会も含まれる。

本稿は、セブ島南部の港町アルガオ（Argao）を対象として、近世における植民都市としての都市形成を追いながら、教会や修道院の建設の意味を問い、特に新たに確認されたイエズス会ハウス（Casa de los Jesuitas）の遺構に関し、その変遷と役割について考察するものである（図I）。その下敷きになったのは、札幌の藤女子大学とセブのサン・カルロス大学の共同研究として実施されたアルガオの都市遺産・生活調査（2012～2016年）で[1]、そこからアルガオ中心街の建築遺産に関わる部分を抽出し、本稿として再構成した（図I）。

■世界からの注目と今日の研究
フィリピンにはスペイン統治時代の数多くの建築遺産が存在する。とりわけ教会建築は、大規模かつ装飾的な空間を珊瑚石による組積造で組み上げ、地震災害に耐え得る強靱な耐震補強部位（バットレス等）を伴った近世教会建築という点から「耐震バロック」（アースクエーク・バロック）と称され、中南米のバロックと並んで世界からの関心を集めている。しかし、学術面の研究となると、その内容は必要とされる水準に追い付いていない。国立フィリピン大学、サン・カルロス大学等で研究が進められているものの、建築史研究者の数が圧倒的に少なく、それゆえに基礎研究も整っていない。行政レベルでは文化財を統括する文化財局ならびに国立博物館は、繰り返される災害（台風、地震、噴火など）に伴う緊急の修復・修理に追われ、建築調査が不徹底で、総合的な遺産研究に到りえない。調査図面もそろっていないため、系統的な遺産の考察も困難を伴う。近年、日本を含む海外研究者の関心が高まり、緊急時の文化遺産保護の課題と絡めて、調査が進み始めたところである[2]。

　本稿の執筆にあたっては、アルガオの建築遺構の実測調査、当時の文献の

図I　セブ島とアルガオ

発掘、住民のヒヤリングなどを基本となし、実証的な復原研究を下敷きとしている。

## コロニアル都市の形成

■城郭都市としての「カベセラ」

今日のアルガオは山間部を含めて南北15キロ、東西13キロのほぼ長方形の市域を擁するが、その核となっているのは海岸沿いに形作られた市壁を伴う城郭都市である。その内側に教会、市庁舎、裁判所といった中心施設を行進礼のための「パソ」(広場)を囲むように配している。現在でもスペイン語起源の「カベセラ」(cabecera)あるいは「ポブラシオン」(poblacion)の名称で呼ばれている。いずれも町の中心地区を意味するが、特に後者については「人口」あるいは「町」を表すスペイン語が植民地時代の都市化政策の結果、フィリピンに限って「中心街」を指す言葉として定着した経緯がある[3]。もともと大規模な都市が存在せず、小さな集落(バランガイ)に分かれて散住する地元民の統治を確実なものとなし、税を徴収するためにも、地域支配の核となる管理された都市が必要であった。宣教と司牧、そして人心の掌握という点からは、教会の存在が大きな意味をもつ。スペインによる植民地化の出発点は、このように行政府と小教区が合わさった都市単位の建設にあった。中心広場(プラザ・マイヨール)を真中に据え、周りに政庁(カサ・レアル)、小教区教会、兵営、学校などの施設を配置するという点で、カベセラあるいはポブラシオンはほぼ共通した都市構造を伴う。

行政上「都市」を記すにはスペイン語の「プエブロ」(pueblo)が用いられる。スペイン統治下において、プエブロへの昇格はすなわち市制の施行という意味合いをもち、納税者を保護下に置き、教育などの面で特権的な扱いを保証するものであった。アルガオにプエブロとしての地位が付与されたのは1608年とされる。その根拠とされるのは、1780年代に記された総督府の公文書で、文面に「アルガオ市(プエブロ)、この街は聖ミゲルの御加護のもとに1413名の納税者を伴い、1608年に設立」[4]とある。アルガオは16世紀の後半には交易地としての重要度を増し、1599年の時点で隣のカルカル小教区の副小教区となっていた。しかし、大天使聖ミカエルを守護聖人とした小教区に昇格するにはさらに1世紀以上を経た1734年を待たなけれ

ばならない。小教区となるのに伴って中心部にサン・ミゲル・アルカンヘル（San Miguel Arcangel）聖堂が建立され、18世紀後半に政庁舎（現在の市庁舎）が建てられることを見ると、城郭都市としてのカベセラの実質的な形成は18世紀初頭に入ってからと考える方が妥当であろう。

　アルガオのカベセラすなわち旧市街の面積はわずか7haにしかすぎない。大聖堂やサン・ペドロ要塞を擁したセブ市と較べるときわめて小さいが、新しくできたアルガオやダラゲットのような小教区では、農漁民の都市定住を促進するための拠点形成を目的として、小規模ながら壮麗な建造物を配した都市単位を造ることに意義があった。カベセラの周りに居を構えた人々が、教会の「鐘の響きの下に」神の恩寵を感じつつ文明を享受するという構図である[*5]。

　セブ海峡に面したアルガオでは水運は重要な交通手段である。しかし、突堤はあるものの外洋船が接岸できる港湾はない。沖合の泊地に停泊したガレオン船あるいはジャンクからはしけ（小舟）で物資を運び入れるかたちになるが、海岸に面して建てられた珊瑚石の壮麗な市門を見れば、海からのアプローチを意識した格式ある港としての都市設計がなされたことがわかる[*6]。

■市街地の広がりと住宅
アルガオの都市構造を眺めてみると、市壁を伴ったカベセラの外側に住宅地が配され、川沿いに山側に向かって帯状に徐々に市街地化が進んでいったことが読み取れる。20世紀初頭の地図が残っているが、それを見ると、街並みは海岸部のカベセラから川沿いにグリッド状の街路を伴って1.5キロ程度に広がっている（図2）。行政記録からアルガオの課税人口の動態を調べてみると、18世紀を通して3000人から7000人台に移行し、20世紀初頭の段階でも人口1万人程度なので、人口の伸びは遅々としており、市街地の範囲

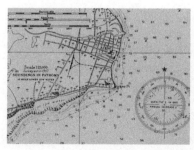 

図2　アルガオ、1910年測量の地図（1944年発行）、
　　　ならびにその拡大図（市壁＝カベセラ部分）

は18世紀末から大きくは広がっていないと思われる。

　興味深いのは、1737年の時点でアウグスティヌス会の司祭がアルガオのポブラシオンの住まいはわずかに8〜10棟程度にすぎないといった報告をしている点である[7]。記録上の人口に較べるといかにも少ないが、当時の住宅の水準を考えれば、この指摘は市壁を取り巻くように建てられた有力者層（プリンシパーリア）の邸宅について触れたもので、それも欧州的な基準で測っているようにも思われる。地元有力者の都市部への定着が遅れていたことを匂わせている。

　スペイン統治時代の住宅は今でもセブ島各地に残され、古いもので17世紀初頭にまで遡ることができる。規模の大小はあるものの、この時代の住宅はセブ島一円ほぼ同じ形式で造られている。比較的ゆったりとした二階建ての構えで、木造軸組造、長方形平面の建物の上に寄棟（cubierta a cuatro aguas）の小屋を載せているのが特徴である。しかし、アルガオの場合、現存する昔の住宅を悉皆的に調べてみると、古いものでも大半が20世紀前半のアメリカ植民地時代のもので、19世紀末以前のスペイン統治時代の住宅はきわめて少ない。中心地区（ポブラシオン・バランガイ）を対象として行った実地調査では、以下に詳述する18世紀後半の建設と推定される住宅が少なくとも1棟が検出されているが、他は20世紀前半に入って建て替えられたものであった。それゆえ、18世紀の住宅群の実相については住宅地の範囲が特定されるに留まった。

## イエズス会ハウスの成立と役割

■サン・ミゲル・アルカンヘル教会とアウグスティノ会
フィリピンにおけるカトリック宣教と司牧で先導的な役割を果たしたのはアウグスティノ会であり、セブ島でもその点は変わらない。1570年代にレガスピの遠征に随行してフィリピンに足場を築き、以降、マニラを中心に全土に影響力を行使する。セブ市の場合、マゼラン由来のサント・ニーニョ聖堂を建立し、セブ司教もアウグスティノ会から出していた。アルガオでは、小教区昇格に伴ってサン・ミゲル・アルカンヘル教会とそれに付属する修道院が建設され、以後アウグスティノ会の司祭が続けて叙任される。初代の主任司祭イグナシオ・デ・オラルデ師（Fray Don Ignacio de Olalde: 1683〜1737年）

は着任後僅か4年で他界し、次のアウストリア師（Clerigo Don Marcelino de Austria）に交代する。この当時のアルガオに居住する生粋のスペイン人は、司祭を含めたごく僅かの人間に限られ、市政も間接統治が原則で、インディオと呼ばれる地元民や混血のメスティーソからなる地元有力者（プリンシパーリア）の間で選出された頭領（gobernadorcillo）が長を務めていた。修道院には定期的に修道士が派遣されていたが、その実数は不明である。

　サン・ミゲル教会の現聖堂の建設年に関してはいくつかの説がある。もっとも有力なものは1788年建立というもので、聖堂翼廊に1788年と記された碑文が刻まれていることからその年を献堂年としている。他方、19世紀初頭に活躍した主任司祭マテオ・ペレス師（Fray Don Mateo Perez: 1760～1836年）の活動記録にこの聖堂の大規模な工事が記されていることから、現行の聖堂の完成をこの司祭に帰す意見も根強い。後者については、献堂後の工事が続いたとすると辻褄が合うが、そのあたりについてはさらなる検証が必要である。献堂時の主任司祭は先任のフランシスコ・エスピーナ師（Fray Don Francisco Espina:1736～1794年）で[*8]、在任期間は12年間と相対的には短いが、聖堂建設という最も重要な課題を担った司祭として記録されている。サン・ミゲル教会は、おそらく17世紀の都市建設時に小規模な聖堂があり、それを建て替えて大規模な建築にしたのが18世紀後半ということであろう（図3、4）。彼は、司祭職にも関わらず、地元民の女性との間で2人の子をなしたことでも知られ、その子孫はスペイン系メスティーソとしてアルガオの有力家系に発展していく。

■アルガオのイエズス会ハウス、その建築的復原
イエズス会もセブ島では大きな影響力をもっていた。1595年にセブ市に拠点を築き、1601年にはマニラのコレッジオ（セミナリオ）に付属してセブのコレッジオが開設される。1605年には、メキシコ管区から独立しフィリピン管区が設置され、1768年の追放までの170年余りで372名の会士が欧州やメキシコからこの地に派遣され、143名のフィリピン人が入会した[*9]。多い時で百数十名の会士がフィリピン全土に散っていたわけである。
　当時のイエズス会の修道制は他の修道会とは異なり、「ハウス」（カーサ）と「コレッジオ」（コレッヒオ）を軸にして展開していた。前者は請願を立てた会士（司祭・修道士）が集住して生活を送る霊的なコミュニティとして

の意味合いをもち、後者はその養成のための神学校的な機関を指していた。後者はやがて一般にも開かれた教育機関へと発展する。観想的な修道院とは異なって世俗に開かれた組織原理を有し、フィリピン各地にハウスを設立して宣教と司牧にあたっていた。本論文でも修道院とは呼ばすに「ハウス」として表記する。フィリピンの場合、ひとつのハウスに起居する会士は数人であったと言われ、それをハウスの長（プレポジト）が統括した。

　イエズス会はアルガオでもその存在が知られているが、セブとは違ってコレッジオは設置されていない。しかし、今回の一連の調査の過程でサン・ミゲル聖堂から程近いところにイエズス会士のためのハウスの建築が確認され、その建築的実態が明らかとなった。カベセラの市壁外に建てられた比較的大きな規模の建築である。残念ながら、1984年の台風イケによって破損し、十分な補修がなされないまま 2013 年秋のボホール地震と台風ヨランデに続けて被災したことが損傷を決定的となし、所有者によって取り壊されてしまった。2014 年 9 月の調査時点では、一階の石造の壁のみが残っており、実測と聞き取り、ならびに写真を含む史資料の読み込みを通して復原的な考

図3　アルガオのサン・ミゲル・
　　　アルカンヘル聖堂

図4　翼廊の要石に刻まれた「1788 年」

図5　旧イエズス会ハウス、
　　　旅行者による撮影（2011 年）

図6　取り壊し後の旧イエズス会ハウス、
　　　筆者撮影（2014 年）

察を行った（図5、6）。

現所有者の記録によると、このハウスは1760年代に入って建設が進められたが、1768年に王令によってイエズス会の追放処分が断行されたため、所有はルセロ家に渡った。ルセロ家は後述するように頭領を度々務める地元有力者の家系で、今日まで子孫がアルガオに住んでおり、この建物を一族の主要な住宅として用いてきた。一階部分が組積造で二階が木造となった寄棟二階建ての建築であり、5×4ベイの平面の上にハウスとしての主たる機能を収めていた。現地調査の結果、明らかになったこの建築の特徴を図7に記し、同時に復原図を図8で示す。

18世紀から19世紀にかけ、宗教建築や公共建築の類は一階を組積造として木造の二階を載せるのが一般的なスタイルとなる。主体構造は木造軸組であるが、一階ではその外周に石壁が回り、二階は板壁を軸部から切り離して外に回し、室内に柱が露出しているのが特徴である（図9）。この建物がイエズス会のものであることを示すのが、会の紋章が描き込まれた一階入口のアーチ要石である。キリストを表すIHSと十字架を組み合わせたもので、剥離が進んだ今日でも十分に読み取れる（図10）。イエズス会追放以前にこの部分が完成していたことの証左でもある[*10]。

このハウスの使い方であるが、復原平面から判断すると、比較的広い寝室を北西に配しており、会士数名の居住を前提にしている。礼拝室、サロン、食堂が並び、一階は玄関室から階段室が連続し、奥に使用人の区画や倉庫が設けられる。もともと住居としての機能が整い、社交性も高いので、家族数が多いルセロ家に譲渡された後も、礼拝室を改装する程度で、平面にそれほどの変更があったとは考えにくい。

■華人社会との関係　セブにおけるイエズス会ハウス

アルガオのイエズス会ハウスは、他の一般的なセブ島の住宅建築と異なり、様式的に特徴がある。屋根の形状を見ると、棟（屋脊）が反り、鴟尾（正吻）に相当する部分に磁器の皿が装飾的に嵌め込まれている。今回の調査でその鴟尾のひとつが現場で確認され、現在残されている屋根の写真と照合した結果、同一物と判断できた（図11、12）。この屋根形式はスペイン起源とは異なり、中国南部の福建省の民居などに通じ、実際、フィリピンの華人の間では福建省出身者が過半数を占めていた。その意味でこのハウスは明らかに中

**(1) 平面：**
5×4ベイの長方形平面で、東側正面の中央部に入口が設けられ、立面は左右対称の構成。一階は、玄関室、使用人のための区画、倉庫等。二階は、サロン（4×2ベイ）、食堂、寝室、階段室からなる。建設当時は、礼拝室（チャペル）も設けられていた。中央に雨水の取水のための中庭がある。

**(2) 屋根：**
寄棟（cubierta a cuatro aguas）、瓦葺きで、コの字型の曲り屋根となり、中程に吹抜けの中庭が設けられていた。瓦は赤い丸瓦。棟ならびに降棟の反りが特徴的。小屋組は確認できないが、他の類例からみて、合掌を基本として、その外側に反りを出すために上垂木を配して勾配を変えていたと思われる。この小屋組の形式は当時の教会建築に特徴的である。

**(3) 壁：**
一階はこの地域に一般的な珊瑚石によるマムポステリア構法、すなわち壁の両側を切石で整形に積み、その間を破砕した珊瑚石、石灰、砂利等をセメント状にして埋める。一階内部の間仕切壁の一部が煉瓦壁となっている。
二階は木造で、側面は2ベイを1ユニットとして「板壁－開口－板壁」の構成となる。板壁は縦貼りの羽目板を基本とする。開口部は窓（両引きの板戸）と腰壁のヴェンティラドール（通気口）で成り立つ。窓の中程に方立がたつ。一階の石壁と面を合わせ、通し柱は内側に後退して室内に露出する。

**(4) 軸組：**
柱は通し柱と管柱からなり、一階は石壁に柱の飲み込みをとり、壁面と柱が一体化。現在、一部の柱しか残存しないが、壁に残った柱の飲み込み痕から判断すると、曲りがなく比較的直線の材を用いていた。柱を挟み込む二重梁が石壁の上部に乗り、二階を支えている。

図7　アルガオ・イエズス会ハウスの概要

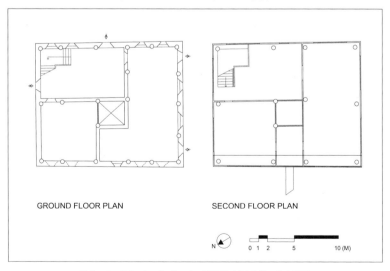

図8　アルガオ・イエズス会ハウス復元図（左：1階、右：2階）

国の影響下にあり、何らかのかたちで華人との直接的な関わりがあったことを示唆している。

参考になるのは、セブ市に現存する旧イエズス会ハウスで、こちらはアルガオよりも規模が大きく、ヴィサイヤ一円を管轄する巡察師の住居であった可能性が指摘されている[*11]。セブの市壁の北側に成立したパリアンと呼ばれる中国人地区の中程にあり、室内に刻まれたメダイヨンから1730年に建設されたことが確認できる。その北側には食堂と台所を収める別棟が建てられており、両者が二階レベルでブリッジにより接続されている。1950年代になって作業場が増築され町工場に姿を変えてしまったが、ハウス部分は当初の状態を保っており、現在は修復されてイエズス会博物館となっている。注目すべきは、赤い丸瓦で葺かれたこのハウスの屋根がアルガオと同じく棟（屋脊）に反りが付き、皿飾りが用いられている点で、同一形式と見なしてよい（図13）。

セブのハウスは、軸組の点でも洗練されている。柱の上部には肘木（栱）が設けられ、横架材も貫となって柱と交差する手の込んだ仕上げであった。中国式の架構である。スペイン統治時代の通常の民家ではこのような架構は見当たらず、熟達した大工の存在を裏付けている。

この建物が市壁内ではなくパリアンに造られたのは、イエズス会と華人社会との関係が深かったことを示している。正確に言えば、華人と地元民の混血である中国系メスティーソの集団が背景にあったと考えるべきだろう[*12]。

（左）図9　旧イエズス会ハウスの一階石壁、内側 より　通し柱の飲み込み跡
（右）図10　旧イエズス会ハウスの入口　要石のエンブレム（IHS）

（左）図11　取り壊し跡で発見された鴟尾端部／（中）図12　取り壊し前のイエズス会ハウス、屋根の鴟尾（皿飾り）／（上）図13　セブのイエズス会ハウス、屋根の棟と鴟尾が特徴的

彼らは伝統的な華人コミュニティとは異なり、当初からカトリックで、しかも商業や技能面でのレベルが高く、特に石工や大工となる人間が多かった。同時にイエズス会はマカオを介して中国本土とのチャネルが緊密で、中国系のネットワークと深い繋がりがあった。フィリピン社会の中でじわじわと力を増してくる中国系メスティーソをその支持基盤にしてセブやアルガオでの活動を進めていくのは当然の帰結であった。

　イエズス会はメキシコ副王領やリオ副王領でも地元民の教育に力を入れていた。アルガオでの活動が何を目的としていたかは明らかでないが、手順として、司祭を派遣し、次いでセミナリオなり伝道所なりを設立するのが普通であることから、ハウス建設はその第一段階に位置づけられていたはずである。その際に、華人コミュイティから建築職人を雇い入れ、ハウスの設計と建設工事を進めていったと理解できる。

## 「ルセロ家住宅」の場合

■ルセロ一族

アルガオの旧イエズス会ハウスの西隣に位置するのがルセロ家住宅である。ルセロ一族のもう一つの住宅として用いられてきたが、2013年秋の地震と台風で損壊がひどく、今日では廃墟状態で放置されている建物である。見た目にもきわめて古い建築と映るが、今回の実測調査ならびに聞き取り調査の結果、その経緯が明らかになった。

　ルセロ家は今日でもアルガオの有力一族として、市政やビジネス界に影響力を行使している。同家に伝わる家伝では、一族は16世紀末に来比したスペインからの移住者を始祖とするスペイン系メスティーソの家系で、その4代目のフランシスカ・イルデフォンツァ・ルセロ（Francisca Yldefonza Lucero: 1690～1760年）が18世紀初頭になってルソン島からアルガオに移住したとされる。地元ネイティブ（インディオ）の有力者のアウグスティン・フランシスコ（Augustin Francisco）と結婚し、以後、代々アルガオの頭領やバランガイの長を輩出してきた。アルガオのルセロ家の歴史はここから始まるとされる。19世紀半ばに到るまで、ネイティブ（インディオ）は姓を持たないので、一族はメスティーソとしてルセロの家名を保ってきた。イエズス会ハウスを譲り受けたのは、アウグスティン・フランシスコとその子ヘル

メネギルド・ルセロ（Hermenegildo Lucero:1740～?）の時代であった。

■ルセロ家住宅の建築的特徴
現存するルセロ家住宅は長方形を基本としたやや不整形の平面を持ち、寄棟曲り屋根の二階建てである（図14）。司祭館と違って、一階二階とも木造で、建築部材として石は用いられていない。入口は、東側のイエズス会ハウスに面したところに設けられ、西の接道部分からではない。図15にその特徴を一覧し、加えて復原図面（図16）を示す。

主体構造となっている柱が、左右に屈曲した幹を製材せずにそのまま用いているので、一見不安定でいかにも奇抜である（図17）。ただこの形式は、この当時の建築で共有されており、住宅ではないが、18世紀後半の建立になるアルガオの政庁舎がその代表で、二階のホールにそれぞれ異なった方向に湾曲した大断面の幹柱が露出して迫力がある。ただ、住宅のサロンなどの主室では、幹材の周りを板パネルで囲んで隠し化粧柱としているので、違和感はなく、装飾性も高い。外壁の羽目板の仕上げは、継加工された横貼りの下見板（サイディング）が導入される20世紀のアメリカ統治時代に較べてやや粗い加工である。

## 考察

■イエズス会と中国系メスティーソの役割
イエズス会のアルガオ進出が何を目指していたかは定かでない。ハウスを着工してまもなく追放処分となり、当初の目的を十分に果たさないまま民間に

図14　ルセロ家住宅、西側正面(現況)

図17　通し柱

**(1) 平面：**
5×3ベイの矩形平面であるが、左右のベイで規模が異なる。入口は東側に設けられている。中央の玄関から直進して階段となっている点が特徴的である。一階は、玄関室、使用人のための区画、倉庫等。「玄関‐階段室」を軸にして領域を大きく左右に分け、二階南側はサロン（2×2ベイ）と食堂、北側は寝室2室となる。いずれも通し柱が室内に露出。接道する西側立面は左右対称の構成。

**(2) 屋根：**
コの字型の寄棟曲り屋根、小屋組は合掌を基本として、その外側に軒の出をつくるために緩傾斜で小ぶりの垂木を置く。茅葺。

**(3) 壁と開口：**
二階側面は窓と腰壁のヴェンティラドール（通気口）からなる開口部と縦に羽目板を並べた木造壁が交互に配されている。一階側面は造り直されているが、当初の状態は、梁の痕跡等から判断して、現行と同じく二階よりやや内側に木造壁があったと推定される。玄関上の窓は両開きのカピス（窓貝）窓であり、その他は両引きの板戸、当初はカピス窓であったと思われる。

**(4) 軸部：**
通し柱と管柱の双方を用いているが、いずれも屈曲した自然木を製材せずにそのまま用いている点が特徴的。材として地元産の硬木を用いている[*1]。梁は、二階床下は柱を挟み込む二重梁、小屋下は柱の上端で貫として柱を貫通する。開口等の扱いから、スペイン統治期の住宅としてもかなり古い部類に属すと判断される。柱や梁にホゾ穴が多く刻み込まれ、転用材が多いことが分かる。二階はパネル壁で囲まれたボックス状の居室空間となり、それを軸部が受けるかたちとなる。外側に突出し、四隅の隅柱下場の木の実状のペンダント装飾がその点を象徴的に示す（図18）。

図15　ルセロ邸住宅の概要

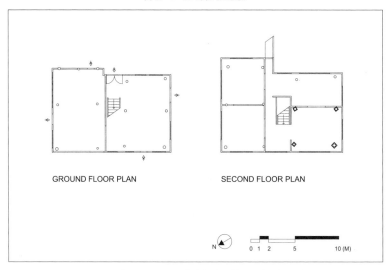

図16　アルガオ・ルセロ邸住宅復原図（左：1階、右：2階）

譲渡された。しかし、このハウスの建築が華人との強い関わりを示していることは重要である。この時期、セブ市のパリアンでは、同地区出身の中国系メスティーソたるペドロ・ラファエル・ヴァスェス師（Fray Pedro Rafael y Vasquez, 1791〜1829年）の存在が知られ、同地区に新聖堂（パリアン聖堂）の建立を行うなど積極的な活動をこなしていた。彼自身、初の非スペイン人司祭として注目を集めるが[*13]、華人のコミュニティをバックとした動きが逆にアウグスティノ会との軋轢を生み、彼の死後、パリアン聖堂は幾多の論争を経てアウグスティノ会に引き取られる。パリアン聖堂はもともとイエズス会が管理し、その後、司教区の在俗司祭の手に委ねられた経緯がある。他の修道会の保守的な姿勢を打ち破るかのように地元民の教育に精力的に関与した同会は、そのためにも中国系メスティーソの組織力と財力を必要とし、そのことが司教以下の羨望と疑念を生み、さらにはスペイン総督府からの警戒を呼び起こすことにもなる。アルガオはイエズス会が加速度的に力を増し、地方での宣教と教育に乗り出すための拠点であったはずであるが、その痕跡を残しただけで撤退せざるを得なかった。

■建築年代をめぐって

アルガオのイエズス会ハウスは同会の追放がなされた1768年前後にルセロ家に譲り渡された。この建物は、組積造を基本となし、華人コミュニティに裏打ちされたすぐれた木造技術を組み合わせてヴィサイヤ語で言うところの「バハイ・ナ・バト＝石の家」（bahay na bato）の範型を生み出した。

図18　ペンダント装飾

問題はルセロ家住宅と旧イエズス会ハウスとの関係である。その際、着目すべきは、このあたり一帯の道路パターンと較べて、ハウスとルセロ家住宅のみが微妙に振れている点である。加えて、後者の入口は道路側ではなく、司祭館に向かった位置にあり、しかも両者は、セブと同じく、二階レベルのブリッジで繋がれ、司祭館においては中心軸にぶつかるように配置されていたことが知られている。つまり、両方の建築は対となって建設されているということだ。二つの可能性が考えられる。一つは、ハウスの機能を補完するために初期段階からもう一つの住居を建設した可能性、もう一つはルセロ家に渡った後に、必要性に迫られて建設された可能性、である。

　ルセロ家の系図を見ていくと、譲渡当時の当主であるアウグスティン・フランシスコとその子ヘルメネギルド・ルセロの家族の拡大が見て取れる。ヘルメネギルドには1770年代から1800年代にかけ、少なくとも7人の子供が生まれ、一族は一気に人数を増やしていった。当然ながら新たな家が必要になるはずで、ルセロ家住宅はそのような需要に応えて建設されたと考えられる。

　セブ市のイエズス会ハウスについてもどのような経緯で別棟の建設に到ったかは不明である。現時点では、断定的な史料を欠くこともあるので、ルセロ家住宅はハウスの建設直後から譲渡後数十年の範囲で建設されたと幅を持って考えるのが良さそうである。いずれにしてもセブ島でも相当古い住宅であることは間違いない。

■新たな住宅タイポロジーへの移行

イエズス会ハウスとルセロ家住宅はともに住宅として用いられたが、建築タイプとしては大きく異なる。前者が宗教建築として洗練された技術と意匠を駆使してできあがっているのに対し、後者は地元民の間で伝統的な高床式住居の延長にあり、土着性を強く引きずっている。しかも、おそらくは近場の住居を解体して得られたと思われる転用材を多く用いている。

　暑く、しかも常に激しいスコールに晒されるこの地域では、気候風土的に居住スペースを二階に上げ、風通しの良い空間をつくるのは当然で、しかも一見不揃いで不安定に見える地元産の樹種が硬木ゆえに耐震性・耐久性の点できわめて高い性能を有していることを知らなければならない。ルセロ家住宅が、左右前後に暴れる自然木で軸組をつくりながらも、通し柱の上端を貫通する梁が正確な長方形を描き、それに沿って住居の箱を完成させていると

ころに、地元の工匠たちの新たな技術へのこだわりを見出したい。

　二つの建物を比較した場合、石の建築と木の建築という違いがはっきりと現出し、特にイエズス会ハウスは華人系の技術が移転されたことにより、木の扱いには随所に中国南方のデザインが入り込む。しかも肘木などの緩衝材が備え付けられ、木材の接合がよりスムーズになっている。同時に珊瑚石を用いた石のデザインも洗練され、結果的にスペイン、メキシコ、中国、そして地元の土着性を織り込んだ独自の混淆デザインが生み出される。17世紀にはまだ試行錯誤の段階にあったコロニアル住居のタイポロジーが修道会のバイアスを経て美意識を伴って確立したといえそうだ。

スペイン統治下のフィリピンを知るにあたって、アルガオはセブ島の小規模な町ながら幾多の知見を提出してくれる。町の一画にさりげなく構えている元イエズス会のハウスが、18世紀における都市建設の一端を示し、さらに地元有力者層の都市基盤の形成を垣間見させる。対抗宗教改革から始まったイエズス会の活動は、地元民の中に深く入り込み、その生活に溶け合ったスケールでネットワークを築いていくことにあった。セブにおいてもアルガオにおいても市壁の外でハウスを造り、従来の重厚な修道院の形式に置き換えていったことにその姿勢が表れている。18世紀を通しての修道会間の競争と対立、さらには中国系メスティーソに対する警戒心が混じりあい、この地のイエズス会ハウスは短い役割を終え、地元有力者の住居へと姿を変えたのである。

## 註記

*1 藤女子大学、サン・カルロス大学の共同研究は2012年より歴史都市アルガオを対象として開始され、歴史的環境の形成過程の解明、遺産の保存状態、生活環境の実態把握、観光資源の評価などをめぐって継続的に調査研究を続けた。途中、2013年9月のボホール島地震に被災したこともあり、サン・ミゲル・アルカンヘル聖堂などの歴史的記念物を重点的に調査した。旧イエズス会ハウスはその過程で確認された。

*2 近年の研究でいえば、例えば、フアン・ラモン・ヒメメス・ヴェルデホによる旧スペイン植民地を対象とした一連の都市研究は、フィリピンを中米諸国と対比し、比較都市史として注目に値する。Juan Ramon Jimenez Verdejo, Shuji Funo, *Considerations on the Urban Formation Process ad Space Formation of Urban Core of Cebu（Philippines）*,（セブ市（フィリピン）の都市形成とその都市核の空間構成に関する考察）, 日本建築学会計画系論文集 Journal of Architecture Institute of Japan, n.(76) 668, pp. 1867-1874, 2011

*3 Poblacionなる概念はスペインの植民地で、その地の実情に合わせて独自の発展を遂げ、例えば南米チリでは貧民街を指す。

*4 原文では、手書きで" Pueblo de Argao. Este Pueblo se fundo el año de 1608, conlla advocasion des S. Miguel y se halla en el dia con 1413 tributos."と記される。

*5 「鐘楼の響きの下に」(bajo el sonido de la campana), Paul Gerschwiler "Argao – a Usable Past" Ramon Aboitiz Foundation, Cebu, 2015

*6 アルガオの市門は東西南北の4か所に設けられた。現存するのは東(海岸)、北の2か所のみである。

*7 Todo Lucero Sales, *Argao: 400 Years in Legend and History*, Municipal Government of Argao, 2008, p.35

*8 Fray Don Francisco Espina(1736～1794年)、スペイン、ヴァリャドリッド地方、ポロスの出身で、アウグスティノ会に入会、フィリピンに派遣される。セブのサン・ニコラス小教区の司祭を務めた後、カルカルもしくはアルガオに移り、1778年にアルガオの主任司祭となる。現地人女性マリア・フェリシアナとの間にもうけた二人の子供はセバロス家の初代となり、今日に続く。

*9 1768年の追放以前のフィリピンにおけるイエズス会の活動については、Horacio de la Costa S.J. " Jesuits in the Philippines 1581-1768", Harvard University Press, Cambridge, 1961、が詳細な分析を行っている。

*10 取り壊し後、この要石はセブ市のイエズス会博物館(旧イエズス会ハウス)に収蔵された。

*11 Rene B. Javellana S.J., *The Jesuit House of 1730*, Philippine Studies, Vol.35, No.2, 1987, p.216

*12 パリアンの中国系メスティーソについては、菅谷成子の一連の研究が参考となる。例えば「スペイン領フィリピンにおける中国人移民社会の変容：異教徒の「他者」からスペイン国王の「臣民」へ」『愛媛大学法文学部論集 - 人文学科編』vol.22, no., 2007, pp.153-174

*13 Winand Klassen, *Architecture in the Philippines*, revised edition, USC Press, Cebu, 2010,p.187-188

## 参考文献

Horacio de la Costa S.J., *Jesuits in the Philippines 1581-1768*, Harvard University Press, Cambridge, 1961
Isacio R. Rodriguez, *The Augustinian Monastery of Intramuros*, Colegio de San Agustin, Manila, 1976
Fernando N. Zialcita & Martin I. Tinio Jr. « Philippine Ancestral Houses 1810–1930 », GCF Books, Quezon City, 1980
Winand Klassen, *Architecture in the Philippines – Filipino Building in a Cross-Cultural Context*, USC Press, Cebu, 1986
Todd Lucero Sales, *Argao: 400 Years in Legend and History*, The Municipal Government of Argao, Argao, 2008
Paul Gerschwiler, *Argao – a Usable Past*, Ramon Aboitiz Foundation, Cebu, 2015

# パリ外国宣教会史料から読み解く、宣教師メルメ・カションの箱館での足跡

前島美知子

パリ外国宣教会は、17世紀から世界各国に宣教師を送り、カトリシズムの布教につとめた。その活動はアジアにも及び、日本も重要な拠点となる。迫害や気候条件等、厳しい環境の中、資金や言語の問題を抱えつつ宣教師たちが各地に派遣されるが、その一つが函館であった。開港間もない北の玄関で、フランス人宣教師はどのような活動を行なっていたのか。

本稿では、パリ外国宣教会に残された宣教師直筆の書簡を読み解きながら、宗教の名の下に異国の地で精神的な開拓を試みた宣教師の足跡をたどる。

### 背景

1859(安政6)年の日仏修好通商条約の批准に伴い、開港された箱館(現函館)は、外国人に開かれた日本最北端の街であり、同時に未知な部分の多い「蝦夷」への玄関口としての性格を持ち合わせていた。イギリス、ロシア、アメリカ等の商人や外交官らと共に、フランスのパリ外国宣教会(Missions Etrangères de Paris: MEP)の宣教師も、長崎、江戸などの他に箱館にも拠点を置くこととなる。

MEP宣教師らによって建設されたのが、名実共に函館のカトリックの象徴的存在となる、現存するカトリック元町教会の始まりである。箱館のカトリック関係の施設は、開港年に箱館に上陸したパリ宣教会の宣教師メルメ・カション[*1](図1)が、住居内にしつらえた礼拝室から始まることになる。メルメは、箱館に居住した初めてのMEP宣教師であり、鎖国社会を色濃く引きずっていた当時の社会に与えた影響など、建築に限らずその存在意義は大きい。

メルメが箱館滞在中に行なった活動としては、病院建設を計画したものの、実現せずに頓挫したことが知られている。しかし、日常的な活動や離箱の理由は諸説あり、詳細は充分に明らかにされているとはいえない。

本稿の目的は、メルメが箱館滞在中にどのような活動を行い、またどのような理由で箱館を離れることになったのかを、これまで丹念に研究されて来なかった史料の読解を通して解明することである。

パリの外国宣教会資料館（Archives des MEP: AMEP）には、世界各地に派遣された宣教師たちが旅先や派遣先からパリ外国宣教会本部に宛てて送った肉筆の手紙や、祖国に持ち帰った写真等が保存されている。その中にメルメ本人の手による手紙も多数保存されているが、そのうちメルメが箱館に上陸する1859年から離箱の1863年までの期間のものは計29通にのぼる。

本稿では、AMEPに保管されている、メルメをはじめとする関連宣教師らの書簡を読み解く調査研究を通し、メルメの箱館滞在についてこれまで明らかになっていなかった知見を報告する。

## 病院建設計画と医師デュリーの動向

これまでの研究では、メルメは箱館で病院建設の計画をしていたものの、実現しなかった[2]とされているが、1861年3月2日付の書簡にて、「私達の病院が完成した」と病院の完成を告げている[3]。

その規模について「680人の病人を受入れられる」とし、「私の離任時点の病人数は455名にまでのぼった」と1863年のメルメの手紙[4]に記されている。外来のみか、入院も可能であるのかは不明であり、ここから病院の建物規模を推定するのは困難である。ただし同書簡には、同病院が日本に大きな影響を及ぼし、詳細については不明だが「プロテスタントが規則を写し組織を研究するために送られてきた」とも記されており、簡易で小規模な診療所にとどまらないものであった可能性が大きい。その所在地については、メルメの住居から5km離れたところとの記載がある[5]。

続く1861年8月20日付の書簡でメルメは、既述の病院に勤務するためレオン・デュリー医師[6]が近く箱館に到着予定だと記している[7]が、最終的にデュリーは箱館へは渡らない。翌1862年4月6日、19日、27日付のデュリーによる書簡[8]は、デュリーが日本へ渡航するため上海で船を待機している

図1 ウジェーヌ・エマニュエル・メルメ・カション　図2 ピエール・ムニクー

間に書かれたものだと記されている。デュリーは横浜へ渡り、現地のフランス人宣教師の居宅に滞在してから箱館へ行く予定だと綴られている。横浜に滞在していたムニクー（図2）による5月23日付の書簡には、同日付でデュリーが横浜の副領事に任命されフランス領事館付になったとあり、デュリーが模範的な人物である面を持つものの、その「大変軽く、節操がなく、自分を律することの少ない」性格を挙げ、「神様が彼（デュリー）を旅程の途中で止めたことを某M氏は感謝してもよい」[*9]と述べ、予定通りMEP宣教師間でデュリーの身元を引受けていた場合多くの問題が起きていたであろうことから、領事館付となって嬉しい、とまで綴っている。翌24日付でデュリー自身も、副領事に任命された件について書簡で報告している[*10]。しかし翌月6月21日付の書簡で、デュリーは依然として箱館行きを考えており[*11]、この時点で箱館行きが中止になった訳ではないことが伺える。同月30日付でメルメは、デュリーが横浜滞在を希望するのであれば箱館行きの中止もやむを得ないとしつつも、箱館でのほうがデュリーの果たす役目は大きいと述べ、諦めきれない様が読み取れる[*12]。

ところが翌月7月15日付のデュリーの書簡[*13]には、翌日16日より長崎へ行くことになり、一ヶ月横浜を不在にするとある。そして同月17日付のメルメの書簡では、デュリーが箱館行きを急いでいないように見えるとし、不満を呈している[*14]。横浜のムニクーによる9月1日付の書簡では、デュリーはまだ長崎から戻っておらず、その後「待たれている北へ向けて出発」するはずだと述べている。デュリーが予定通り7月16日に長崎へ向けて発っていたとすれば、この書簡の時点で約一ヶ月半の不在となる。また、この時点

でもデュリーの箱館行きは予定されていたこともわかる。

　次にデュリーについて記されている書簡は、2ヶ月後の11月1日付、メルメによるものである*15。箱館でデュリーを待ち続けている、とあり、さらに同月20日付の書簡には、メルメの手紙に対しデュリーから全く返事が無いことが綴られている*16。一方、同20日付で、那覇に滞在し長崎へ渡る準備をしていたフュレの書簡に、デュリーが長崎の領事となったことが記されている*17。MEP資料館に保存されている次のメルメの書簡は翌1863年2月8日付のものだが、デュリーが長崎に滞在している情報を既に知りつつ、メルメの手紙に対しデュリーが一切返事をしないと記している。興味深いのが、デュリーが箱館で3000ドル稼ぐより長崎の4800ドルを選んだとメルメが述べている点である。ここにはデュリーが箱館に渡らなかった理由として病院の未完成が原因とは一切触れられていない。

　その後も3月12日付の書簡で、デュリーが箱館行きの約束を守らなかったことを批判し*18、4月10日付の書簡ではデュリーの手紙をやっと受取ったものの、デュリーはもはや箱館行きの件には触れていないとし、不満を綴っている*19。これらのやりとりについてフュレは、メルメ＝デュリー問題に興味を失った、と嫌気が指した心情を書簡に記している*20。

　さてこの間、ムニクーは1860年から横浜に着任し、カトリック天主堂の建設に力を注いでいた*21。1862年1月12日に聖体降福式が行われ*22、訪問者*23数も順調に伸びる*24。その間、日本着任中のパリ外国宣教会メンバーで定例会議に向け、メルメにこれまでの会計報告を送付するようジラール*25が依頼*26するが、メルメ本人は会議が行われる横浜までの旅費を請求しつつ欠席の意向を伝える*27。そこでムニクーが、メルメが行った支出を明らかにするために箱館を査察訪問することになる*28。3ヶ月後の9月1日付の前出の書簡*29によると、ムニクーは箱館を訪れるが、日本語辞典の質に関する疑問だけでなく、メルメ本人の将来に信用がおけず、メルメに対する不信感が顕著に見られる。ムニクーのみならず、フュレもメルメについて「世界規模の人物だが聖職者には向かない」と書き送っている*30。メルメの人物像については、箱館着任中の他の宣教師からの評判も芳しくないことが明らかである。一方で、ムニクーは病院について「建設中」であり、ヨーロピアンと食事付き宿泊費を支払うことのできる日本人向けだと説明し、「ロシア人は既に自分たちの病院を持っている」と付け足している。メルメが病院

の完成を書簡で報告したのが翌年の3月であり、病院建設の時間的な整合性は合う。また、入院を前提としたシステムであったこともわかる。

## メルメの離箱

メルメが箱館を離れた理由についてもこれまで諸説あるが、その前後に関する書簡を追っていく。1863年3月12日付の書簡でメルメは、会計の不明点があれば、説明を行うため夏に香港へ行くと告げ[*31]ているが、その理由として自身の怪我と疲労から手紙で長い説明を行えないとしている。この怪我については同年2月1日付のムニクーの書簡に、1862年12月にメルメが馬丁から撲殺されかけ、後遺症が長引いていることが記されている[*32]。メルメはその後説明用の長い書類を作成している様子がある[*33]ものの、6月15日付で急に「家族の問題」でフランスへ同日出発するとムニクーに告げる[*34]。同書簡にてメルメは、上海行きの商船に乗り、箱館の居宅はイギリス商人に1年間貸したという。またデュリーの箱館行きが中止になったこと、函館での支出がメルメ個人の負担とされていることなど、すべての状況がメルメに対して逆風であり、今回のフランス行きで後者の疑いが晴れればよいが、と嘆く一方で、ジラールが今回の旅を承認しなかった場合は、宣教団を離れざるを得ないかもしれない、と記している。

一月後の7月13日付でジラールがMEPパリ本部に宛て、メルメ自身は軽薄な言い訳をしているが実際は経済的な苦境からフランスへ発つことをムニクーに書簡にて告げたことを報告し、日本におけるパリ外国宣教会に今後メルメが戻るか否かはパリ本部で決定し、メルメが戻る場合は兄弟のように迎える、と記している[*35]。7月29日の時点でメルメが上海で書いた書簡が日本に届いており[*36]、確実に日本を発っていることがわかるが、3ヶ月後にフュレが、日本のパリ外国宣教会のために、メルメが日本に戻らないことを望むと記している[*37]。翌年明けにはジラールが、日本のパリ外国宣教会の全てのメンバーが、メルメが日本に戻って来ることに反対であり、「箱館の統治者」[*38]からもメルメに対して深刻な訴えが出されていると書き送る[*39]。この3ヶ月後にはメルメは日本に再来し、レオン・ロッシュの通訳として働くことになるが、パリ外国宣教会の内部ではメルメに対しこれだけの反対とやり取りがあったことが判明した。

そしてこの間の9月17日付でメルメは、16ページにわたる長い手紙[40]を本部へ送り、メルメが数ヶ月間宣教師団から離れ、フランスへ行くことになった経緯を書き連ねている（図3）。メルメはまず、宣教師団から糾弾されることとなった具体的な数点について説明する前に、今回のフランス行きの理由について簡単な説明を行い「私のフランス行きの唯一の理由は、私の親愛なる日本人たちの立場を、あらゆる手段をもちいて非公式に弁護することが目的であるが、宣教師として課せられた用心深さや慎重さの範囲内となる。」と1ページ目に記している。

　その内容は、宣教活動の他にメルメが、「日本政府」（江戸幕府）と「蝦夷統治者」[41]から受けた依頼についての説明であり、この活動についての誤解が宣教師団によるメルメ批判の原因だということである。本書簡によると、メルメは数年来、幕府より各国の代表とのやり取りに関して定期的に報告を受けており、ことにメルメが箱館を引き上げる1863（文久3）年、フランス公使ド・ベルクールが老中に対し、イギリスが幕府に強いようとしている「戦争」にフランスが介入しないと報告を受ける。それと同時に、ド・ベルクールが本国政府へ外交文書を送るのを拒否した事案について、メルメの采配で文書を送ることができないか、箱館奉行から打診されたとのことである。

　フランスの公式代表者であるド・ベルクールの意志に反することであり、メルメは一度断るが、「蝦夷公」[42]の再三にわたる説得に、本旅行を決める。その理由として、日本が常に、フランスが戦争を仕掛けてくることに対する危惧を抱いており、ここで戦争反対の立場で動くことにより、メルメをはじめ宣教師団の立場も向上すると述べている。但し、あくまでも密命という性格上、箱館奉行はメルメにフランスの「製品[43]」を一定数購入依頼し、その費用として当時箱館で貿易を行っていたイギリスのデント商会（Dent & Co.）とリンゼー商会（Lindsay & Co.）からメルメに無制限の貸付が付与されている。加えて、日本が所有している蒸気船の操縦のためにフランス将校を2～3名連れて来る使命も課された[44]。

　メルメは、本旅行の目的を、あくまでも今後の宣教師としての活動をしやすくするためとしているが、当時の日本教区長ジラールが一時的に帰仏している期間だったこともあり、在日宣教師団への状況説明および旅行の許可申請等をする機会がなかったとしている。しかし既述の通り、6月15日の離箱日にメルメがムニクーへ送った手紙[45]には、ここに書かれている政治的

な理由はおろか商会からの貸付等についても一切触れていない。

　なお、メルメが宣教団から批判されている理由をメルメ自身が同書簡内にまとめている。1、宣教師の専用服をめったに着用しない、2、居宅内に規律がない、3、箱館で聖職者としての暮らしを頑固に拒否する、4、宣教会上層部に対する敬意が少ない。1についてメルメは、箱館の友人やアイヌの知人を訪ねる際、宣教師服を着用していると宗教上の目的で訪問していると咎められ非常に面倒であり、さらには訪問先の知人らからも、迷惑するとはっきり告げられていると説明している。2の理由としては、例えば先述の病院に入退院時に、メルメの居宅に許可証を取りに来ることになっているなど、メルメの居宅はあらゆる人に開かれたものにするという目的があるからだという。また、メルメの居宅は子供向けの学校の役割も担っており、迎えに来る母親や姉も出入りすると記している。3については、メルメが箱館に着いたとき、幕府がもっとも恐れていたのが布教活動であったとし、メルメの箱館滞在の目的は、人々と相互扶助し有益な情報を交換することだと折に触れて強調する必要があるため、宗教色を出来る限り排除しているとしている。4は具体的な回答ではないものの、病院建設に対する上層部からの精神的な協力に感謝するなど、決してそのような指摘に相当することは無かったことを匂わせている。

　併せてメルメは、そのような状況下で19ヶ月[46]の間に、87名の死にかけている子供と29名の成人に洗礼を施し、そのうち5名が命をとりとめ熱心な信者として暮らしていることを報告している。また、病人以外では、先述の平服で通った200家庭で「キリスト教信仰の準備をした」ことも告げている。メルメが箱館を発つ頃に洗礼を施した10名の中には、上流階級に属していたという日本人とアイヌの混成家庭も含まれていたという。

　メルメ・カションの箱館滞在期間に的を絞り、メルメ本人のものを中心に、日本に着任したMEP宣教師の1858年から1864年までの肉筆の書簡の読解と分析を行った（図3）。具体的には、メルメの箱館滞在に関し以下の点が新たに得られた知見である。
・これまでの研究では、計画されたのみで実現されなかったとされてきた箱館の病院建設が、メルメ本人による記述とMEP宣教師ムニクーの現地視察の記録から、病院の具体的な対象患者層に加え、建設中の段階まで至っていたこと

が確認できた。さらにその後病院完成を告げるメルメの記述も確認した。

　さらに、これまで病院建設が頓挫したとの理由で箱館行きが中止になったとされてきた医師デュリーが、箱館に渡らず長崎へ行くことになった経緯について、箱館のメルメ、横浜のムニクー、そして上海から横浜、次いで長崎へ移動したデュリー本人の書簡を確認した。MEP資料館所蔵の書簡には、デュリーの箱館行きが中止になった理由として、病院の未完成は触れられていなかった。

・メルメの離箱についてAMEP所蔵書簡を追った結果、メルメが宣教団に宛てて説明している書簡では、メルメは箱館奉行経由で江戸幕府より密命を受けて離箱したと説明していることが確認できた。同時代の在日フランス公使の姿勢に反する命であることから、表向きは箱館奉行の依頼によりフランスの品を輸入することを理由とする、との説明も確認した。

　MEPから初めて箱館に派遣されたメルメの滞在について、これまで明らかにされてこなかった詳細のうち、AMEPでのメルメら本人直筆による書簡の研究により、上記を確認することができた。特にメルメによる病院建設については、これまで計画段階で頓挫したとされてきた説を覆す記述であり、裏付けがなされればメルメの箱館での活動に重要な一項が加わることとなる。

　上記に加え、メルメによる信者獲得など、メルメ本人のみが記載している事柄ならびに宣教師間で意見の食い違う点等について、今後その事実関係を裏付ける史料の発見が待たれる。

図3　メルメ・カションからパリ本部へ宛てた手紙
　　　（1863年9月17日付、AMEP蔵）

## 註記

*1　ルイ・テオドール・フュレ（Louis-Théodore Furet: 1816〜1900年）はロワール地方に生まれ、1839年に司祭叙階。1852年にパリ外国宣教会に入会、翌年に日本行きを図るも果たせず、琉球（那覇）に滞在。1862年にようやく日本入国を果たす。横浜、長崎、横須賀、江戸にて宣教に当たり、長崎等でミッションの上長を務める。しかし、明治新政権成立後の1869年に日本語学習に見切りをつけ、帰仏、宣教会を辞す。晩年は生地の教会の主任司祭を務める。アルムビュルステ師の横浜寄港時は横浜の上長の任にあった。

*2　AMEP, le 28 Octobre 1858, M.Furet à M.Libois.

*3　ピエール・ムニクー（Pierre Mounicou: 1825〜1871年）は南仏に生まれ、1848年、司祭叙階とともに東洋での布教のために香港に派遣。1856年にフランス軍艦に搭乗して箱館に上陸、死没した水兵の埋葬を行う。琉球を経て、1860年に横浜に着任、ジラール師（Prudence-Séraphin-Barthélemy Girard: 1821〜1867年）の補佐を行い、再宣教後の初のカトリック天主堂（聖心聖堂 Eglise de Sacré-Coeur）を建設、1862年1月に献堂。その後、長崎に転じ、1867年に箱館赴任、翌1868年には神戸開港にともなって神戸に赴き、神戸での天主堂建設の指揮を執る。神戸にて帰天。ムニクー師の日記（1856〜1864年）が刊行されており、カトリック史のみならず日仏関係史の視点から重要な資料とみなされている。但し、箱館滞在はその後になるので、箱館についての記載は、何度かの訪問（1856年、1862年8月）に限られている。

*4　AMEP, le 1 Septembre 1862, M.Mounicou à M.Libois.

*5　澤護「メルメ・カションに関する若干の資料」、敬愛大学紀要56, 177-198頁, 1999年、NII ID: 110000469092、ISSN: 09149384 等。

*6　L'Abbé Mermet de Cachon, « Le Dictionnaire français-anglais-japonais », 1866, Librairie Firmin Didot Frères, Fils et Cie., Paris

*7　Léon Pagès, « Le Dictionnaire japonais-français », 1862, Benjamin Duprat, Paris. 1603年長崎で出版されたイエズス会による日葡辞典を翻訳したものである。

*8　ただし、1862年出版の辞典に掲載されている日本語の文字はカタカナのみであるのに対し、カションによる辞典には漢字が頻出する。

*9　澤護、同上

*10　AMEP, le 2 Mars 1861, M.Mermet à M.Libois.

*11　AMEP, le 20 Août 1861, M.Mermet à M.Libois.

*12　AMEP, le 30 Juin 1862, M.Mermet à M.Libois., le 17 Juillet 1862, M.Mermet à M.Libois., le 1 Novembre 1862, M.Mermet à M.Libois., le 20 Novembre 1862, M.Mermet à M.Libois., le 8 Février 1863, M.Mermet à M.Libois., le 12 Mars 1863, M.Mermet à M.Libois., le 10 Avril 1863, M.Mermet à M.Libois.

*13　AMEP, le 21 Septembre 1863, M.Furet à M.Libois.

*14　AMEP, le 2 Décembre 1860, M.Mounicou à M.Libois., le 14 Février 1861, M.Mounicou à M.Libois.

*15　AMEP, le 20 Janvier 1862, M.Girard à MM.Les Directeurs.

*16　AMEP, le 12 Février 1862, M.Girard à MM.Les Directeurs.

*17　プリュダンス＝セラファン＝バルテルミー・ジラール（Prudence-Séraphin-Barthélemy Girard: 1821-1867）

*18　AMEP, le 25 Février 1861, M.Girard à M.Libois.

*19　AMEP, le 13 Avril 1861, M.Mounicou à M.Libois.

*20　AMEP, le 15 Juin 1862, M.Mounicou à M.Libois.

*21　AMEP, le 1 Septembre 1862, M.Mounicou à M.Libois.

| | |
|---|---|
| *22 | AMEP, le 20 Novembre 1862, M.Mounicou à M.le Supérieur. |
| *23 | AMEP, le 12 Mars 1863, M.Mermet à M.Libois. |
| *24 | AMEP, le 10 Avril 1863, M.Mermet à M.Libois. |
| *25 | AMEP, le 15 Juin 1863, M.Mermet à M.Mounicou. |
| *26 | AMEP, le 13 Juillet 1863, M.Girard à MM.Les Directeurs. |
| *27 | AMEP, le 29 Juillet 1863, M.Girard à MM.Les Directeurs. |
| *28 | AMEP, le 31 Octobre 1863, M.Furet à M.Libois. |
| *29 | AMEP, le 11 Janvier 1864, M.Girard à MM.Les Directeurs. |
| *30 | AMEP, le 15 Juillet 1866, M.Petitjean à M.Albrand. |
| *31 | 「M.M.Girard Mounicou et Furet pensent à faire réoccuper hakodate」AMEP, le 31 Juillet 1866, M. Petitjean à M.Rouseille. |
| *32 | AMEP, le 9 Septembre 1867, M.Cousin à M.Rousseille. |
| *33 | AMEP, le 19 Août 1867, M.Petitjean à M.Armbruster. |
| *34 | AMEP, le 15 Octobre 1867, M.Petitjean à M.Armbruster. |
| *35 | ムニクーは函館までアランブリュステルに付き添った後、大阪へ向かっている。 |
| *36 | 「Et je pense qu'aussitôt que nous aurons notre Eglise nous ferons des découvertes et que nous pourrons ressusciter l'Eglise de Mats'mai.」これによると、松前に教会があったと読み取れる。AMEP, le 24 Octobre 1867, M.Armbruster à M.Rouseille. |
| *37 | AMEP, le 15 Juin 1863, M.Mermet à M.Mounicou. |
| *38 | 「ainsi la seule construction de notre petite maison coûte 12000 fr. Et pour notre Eglise !」AMEP, le 24 Octobre 1867, M.Armbruster à M.Rousseille., le 16 Février 1869, M.Mounicou à M.Armbruster., le 11 Mai 1869, M.Furet à M.Lemonnier.等 |
| *39 | AMEP, Juin 1868, M.Furet à M.Osouf., Note d'un français (probablement Capitaine Brunet) du 26 Décembre 1868, le 26 Janvier 1869, M.Cousin à M.Armbruster., le 31 Janvier 1869, M.Armbruster à M.Rousseille. |
| *40 | AMEP, le 18 Décembre 1868, M.Mermet à M.Mounicou. |
| *40 | AMEP, le 28 Mai 1876, M.Marin à M.Armbruster. |
| *42 | 1876年3月28日付の手紙。(AMEP, le 28 Mai 1876, M.Marin à M.Armbruster.より) |
| *43 | 「10,000フランをかけて教会を始める」とある。(AMEP, le 22 Juin 1876, M.Marin à M.Armbruster.より) |
| *44 | フェリックス・ミドン(Félix Midon: 1840〜1892年) 1888年に日本が南北2つの司教区に分かれ、北をミドンが、南をプティジャンに継いでクザンが担当した。 |
| *45 | AMEP, le 22 Juin 1876, M.Marin à M.Armbruster. |
| *46 | AMEP, le 1 Février 1876, M.Marin à M.Armbruster. |
| *47 | AMEP, le 30 Novembre 1877, M.Marin à M.Armbruster. |
| *48 | AMEP, le 8 Avril 1877, M.Marin à M.Armbruster. |
| *49 | 原文は「Quoique inachevée, l'Eglise est très belle.」 |

# 第1章
## 風化する遺産と記憶

# 1-3
## 集落と都市の形成

**1-3-1**
ヴォルガ・ウラル地域の僧院都市の盛衰をめぐって〈スヴィヤスク島〉
石山さつき

**1-3-2**
近世における日朝通交拠点「倭館」の建築実態と
二国間遺産リプロダクトへの視座
夫 学柱

**1-3-3**
幕末から明治における蝦夷地漁場集落の発展と衰退
──土地利用形態と集落形成「厚田場所」を対象地として
外崎由香

**1-3-4**
ル・コルビュジエのユルバニスム「アルジェ」
──ヨーロッパとアラブの結節としての地中海
山名善之

# ヴォルガ・ウラル地域の僧院都市の盛衰をめぐって
〈スヴィヤスク島〉

石山さつき

タタールの都カザンに隣接したスヴィヤスクは、16世紀半ばにイワン雷帝の命によって建設された城塞都市であり、ロシア正教屈指の寺院を戴いた僧院都市の装いを保ってきた。20世紀初頭のロシア革命とその後のスターリン体制の下で教会・修道院は破却され、一部は政治犯のための強制収容所となった。1991年のソ連崩壊に伴い修道院が復活し、現在、町の復興に向けて動いている。本論考は、近世の僧院都市の形成と社会主義期の破壊を対象に都市史的観点から分析を進め、僧院都市の盛衰について論を展開する。ポスト社会主義の視点から、帝政期から社会主義期にかけて揺れ動く歴史遺産の価値づけを再考する。

ウラル山脈西ヴォルガ河流域には、ロシア人やタタール人をはじめとしてさまざまな民族が分布し、エスニシティと宗教がモザイク的に組み合わされた象徴的な都市が点在する。中流域に位置するタタールスタン共和国の首都であるカザンは特にその点が顕著であり、中心部のクレムリンが2000年ユネスコの世界遺産に登録された。城内にモスクも含んでいる点が特徴的である。それをきっかけに、この地域一帯の歴史に対する関心が一気に高まり、歴史的環境の保全が大きな政策課題となる。カザン近郊のスヴィヤスク島はそのひとつで、16世紀半ばのロシアの対タタール遠征の際に築かれた都市。現在もさまざまな時代の遺構が残る古都島である。ソビエト支配という苦難の歴史を歩むものの、1991年に半世紀以上に渡る社会主義時代に終わりを告げ、放置されてきた歴史遺産の修復・保全と過疎化した島の復興が望まれるようになった。2000年度より慶應義塾大学三宅研究室と現地の行政機関との共同研究が始まり、約4年間にわたって現地建築家グループと共同で建

造物の悉皆実測調査、文献史料収集、ヒアリング調査等の現地調査が行われた。この調査結果を踏まえ、スヴィヤスクの都市構造の変遷を明らかにした上で、現存する建造物の分布と類型化を行い、加えて、その保存状態の把握とデータベースの作成がなされた。また、この地に特有の木造住居に着目してその建築的詳細と空間構成も明らかにされている。これらのデータが現地機関に提供され、歴史的古都島再生のための基礎研究となった。本稿はこれら4年間にわたり三宅研究室を中心に行われた現地調査をもとに執筆された論考[1]を再編集したものである。

## スヴィヤスクの起源と都市機能の変遷

スヴィヤスク島は、ロシア連邦タタールスタン共和国の首都カザンから西に約27km、ヴォルガ河の中洲に浮かぶ長端約1200m、短端約600m、面積約0.65㎢程の島である。行政的にはゼレドルフスク市に所属し、周囲には前述の100万人都市のカザン、5万人都市ゼレドルフスク市、その他いくつかの農村が点在し、そこへ向かう水運交通が交差する場所に位置する（図I）。

島の起源は16世紀半ば、時のロシア皇帝（ツァーリ）イワン雷帝が、ヴォルガ・ウラル地域領土獲得のため対タタール遠征に出た折に、カザン攻略の拠点となる軍事要塞を、1551年にヴォルガ河中流域に築いたことによる。当時は島ではなく、沿岸の丘陵であった。町の建設にあたっては、モスクワの

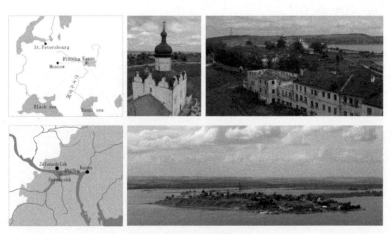

図I　スヴィヤスク島の位置と写真

(左)図2　町の建設を描いたミニアチュール(Лицевой хронограф、16世紀の『イワン雷帝伝』16世紀)
(右)図3　18世紀に描かれた島の遠景

北に位置するウグリッチの町から、丸太積の住宅を解体、筏にしてヴォルガ河を下り、人と住いともども町を丸ごと移動し、24日で町を築き上げたという伝説が残っている。丘陵の上部を削り取り、脇に土砂を移し、現在にも至る平坦な高台と低地の人工的な地形を造り上げた。以後、ロシア正教会の修道院を擁する小高い丘陵地として地域の拠点となっていたが、1957年にヴォルガ河下流でダムが建設されて水位が上がり、スヴィヤスクは島となった(図2)。

16世紀半ばにロシア帝国の軍事要塞として建設されたこの島は、17世紀には交易路上の都市としてさらに発展し、18世紀後半から19世紀にかけロシア正教寺院や教会を中心とした、イスラーム圏であるタタールスタンの中で最高位のロシア正教都市として栄えた。しかし、20世紀前半、ロシア革命とともにソビエト時代に入ると激しい宗教弾圧を蒙り、スターリン体制の下、修道院の建造物は政治犯の強制収容所に転用され、丘陵全体が閉鎖区域となる。その後、スターリン批判の中で政治犯は解放されたものの、旧修道院の建造物(収容所)は精神病院に再転用され、一般の人々から隔離された「負」の特殊施設の扱いを受ける。修道院復興が始まったのは、ソビエト体制が崩壊した1991年以降である。このように、スヴィヤスクは、モスクワとシベリア方面を繋ぐ街道上にあり、ヴォルガ河の舟運の要という戦略的な立地に加えて、"島"という特異な完結した空間が備わったことで、各時代の社会的背景に合わせ「正」と「負」の間を激しく揺れ動きながら今日まで変遷を繰り返してきた(図3)。

## 地籍と既存建造物の分布

島の地形は楕円形の高台部と盛り土をした低地部に分類される。高台は古い建造物が残る古都部であり、海抜75mから最も高い島北東部の 聖マリ

ア・テゥリョッフプレストリナヤ教会跡地の 83m、ヴォルガ河の水位は海抜 50m なので水面との高低差は約 30m ある。土地区画は、19 世紀に入って新たに定められた地方都市計画基準に従い、グリッド状に整備され規則性が生まれる。区画整理の結果、一般住宅の一筆の平均面積は 900 ㎡、集合住宅で 1600 ㎡であり、建物は道に面して戸建が各々独立して建つ。ただし島高台北東部は公共建築が連なり、道路面にファサードを作り出している。道路もこの時期に整備され、島の高台外周を回るリング状の道路と街区間を仕切るグリッド状の道路として現在に至る。また 1957 年の水位上昇により島とカザンとの軸線上にあったアクセス道路は水没してしまい、以後の島への交通は船に頼ることとなる。

　この地に立地する既存建造物 119 棟（宗教建築・公共建築・住宅）を構法的に眺めると、木造が 77 棟、レンガ造が 23 棟、混構造が 19 棟と、木造住宅が主体となっている。そのうち 16 世紀のものは 2 棟、18 世紀は 3 棟、19 世紀〜20 世紀初頭が 72 棟、その他 42 棟という具合に、帝政期の歴史的建造物が 2/3 を占めている。18 世紀以前のものは教会・修道院であり、逆に 19 世紀のものは木造住宅とレンガ造の公共建造物である。スターリン時代には、6 件の教会・修道院が破壊され、それ以外に数多くの建造物が荒廃した（図 4）。

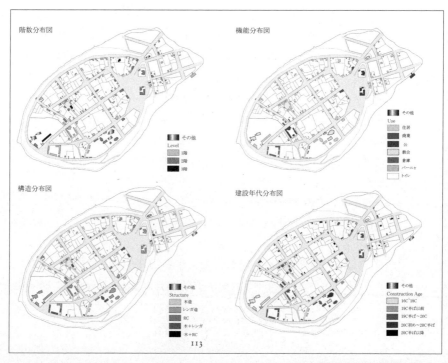

図 4　現況地籍と既存建造物の分布

以上の点から導かれるのは、スヴィヤスクの都市形成史の中で特に現況の都市を作り上げる基盤となった時期は18世紀後半から19世紀であるとの結論である。宗教的に寛容政策をとったエカチェリーナ2世時代に街並みが変わり始め、教会も新たにいくつか建設され、1829年の区画整理が決定的な影響を与えた。この島がもっとも栄えていた時期の都市基盤については、以下の特徴を挙げることができる。

1) 19世紀に建設ブームがおこり、木造住宅が盛んに建設された。またレンガ造の公共建造物が島の高台東部にいくつか建設され、教会とともに公的広場を形成する。
2) 19世紀には地形に関係なく幾何学を用いた都市整備が行われ、グリッド状の都市骨格が作られた。
3) 一区画の地積は広々ととられ、一筆の中で建造物が平均約7〜8%を占め、残りは家畜用や農地として利用する空地であったと推測できる。今日、一つの住宅には平均3人、大規模集合住宅になると3〜6家族が共に住んでいる。
4) 地籍数から推測される19世紀の人口はおよそ3000人であり、ロシア革命前の19世紀末〜20世紀初頭が最も栄えていた。

## 島のゾーン構成と建造物のタイポロジー

島は現存する建造物の用途から「修道院ゾーン」「公共ゾーン」「住居ゾーン」の3つに定義できる。現存する6件の教会のうち、5件が高台南西部にあるウスペンスキー男子修道院と聖ヨハネ女子修道院の敷地内に位置し、他にも倉庫や宿舎といった修道院所有の建物が集積している。このエリアを「修道院ゾーン」とすれば、「公共ゾーン」は、島東部の低地にある船着場を望む高台の東端に位置し、現在の町役場や広場がある他、島の発展期から人口安定期に建設された19世紀のレンガ造の公共建造物が集中しているエリアである（図5）。

残るエリアが「住居ゾーン」であり、18世紀後半〜19世紀のグリッド状に区画整理された街区を基盤に現在も木造住居が点在している。住居ゾーンはさらにI〜Vの5エリアに分けゾーニングし、現況調査を行った。結果、島には19世紀初頭から半ばにかけて建造された木造住居が98棟現存し、ウラル・ヴォルガ地域の典型的な木造住居の建設手法を看取することができ

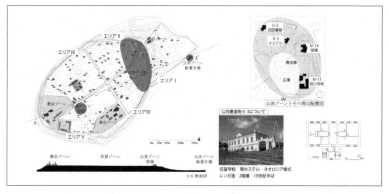

図5　市街地のゾーン構成

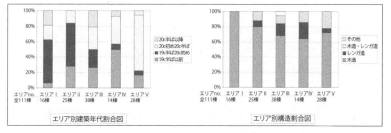

図6　住居ゾーンのエリア別割合図

る。全体的に20世紀半ば以前の建造物が多く残っているが、公共ゾーンがあるエリアIVにおいては19世紀半ば以前の建造物の存在が顕著である。

以上の点から、市街地の各ゾーンにおける建造物の分布と保存状態について以下の特徴が導き出される。

1) 19世紀後半の人口増加期の後、繁栄期に建造されたレンガ造の公共建造物が比較的良い状態で保持されている。
2) 住居は大半が木造であり、19世紀前半に建造されたものが過半数を占める。
3) 島にある木造住居保存状態は破損26％、かなりの傷み有り13％、傷み有り37％、良好22％であり、適切な保存修復計画が必要である（図6）。

## 木造住居の空間構成

帝政期ロシアの木造住居は18世紀末～19世紀にロシア全土で適用されたグリッド状の都市計画において、そのファサードの意匠計画の統一が行われ

た。スヴィヤスク島の事例においても例外ではなく、都市計画が適応された地区においては、同スパンによる三窓のイズバ（ロシア伝統木造丸太小屋構法住居）が立ち並ぶようにファサード規制が適用されている。

イズバの空間構成を決定づける要素として、「ペチカ」と「イコン」が挙げられる。ペチカは、寒冷気候の木造住居文化圏で発達してきた暖炉の事。人々は帝政期以前の民族性を継承して、ペチカを中心の生活を続け、暖炉・煙突形状・排煙システム・熱伝導などを改良してきた。帝政期に入ると、イコンと呼ばれるロシア聖教の聖像が住居に飾られ、空間に決定的なヒエラルキーが生まれた。

スヴィヤスク島での16件の木造住宅の実測調査により、ペチカの構成・用途は4タイプに分類することができる。

1) 保温型：火をくべる場所とは少し離れた位置にくぼみが作られ、そこに保温を必要とするものを入れ、保温する用途に使われる。

2) キッチン型：火をくべる場所のすぐ上がコンロの役割を果たし、お湯を沸かすなど調理する用途に使われる。

3) 暖房型：主に火をくべる位置とは逆の方向に位置する。室内に暖房の効果をもたらす。

4) 物置型：ロシアの農村ではペチカの上に寝床を作るような例も見られるが、空間の効率的利用のためペチカは帝政期以前のそれよりも小さくなっており、寝床として用いられることは現在ほぼなく、形状だけが残っているものもある（図7）。

また実測調査の結果、典型的な住宅のプラン構成は、外周の4面と内部を仕切る2面の6つ壁から構成され、中廊下が住居の中心となり両脇に部屋が配置されている点も分かった。そして、新たな玄関、壁、間仕切りの増設の跡を認めた。家族数の増加にともなう人口の増加時期に、ひとつの住居が複数の世帯に利用されるようになったことから、住居平面の変更が行われたものと考えられる。図8のⅡ-12は典型的な中廊下型住居の例、Ⅲ-19は規模の大きな住宅の例として実測調査を行った結果である。

Ⅲ-23においては、実測調査および窓の装飾の違いから、北東部分が増築されたことがわかる。増築前は、中廊下により部屋が分かれる典型的な住居であった。住居の規模から1世帯が住んでいたと思われる。人口増加時期に増築されたと考えられ、増築後は東西に抜ける廊下を中心に部屋が配置され

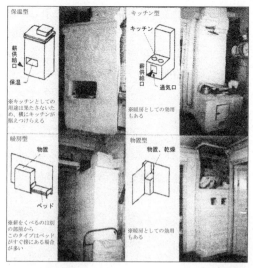

(左)図7 ペチカの類型化
(下)図8 木造住居実測図

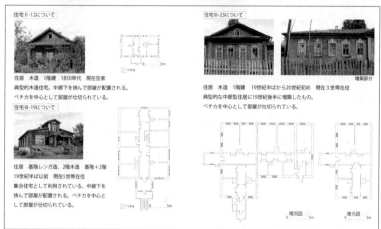

ており、全体をひとつの世帯が利用していたと考えられる。現在は、3世帯が在住しており、新たな玄関が2か所増設され、また廊下部分の扉を塞いだ跡が見られる。このように、住居の増改築におけるプランの変遷も見受けることができた。

　以上から、スヴィヤスク島の木造住居の特徴として以下の事が挙げられる。
I) 帝政期ロシアの木造住居の多くは、部屋の分割の中心にペチカがあり、複数の部屋で同時に暖を取れるよう配置される。

2）スヴィヤスク島の場合は都市型住居の基準に則って効率化が図られ、ペチカの規模は小さなものとなっているが、巧妙にペチカの形状を変え、保温・乾燥など二次的な利用に資するようになっている。
3）イコンを飾る場所はロシア木造住居の空間構成に決定的な影響を及ぼしている。
4）6つ壁3区画の平面構成が典型的であるが、住居に増改築された跡が多く見られ、繁栄期に住民数の増加に合わせて増築・改築されたと考えられる。

## 帝政ロシア期から現在の都市構造変遷の考察

1829年スヴィヤスクに都市計画案が作成された。この計画案では、グリッド状の都市構造が計画され、これまでの16世紀のメインストリートとは別に、中心部を東西に抜ける新たなメインストリートが計画されている。16世紀から続く都市構造はウスペンスキー男子修道院と聖ヨハネ女子修道院の敷地部分のみ残されて計画されている。新たなメインストリートに重なる教会は、取り壊される計画であった。この時代のロシアにおける都市計画は、当時の首都サンクトペテルブルグを中心とする啓蒙主義時代の政治・文化の影響を受けた都市計画にもとづいていると考えられる。以前の教会を中心として造られる都市構造とは全面的に異なり、グリッドを用いて造られる計画で都市の景観が整備されるものであった。

しかし、この計画がすべてに適応されなかったことが、現在の都市構造から確認できる。高台の北東部には16世紀からの広場が残されており、16世紀からのメインストリート沿いの教会も残されている。一方、新たなメインストリートが中心部の北東から南西に向かって適用されており、これに重なる中心部の2棟の教会が取り壊された。

19世紀末には、高台の北東部の広場を中心に、公共建造物が建設された。広場を囲んで、役所、学校、図書館、巡礼者用の宿泊施設が設置され、その他に、刑務所、病院施設、郵便局が新たに建設された（図9）。

現在の都市構造は19世紀末以降大きな変化はないが、20世紀のソビエト連邦時代において、1929年のスターリンによって宗教に関する法律が公布された後の1930年代、および1953年のスターリン死後に強化された宗教弾圧の影響によって、スヴィヤスクの6教会が破壊され、残った教会も収

容所として利用され荒廃した。この時期に多くの木造住宅も取り壊されたと考えられる。19世紀に建設された高台北東部の公共建造物も、政府によって管理された上、他の用途に使用された。また、1957年のヴォルガ河下流での貯水地建設による水位上昇の影響で完全な島となったことが、さらに人口減少に影響を及ぼしたとされる。

　前述の通り、現在の都市構造と1829年の都市計画図を比較した結果、計画全てが適応されておらず、現在でも19世紀の都市計画適応以前の都市構造が残っている部分があると推測される。写真にある、都市計画が適応されたと推測される地区の現況は、道が直線的で住宅が規則的に並んでいる。一方、19世紀の都市計画の影響を受けず、以前の都市構造が残されたと推測できる地区の現況を都市計画適応地区と比較すると、道が直線的ではなく住居の配置に規則性がないことが分かる。

　また、実測調査の結果、道幅は都市計画非適応地区では7m～9mであり、エリアⅡの適応地区では約18m～20mであることから、都市計画によって道幅が大きく広がったといえる。また、都市計画非適応地区における、1棟当たりの平均建築面積は約101.8㎡、平均敷地面積は約1100㎡であり、エリアⅡの都市計画適応地区では、1棟当たりの平均建築面積は約69.3㎡、約平均敷地面積は1384.41㎡であり、敷地面積が広く取られるようになった（図10）。

　以上の事から、帝政ロシア期から現在までの都市構造変遷に関し以下の事が推測できる。

1) 1829年スヴィヤスクにグリッド状の都市計画が施行され、それにともない教会が4棟取り壊された。16世紀からのメインストリートは、教会に沿って敷かれていたのに対し、19世紀末では新たなメインストリートを敷

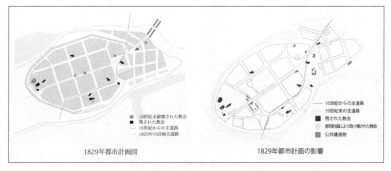

図9　19世紀の都市計画案と適応実態

くために、教会が棄却されている。これら取り壊された教会は、いずれも 16 世紀〜 17 世紀に建造された教会であり、宗教中心地として繁栄していたスヴィヤスクにとって本来は重要な要素であったはずであるが、当時の行政当局は教会の継続よりも都市構造の明解さと機能性を重視していた。

2) 実測調査の結果、16 世紀から、すなわち建設当初の都市構造が残っている部分は道幅も狭く広場を有した街路が残されており、また住宅の配置間隔も狭いので、19 世紀のグリッド構造は適応されていない。言い換えれば、当初の都市構造は、幾何学的な規則性ではなく、教会を中心とした多中心型の都市構造であったと推測できるが、これは 18 世紀以前までロシアの都市において一般的な構造であった。

3) 現在の島の都市構造は 16 世紀から続く木造要塞都市の構造と帝政ロシア期における 19 世紀の啓蒙主義政策にもとづく都市構造の融合型である。

　ロシアにおける中世の都市構造は、宗教施設に大きく依拠していたが、18 世紀以降になると世俗化の度合いが増し、欧州的な都市計画の基準が導入された。しかし、決定的な影響を与えたのは 20 世紀のソビエト時代で、宗教の否定と弾圧の結果、教会・修道院の根絶が図られた。にもかかわらず、教会・修道院の強制収容所への転用という「負」の利活用行為によって建造物の一部は保持され、その後のポスト社会主義の時代における復興を可能にしている。深い宗教心を抱いた政治犯たちによって聖堂内のフレスコ画が保存されたという事実が、スヴィヤスク島の宗教遺産の変転とその下を流れる地下水脈を物語っている。

　ヴォルガ河の中流域に位置し、タタール地域におけるロシアの存在を極めて強く表出するスヴィヤスクは、歴史の各層における特徴的な建築ストッ

都市計画適応地区　　　　　　　　　　　都市計画非適応地区

図 10　19 世紀の都市計画適応地区と非適応地区の現況写真

ク、新旧が融合した都市計画を保つ優れた歴史遺産都市として評価が可能である。同時に、半世紀以上にわたる社会主義時代を経て、教会・修道院の組織的な破壊、建造物やインフラの荒廃、人口の急激な減少を経験する。都市人口の増大が世界で大きな社会問題となっている20世紀の間に人口が258人（2000年）にまで下がったという事実は、宗教遺産の抹殺に伴う都市消滅と理解する方が分かりやすい。その点で、社会主義時代の意味を問い直し、ポスト社会主義のパラダイムをいかに確立するかが、今後の大きな鍵であろう。ロシア側の修復作業・島の再建は現在進行中で、2012年にはタタールスタン大統領と共にロシア大統領も島を訪れ、今日ユネスコの世界遺産登録を目指して準備がなされている。三宅研究室の調査・研究にともなうデータベース作成から早10年以上の月日が経つが、これらの基礎研究が質の高い景観と建築を保持する古都島の保存・再建を目指すひとつのきっかけとなったと信じている。

**註記**

\*1　論文・論考一覧
(1)ヴォルガ・ウラル地域スヴィヤスク島における歴史的環境の形成に関する研究 その1 社会主義体制以前の都市基盤の論考／三宅理一、石山さつき、澤田和華子、末広美幸、牧野紗代子／日本建築学会大会学術講演梗概集 2003年9月
(2)ヴォルガ・ウラル地域スヴィヤスク島における歴史的環境の形成に関する研究 その2 市街地の各ゾーンにおける建造物の分布と保存状態について／三宅理一、牧野紗代子、石山さつき、澤田和華子、末広美幸／日本建築学会大会学術講演梗概集 2003年9月
(3)ヴォルガ・ウラル地域スヴィヤスク島における歴史的環境の形成に関する研究 その3 丸太組住宅の工法とその大規模化に伴う問題／三宅理一、末広美幸、牧野紗代子、石山さつき、澤田和華子／日本建築学会大会学術講演梗概集 2003年9月
(4)ヴォルガ・ウラル地域におけるスヴィヤスク島の都市構造に関する研究　その1 帝政ロシア期から現在の都市構造変遷の論考／三宅理一、田中和幸、牧野紗代子、澤田和華子／日本建築学会大会学術講演梗概集 2004年8月
(5)ヴォルガ・ウラル地域におけるスヴィヤスク島の都市構造に関する研究　その2 都市構造の復元と検証／三宅理一、田中和幸、牧野紗代子、澤田和華子／日本建築学会大会学術講演梗概集 2004年8月
(6)帝政ロシア期の都市・建築における民族性に関する考察　その2 ペチカを中心とする木造住宅の空間構成について／三宅理一、増田圭吾、小川裕貴子、澤田和華子／日本建築学会大会学術講演梗概集 2005年9月
(7)帝政ロシア期におけるスヴィヤスクの都市と建築―宗教都市構造に関わる復元的研究―／牧野紗代子／慶應義塾大学大学院修士論文2004年2月
\*2　18世紀のスヴィヤスク／M.Iマハエフ／A.I.スペチンの絵をもとにマハエフが描いた中世のスヴィヤスク

1-3-2

# 近世における日朝通交拠点「倭館」の建築実態と二国間遺産リプロダクトへの視座

夫 学柱

現在、領土や領海の問題を背景にして国境をめぐる話題が後を絶たない。その近代的なエッジに比べ、近世の国境は緩やかだ。国境では想像を超えるスケールで人や物、そして情報が行き交い、近世的地域グローバリズムが展開されてきた。

国家間の最前線には異域が形成されている[*1]。日本と朝鮮半島でいえば対馬や釜山がそれに当たる。対馬は江戸から眺めると辺境に思われがちだが、朝鮮をカウンターパートに日朝通交の中心的役割を担った。空路の無い時代、国境に接するということは貿易の特権を持つことを意味し、対馬は外交と貿易を背景に両国の表舞台に立つことになった。一方、朝鮮は国防のため日本に最も近い釜山が要衝の地となり都市整備が進んだ。

本論では、近世の日朝通交拠点である日本人町「倭館」の都市と建築を解明し、両国による建築文化の対峙や混合などについて論ずる。また越境の住環境を読み解くことで、両国の伝統住居について逆説的に理解を深めることができ、今日の国際交流に向けた二国間遺産リプロダクトの可能性など、歴史の還元性についても論を広げてみたい。

### 国境の島　対馬

対馬は日本と朝鮮を繋ぐように位置し、まるで日朝を結ぶ釦（ボタン）のようだ（図1）。日本本土（博多）までの距離はおよそ130km、それに対して朝鮮までは約50kmと半島寄りの国境の島であり、地政学的にも朝鮮との通交は古代に遡る。地形は南北に長く、面積は約700km²（日本の島10位の広さ）で、現在の人口は約4万人（江戸期は1.5万人内外）。山が険しく農地に適

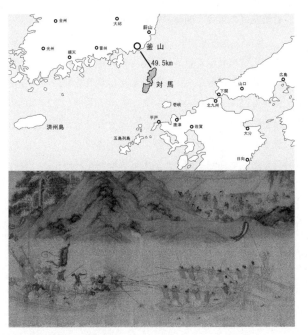

(上)図1　対馬の立地と地勢
(下)図2　倭寇図(東京大学史料編纂所所蔵「倭寇図巻」部分)

す土地は極端に少ないが、対朝鮮外交との貿易の窓口となったことで、対馬は江戸期10万石と評価された。

　異域での営みは日常的に国境を越える。中央政府の統制が及びにくい異域では一種の無法地帯が形成されたていた。中世の海賊として知られる倭寇も越境者のひとつで、対馬はその一大拠点でもあった。倭寇は朝鮮半島や中国大陸の沿岸部を広く(グローバルに)行き来するが、そのイメージは略奪など良からぬことが多い(図2)。諸外国へ渡り私貿易や密貿易をする者がいれば、過激化して略奪という経済活動に転じる者もいる。史実は悪事が記され易いが、渡航先に住み着く倭寇がいたところをみると、日々の多様な営みもあったことだろう。現在、小説や映画、またはサブカルチャーなどで海賊をテーマした作品が賑やかである。これはITの普及から広がったグローバリズムを背景に、今日的なマージナルマン[2]を描写しているようで興味深い。

　今日においても対馬は日本と朝鮮の狭間を生き、越境を宿命としている。両政府を取り持つバランス感覚、対馬の歴史はハードボイルドだ[3]。

## 善隣友好の時代　朝鮮通信使と倭館

　日本と朝鮮には暗い歴史が横たわっている。豊臣秀吉の朝鮮出兵（文禄・慶長の役）や明治政府による日韓併合など、朝鮮の都市は幾度も戦火にさらされ、その苦難の歴史は今も深く語り継がれている。しかし現在、江戸期265年に及ぶ善隣交流の歴史に注目が注がれている。日朝を往来した朝鮮通信使の文化交流は高く評価され、世界遺産への登録も提唱が盛んだ。

　徳川幕府は江戸時代を通して朝鮮王朝と善隣友好の関係を維持した。幕府の慶事や将軍の代替に際して朝鮮から派遣された大使節団が来日し互いの国書が交換された。この外交使節団が「朝鮮通信使」である。一行は正使・副使・従事官の三使以下、画員・医員・訳官・楽士などで構成され、総勢400〜500人から成る大使節団で、往来は1607（慶長12）年から1811（文化8）年までの間に12回[*4]、漢城（ソウル）から江戸まで往復約3000kmを半年以上かけて旅をした（図3）。旅の先々では筆談や唱酬で多くの文人達と交歓し、民衆にも熱狂的に迎えられるなど、朝鮮通信使の往来は日朝の文化交流を大いに促進させた（図4）。

　朝鮮通信使が往来する一方、日本からも朝鮮へ外交使節が派遣されていた。彼らは朝鮮半島南端の釜山に設置された「倭館」で接遇される。秀吉による朝鮮侵攻の経験から、日本使者による漢城（ソウル）への上京は固く禁じられ、釜山止まりの訪朝となっていたのである。

　「倭館」とは「日本人のための客館」を意味する。その名の通り、本来の目的は日本外交使節が宿泊する迎賓館であったが、実際のところは外交に加えて貿易も行い、「在外公館」と「商館」の二つの機能を備えた施設となっていた。倭館には日朝通交の様々な実務を処理するため日本人が常駐し、朝鮮通信使と表裏一体となり、近世の日朝善隣関係が築かれていった。

### 日朝通交拠点「倭館」

　倭館の歴史は古く、その起源は中世にまで遡る。朝鮮の沿岸を荒らす倭寇対策として、釜山一帯に限定された貿易港を開港したのが始まりだ。朝鮮の儒教政策として表向きは外交儀礼に則っている。そのため施設は日本使節の客館として造営され、そこへ交易機能を重ねた。それが倭館である。倭館は幾

度に渡って閉鎖や移転を繰り返しながら*5、近世に入ると東アジア最大の居留地へと発展した。最後に設置された江戸時代の倭館を「草梁倭館（1678〜1876年）」と呼ぶ（図5、6）。

草梁倭館（以下「倭館」）の跡地は釜山タワーの立つ龍頭山公園一帯で、国際市場やチャガルチ市場など観光地として有名な一大繁華街となっている*6。敷地面積は10万坪（約33ha）と広大だ。同時代、長崎に設置された「唐人屋敷」と比較すると約10倍、オランダ商館「出島」にいたっては約25倍の大きさで、東京ドームなら7個分の広さである。倭館の管理は対馬藩に一任され、日本（対馬）の成人男子約500人が住み込みで朝鮮との外交と貿易の実務にあたった。

倭館の施設計画は外交機能と貿易機能を明確に分けてゾーニングしている。龍頭山を中央にして東西を二分し、それぞれ「東館」及び「西館」と呼んだ（図7）。東館は貿易活動を行うエリアだが、館内の運営管理もここで行われ、館守や代官の屋敷が横並ぶ。倭館貿易の象徴的な交易所（開市大庁）

図3　朝鮮通信使の経路図

図4　朝鮮通信使来朝図
　　（羽川藤永筆　神戸市立博物館所蔵）

（左）図5　倭館図 部分（韓国国立中央博物館所蔵）
（上）図6　倭館復元模型（筆者制作）。写真手前
　　　　　が東館、山越し奥に西館が見える。

や東向寺（臨済宗）など信仰施設にいたるまで数多くの建物が建設されていた。

　西館は外交活動を行うエリアで、日本外交使節とその随行員が宿泊する屋敷群がグリッド状に整然と並んだ。倭館には町屋まで存在する。日常生活の要を足すため、蕎麦屋や酒屋、そして畳屋などいくつもの商店が軒を連ね、これら館内の屋敷は150余棟にも及んだと伝えられている。

## 倭館の造営と建築

倭館の造営や修理の費用は朝鮮政府が負担した。それは倭館が日本外交使節の迎賓館であったからだ。しかし、その実際の工事には日本（対馬）の職人が派遣されていた。普請奉行を筆頭に大工や左官、そして木挽などで結成された一大職人集団が海を越えた。倭館新造時には150人もの職人が工事に参加し、度重なる修理や改建にも対馬の職人集団が派遣されている。

　対馬の職人を工事に参加させたのは、居住する日本人の住まい環境を考慮してのことである。倭館は外交儀礼上の迎賓館であったが、渡航地での一時滞在の宿所ではない[*7]。そのため倭館は住居としての機能が重視された。

　倭館は建物の延焼を避けるため広大な敷地が設定され、そのため存置期間約200年に渡って多くの建物が原型を留めて維持された。

　数ある倭館建築の中から次に2つの建物を紹介する。

■［東館］館守屋　（武家屋敷建築）（図8）

　倭館最高責任者「館守」の居館と執務所を兼ねた建築である。屋敷は龍頭山中腹に造成された高台に位置し、象徴的な正面階段を登ってアプローチする。平面図を見れば明らかなように、館守屋は日本の武家屋敷建築を模範に計画されている。式台から次之間、そして本座へと接待空間が連続し、畳が

図7　倭館東西館復元 CG.（左：東館、右：西館）

敷かれ縁側が雁行している。トコや障子戸、または戸袋なども確認でき、館守家が日本建築の形式で建造されていたことは明白だ。また館守屋には、茶室や風呂屋が設置されていたことにも目を引く。両者共に朝鮮の伝統建築には存在せず、これらも館守屋が日本建築であったことを物語っている。

■［西館］参判屋　（朝鮮客舎建築×武家屋敷建築）（図9）
参判屋（さんぱんや）は日本外交使節の宿所である。中央に大庁（デチョン）と呼ばれる開放的な板間空間を置き、その両脇に東軒と西軒を接続させた一文字型の建築となっている。このマスタープランは朝鮮客舎建築の典型であるが、その類型に当てはまらない要素を多く含んでいる。その例としては、式台やトコ、風呂、そして諸室には畳が敷かれるなど、日本建築の造作が随所に見られる。

　朝鮮では従来、中国など諸外国使臣の宿泊施設に客舎建築を建造しており、迎賓館として倭館もそれに準じている。しかし工事に日本の職人が参加したことが、このような日朝折衷的な建築を誕生させた[8]。まるで明治期の擬洋風建築のように、朝鮮建築を日本の技術で建設するという倭館を象徴した日朝混合の建築と言える。

## 日朝合作の工事体制

倭館の造営や修理は国を越えた一大公共事業であった。対馬から職人集団が派遣される一方、朝鮮からも多くの大工や人夫を参加させている。朝鮮は日本の工事参加を許可したが、コストを抑える意味でもすべてを任せたわけではない。

　工事の総監督は「監董官」と呼ばれる朝鮮の役人が指揮をとり、日朝両国の技術者がその元に組織された。朝鮮担当の工事は屋根であった。日本人の生活習慣に直接影響の少ない範囲を自国の大工に請け負わせたのである。当然のことながら両国の職人同士は言葉が通じない。「居住部分」と「屋根」、桁を上下にした工事分担は、異国の職人同士が共同作業する上でも合理的な組織体制であったとも言える。

　（図10）は両国で描かれた朝鮮時代の瓦葺きと江戸時代の大工仕事の著名な絵図である。それらを重ね見ることで、倭館の建設現場を思い描くことが

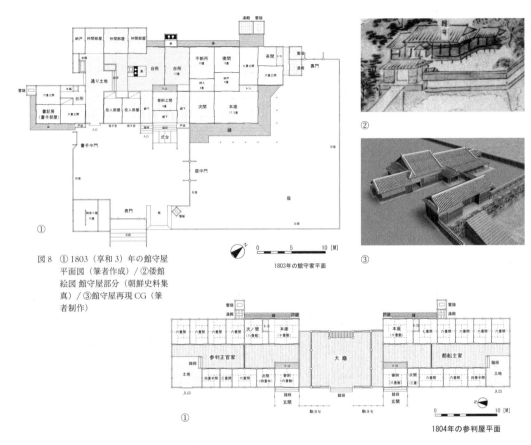

図8 ①1803（享和3）年の館守屋平面図（筆者作成）／②倭館絵図 館守屋部分（朝鮮史料集真）／③館守屋再現CG（筆者制作）

図9 ①1804（享和4）年の参判屋平面図（筆者作成）／②倭館絵図 参判屋部分（朝鮮史料集真）／③参判屋再現CG（筆者制作）

共同作業

↑日本大工が居住部分を工事（江戸時代後期　鍬形蕙斎の近世職人尽絵詞）

←朝鮮大工が屋根を工事（朝鮮時代後期　金弘道の葺瓦）

図10　両国の職人絵図

できる。倭館工事には両国の職人が入り交じり、日朝合作の建築が生み出されていった。

### 雨漏り屋根の日朝200年論争

朝鮮が担当した屋根工事は毎度の修理で注目の的となる。次第に朝鮮式屋根の造り方をめぐって両国の技術論争へと発展していった。朝鮮が認めた倭館の大修理は25年に一度であるから、老朽化した建物を改善するため住み手の日本も神経を尖らせたことだろう。日本は朝鮮伝統の屋根を「小杭割木式」と呼び、「朝鮮式の屋根は雨が漏るので甚だ宜しくない[9]」と口火を切った（図11）。

「小杭」とは垂木を意味し、「割木」は野地板に相当する瓦下地を指している。朝鮮の主建材は松で、垂木は自然湾曲した丸太をそのまま使用するのだが、日本はそれを小杭と称したのである。また朝鮮では瓦下地に野地板を設けず、細かく割いた木材や竹を縄で縛って造作する工法がある。日本はそれを割木と呼んだ。いずれも朝鮮の風土や立体的な屋根反りの造形美をつくるのに合致した工法であるが、割木の瓦下地が丸太垂木の湾曲をひろい瓦下地が平らにならず、それが雨漏りを誘発すると日本が強く主張したのだ（図12）。

しかし日本が「小杭割木式」と呼んだ屋根は、朝鮮全土で採用されている伝統（常識）の工法である。朝鮮からすればクレームのように聞こえたことだろう[10]。そのため議論は長引き、「修理家の板壁を外してでも、日本式の屋根にする」と日本が強く談判することもあったが、「小杭割木式」の朝鮮式屋根は時代を通して採用され続けた。雨漏り屋根に関しては「巴唐草瓦一

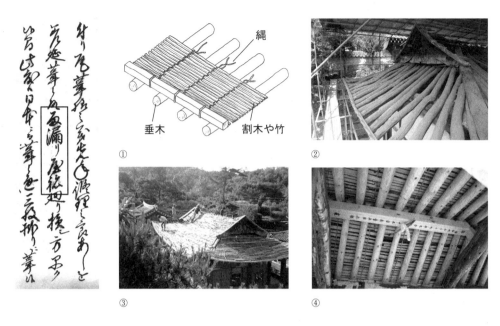

(左) 図11　1724（享保9）年の『倭館屋修補日記』　雨漏り屋根の記述
(右) 図12　①朝鮮の瓦下地組みの図／②朝鮮の垂木／
　　　　　③朝鮮の割木状の瓦下地／④朝鮮伝統民家の小屋裏（仕上前）

件」と題された論争も起こっている。

　朝鮮が担当した屋根工事では巴瓦や唐草瓦など、軒口瓦が葺かれていない。日本の主張は「雨が漏るので軒口に巴瓦や唐草瓦を葺くべきだ」というものであったが、それは朝鮮側の目には見栄えのためと映ったようだ。朝鮮では軒口瓦を葺くためには相応の格式を要す。そのため伝統民家には軒口瓦を用いず、漆喰など留土を詰めて仕上げるものが多い（図13）。修理記録には、「朝鮮通信使が日本で見てきたように、日本ではどのような家にも皆々巴瓦や唐草瓦がかれている。屋根は建築で第一に大切なので、見掛けのためではない[11]」という日本側の説得も確認できる。日本を往来した朝鮮通信使を、日本文化を知る証人として登場させるなど、交渉は時代を反映していておもしろい。そして巴唐草瓦の一件も、前述の小杭割木の屋根工法と同じく、終始変更はされることはなかった。

　これら雨漏り屋根問題は、約200年に及ぶ修理記録ほぼすべてに登場し、日朝の建築技術論争が倭館終焉まで継続されたのが分かる。

## 両国の伝統住居と風土の違い

　文化や伝統の違いは不理解を生みやすい。雨漏り論争に見られる日朝の食い違いもまた、文化の相違によるものである。
　日本と朝鮮の建築工法は風土的に大きく異なる。朝鮮の山林は岩山が多く、そのため主建材は松であり、良材は豊富でない。それに比べて日本は杉や檜といった直線的で加工しやすい木材である。また日本の住居は高温多湿の夏を旨とするが、朝鮮は厳しい冬に耐えるための建築だ。対象とする気候や風土が異なれば、当然家づくりも様相が異なってくる。たとえば日本は縁側を配した風通しの良い座敷空間が特徴的だが、朝鮮は対照的にオンドル（温突）という床暖房を備えた小さな房空間が特徴である（図14）。朝鮮の屋根は軒裏を土で塗り籠め、妻面はレンガなどで密封するなど、少しでも熱を逃がさないよう高気密につくられている。そのため建具は開き戸を採用し、障子も内張りとするなど繭のような居室（オンドルバン／温突房）をつくりあげる。それに対して日本は開放性の高い引戸を用い、障子紙は外張りとして軸組みの造形美を室内に向けている。このように日朝の建築文化を対比すると真反対なことが多く、似て非なる要素が目につく[*12]。この対照的な日朝の家づくり、その特性が倭館工事の共同作業であらわになったのだ。
　「雨漏り屋根200年論争」に登場した「割木」という瓦下地が朝鮮で採用されるのは、軒裏に盛り付ける土の足付けを良くするためだ。両国とも土壁には「小舞」という下地を組むが、割木とはこの小舞のような部材である。例えるなら屋根天井まで土壁で包む土蔵のような工法と言え、朝鮮建築は雨漏りよりも厳しい寒さへの対策を最優先にしているのが分かる。
　雨漏り屋根論争では、朝鮮も頑なに日本の要望を退けたわけではない。た

図13　密陽孫氏住宅の軒先瓦

図14　朝鮮伝統民家とオンドル（温突）

とえば「瓦三枚係り一件」という議題があった。これは瓦の葺き足を三枚係りにしたいという要請で、それにより瓦の使用量は増えるが朝鮮はこれを受け入れている。それは瓦三枚係りという工法が朝鮮にも存在するためであり、相互の理解も得やすかったのだろう。

このように倭館工事で起こった日朝の技術論争は、まさに風土の違いから生じた差異に端を発し、国を越えて合作する建築の難しさを物語っている。

## まとめ

華やかに往来した朝鮮通信使は日本各地をパレードし、外交だけでなく民際交流も大いに促進させた。朝鮮通信使は非日常の祭事として誠に注目を集めたが、それはまた倭館の日常的な日朝交流、その氷山の一角と言う事もできる。この日常性は倭館を読み解く一つの鍵であり、本論で述べた屋根問題のように、日朝の根深い文化的差異も気づかせてくれる。

朝鮮通信使が利用した寺や民家など、その多くは既存の建物を外交施設として活用したものだったが、倭館は日朝通交の拠点として特注で新造された一大居留地であった。倭館建築の特質を端的に表すと、それは「住居」である。外交使節が往来で宿泊する建築は一時使用の「宿所」だが、倭館のように常駐で数年にわたる暮らしには生活に根ざした環境を必要とする。

倭館は表向きには日本外交使節を受け入れる迎賓館であったが、その生活は一時滞在ではない。館守など多くの員役の任期は2年と長く、そのため日本式住居での建設を朝鮮へ希望したのだ。そして倭館は居住者の文化的背景に則った伝統様式（武家屋敷建築）で建設され、その建設の実態は日朝の共同作業で実施されていた。

倭館工事には対馬から大勢の技術者が派遣され、同じく朝鮮の技術者も多勢に参加する。日朝は明確に作業を分掌し、居住に直接関わる部分を基準にして桁上と桁下に分け、前者が朝鮮、そして後者が日本の担当となった。そしてこのような共同作業は様々な展開をもたらした。

まず、倭館の外交機能を果たす西館は、朝鮮伝統の客舎建築で建造されなければならない。これは外国の使臣を受け入れる際の儒教的儀礼に則るためである。住み手の日本側が桁下工事を担当するといえども、間取りは日本様式では許されない。朝鮮からは客舎建築の見取り図が渡される

と、それをマスタープランに工事を推進させた。そのため朝鮮建築には存在しない武家屋敷の式台、トコや縁側、そして畳などの室内調度を備えた客舎建築が誕生したのである。

次に、東館の建築は主に貿易実務や生活に関するものが多かったため、その平面計画に朝鮮はほとんど関与していない。前述の西館建築が外交の対面

図15　対馬木坂村の永留家住宅

図16　倭館裁判屋と永留家住宅の比較図

図17　日韓の古民家合体イメージ合成

図18　倭館修理記録には「毎日朝鮮人と入り混じり候」と多筆されている。

性を重んじているのがよく分かる。東館の建築は武家屋敷の建築様式、とりわけ対馬民家の類型と合致し、日本での生活と相違ない環境がつくられていた。しかし、屋根に関わる部分の施工は朝鮮が担当したため、「小杭割木式」と呼ばれた朝鮮の屋根工法が採用され、日朝による技術混合のハイブリッドな武家屋敷となった。

朝鮮通信使はイベント性が高く、繰り広げられた両国の交流に今日興味が注がれる一方、恒常的に日朝関係を支えた倭館については、対馬藩の経済を支えた交易が関心の的だ。「交流」や「交易」が互いの文化に触れることを意味するならば、倭館での「滞留（居住）」は異文化との対峙であり、あらゆる摩擦を経て「混合」が生み出された。

本論は、建築史・都市史の見地に立ち、倭館建築における日朝共同建設の役割区分、そして技術や様式の混合について明らかにし、倭館の居住問題から垣間見える日朝通交の一側面を論じた。また、倭館建設は日朝両国の正式な外交上に成立し、その実務にあたった技術者の交流は両国職人の外交として、日朝通交史に新たな知見を与えている。

## 倭館再建にむけて

朝鮮通信使を平和の象徴とする近世の日朝交流。その善隣交流の記憶を継承するため、日韓両国で遺産登録の提唱が盛んである。通信使と表裏一体である倭館も例外でなく、日朝友好の歴史としてその記憶を刻みたい。

倭館の遺構は石垣や階段、または地割りなどを確認できるが、建物に至っては皆無である。しかし対馬には江戸末明治初の民家が数多く現存し、とりわけ木坂村の永留家住宅は保存状態も良く、倭館「裁判屋」と空間構成が合致する（図15、16）。持主へのヒアリングによると築年は江戸末期あたりまで遡り、倭館晩年と時代を重ねるようだ。当古民家の建造が、倭館修理に参加した大工の手によるものと空想も広がる。

この木坂村の対馬古民家を釜山に移築し、同時代の朝鮮民家の屋根を移植する。倭館工事に対馬普請方が釜山へ渡海したように、対馬古民家が玄界灘を越え、倭館時代の日韓の古民家を合体させる。そのような建築遺産の創造プロセスで倭館建築をリプロダクトできないだろうか（図17）。

倭館工事では伝統工法への異論を唱えることもあったが、決して物別れせ

ず、"住まう"という命題のために最後まで完遂した。その家づくりは万国普遍の建設的思考が表れており、建築行為を介した国際交流の意義も深い。

　とりもなおさず「裁判屋」とは日朝通交の交渉役（コーディネータ）の執務所兼住居である。「誠信交隣」を唱え朝鮮外交に尽力した雨森芳洲もここへ執務しており、善隣交流のシンボル性も高い*13。日韓の古民家を足し合い創造する建築遺産。それは倭館での両国の営みを具現する建築として、近世の国境感を今日に伝える二国間遺産となるだろう（図18）。

### 註記

- *1 　異域とは、国境を隔てた辺境、対峙する文化圏が接触し融合するエリアを指す。
- *2 　マージナルマンとは、互いに異質な二つの社会・文化集団の境界に位置し、その両方の影響を受けながらもいずれにも完全に帰属せず、その境界にいる人。
- *3 　朝鮮政府と徳川幕府を取り持つための国書偽造や、生類憐みの令に実施した全島猪狩りなど、対馬の瀬戸際における打開策は目を引くものがある。
- *4 　最後の通信使は対馬止まりとなったため、江戸までの往来は計11回。そのうち日光まで3回足を運んでいる。
- *5 　倭館の歴史は15世紀中葉に朝鮮半島三浦所（薺浦・釜山浦・塩浦）への設置に始まる。暴動（三浦倭乱）や秀吉の朝鮮侵攻による閉鎖、そして移転を繰り返し、豆毛倭館（通称：古館）を経て最後に草梁倭館が設置された。
- *6 　倭館は近代に入ると朝鮮支配の拠点として明治政府に接収された。そして日本による朝鮮最初の近代的な都市開発が実施される。それが下敷きとなり、倭館跡地は今日も中心繁華街を継承している。倭館の地は日本による支配の拠点となったため、今でも「倭館」という響きに韓国の反日感情が含まれることがある。
- *7 　館守や裁判など倭館に派遣された員役の任期は2年と長い。
- *8 　1724（享保9）年の『僉官屋修補日記』では「西館が古来より日本家屋の体裁で朝鮮家屋との造りと随分異なり板や釘などを大分に用いる」とあるが、1824（文政7）年の『参ializaci家改建記録』では当建築が「元来朝鮮国の客舎普請」とある。これは諸所の造作が日本式あるが、マスタープランは朝鮮式であることを表しており、古文書指図の平面類型からも明らかなように日韓折衷様式であったことが判断できる。
- *9 　雨漏り屋根については1772（明和9）年の『東館修理記録』に詳細な記載がある。
- *10 　和傘や風呂、そして便所など、日本の水まわりへの意識高さは世界で抜きん出ている。言うまでもなく屋根の雨漏りも同等に基準が高い。
- *11 　巴唐草瓦についての記録（前掲*9）前掲書
- *12 　朝鮮の儒教や中央集権制という一神教的な世界観に対して、日本は八百万神や幕藩体制など多神教的であり、両国は"似て非なる"、強いて言うなら対照的な要素が多くみられる。
- *13 　雨森芳洲（1668～1755年、享年88歳）とは通信使時代に日朝交流の架け橋となった儒学者。「朝鮮との関わりは、互いに欺かず、争わず、誠の心をもって交わることが重要である（交隣提醒）」と説き、誠信外交を唱えたたことで著名である。芳洲が倭館裁判屋に執務したのは当時62歳、1729（享保14）年3月から1730（享保15）年10月。また、『交隣提醒』の執筆は裁判役に任命された1728（享保13）年であった。

1-3-3

# 幕末から明治における
# 蝦夷地漁場集落の発展と衰退
土地利用形態と集落形成「厚田場所」を対象地として

外崎由香

2018年は、北海道開拓使が設置され、「蝦夷地」から「北海道」に改称された1869 (明治2) 年から150年目に当たる。いわば北海道は2018年、150歳の記念日を迎えるのだ。一般的に歴史が浅いと思われている北海道だが、蝦夷地まで遡るとその歴史は古く、江戸中期から明治初期にかけて蝦夷地沿岸部には最盛期で85ヵ所の「場所」と呼ばれる漁場が設けられ繁栄していた。

その頃、蝦夷地に定住していたのは、独特の伝統文化と越冬に適した手法を持った先住民アイヌで、和人は漁業のために夏場に出稼ぎで蝦夷地を訪れていた。

多くの「場所」では、狩猟・採集経済に依拠するアイヌ集落の存在が確認されており、現在の北海道の地名の由来になっているケースも多い[*1]。
だが、アイヌは文字を持たないため、現存する史料は限られており、アイヌと和人漁民の混住が促進されていく経緯についても未解明の部分が多い。加えて、江戸期から明治初頭にかけての漁業集落の形成過程に関する研究は実質的に存在しない。
本論では、アイヌと和人の混在や漁場を中心とした集落形成など、特有の発展と衰退を辿り、150歳の記念日を目前に控えた「蝦夷地」と「北海道」の歴史を再確認する。
対象地は85カ所ある場所の中から、北海道西岸部に位置する「厚田場所(押琴と古潭)」を選定し、幕末から明治初期にかけての史料と現在のGISマップを重ねることで、アイヌと和人の家族構成や暮らしから北海道の土地利用形態を探る。

## 古地図でみる蝦夷地と「厚田場所」

蝦夷地を表した最も古い地図は1700（元禄13）年の「元禄国絵図（松前島図）」（図1）である[*2]。私たちが知っている北海道地図とは全く違い、細長い形をしている。北側に位置する小さな島には「からふと嶋」の記載があり、南側は「松前」、東側は米粒のような島々が並ぶ「千島列島」、西側は「あつた」「をしょろこつ」の地名を確認することができる。

　厚田場所は、現在の石狩市厚田区に位置し、古潭（アイヌ語でコタンベツ）と押琴（アイヌ語でヲショロコツ）の2集落から成立している（図2）。沿岸航路の主役であった弁財船（北前船）の投錨に適した押琴（ヲショロコツ）は入江状になった天然の良港であった。

　厚田場所は1706（宝永3）年に増毛場所より分割され、高橋浅石衛門が知行主となり「あつた」に厚田場所を開設し運上家が置かれたが、後に押琴（ヲ

図1 『元禄国絵図（松前島図）』
　　（北海道大学附属図書館所蔵）

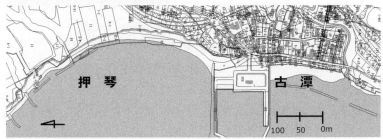

図2　石狩市厚田区押琴と古潭（石狩市のGPSマップをもとに著者が作成）

ショロコツ）に移された。

場所とは農業基盤を持たない松前藩の藩士に対する漁業権付与による知行制の一種であり、宝永以降は、一時の幕府直轄期を除いて、民間の商人に漁場経営を請負わせる場所請負制が一般となった。

1717（享保2）年になると、松前藩の家臣たちは知行地における交易を商人に委託し、商場知行制は場所請負制へと変化する。請負人たちは、拠点を定めて中心施設である運上家（運上屋）を設置し、海産物の取引や積出、アイヌの産物と本州からの移入物資を交易、さらには船頭の世話、出稼ぎ人の労務管理を行った。

1869（明治2）年に北海道開拓使が設置されると場所請負制は廃止されたが、請負人の圧力でしばらくの間、漁場持と改称し継続された。その後、1876（明治9）年に全面廃止され、同時にアイヌの土地も官有地に編入され、和人に払い下げられた。

## 史料人口から見る発展と衰退

いくつかの史料を考察し、江戸期から明治初期にかけての人口推移をまとめたものが図3である[3]。先述したようにアイヌ集落と漁民集落は共存していたが、寒冷地のため和人は冬になると道南や本州へ引き上げ混住は夏場に限られていた。

初めて和人が越冬したのは1858（安政5）年の1戸である。翌1859（安政6）年には13戸50人にまで和人の定住者が増加し、さらに1861（文久1）年にコタンベツに龍澤寺（曹洞宗）[4]が建立されるのに伴って定住者が一気に増加していった。

蝦夷地全体のアイヌ人口は推計で2万人を保っており、その中で厚田場所は1804（文化元）年に138人と記録されるが、これをピークとして以降は年を追って減少していった。2年後の1806（文化3）年には53名に減少しているが、これは1805（文化2）年に西蝦夷に天然痘が大流行したことが原因と考えられる。そして1858（安政5）年に和人の定住が始まると、わずか1年でアイヌと和人の人口が逆転した（図4）。

和人の人口は安政末より増加を続けるが、1871（明治4）年に一時減少している。これは古潭の大火が関係していると考えられる。簗瀬権少主典が同

年、開拓使に出した伺書「厚田郡古潭村焼失御手当米之儀ニ付奉伺候書面[*5]」に以下のように記され、戸数が35戸から11戸に減少しているのはこの火事による家屋の焼失に起因すると考えられる。

「昨宵五ッ時過頃当地古潭村鯡廊下ヨリ出火致浜手居住家之分弐拾軒程不残焼失仕候誠折悪敷暴風吹立火急家産具行付候暇茂無之寸刻之間ニ灰燼ト相成申候…未三月廿三日　厚田詰　権少主典簗瀬真精」

| 年　代 | 和人（永住） | | | | 和人（出稼） | | | | アイヌ | | | |
|---|---|---|---|---|---|---|---|---|---|---|---|---|
| | 戸数 | 男 | 女 | 合計 | 戸数 | 男 | 女 | 合計 | 戸数 | 男 | 女 | 合計 |
| 1786(天明6)年 | | | | | | | | | 18 | 50 | 40 | 90 |
| 1798(寛政10)年 | | | | | | | | | − | 79 | 59 | 138 |
| 1804(文化元)年 | | | | | | | | | − | − | − | 138 |
| 1806(文化3)年 | | | | | | | | | − | − | − | 53 |
| 1807(文化4)年 | | | | | | | | | − | − | − | 50-60 |
| 1810(文化7)年 | | | | | | | | | − | − | − | 82 |
| 1812(文化9)年 | | | | | | | | | − | 32 | 33 | 65 |
| 1822(文政5)年 | | | | | | | | | 19 | 35 | 32 | 75 |
| 1848(嘉永元)年 | | | | | | | | | 14 | 34 | 30 | 64 |
| 1853(嘉永6)年 | | | | | | | | | 11 | 27 | 24 | 51 |
| 1854(安政元)年 | | | | | | | | | 9 | 22 | 19 | 41 |
| 1855(安政2)年 | | | | | | | | | 9 | − | − | 41 |
| 1857(安政4)年 | | | | | − | − | − | 1020 | 9 | | | 37 |
| 1858(安政5)年 | 1 | − | − | − | | | | | 9 | − | − | 35 |
| 1859(安政6)年 | 13 | − | − | 50 | | | | | | | | |
| 1870(明治3)年 | 35 | 70 | 69 | 139 | 65 | 65 | − | 65 | 7 | 13 | 5 | 18 |
| 1871(明治4)年 | 11 | | | | | | | | | | | |
| 1874(明治7)年 | | | | | | | | | 6 | 12 | 6 | 18 |
| 1877(明治10)年 | | | | | | | | | 5 | 8 | 2 | 10 |
| 1880(明治16)年 | 216 | | | 735 | | | | | | | | |
| 1900(明治33)年 | 108 | 364 | 280 | 644 | | | | | 1 | − | − | − |

図3　厚田場所の人口推移

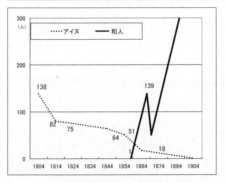

図4　和人とアイヌの人口推移のグラフ

アイヌの人口は減少の一途をたどり、1880（明治16）年の『厚田郡役所史料[6]』には以下のように記されているように、衛生面からの病気などが原因と考えられる。
　「旧土人ノ儀ハ年一年ヨリ人口減少ス蓋シ其由テ原ク処ナカルベカラズ実ニ衛生上最モ注意セザルヘカラザル事ニ候条別紙ノ雛形ニ準シ取調可差出此段申入候也　十六年三月廿一日　石狩郡役所」
　その後の人口推移は『北海道拓殖状況報文』によると次の通りである。
　「明治三十三年末古潭村ハ戸数百人口五百十七内男二百八十五人女二百三十二人押琴村ハ八戸百二十七人内男七十九人女四十八人（中略）アイヌハ古潭村に只一戸一人ノ名存スレトモ常ニ出稼キヲナシ当村ニ定住スルコトナシ」
　このように古潭におけるアイヌ居住の最終段階を示している。

### 漁場の集落形成「4つのゾーニング」

場所における集落形成が読み取れる史料は、明治初年に記され古地図『厚田全郡漁場圖面（以下「圖面」）[7]』である（図5）。
　圖面の左側が入江の押琴部分で、場所の中心的施設の運上家などを含む交易場、圖面右側の古潭部分に和人とアイヌの集落、押琴と古潭の間に1869（明治2）年の北海道開拓使開設に伴って設置された役宅などが読み取れる。
　場所内は（1）交易場、（2）アイヌ集落、（3）和人漁民集落、（4）役場の区分けがされていた。次のその役割を記す。
（1）交易場
明治初年に記され古地図「圖面」には当時の集落形成を見ることができる。押琴部分の入江中央に「本陣（ママ）二十五間」、「二八藏」（2棟）、「荷物藏」、「辨天社」の文字が読み取れる。運上家は開拓使に移譲された1869（明治2）年に「本陣」と名称を改められた。運上家は場所請負の経営拠点として1つの場所に1ヵ所設置されており、鰊や鮭、昆布などの海産物の取引を行い、ア

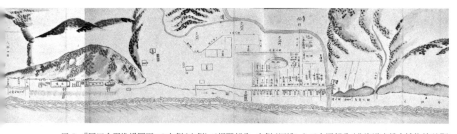

図5　『厚田全郡漁場圖面』の左側（山側）が押琴部分、右側（河沿い）が古潭部分（北海道立総合博物館所蔵）

図6 『西蝦夷唐太道中記(竹)』より「アツタヲシヨロコツの図」
（北海道大学附属図書館所蔵）

イヌの介抱をはかり、船頭や出稼ぎ人を宿泊させることを目的とした場所の中心施設であり、最も大きな建造物であった。

　運上家の建坪は、東蝦夷地の勇払（ゆうふつ）場所が最大の252坪で平均建坪は163坪、西蝦夷地ではルルモツが最大の283坪で平均は146坪であった。厚田場所運上家の建坪は192坪でほぼ平均的な規模の施設であった[8]。

　厚田場所の運上家を示す建築図面は現存せず、手がかりとなるのは1859（安政6）年『西蝦夷唐太道中記（竹）[9]』の絵図で、「運上ヤ」、「公役詰所」の文字が確認できる（図6）。外観は切妻平入りで玄関と入り口が確認できる。唯一現存し1971（昭和46）年に重要文化財に指定され1979（昭和54）年に復元された下余市運上家も玄関と入り口が設置されており、それぞれ上手の役人・請負人用と下手の漁民用に分けて使用していたことから、同様の形式であったことが窺える。運上家の大きさは『諸調』に桁行25間、梁間7間と記されていた。

　後の1889（明治22）年に石油探索を目的として古潭一帯を描いた測量地図には運上家の建物は描かれていない。その頃には行政の中心が古潭から厚田に移り、旧運上家は必要性を失い、それまでに解体されたと思われる。

(2) アイヌ集落

『圖面』の古潭部分には、海沿いにアイヌの自分稼ぎの場所を表す「土人借地三十間」の文字と、川沿いにアイヌ集落を表す「土人地所」の文字2か所を確認することができる。アイヌ地所の規模は古潭川沿いに土地境界の間数が右から「拾八間、三拾五間、拾八間、二拾八間、二拾六間、六間、拾六間」

と記されている。これを現在の石狩市厚田区の公図と重ねあわせ地籍と対応させたものが図7で、図の点線から古潭川との間が該当する（土人地所と示した部分）。

厚田場所の中心地であった古潭はアイヌ語でコタンベツと呼び、集落（コタン）と川（ベツ）を意味している。語源学的に見て和人の村落に先駆けてアイヌの村があった可能性が極めて高い。明治初めの『諸調』や『圖面』等を手掛かりに江戸から明治にかけてのこの地の土地利用が明らかになり、これら史料と現在の公図を対応させることで川沿いのアイヌ集落、海側の和人漁民集落の位置が確定した。

明治初頭の段階でアイヌは7世帯18人に減少していたが、江戸中期にははるかに多いアイヌの居住がなされていた。アイヌの人口衰退はいくつかの原因があるが、伝染病の感染、和人の定住化にともなう季節労働者化といった点が挙げられる。アイヌの集落については、和人集落に比べるとゆったりとした空間像が浮かび上がり、その痕跡が現在の公図に残っていることも確認できた。本来アイヌには土地所有の観念がなかったが、川沿いのなだらかな起伏の土地に集落を形成し、狩猟・採集の生活を送っていたことが窺える。

(3) 和人漁民集落

『圖面』の古潭側海岸沿いは和人の漁民集落となり、短冊形に区分された地割に人名と間口・奥行が書き込まれている。これらを北海道文書館所蔵の『厚田郡諸調』中に記された人別調と対応させ、さらに地割の規模を現在の公図に対応させ、当時の土地利用を復元した（図7）。

図7の1〜6は主に永住者または商人の敷地が集まり、面積も大きい。海沿いの13〜19は商人の蔵地やその他の永住者や商人の敷地となっている。古潭川向こうに文久度造営の龍澤寺に橋を介して繋がっていることからも、コタンベツの和人集落は江戸末期の段階でこれらの区画に有力者が集まり発展していったことが察せられる。海岸から参道沿いに集落が形成されたのである。7〜8、20〜26は出稼ぎ者が多く、人の入れ替わりがあったため、この区画に長く住むことはなかった。

9〜12、27〜34の区画は『厚田郡諸調』に対応しておらず、これらの区画は『諸調』作成後、『圖面』作成年以前にできたものと考えられる。

(4) 役所

『圖面』中、押琴の交易場と古潭の集落の間に、「御出張所」、「御役宅」、「御

蔵」2棟が描き込まれている。1869(明治2)年の北海道開拓使開設に伴って、古潭に厚田郡出張所が置かれたことで、この名がついている。

　翌1870(明治3)年2月に横山権少主典と梁瀬権少主典らが赴任する。その後、厚田出張所は石狩出張所に併合される1874(明治7)年1月まで機能する。権少主典らの住居として建てられた役宅2棟の図面が1870(明治3)年の文書に付帯して『諸調』に綴じられており、各々の氏名が書き込まれている。4間8間の役宅は横山権少主典と齋藤綱良附属（後に使部）が同居し、もう一方は4.3間で簗瀬が住んでいた。1874(明治7)年1月に厚田出張所は廃止され、隣町の石狩出張所に併合された。翌1875(明治8)年7月、下記の記録にあるように出張所付役宅（官邸）は龍澤寺（禅宗系寺院）に払い下げられた。

## アイヌと和人の土地利用形態

『圖面』が描かれた同時期の『諸調』内の「厚田人別調」に記載されたリストを考察することで、アイヌと和人の家族構成と土地利用が明らかになった。またGISマップに反映することで今日の地籍が当時の土地区画を引き継いだものであることが読み取れる（図7）。

　「厚田御場所役土人并惣戸籍調」（図8）には、当時この土地に居住していたアイヌの詳細が記されている。

　このようにアイヌは、1870(明治3)年の段階で計7戸（18名内男13人、女5人）と、既に和人に較べて少数グループに転じているが、今日の地籍上に画定されたアイヌ地所の規模は和人漁民の土地に対して相対的に大きいことが分かった。

　アイヌが住んでいた建物に関しては『圖面』から読み取ることはできないが、1877(明治10)年の「厚田郡役所史料」には以下のように記され、一般的なアイヌの建物（アイヌ語でチセ）と同様の建物であったことが窺える。

　「家屋ノ構造ハ掘建柱ニシテ屋根ハ笹ヲ綿密ニ編ミ一蓋トナレシタル者ヲ冠セタルナリ。シタミニモ同断編ミタル物ヲ取付ルナリ。窓ハ入口ニ相対スル者ヲ神居窓ト稱シ神崇ニ供ス故ニ必ス此ノ窓ヲ設ケアリ其他幾窓アルモ適意ノ如シ。床ハ一般ノ構造ノ此スレハ稍底ケレトモ方今板間トナス。敷物ハ管莚物ハ管ニ楢皮交ヘ織タル薄キ莚ナリ異名キナト稱ス。厠ハ近事其設ケア

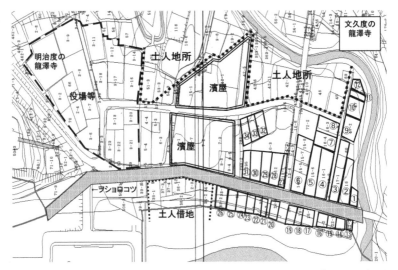

図7 古潭地区 現在の地籍上に落とした『圖面』の土地区画
（石狩市のGPSマップをもとに著者が作成）

レトモ甚疎ナリ。」

　『圖面』の古潭側海岸沿いは和人の漁民集落となり、短冊形に区分された地割に人名と間口・奥行が書き込まれている。これらを『諸調』中に記された人別調と対応させ、さらに地割の規模を現在の公図に対応させ、当時の土地利用を復元した（図7と図9）。

　このことから、厚田場所における土地利用は1869（明治2）年の段階は川沿いの①から⑥の商人らの家と、道を挟んだ海側に和人の集落ができたことが確認できる。商人らの家と、海側の家には大きさに差があり過ぎるのが気になる。だが、現在のGISマップでは波の浸食が進んでいるため、当時の浜までの距離を測ることが不可能であるが、おそらく今よりは奥行きがあっただろうと推測できる。だが、商人らと出稼ぎ人では土地の大きさが同じであったとも考えにくい。

　1869（明治2）年には和人人口が一気に増え、アイヌの居住区側へ広がっていったものと考えられる。これらのことから、和人の人口増加と開拓使による土地の払い下げなど、時代の大きな変化があったことが窺える。

　本論文では最盛期には85ヵ所設けられていた「場所」の中から「厚田場所」を対象地に、江戸後期から明治初めの人口推移と集落形成を初めて明らかに

した。厚田場所は歴史が古く、先住民アイヌと和人（出稼ぎ人）が混在している特徴があった。特に開拓使時期の集落形成はアイヌと和人の人別調を紐解く。当時の繁栄を古地図とGISマップを重ねることで土地利用形態を観察することが可能となった。次に考察をまとめる。

先住民アイヌと和人の人口逆転はわずか1年であった。これまで出稼ぎであった和人が1858（安政5）年に定住を始めることがきっかけである。人別調からアイヌ集落は「惣乙名（長老）」や「脇乙名（長老補佐）」など役割ごとの世帯に分れていた。1世帯には夫婦、親子、親戚などの家系以外に、厄介（居候）が含まれることもあった。

厚田場所におけるアイヌの住む建物（アイヌ語でチセ）も、一般的なアイヌ研究で確認されている形式と同様であることが史料から確認できた。アイヌの特徴とも言える「神居窓（カムイマド）」は、日差しや換気など機能的な役割の窓ではなく、神々が出入りする尊い精神的な役割を持つ窓が設けられている。

アイヌの土地は左側の山側奥の川沿いに比較的ゆったりとした配置をしているが、和人は海岸沿いに短冊状に土地分割を行っており、両者では土地利用概念が異なっていたと考えられる。また、商人らは川沿いに奥行きのあるやや大きい土地を、出稼ぎ人らは海沿いにやや小さめな土地を利用していたことが窺える。

場所内は（1）交易場、（2）アイヌ集落、（3）和人漁民集落、（4）役場の区分けがされており、それぞれに役割があった。交易場は場所内の最も賑やかな所で、運上家（運上屋）と呼ばれる大きな建造物は経営拠点であり、出稼ぎ人の宿泊施設でもあった。時代の流れと風化によって現在その姿を見ることはできないが、古文書や絵図から当時の様子を確認することができた。

| | 家族構成　（年齢） | 性別（人数） |
|---|---|---|
| 惣乙名 | シリカト（63才）．伜　力之助（26才） | 男2 |
| 脇乙名 | チウラン（42才）．妻　カフトリ（36才） | 男1　女1 |
| 小使 | ヲヤモンクロ（39才）．母　エクニセ（58才） | 男1　女1 |
| 土座取 | 弁吉（23才）．弟　弁蔵（15才）．二弟　又蔵（12才）妹　ニエマツ（7才）．厄介　ヒラリン（35才） | 男4　女1 |
| 土座取 | クン子トロ（39才）．伯父　ヲツチヨチヨ（65才） | 男2 |
| 土座取 | ホクセ（40才）．妻　スフラ（28才） | 男1　女1 |
| 平士人 | トキサン（29才）．妻　ヲムトル（29才）．伜　ヲコラツ（4才） | 男1　女1 |

図8　アイヌ世帯の詳細（「厚田御場所役土人并惣戸籍調」より）

| | 厚田全群漁場圖面 明治4年頃 | | | 厚田郡小名里数其外取調ノ件 明治3年8月 | | | 厚田郡諸調ノ件 明治2年 | | 浜屋与惣右衛門請負中厚田郡諸調ノ件 明治2年 | | | |
|---|---|---|---|---|---|---|---|---|---|---|---|---|
| | 人名 | 間口 | 奥行 | 人名 | 永/出 | 年齢 | 人名 | 永/出 | 人名 | 間口 | 奥行 | 永/出 他 |
| 1 | 鞭藏 | 4 | 7 | 弁藏 | 永住 | 41 | 弁藏 | 永住 | 弁藏 | 5 | - | 永住 旅籠屋 |
| 2 | 傳五郎 | 5.3 | 18.3 | | | | 傳五郎 | 出稼 | かせ | 5.3 | 18.3 | 出稼 商人 |
| 3 | 茂兵ヱ | 7 | 33.4 | 茂兵衛 | 永住 | 38 | 茂兵衛 | 永住 | 茂兵ヱ | 7 | 18.3 | 永住 商人 |
| 4 | 長兵ヱ | 5 | 19 | 長兵衛 | 永住 | 60 | | | 長兵ヱ | 5 | 19 | 永住 商人 |
| 5 | 茂右ヱ門 | 5.15 | 19 | 茂右衛門 | 永住 | 46 | 茂右衛門 | 永住 | 茂右郎 | 5 | 19 | 永住 商人 |
| 6 | 長治郎 | 9 | 19 | 長次郎 | 永住 | 49 | | | 長治郎 | 5 | 19 | 永住 商人 |
| 7 | 竹三郎 | 5 | 11 | 竹三郎 | 出稼 | | 竹三郎 | 出稼 | 竹三郎 | 5 | 11 | 出稼 |
| 8 | 善右ヱ門 | 6 | 11 | | | | | | 周吉 | 6 | 11 | 出稼 |
| 9 | 善之助 | 8.3 | - | | | | | | | | | |
| 10 | 熊治郎 | 8 | - | | | | | | | | | |
| 11 | 上地 | 3 | - | | | | | | | | | |
| 12 | 茂右ヱ門 | 7 | - | | | | | | | | | |
| 13 | 鞭藏藏地 | 5 | - | | | | | | 弁藏藏地 | 5 | 浜迄 | 永住 |
| 14 | 傳五郎藏地 | 5 | - | | | | | | かせ藏地 | 5 | 〃 | 出稼 |
| 15 | 茂兵ヱ | 4.3 | - | | | | | | 藏地 | 4.3 | 〃 | - |
| 16 | 六之丞 | 5 | - | 六之丞 | 永住 | 53 | 六之丞 | 永住 | 六之丞 | 5 | 〃 | 永住 商人 |
| 17 | 治兵ヱ | 7 | - | 治兵衛 | 永住 | 56 | | | 治兵ヱ | 7 | 〃 | 永住 商人 |
| 18 | 弥助 | 4.3 | - | | | | | | 弥助 | 4.3 | 〃 | 永住 |
| 19 | 長治郎藏地 | 4.5 | - | | | | | | 藏地 | 4.51 | 〃 | |
| 20 | 佐兵ヱ | 5 | - | 佐兵衛 | 出稼 | | 佐兵衛 | 出稼 | 佐兵ヱ | 5 | - | 出稼 商人 |
| 21 | 勝藏 | 4 | - | | | | | | 善吉 | 4 | | 出稼 |
| 22 | 金作 | 5 | - | 金作 | 永住 | 42 | | | 源助 | 8.3 | | 商人 |
| 23 | 治兵ヱ | 5 | - | | | | | | | | | |
| 24 | 源松 | 5 | - | | | | | | 忠治郎 | 5 | | 出稼 |
| 25 | 周吉 | 5 | - | 周吉 | 出稼 | | 周吉 | 出稼 | 空地 | | | |
| 26 | 權兵ヱ | 5 | - | | | | | | 藏地 | | | |
| 27 | 嘉兵ヱ | 4 | - | | | | | | | | | |
| 28 | 鞭藏 | 6 | - | | | | | | | | | |
| 29 | 吉平 | 5 | - | | | | | | | | | |
| 30 | 才作 | 4 | - | | | | | | | | | |
| 31 | 善吉 | 4 | - | | | | | | | | | |
| 32 | 早太郎 | 5 | 9 | | | | | | | | | |
| 33 | 清之助 | 5 | 9 | | | | | | | | | |
| 34 | 二月上地 | - | - | | | | | | | | | |
| 35 | | | | 平吉 | 永住 | 27 | 平吉 | 永住 | | | | |
| 36 | | | | 祐吉 | 永住 | 54 | 祐吉 | 永住 | | | | |
| 37 | | | | 佐兵衛 | 出稼 | | 佐兵衛 | 出稼 | | | | |
| 38 | | | | 傳五郎 | 出稼 | | 傳次郎 | 出稼 | | | | |
| 39 | | | | 興三郎 | 出稼 | | 弥助 | 永住 | | | | |
| 40 | | | | 藤五郎 | 永住 | 36 | 源助 | 永住 | | | | |
| 41 | | | | | | | 長兵衛 | 永住 | | | | |
| 42 | | | | | | | 久兵衛 | 永住 | | | | |
| 43 | | | | | | | 佐兵衛 | 永住 | | | | |

図9　古潭漁民集落に関する史料の対応　※35以下は『圖面』に対応していない人名。

このように厚田場所の集落形成は今で言う「住宅街」と「ビジネス街」に大別することができる。さらに先住民アイヌと和人の土地利用の差異も確認できた。

　古地図とGISマップを重ねて研究した例がこれまでに無かったが、本研究でアイヌ集落と和人漁民集落は明確な区別があったことが明らかになった。人口推移からアイヌと和人がわずか1年で逆転していることも興味深い。

　本論文ではまだ入り口程度しか解明できていないが、役場には本州から役人2名、横山権少主典と梁瀬権少主典らが赴任している。彼らが書き記した開拓使文書を更に読み解くことで新たな発見が尽きないだろう。

　来年開拓使150年を迎える北海道、「開拓者精神」を道産子である筆者の心にもあるはずである。更なる研究を続け、北海道の歴史的宝物を発掘・開拓していく喜びを感じたい。


**註記**

*1　札幌の地名の由来は、アイヌ語の「サツポロペツ」は乾いた川。
*2　元禄13年（1700年）。北海道大学北方資料室所蔵。
*3　蓑島光三「アイヌ人口史Ⅱ西蝦夷地」に、『厚田郡諸調（1870年）』『北海道殖民状況報文（1900年）』のデータを加えて著者作成。
　　蓑島光三「明治アイヌ人口史Ⅱ西蝦夷地」、『日本大学人文科研究所研究紀要』75、pp.209–235、2008年
　　『厚田郡諸調』は、明治2～3年当時の人別帳、仕入、役宅見積など厚田詰の横山権少主典と梁瀬権少主典らが記した。北海道開拓記念館所蔵。『北海道殖民状況報文（1900年）』は北海道拓殖部が拓殖政策推進の基礎資料を得るため1898～1901（明治31～34）年に殖民地の沿革と現状を調査行ったが当時は未完成のまま刊行されず、本誌は1987（昭和62）年に出版。河野常吉他『北海道拓殖状況報文　石狩国』北海道出版企画センター。
*4　厚田場所で最も古く建てられたのは曹洞宗龍澤寺（竜沢寺）で1861（文久1）年5月、当時の場所請負人である平田与右衛門が建立した。『圖面』には古潭川向こうに龍澤寺が記されており、『諸調』にも同様に「龍澤寺一棟コタンヘツニ有境内四方三十五間」と記されている。だが1874（明治7）年に龍澤寺は風雪のため大破、翌1875（明治8）年に役宅を龍澤寺に払下げている。
*5　「厚田村古潭村焼失　米ノ給付事伺度書面」、『明治四年辛未年厚田往復　庶務掛』北海道文書館所蔵。
*6　『厚田郡役所史料』明治11年～18年厚田郡役所各種公文書妙録　北海道大学北方資料館貯蔵
*7　『厚田全郡漁場圖面』は、漁業権を記すために沿岸部に間尺が記され、集落には人名と間数、奥行が記されている。北海道開拓記念館所蔵、制作年・制作者の記載はない。
*8　白山友正『松前蝦夷地場所請負制度の研究上巻』北海道経済史研究所、pp.264、1961年
*9　安政6年樺太クシュンコタンに赴いた秋田藩蝦夷地御警衛目付の道中記。多数の絵を含む。北海道大学北方資料館所蔵。

1-3-4

# ル・コルビュジエのユルバニスム「アルジェ」
## ヨーロッパとアラブの結節としての地中海

山名善之

クーデターの試みは失敗に終わった。不満を持つトルコ軍兵士によるエルドアン政権の転覆は成功に至らなかった。

翌朝、イスタンブールで開催されていた第40回ユネスコ世界遺産委員会の審議は再開され、日本の国立西洋美術館を構成資産に含む「ル・コルビュジエの建築作品―近代建築運動への顕著な貢献―」(7ヶ国共同推薦)は世界遺産一覧表に「記載」された。2016年7月17日日曜日11時14分:現地時間(日本時間17時14分)の決定である。世界遺産委員会の会場の外は波乱含みではあったが、ル・コルビュジエの17建築作品群は世界遺産委員会における三度目の審議において、ようやく「記載」決定となった。2001年より15年あまり、この活動に係わり続けた者としては感慨深いものであったが、そこには2008年1月に最初に提出された推薦書類「ル・コルビュジエの建築とユルバニスム」にあった「ユルバニスム」の言葉はその表題には含まれていなかった。

多くの読者が知るように、ル・コルビュジエはシャルル=エドゥアール・ジャンヌレ=グリとして、1887年10月6日スイスのラ・ショー=ド=フォンに生まれるが、1910年代末よりパリに落ち着き、1920年にダダの詩人のポール・デルメ、ピュリスムの画家のアメデ・オザンファンと共に雑誌『レスプリ・ヌーヴォー』を創刊する。この雑誌のペンネームとして彼はル・コルビュジエを名のり始める。日本を含む世界中の読者を抱えたこの雑誌に収められた言説、イメージからは、彼が20世紀の「建築=都市(ユルバニスム)」、そして、「新しい生活」を如何に画いていたのかを読み取ることができる。

そこには国境線は既になく、「工業化の美学」を共有する世界のみが提示されている。これらは『建築へ(建築をめざして)』(1923年)にまとめら

れ、多くの言語に翻訳され世界中の建築学生の必読書となっていった。彼の唱えた「工業化の美学」を具現化した新しい「建築＝都市（ユルバニスム）」は、《ル・コルビュジエ》という名と共に国境を越え、大陸を跨いで拡がったのである。この20世紀の文化的現象を捉え、それを総体として示す有形文化遺産が、三大陸を跨ぐ7ヶ国17資産のシリアル・ノミネーションである。副題「近代建築運動（モダン・ムーブメント）への顕著な貢献」が示すところの文化的現象は、このル・コルビュジエの世界遺産登録の意義となっている。（詳しくは2017年発行予定の拙著、仮『ル・コルビュジエと近代建築運動―世界遺産登録された17作品を通して』TOTO出版を参照）

## 1930年代のル・コルビュジエ、そしてフランス

ル・コルビュジエは1930年代の活動が興味深い。35歳のル・コルビュジエが仕掛けたサロン・ドートンヌ（1922年）における展示を境に、パリの社交界にその名が知られるようになり、そこで知り合った進歩的考えをもつ人々から建築設計の機会を得て「白い住宅」をつくり始める。それは1931年の『サヴォワ邸』の完成でその頂点を迎える。しかし、その後のル・コルビュジエは設計の機会にあまり恵まれず不遇の時期であったとも言える。世界遺産に登録された意義「近代建築運動（モダンムーブメント）への顕著な貢献」、つまり、CIAMの設立（1928年）など、ル・コルビュジエが1920年代につくりあげた国際的に伝播し得る「新しい建築（近代建築）」の理念とその仕組みは1930年代を通して挫折する。それは、フランスの植民地であった北アフリカにおける活動を通して、異文化と出会うことによってのことである。挫折したと言うより、パリで懐いた単純な図式では世界は動かず、より複雑であるということに気づかされたとも言えるかもしれない。

　1932年にはフランスでも世界恐慌の影響が深刻となり、フランスは植民地や友好国とフラン通貨圏を築いたが、情勢は安定せず推移する。1932年5月のポール・ドゥメール大統領（急進社会党）暗殺事件に始まる混乱によって、1933年の間には首相が3度変わるなど深刻な政治危機が起きる。ドイツは1932年7月の選挙でナチ党が第一党となり、1933年のヒトラー政権の成立と共にフランスは深刻な安全保障上の危機を迎える。一方、フランス国内では1933年末に起きた疑獄事件スタヴィスキー事件をきっかけに左右両

翼の対立が激化する。ドイツでナチスが政権を掌握したのに刺激されて、右翼・ファシストが議会を攻撃する事件（「1934年2月6日の危機」）が起こり、極右やファシストに対する国民的な警戒心が高まる。

　このように国内政局が流動的な中、ドイツのヒトラー政権成立や国内の極右勢力の活動などにより危機感を持った中道・左翼勢力がまとまる傾向が起きる。ナチス政権に対する危機感から1935年には仏ソ相互援助条約が締結され、翌36年には社会党、急進社会党に共産党が協力して、1936年、社会党のレオン・ブルム首相による「反ファシズム」の人民戦線内閣が成立する。この流れに北アフリカのフランス植民地も同調し労働組合も合法化される。（しかし、フランス語を読み書きできる者だけが組合に加入できるという同化政策を維持した為、所謂、大衆的な労働組合の成立は1944年8月の法案成立まで待たなければならない。）人民戦線内閣は大規模な公共事業を展開し、労働者の待遇改善を進めることを試みるが、1936年7月に発生したスペイン内戦への対応をめぐって内部分裂が起きる。不干渉を主張する急進社会党と、積極的な人民戦線政府支援を求めるフランス共産党の関係は悪化し、1937年6月にブルム内閣は総辞職し、フランスの人民戦線は崩壊してしまうのである。

## ユルバニスムと地域主義的サンディカリスム

「もうこれから私は建築の革命のことを話さないであろう。それは既に完成しているからだ。大建設事業の時代が始まる。ユルバニスムが関心の的になる。」[1]
1930年代初頭のル・コルビュジエは「ユルバニスムが関心の的になる。」と幾度となく繰り返す。大恐慌とそれによる設計依頼が極端に減ったためも手伝ってか、「300万人のための現代都市」「ヴォワザン計画」などの1920年代から試行し続けてきたユルバニスム（都市計画）への関心を、彼が新たに抱くようになった社会的関心として高めていた。

　1930年の状況を資本主義の失敗と受け止め、さらに、その後のフランス議会をめぐる政治機能の低下も手伝って、共和国という近代国民国家の運営に希望を持てずに、ル・コルビュジエは地域主義的サンディカリスム（組合主義）のグループへと参画していく。『建築へ（建築をめざして）』で語られたようなル・コルビュジエの「建築か革命か」といったテーゼは「サヴォワ

邸」の竣工する1931年頃には影を潜め、それに代わって、資本家や国家主導の経済運営ではなく、地域ごとの集産主義的な労働組合の連合により経済を運営するという考えに立脚したユルバニスムにル・コルビュジエは関心を高めていく。

ル・コルビュジエは「(全作品集の)第Ⅰ巻は、偶然に1929年に発刊された。その年は一連の長い研究の区切りであった。1930年には新しい関心の段階に入りつつあった。」と、『ル・コルビュジエ全作品集1929-1934 (Vol.2)』の巻頭を書き出し、そして、「都市計画は将来に向けて、全く新しい解答を求めて、一社会の、経済の、時に政治的なシステムの建設であって、社会に新しい均衡をもたらすものだ。」との表明の後に、「分析のみちをとり、現場を実験室と心得るみちをとり、都市計画を通じて一般現象を知るみちをとって、確信がもたれ、あるべきように整備された新しい社会と日常生活を幸福で満たし得るような姿が（図面に表現されて）誕生しつつあると感じられた。」とする。

ル・コルビュジエの1930年代の建築・都市に対する実験的な態度は、全作品集の第一巻に示された「現代都市」のような静的でデカルト的な都市的提案と比べて、具体的な政治を背景とした実験場を前提に、発展的成長、付加的な細胞構造、気候や地理的形状への適合といった有機的側面が現れる。これは、前述した1930年から始まるフランスを中心とするヨーロッパの地域的政治状況も関係しているように思える。

1930年代のル・コルビュジエはユルバニスムに対してより具体的に関心を高め、都市計画という政治的なコミットが避けられなくなる。地域主義的サンディカリスムへの参加、植民地アルジェリアにおける政治的翻弄、これらによって建築家としての思考がより鮮明に社会的なものになり、建築自体がより都市的なものになる。1930年代は具体的に実現した作品数こそ多くはないが、「建築＝都市（ユルバニスム）」といった枠組みでル・コルビュジエの活動を概観してみると、そのダイナミズムと共に、最も創造的で興味深い時期に見えてくる。

## フランス都市計画協会と北アフリカ

フランスの初期の都市計画学の中心の一人であったアルフレッド・アガッシュ（1875～1959年）はブラジルの諸都市における都市環境に配慮した都

市化モデルの提案者として知られるが、彼はエコール・デ・ボザールで勉強した後に、コレージュ・リーブル・デ・シアンス・ソーシアルのエミール・デュルケームの下で社会学を修めアメリカに渡り、帰国後の1911年に北フランスのダンケルクの都市計画開発業務に携わり旧市街地と工業化された周辺都市との調整統合的な計画を推進している。

　アガッシュの周りに集まり、都市計画協会、フランス都市計画学会を設立していったフランスにおける最初期のユルバニスト達は、政府やパリ市の技術官僚であったり、ボザール出身のローマ賞建築家であったり、所謂、フランスの中枢を司るエリートたちであった。このメンバーのなかには植民地において活躍したユルバニスト達も多くいた。フランス領インドシナで活躍した1904年ローマ賞受賞者のエルネスト・エブラール、そして、フランス領の北アフリカにおいて多くの都市計画を策定し活躍した1902年のローマ賞受賞者のアンリ・プロストなどがいる。1912年のフェス条約で国土の大部分がフランスの保護領となったモロッコの首都ラバトの首都計画構想を、初代総督となったユベール・リヨテの下で、アンリ・プロストは1914年から1922年にかけて行った。このほかラバト、マラケシュ、メクネスなど諸都市の都市改良計画立案を、そして1917年から1922年にかけてはカサブランカ都市計画も行っている。これらは旧市街には手をつけず周りを開発する、つまり、分離＝保存策によって膨張する都市の開発整備を行うというものである。

　プロストはモロッコにおける都市計画作業の後、ピエール・ルモウリ、ジャン・ロイエと共に人口増加と産業構造の変化によって膨張するパリの近郊都市整備計画を1928年から1935年にかけて策定する。このパリ近郊都市整備計画は、1920年代に文化財保護に関する法律が強化され、多くのパリ市内の文化財が指定され、さらに1930年から文化財の周辺環境の保護も強化されていったことも反映している。つまり、都市膨張が続くパリの街において文化財の観点からの保護政策が強まったことを背景に、パリ市内を文化財として保護する一方、パリ市内に代わって郊外を開発再整備していこうというものである。この課題に応えるものとして、プロストがモロッコで展開していた手法が採用されたのである。この様な背景を理解したうえで、ル・コルビュジエが1925年の国際装飾博覧会（アール・デコ博）のエスプリ・ヌーヴォー館において、文化財保護政策が強まるパリの中心街を大改造するヴォ

ワザン計画をみると興味深い。

　そして、ル・コルビュジエがアルジェに係わった同じ時期に、プロストはアルジェ市の依頼によって「アルジェ拡張計画」[*2]を担当することになる。最初の段階は、実施計画ではなく都市計画のスキームを提案するもので 1930 年から 1936 年にかけて計画が練られた。そして 1937 年以降、アルジェの郊外地区にあたるメゾン・ブランシュ、ビルカデム、ウルドゥ・ファイエ、ゼラルダの整備計画が練られ、体制が変わっても継続されこの計画策定は 1948 年まで続いた。

## アルジェの友

　ル・コルビュジエは 1931 年 3 月に「アルジェの友」招待による植民地百周年を記念する企画としての講演を行うため初めて地中海を渡ってアルジェを訪れ、1931 年から 1942 年にかけて多くのアルジェリアのユルバニスム、建築の提案を行ったがそのどれもが実現には至らなかった[*3]。

　北アフリカ大陸に位置する現在のアルジェリアの首都アルジェは、紀元前 1200 年頃にはフェニキアがこの地に植民して交易所を置き、650 年にアラブ人に駆逐される前は東ローマ帝国がここを支配していた。この町の支配権はヨーロッパ、アラブ、ベルベル人たちが代わる代わる握っていった。1830 年にフランスはアルジェに上陸し、アルジェリア全体を占領していった。フランス支配は 1962 年の独立まで続き、フランスはアフリカに展開する植民行政の根拠地としてアルジェの都市づくりを行い、海岸部にはフランス風の近代都市が建設されたのである。

　ル・コルビュジエが初めて訪れた 1930 年代初頭のアルジェは 25 万人の人口のうち 2/3 はヨーロッパ系で残りのほとんどがイスラム教徒、ベルベル人であった。北アフリカで当時、植民地支配を展開していたフランスのアフリカ大陸への玄関口であり、独立の 1962 年まで、アルジェはまさにアフリカ大陸における行政上の拠点でもあった。そればかりでなく、商業取引の中心としてヨーロッパ本土の都市と引けを取らないほどの大都市であったが、実際のアルジェの町は、現地のイスラム系を主とした住民からなるカスバ地区と言われる旧市街と、ル・コルビュジエが「街路＝廊下」と皮肉った折衷様式の建築ファサードに挟まれた大通りからなる新市街に分断されていた。

アルジェでは当時、ローマ賞建築家のアンリ・プロストが初代保護領総監となったユベール・リヨテの意向を受け、現地の人々が住む場所を旧市街地（カスバ地区）に限定し、ヨーロッパからの入植者が住む新たな地区をボザール流のデザインで構想していた。それは、メディナ（カスバ地区）の歴史性を保護するとともに、衛生状態の悪いカスバ地区がヨーロッパ人地区に影響を与えないように構想されたものであった。

1931年3月23日付の新聞[*4]に、ル・コルビュジエの講演会の内容が紹介される。「輝く都市(La Ville Radieuse)」と題された2回の講演は満員盛況で、アルジェの人々を魅了し、人々に大きな衝撃を与えた。「輝く都市」によるユルバニスムの実現を人々に納得させるために、ル・コルビュジエは三つ揃いに蝶ネクタイまで着込み演説を行ったようだ。その聴衆の一人に、建築家プロストに既に「アルジェ拡張計画」を依頼していた進歩主義者であるシャルル・ブリュネル市長がいた。ル・コルビュジエは講演後、市長に対し具体的な提案をつくることを約束する。

そして、ル・コルビュジエは1932年6月に市長をパリのアトリエに招待し計画案を見せるが、その案に対し市長は冷淡な態度を示す。その年の12月にル・コルビュジエは市に対して正式に提案を行う。この計画案に対して広く理解を得るために建築と都市計画に関する展覧会が「アルジェの友」によって進められ、翌年の2月に開催されることになった。この計画は、当時のアルジェの悲劇的ともいえる行き詰まりを打開して必要な拡大の道を見つけ出すように、官僚的因習を打ち壊して、実態から求められる新しい寸法を都市計画に導入することを意図して『オビュ（砲弾）計画・計画案A』と名付けられた（図I）。

## 大地の調和

「輝く都市」において主張した、変化あるいは適応性の概念をアルジェのプロジェクトにおいてもル・コルビュジエは展開する。同心円放射状に展開するユルバニスムを否定し、都市の有機的で生物学的な発展を可能にする「線形都市」を提案する。この「輝く都市」の原理をアルジェという文化的、景観的なコンテクストに適応させ、細胞というモデュールを基礎とした有機的成長という理念をアルジェのユルバニスムは含むものとなった。標高100m

図 I 「オビュ計画・計画案A」 出典:W. Boesiger, O. Stonorov (1964), *Le Corbusier —Oeuvre complète 1929-1934*

の高架高速道路は海岸沿いの地形に沿っており、この高架高速道路を支える鉄筋コンクリートの構造は、地盤面との差により90mから60mと変化しているが、その間に18万人の住戸を配置することになっている。この海岸沿いの「線状」の高架橋の潜在的拡張と隣接する施設によって成長が目論まれる。ル・コルビュジエの意図はそれだけではない。北アフリカで組合運動を展開していた人々やアンドレ・ジッドやアルベール・カミュといったヨーロッパ系知識人によって推し進められた「地中海性」運動を反映した形で、このプロジェクトは計画されていたのである。それは、地中海は統一された民族の存在があり、肉体的「生」に比べて論理や抽象性はまさるものではないといった「大地の調和」という彼らの理念を踏襲したものであった。歴史的、文化的側面と同様に地理的な面からも例外なヨーロッパ社会とアラブ社会と

の結節としての「地中海性」というものが重視されたのである。プロジェクトにおける海外線に沿った高架高速道路住居と、海と丘を結ぶ軸線の結節点にある商業中心街となるラ・マリン地区に位置する21階建ての建築はヨーロッパ人地区とカスバ周辺のアラブ人地区がまじりあう場所として位置づけられている。このようにして、「大地の調和」を目指した、高速道路、自動車の昇降装置、衛生的住居などの先進技術の実験の場として、植民地都市を超えた地中海都市とアルジェはなったのである。

しかし、提案したプロジェクトは、なかなか理解を得られず、ル・コルビュジエは市長に対して下記のような手紙を送る。

「世界的な経済混乱において、支離滅裂な状態にある恣意的で有害な様々な集合がまかり通っています。新しい集合、再編、新しい規模が導入され、より恣意的でなく危険でない組成を世界に付与しなければなりません。緊急の再編の一つは、地中海が絆を形成することになるものです。様々な人種、様々な言語、そして千年に及ぶ一つの文化、真に一つの実体なのです。…アルジェは植民地化の都市であることをやめ、アフリカの長にならなければなりません。…」[*5]

しかし、この時点においてアルジェ市長のブリュネルは既にモーリス・ロティヴァルとアンリ・プロストをアルジェ地域圏計画の正式な任命者としてユルバニスムのプロジェクトを続けていたのである。

アルジェの仕事は、正式な依頼がないにも係わらず、ル・コルビュジエはこの後も継続的に行う。壮大な計画に恐れをなしていた市長とその周辺の官僚達に気遣って、先ずル・コルビュジエは海岸沿いに延びる大高架橋を取り

(左) 図2　アルジェ計画案B　出典：W. Boesiger, O. Stonorov (1964), *Le Corbusier −Oeuvre complète 1929-1934*
(右) 図3　LE CORBUSIER, Poésie sur Alger, Éditions Falaize, Paris, 1950 ©FLC

除いた控えめな「計画案 B」（図 2）を準備し、1933 年末に市に「公式」に提出される。しかし、壮大な大高架橋は取り除かれたものの、商業中心街に 36 階建ての高層ビルを計画するこの高層ビル計画は、高さと規模について、行政からも、財界からも非難されることになった。しかし、さらに、ル・コルビュジエは計画を継続し 1934 年春には中心街のラ・マリン地区に限定された「計画案 C」を、その後「計画案 D」、そして 1939 年 3 月にはブリーズ・ソレイユのファサードによる摩天楼プロジェクトをまとめる。

## 終焉

1931 年の初頭、ル・コルビュジエが初めてアルジェを訪れたとき、滞在を 2 週間延長し、カスバやフォール・ランプルールの丘陵地を歩き回る。イスラム教徒の住居とそれを取り囲む風景を描写し観察する。このことは 1942 年に書かれ 1950 年に出版される『アルジェの詩』（図 3）のなかでスケッチと共に描写されているが、隔離されていたイスラム系住民の住むエリアに地中海の水平線と共に新たな風景を発見し、その豊かさに感嘆する姿がそこから読み取れる。そして、ヨーロッパ系住民のエリアの都市空間としての貧困さを嘆くと共に、ヨーロッパ社会とイスラム社会との融和を目指すことをル・コルビュジエは決心する。

　1930 年代は世界恐慌の煽りを受けて、西ヨーロッパも経済的混乱、そして、イデオロギーの対立など、それぞれの共同体の内外で緊張関係があった。フランスの植民地であった北アフリカも、その影響を直接的に受け、アルジェリアのイスラム系住民は極貧の状況を余儀なくされていた。1930 年代を通してイスラム系住民の生活はさらに困窮を極め、ヨーロッパ系とイスラム系コミュニティとの間の緊張感はさらに増していった。ル・コルビュジエがユルバニスムで目指していた、それら二つのコミュニティの共存は現実味がなくなっていったのである。

　「北アフリカの星（ENA）」は、アルジェリア人・チュニジア人によって 1926 年にパリで結成され、フランス本土の共産主義者は「植民地の労働者たち」の組織化に多大な関心を寄せていた。当初はフランス共産党との連携を強めたが、「北アフリカの星（ENA）」がフランス領アルジェリア、そしてチュニジアとモロッコの独立を目指していたこともあり、人民戦線政権の

発足によって不協和音が顕在化したのであった。左派連合は植民地問題について緩やかな改革を望んでいた。首相レオン・ブルムと元アルジェリア総督モーリス・ヴィオレットが策定した、アルジェリア人にムスリム個人身分法を放棄せずともフランス市民権を認めるという「ブルム＝ヴィオレット法案」の 1936 年の破棄はその象徴的な出来事である。さらに、1937 年、その急進性が故に人民戦線内閣のレオン・ブルム首相は「北アフリカの星（ENA）」を解散させたのである。こうして、北アフリカ諸国の独立を目指した組合運動は失速する。1939 年、フランス共産党はヨーロッパ人とアラブ人、ベルベル人が一緒になった「連合国家」の構想を打ち立てるが、ル・コルビュジエの融和を目指したアルジェにおけるユルバニスム同様、そこには既に現実味はなくなっていたのである。

　ナチス・ドイツ軍による 1940 年 5 月のフランス侵攻でフランスは敗北し、6 月 22 日にはヴィシー政府が誕生すると、アルジェリアはヴィシー政府を支持することとなる。そして、ヴィシー政府にアルジェのユルバニスムの正当性を推すことを試み続けたル・コルビュジエは、1942 年 6 月 12 日のアルジェ市議会における県知事とのやり取りによって終焉を迎える[6]。

**註記**

* 1　エスプリ・ヌーヴォー叢書『プレシジョン（厳格な精度）―建築とユルバニスムの現状について』
* 2　Plan d'aménagement, d'embellissement et d'extension de la ville d'Alger (PAEE)、1930年4月4日アルジェ市議会決定。
* 3　Mary McLeod, *Le Corbusier and Algiers*, Oppositions no.19/20, 1980
　　Mary McLeod, *Architecture and Revolution: Le Corbusier*, Politics and Architecture, 1930–1942
* 4　FLC XI-II-I07 新聞記事 *la Depeche Algerienne* 23/03/1931
* 5　Le Corbusier, *La Ville Radieuse*, 1935
* 6　LE CORBUSIER, *Poésie sur Alger*, Éditions Falaize, Paris 1950

# 第1章
## 風化する遺産と記憶

## 1-4
## 保存をめぐる紛争と制度上の諸問題

### 1-4-1
文化遺産の所有権をめぐるイスラエルとパレスチナの葛藤
岡田真弓

### 1-4-2
日常と近代の間にあるもの
香川 浩

### 1-4-3
世界遺産に揺れる地方都市の現状と取り組み
伊達 剛

### 1-4-4
エチオピア・メケレ大学における遺産保護学科および日本語教育の歩み
古崎陽子

# 1-4-1
# 文化遺産の所有権をめぐる
# イスラエルとパレスチナの葛藤

岡田真弓

イスラエルとパレスチナが位置する地域は、古来より多様な民族・文化・宗教の交流地点として栄え、現在もその痕跡が遺跡や歴史的建造物として残されている。こうした文化遺産は、双方の住民にとって地域の資産あるいは民族や信仰の拠り所として重要な役割を果たしている。一方、長期化する両者の政治的な対立は、領域内の文化遺産の保護に暗い影を落としている。本章では、イスラエルとパレスチナの文化遺産保護をめぐる歴史的経緯を踏まえながら、現在の諸課題について考える。

### アイデンティティのよすがとしての文化遺産

現在、イスラエルおよびパレスチナ[*1]が位置する東地中海地域は、メソポタミアとエジプトという二大古代文明および東西文化の交流地点として栄え、またユダヤ教、キリスト教、イスラム教という三大一神教の揺籃の地であり、世界史的に重要な出来事と関係が深い文化遺産が多く残されている。とりわけ、聖書に登場する都市や歴史家たちによって記述された出来事などとゆかりの深い文化遺産は、古来より多くの人々の心を惹きつけてきた。こうした文化遺産は、世界中から訪れる巡礼者や観光客がこの土地に刻まれた文化と歴史のダイナミズムを感じることができる場所となっている。

当該地域が辿ってきた歴史を可視的に伝えてくれる文化遺産は、外から訪れる人々のみならず、当該地域に住まう人々にとっても大きな意味を持っている。シオニズム運動を経て1948年に樹立されたイスラエルは、過去と現在の民族性や信仰をつなぐ道具として、古代の遺跡や歴史的建造物などの文化遺産を保存し、積極的に教育・観光資源として活用してきた。一方で、こ

うした文化遺産マネジメントには、多分に宗教的・民族的イデオロギーが込められてきたという批判もなされている。イスラエル建国当時、パレスチナ地域にはすでにアラブ人が暮らしており、ユダヤ人は民族国家建設の正当性を証明する必要があった。そこで用いられたのが、聖書に描かれた過去のユダヤ民族の歴史である。とりわけ聖書考古学[※2]は、聖書に登場するユダヤ民族の歴史を遺構や遺物から裏付けることに強い関心を抱いていたため、建国神話と強く結びつき、その後のイスラエル考古学が内包するイデオロギーの根源になったと理解されるようになった。

パレスチナもまた、1993年のオスロ合意後から、イスラエルや欧米諸国による植民地主義的な考古学研究から脱出し、パレスチナ人による文化遺産管理の確立を目指して試行錯誤を重ねている。政治的に不安定な中成立したイスラエルとパレスチナ双方にとって、地域の歴史を可視的に伝える文化遺産は、国民のアイデンティティのよすがとして重要視されてきたのである。

一方で、当該地域にある文化遺産をめぐっては、イスラエルとパレスチナ、周辺のアラブ諸国との間に未だ解決されていない大きな課題が山積している。その一つは、19世紀以降数次にわたる政治体制の変化により、領土を示す境界線も変化したため（図Ⅰ）、あいまいな領域の中に取り残され

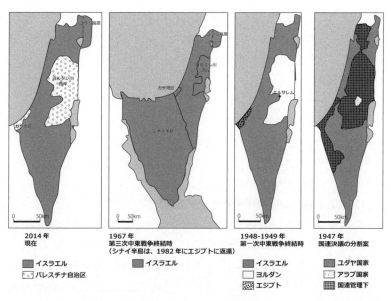

図Ⅰ　イスラエルの領土変遷

た文化遺産の所有権が不明確なまま現在に至っていることである。とくに、1972年に発効された『世界遺産条約』後、国際社会が協力して人類にとって「顕著で普遍的な価値」を有する文化・自然遺産を保護する取組が始まると、イスラエル、パレスチナと周辺アラブ諸国との間で懸案とされていた文化遺産の所有権問題が顕在化していった。

　本章では、イスラエルとパレスチナで実施されてきた文化遺産マネジメント、とりわけ遺跡の保護と活用の歴史的経緯を概観し、現在起きている文化遺産の所有権をめぐる諸課題について論じる。

## ナショナル・ヘリテージの創出

■イスラエル政府による文化遺産政策の展開

1947年11月29日に採択された国連総会決議181に基づき、イスラエルは1948年5月14日に国家を樹立した。しかし、国連が提示したパレスチナ分割決議による土地分配では、聖書とつながりの深い文化遺産が集中していたエルサレムの東側半分がヨルダン領に組み込まれてしまったため、イスラエルの文化遺産マネジメントの幕開けは厳しい状況からのスタートであった。さらに、東エルサレムには、イギリス委任統治時代（1920～1948年）に考古学調査や文化遺産管理の中心地であったパレスチナ考古学博物館とヘブル大学スコポス山キャンパスがあったため、イスラエルは多くの文化遺産や関連資料へのアクセスを断ち切られてしまっていた（Gibson 1999; Hallote & Joffe 2002）。

　イスラエル政府は、建国直後から注力している観光産業の目玉の一つとして、遺跡や歴史的建造物に注目していた。外貨獲得の手段の一つが観光産業であるにもかかわらず、目ぼしい観光資源がなかったイスラエルにとって、世界中のキリスト教徒やユダヤ教徒の関心を喚起できる聖書にまつわる文化遺産は、有望な観光地候補であった。

　1955年、国内の文化遺産の管理と保護を専門に行う首相室付きの景観及び史跡開発局（以後、史跡開発局）が誕生した（Tsuk 2004）。史跡開発局は、政府主導の観光振興事業と連携しながら、国内の遺跡の状態を把握するための悉皆調査を実施した。さらに、その中から観光資源となりうる33か所の遺跡や歴史的建造物を抽出し、清掃作業や修復作業を施した。33か所の遺

跡の中には、ヘブル語聖書にゆかりの深いテル・ハツォル遺跡とテル・メギド遺跡、ローマ・ビザンツ時代のユダヤ民族に関わる遺跡であるベト・シェアリム遺跡とバルアム遺跡、ナバティア民族の都市遺跡であるアヴダット遺跡とシヴタ遺跡、そしてローマ時代の都市遺跡のベト・シャン遺跡とカエサリア遺跡といった場所が含まれていた。史跡開発局によって整備されたこれらの遺跡は、その後一般公開され、多くの人々が訪れる一大観光地となった。

　1950年代から続いてきた遺跡の保護および活用は、1963年の『国立公園・自然保護区法（以後、1963年国立公園・自然保護区法）』が施行されたことにより、さらに体系的に進められていくこととなる。『1963年国立公園・自然保護区法』により、歴史的・文化的に価値が高いと認められた場所が国立公園として整備され、遺跡や歴史的建造物は国立公園制度において主要な文化資源として取り扱われるようになった。遺跡や歴史的建造物の保護・活用に従事する専門機関として国立公園局が設立され、初代の局長には、建国当時から遺跡の調査や保護に従事してきた考古学者 Y. ヤディンが就任した（Tsuk 2004）。国立公園局は、国立公園として登録した地域にある遺跡・歴史的建造物の保護に携わるだけでなく、それらの教育資源化や観光資源化にも力を注いだ。1998年に国立公園局と自然保護局が統合してイスラエル自然・公園局（Israel Nature and Parks Authority、以後 INPA）が発足し、イスラエルの文化遺産マネジメントはより包括的なものへと発展していこうとしている。現在までに、国立公園あるいは自然保護区に指定された領域の中で保存・展示されている遺跡の総数は48か所に上り（図2）、それらはイスラエルを代表する観光地となっているだけでなく、国民が自国の歴史を学ぶ場所としての重要な役割も果たしている（図3）。

■パレスチナによる文化遺産の復興
1948年のイスラエル建国に伴い、ヨルダン川西岸はヨルダンの一部に組み込まれた。ヨルダンではしばらくの間、イギリス委任統治時代に定められた『1929年古物条令』が文化遺産の保護・活用を規定する法制度として用いられていた。1966年に、ヨルダン政府は条令を改正し、あらたに『暫定古物法（No.51）』を施行し、領域内の文化遺産はヨルダン古物局によって管理されることとなった。一方、ガザ地区はエジプトによって統治され、1967年にイスラエルが同地区を併合するまで、『1929年古物条令』が適用された。

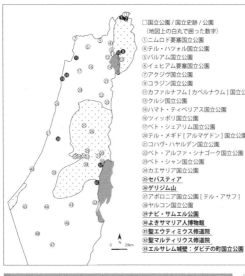

(上)図2　遺跡が保存されている国立公園と自然保護区の一覧（下線はパレスチナに位置するもの）

(中)図3　テル（遺丘）とローマ時代の都市遺構が保存されたベト・シャン国立公園

(下)図4　オスロ合意後のヨルダン川西岸地区の文化遺産行政

1967年第三次中東戦争後、イスラエルは東エルサレムを含むヨルダン川西岸およびガザ地区の実効支配を開始した。各地区では、イスラエル軍が統治権を掌握し、領域内の文化遺産に対しても軍令が適用された。『暫定古物法（No.51）』に基づく軍令は、ヨルダン川西岸地区の文化遺産の取り扱いについて規定し、イスラエル政府が任命したユダヤ・サマリア地区考古学担当参謀将校（Staff Officer for Archaeology in Judea and Samaria、以後SOA）が領域内の遺跡の保護・活用の職務を担うことを許可している（Kersel 2015）。SOAの主な業務は、領域内の緊急発掘の実施ならびに海外の研究機関による発掘調査の調整であった（Greenburg 2009）。

　また1967年の第三次中東戦争後、イスラエルの国立公園局もその管理権をヨルダン川西岸やゴラン高原まで拡大した。国立公園局は、ヨルダン川西岸にあるサマリア遺跡（1967年）、ヒシャーム宮殿（1967年）、クムラン遺跡（1967年）、ヘロディウム遺跡（1967年）、テル・エル・スルタン遺跡（1984年）、そしてゴラン高原にあるクルシ遺跡（1982年）、ニムロド遺跡（1984年）などを管理下に置いていった（Killebrew 1999）。

　1988年にパレスチナ自治区の樹立宣言が発表され、つづく1993年には暫定自治拡大に関するオスロ合意が署名されたことで、地域差はあるものの自治政府による統治が少しずつ開始された。しかしながら、自治区内はいまだに自治政府とイスラエル軍によって統治が行われている地区に分けられている。自治政府が、安全保障と文民統制を管轄している地区はA地区、自治政府が文民統制のみ行っている地区はB地区、イスラエル軍が安全保障および文民統制両方を管轄している地区はC地区と呼ばれている（図4）。ある試算によれば、パレスチナで確認されている12,000か所の遺跡のうち、約40%がA地区ないしB地区に、残りの60%がC地区に位置しているという（Al-Houdlieh 2010）。オスロ合意後、A地区とB地区内にある遺跡は、1994年に設立された観光・考古省の一組織であるパレスチナ古物・文化遺産局が管轄することとなっている（Taha 2010）。ただし、とくに各地区の境界線が入り組んでいる地域では、一つの遺跡のある部分はB地区に属し、その他の部分はC地区に属するといったようなケースも見受けられる。こうした場合、後世に政治的理由から設けられた境界線のせいで、同じ遺跡内であっても管理する主体や適用できる法制度が異なる事態が発生している。

## 国家の境界線と文化遺産の所有権

■ヨルダン川西岸地区における文化遺産損失の現状

オスロ合意後は、パレスチナ自治政府による遺跡の保護・活用も徐々に実施されつつあるが、未解決の課題も残されている。パレスチナの文化遺産マネジメントにおける課題は様々な要因が絡み合っているものの、植民地経験に彩られた当該地域の歴史的経緯に起因するところが大きい。例えば、遺跡が被る物理的な破損は、イスラエルが自爆テロの防止を目的としてパレスチナとの境界線に沿って建設している分離壁や、自治区内に新設されるユダヤ民族のための入植地建設に伴うものが多いことが指摘されている。分離壁に加え、入植地建設によって破壊された遺跡の総数は、4,500か所にも上ると見積もられている（Taha 2005）。遺跡の物理的な破壊は建設活動だけでなく、繰り返されるイスラエル軍の軍事活動によってももたらされ、その被害は拡大していく一方である。

また、イスラエルの国立公園制度のあり方も、パレスチナ主導による遺跡の保護・活用を阻害している。すでに述べたように、第三次中東戦争後、イスラエルの国立公園局はパレスチナに次々と国立公園を建設していった。これまでにヨルダン川西岸地域内に開設された国立公園だけ見ても、セバスティア、クムラン公園、ヘロディウム公園、ゲリジム山、ナビ・サムエル公園、ヨルダン川の洗礼の地、よきサマリア人博物館、聖エウティミウス修道院、聖マルティリウス修道院を挙げることができ、それらのほとんどには遺跡が保存されている（図2、図5）。改めて指摘するまでもないが、これらの遺跡はSOAの管理下にあり、国立公園に指定された領域では、『1963年国立公園・自然保護区法』の改正法（1998年）が適用される。言い換えれば、これら

図5　ヘロディウム公園

の遺跡は INPA によって国立公園に指定されたその瞬間から、文化的・歴史的な重要性を表象するイスラエルのナショナル・ヘリテージとして、パレスチナという空間から物理的にも法的にも切り離されてしまうのである。

■世界遺産制度と文化遺産の所有権問題

イスラエルとパレスチナの文化遺産の所有権をめぐる対立は、世界遺産制度の現場でも、深刻な課題を抱えている。条約締結国による自国の文化遺産登録という過程を経て成立する世界遺産は、その前提として文化遺産の所有権がその申請国に帰属することが自明である。それでは、領域が複雑に入り組んでいるイスラエルとパレスチナによる世界遺産登録はどのように行われているのであろうか。

　長らくユネスコのオブザーバー資格しか保有していなかったパレスチナは、2011年に国家としてユネスコへの正式加盟を果たし、現在までに2件の世界遺産の登録を成功させている[*3]。パレスチナ古物・文化遺産局が中心となって世界遺産登録に向けた準備が進められ、自治政府主導の文化遺産マネジメントの起爆剤となっている。一方で、現在パレスチナが提出している暫定リストには、イスラエルとの間で領土問題を抱える地域も複数含まれている（図6）。例えば、パレスチナの暫定リストにある「セバスティア」、「クムラン：洞窟と死海文書の修道院」、「ゲリジム山とサマリア人」は、それぞれセバスティア、クムラン公園、ゲリジム山というイスラエルの国立公園の領域と重複している。セバスティアを例に考えてみよう。パレスチナ北部のナブルス近郊に位置するセバスティアの中心的な文化遺産となっているのが、サマリア遺跡である。サマリア遺跡は、ヘブル語聖書に言及される紀元前9世紀から8世紀に栄えた北イスラエル王国の首都であると同定されている。また紀元前30年には、サマリアがローマ皇帝アウグストゥスよりヘロデ王に下賜されたことにより、都市の名前がセバステ（ギリシャ語でアウグストゥスを表すセバストスに由来）に改名されたことが、F.ヨセフスの『ユダヤ古代誌』に記録されている。加えて、サマリアは洗礼者ヨハネが埋葬された場所としても認識されており、後世に洗礼者ヨハネを祀る教会堂が建設された。このように歴史的にも重要な出来事や人物と深いつながりを持つサマリア遺跡は、20世紀以降、数次にわたって発掘調査が行われ、北イスラエル王国時代の壮麗な宮殿建築や列柱道路・神殿・劇場などを備えたロー

マ都市に関する遺構・遺物が確認された。イスラエル国立公園局は、1965年にサマリア遺跡を国立公園に指定している。一方、パレスチナは、世界遺産の登録基準（ii）と（v）[※4]に該当するとして、2012年に「セバスティア」を暫定リストに加えた。自治政府としては、歴史的にも顕著な価値を持ち、多くの来訪者を惹きつける魅力を持つサマリア遺跡を自国の世界遺産として登録したいという狙いがある（Department of Antiquities and Cultural Heritage 2009）。しかし、『世界遺産条約』第4条では、締約国が自国内に存在する遺産を保護する義務を果たすことが明記されており、この条文に従えば、自治政府が実質的に保護政策を実施していない（することができない）サマリア遺跡を世界遺産として登録することはできない。クムランやゲリジム山も同様の状況にある。パレスチナの世界遺産としてこれらの場所を登録するためには、INPAではなく自治政府がこれらの管理権を持ち、保護政策を展開する必要がある。他方で、治安悪化に伴い国立公園としては閉鎖されているため、INPAによる遺跡の維持管理が徹底されておらず、経年的な劣化や違法な発掘などによって遺跡の荒廃が進んでいるという。本来、人類にとって顕著で普遍的な価値のある文化遺産を救済することを目的に設立された世界遺産制度であるが、国家の領域と文化遺産の主権が複雑に絡み合った当該地域は、国家間の外交関係が如実に文化遺産保護のあり方に反映してし

|   | 物件名 | 登録年 | 種類 |
|---|---|---|---|
| WH | イエス生誕の地：ベツレヘムの聖誕教会と巡礼路 | 2012 | 文化／危機 |
| WH | パレスチナ―オリーブとワインの地：エルサレム南部バティールの文化的景観 | 2014 | 文化／危機 |
| TL | 古代のエリコ：テル・エス・スルタン | 2012 | 文化 |
| TL | ヘブロン旧市街地アル・ハリルとその周辺地域 | 2012 | 文化 |
| TL | ゲリジム山とサマリア人 | 2012 | 文化 |
| TL | クムラン：洞窟と死海文書の修道院 | 2012 | 文化 |
| TL | エル・バリヤ：荒野の修道院 | 2012 | 文化 |
| TL | ナブルスの旧市街地と周辺地域 | 2012 | 文化 |
| TL | テル・ウム・アメル | 2012 | 文化 |
| TL | セバスティア | 2012 | 文化 |
| TL | アセドン湾 | 2012 | 文化 |
| TL | ウム・アル・ハリン森林 | 2012 | 自然 |
| TL | ワディ・ガザ沿岸湿地帯 | 2012 | 自然 |
| TL | 首長（シャイフ）の村落群 | 2013 | 文化 |
| TL | ワディ・ナトゥーフとシュクバ洞窟 | 2013 | 文化 |
| TL | 洗礼の地「エシュリア（アル・マグダス）」 | 2015 | 文化 |

図6　パレスチナの世界遺産（WH）と暫定リスト掲載物件（TL）
（網掛けの物件はイスラエルの国立公園にも指定されているもの）

まうのである。

　本章では、イスラエルとパレスチナが所在する地域で実施されてきた遺跡の保護と活用をめぐる歴史的経緯について概観してきた。当該地域の文化遺産の所有権に関する課題には、ユダヤ教とイスラム教、あるいはユダヤ民族とアラブ民族の間の対立だけでなく、イスラエルとパレスチナの間に横たわる領土問題が深く関わっている。とりわけ双方の境界があいまいな地域では、分離壁や入植地の建設、軍事活動、盗掘、そして異なる文化遺産保護制度の適用等によって、文化遺産の適切な管理ができない状況が発生している。

　パレスチナとイスラエルの政治的状況に起因する文化遺産マネジメントに関する障壁を取り除くには、両者の和解という大きな政治的課題の解決を待たなければならない。一方で、昨今のパレスチナによる積極的な世界遺産登録、自治区内で文化遺産の保護・活用に従事するNGOの活躍、そしてパレスチナと海外の調査機関による共同研究の促進により、文化遺産マネジメントの新しい体制確立に向けた堅実な努力が積み重ねられようとしていることもまた事実である。こうした状況の変化は、遺跡や歴史的建造物の積極的な保護・活用のみならず、地域社会に向けた文化遺産に関する教育普及、文化遺産保護に携わる人材の育成や雇用創出といった将来の持続可能な文化遺産保護体制を支える基盤づくりにまで発展している。

　当該地域に残る文化遺産は、この地を往来した多様な人々とその交流を通して育まれた文化の産物である。イスラエルとパレスチナにとって大きな価値を持つ文化遺産が両者の対立を煽るのではなく、共通の資産として相互に協力しながら後世に受け継がれるようになる日が来ることを願ってやまない。

## 註記

*1 本章では、「イスラエル」と「パレスチナ」を基本的にそれぞれ現在のイスラエル国とパレスチナ自治区を表す用語として用いる。

*2 聖書考古学は、アメリカの研究者W.F.オルブライトたちによって提唱されたもので、聖書の記述と考古学的調査の結果を照らし合わせ、実証的な歴史資料として活かそうとした研究手法である。

*3 パレスチナの世界遺産は、「イエス・キリストの生地：ベツレヘムの聖誕教会と巡礼の道（2012年）」と「パレスチナ—オリーブとワインの土地：南エルサレム・バッティルの文化的景観（2014年）」である。

*4 世界遺産の登録基準の (ii) と (v) は次の通り。(ii) 建築、科学技術、記念碑、都市計画、景観設計の発展に重要な影響を与えた、ある期間にわたる価値感の交流又はある文化圏内での価値観の交流を示すものである。(v) あるひとつの文化（または複数の文化）を特徴づけるような伝統的居住形態若しくは陸上・海上の土地利用形態を代表する顕著な見本である。又は、人類と環境とのふれあいを代表する顕著な見本である（特に不可逆的な変化によりその存続が危ぶまれて

## 参考文献

S. H. Al-Houdalieh, Archaeological Heritage and Related Institutions in the Palestinian National Territories 16 years after Signing the Oslo Accords, *Present Pasts*, Vol. 2, No. 1, pp 31–53, 2010.

D. H. K. Amiran, The pattern of settlement in Palestine, *Israel Exploration Journal*, Vol. 3, pp 65–78, Israel Exploration Society 1953.

the Department of Antiquities and Cultural Heritage, *Inventory of Cultural and Natural Heritage Sites of Potential Outstanding Universal Value in Palestine, Ramallah*, Ministry of Tourism and Antiquities 2009.

A. E. Glock, Cultural Bias in the Archaeology in Palestine, *Journal of Palestine Studies*, Vol. 24, No. 2, pp 48–59, 1995.

S. Gibson, British Archaeological Institutions in Mandatory Palestine, 1917–1948, *Palestine Exploration Quarterly* 131, pp 115–143, 1999.

R. Greenberg, Extreme Exposure: Archaeology in Jerusalem 1967–2007, *Conservation and Management of Archaeological Site*, 11/3-4, pp 262–281, 2009.

R. S. Hallote / A. H. Joffe, The Politics of Israeli Archaeology: Between 'Nationalism' and 'Science' in the Age of the Second Republic, *Israel Studies*, 7/3, pp 84–116, 2002.

M. M. Kersel, Fractured Oversight: the ABCs of Cultural Heritage in Palestine after the Oslo Accords, *Journal of Social Archaeology 15/1*, pp 24–44, 2015.

A. E. Killebrew, From the Canaanites to Crusaders: the Presentation of Archaeological Sites in Israel, *Conservation and Management of Archaeological Site*, 3/1–2, pp 17–32, 1999.

H. Taha / L. Serra (ed.), A Decade of Archaeology in Palestine, *Tutela, Conservazione E Valorizzazione Del Patrimonio Culturare Della Palestine*, pp 63–71, 2005.

H. Taha, The Current State of Archaeology in Palestine, *Present Past 2/1*, pp 16–25, 2010.

T. Tsuk, *First Steps of the National Parks Authority, Jerusalem*, Israel Nature and Parks Authority [Hebrew] 2004.

岡田真弓『イスラエル国における考古遺産の保護・活用のあり方とその歴史的変遷』、平成26年度博士論文、慶應義塾大学大学院文学研究科、2015年

1-4-2
# 日常と近代の間にあるもの

香川 浩

20世紀以降に建設された建築や構造物が保存される事例が増えつつある。近代史を彩ってきたものたちの価値が認められ継承されることは、建築界の末席に加わる者として喜ばしいことである。しかしながらその手法には、深い洞察によって裏打ちされた改修や復原、意外な転用もあれば、かたちがそこにある以上の意義を見出せないこともある。もちろん、それらが残された背景というものがあり、様々な評価があってしかるべきで、この多様さが保存の難しさと、期待の大きさを示しているように思われる。

例えば、わが国の例として東京駅（辰野金吾）、東京中央郵便局（吉田鉄郎）、国際文化会館（前川國男、坂倉準三、吉村順三）、日土小学校（松村正恒）などの改修が記憶に新しい。それぞれのプロセスはまったく異なっているが、解体が議論される危機的な段階を乗り越え保存に至ったところは共通している。そして国立西洋美術館（ル・コルビュジエ）がユネスコ世界文化遺産に登録され、20世紀の建築が社会に受け入れられる素地が整いつつある。こうした元々建築を知る者にとって貴重な存在が保存されてゆく一方で、さしたる議論もないまま姿を消してゆくものも数多い。シンボリックな建築

図1　昭和10年代の山形市の絵葉書
　　　（東北芸術工科大学東北文化研究センター蔵）

図2　カサ・デル・ファッショ
　　　（ジュセッペ・テラーニ）

171

だけが保存されたからといって、文化が継承されたことにはならないはずであり、知名度は低くとも、長い時間その場所で存在し続けたという現象面に着目し、あらためて評価してこそ文化の豊穣と言えるのではなかろうか。本稿では筆者が日本と台湾で見聞した建築の例を挙げ、継承されたものと失われたものについて論じてみたい。

## 山形の梅月堂

一枚の絵葉書を見た。山形市の中心市街地を写した古い写真に、キャプションの文字が右から左に書かれていることから戦前のものであることが分かる（図1）。かつて十字街と呼ばれた場所であり、中央に写っている白い建物が目を引いた。これは建築家・山口文象（1902〜1978年）が設計した梅月堂という商業建築で、今も健在である。竣工したのは1936（昭和11）年であるから、おそらく太平洋戦争の開戦までの時期に撮られた写真と考えられる。筆者はここから、偶然にも同じ年に竣工した、イタリアのコモにあるカサ・デル・ファッショ（ジュセッペ・テラーニ）の写真を連想した（図2）。近代以前の建築を含む街並みのなかに、白く輝くモダンな建築が収まっている。この印象は今も変わらない。ところが、山形の写真では梅月堂を除き写っている建物のほとんどは現存しないと思われた。山形市はほとんど戦災を受けておらず、大きな災害もなかったにも関わらず、である。ここから筆者は建築保存を身近な問題として捉えるようになった。

初めてその絵葉書を見たのは2000年頃のことで、当時筆者は山形市内に居を構えており、中心市街地のことは概ね知っているつもりであったが、梅月堂の建設年代を全く意識したことがなかった。テナントとして入っていた大手コーヒー店の看板の存在感が大きかったこともあるが、梅月堂という建築が日常の風景の中にすっかり定着しており、何も意識させない存在であったということだろう。

梅月堂は1889（明治22）年に山形市に創業した菓子舗で、1933（昭和8）年の山形市の都市計画決定による区画整理に対応して、同じ場所にあったビルを建て直したのである（図3）。県庁に近く、銀行の斜向かいとなる角地で、当時も今も中心市街地の一等地と言える場所だろう。その新装開店を伝える新聞広告には、記念イベントにやってくる高杉早苗ほか松竹スターたちの名

前とともに、こう書かれていた。

『新築落成・東北に誇る唯一の近代式新興建築の粋』

現在では一昔前、といったニュアンスの「近代」という言葉の意味が「最新」であることを示していたことが分かる。設計は山口蚊象建築設計事務所（当時は蚊象と名乗っていた）。

山口文象は大工の家に生まれ、最初は職人であったが建築家を目指して製図工となる。勤務していた逓信省営繕課で上司の山田守に能力を評価され、製図工でありながら建築や土木のデザインに携わる。さらには帝大出身者たちが新しい建築のあり方を求めて設立した分離派建築会への参加、製図工仲間との創宇社建築会結成など、建築運動にも積極的に関わるようになっていった。その後、竹中工務店、石本喜久治建築事務所を経て、ついに渡欧することになる。名目は黒部第二発電所の設計のための学術調査だったが、当時傾倒していたドイツの巨匠ワルター・グロピウスの元での修行が主な目的であった。グロピウスの事務所ではソビエト・パレスのコンペ案などの仕事に携わり、欧州各地を視察し、新進気鋭の建築家として帰国したのが1932（昭和7）年のことである。帰国後すぐにプロジェクトに恵まれ日本歯科医専・附属病院（1934年、現存せず）、番町集合住宅（1936年、現存せず）、黒部川第二発電所・小屋ノ平ダム（1936年、現存）など、山口文象のキャリアにおける、一つのピークと言える時代に山形の梅月堂は出来上がった。

その頃の山形市は商都として活況を呈しており、中心市街地は建設ラッシュであった。絵葉書を見ると、そんな中でも梅月堂のモダニズムとしての完成度は群を抜いている。

都市計画による角切り部をファサードとし、スチールサッシによる大開口部としているのが最大の特徴である。外皮は連装窓のある薄い鉄筋コンクリートの壁によって構成され、1階のセットバックにより地面と切り離す表現が見られ、屋上には庭園が設けられている。ここに典型的なモダニズムのかたちが見て取れ、グロピウスの影響だけでなく、ル・コルビュジエの近代建築5原則さえ読みとることもできる。世界的に見ても最先端のデザインであっただろう。道路側から見えない敷地奥にはオーナーの住居と使用人室となる木造部分があり、こちらは畳が敷かれ床の間もある和風のつくりである。それが土地形状に合わせ角部で接続している。実は構法的にもプランとしても和洋を組み合わせたハイブリットであり、その両方を巧みに扱うことので

きた山口文象ならではの設計である。

　梅月堂の建設にあたって、創業した佐久間家の縁者である小川茂七という人物が関わっていることを知った。小川は東京の菓子舗「神楽坂紅谷」の主人である。1908（明治41）年に朝日新聞が主催した世界一周旅行に参加し各国の洋菓子作りを学んでおり、紅谷は文化人の集まる名店として知られていた。梅月堂は紅谷のノウハウを参考にしたものと思われ、山形の土地の取得も小川の名義であることから、両者は深い関係にあったことが分かる。梅月堂と神楽坂紅谷は、菓子職人の修行など交流が続いた。小川は1945（昭和20）年に疎開先の山形で死去、神楽坂紅谷は東京大空襲で消失し、再建されることはなかった。梅月堂は長く繁栄したが、1997（平成9）年に倒産し、建物は売却された。鉄筋コンクリート造の店舗部分は、改装されテナントビル「YT梅月館」として、裏側の木造部分は撤去されウィークリーマンションを増築した。売却に際し、現在のオーナーに建物を残して欲しいとの声が多数寄せられ、それに応えたのが現在の姿である（図4）。

　2009年に筆者らが中心となり、梅月堂の展覧会とシンポジウムを開催した。山口文象が戦後設立した組織アール・アイ・エーが所蔵する図面や昔の写真の展示には、予想を上回る来場者があり、かつての梅月堂の繁栄を知るお年寄りが、思い出を語りあう姿が印象に残っている。梅月堂は洋食や洋菓子を紹介する文化の窓であり、ここで食事をすることがステータスであったと言う。初めて水洗便所を見たとの話もあった。山口文象の建築である前に、多くの人びとにとって忘れがたい記憶となっていることが、保存の原動力となったことがよく理解できた。これは制度によって得られるものではない。文化財保存の観点から現在の梅月堂の改修状況を見ると、お世辞にも状態が良いとは言い難い。主要な躯体はそのままであるが、ファサードの開口部はスチールからアルミサッシになり、割付も異なる。1階の壁も歩道ギリギリまで移動し内部空間を広げているが、地面と切り離された壁の表現は薄れてしまっている。これをもってインテグリティ（完全性）が失われている、と言う評価もあるだろう。記憶は継承されているが、モノが失われていると言うのである。しかし現状を見た近藤正一（現アール・アイ・エー名誉会長）は「これで良かったのではないか」と語った。アール・アイ・エーという組織は、作家性よりもチームによる設計を重んじ発展してきた。商業建築であれば要求に誠実に応えることが優先されるし、作家性に強烈な憧れを持って

(上)図3　梅月堂(山口文象)竣工写真(アール・アイ・エー蔵)
(左)図4　梅月堂(山口文象)現況 /(右)図5　山形駅前の防火建築帯

いた山口文象という建築家もそのように変化してきたのだから、これは自然な姿なのだと言う。山口とともに仕事をしてきた近藤らしい指摘であった。この対話から、筆者は現在の梅月堂の価値を認めるべきだと考えるようになった。

　山口文象の作品として、梅月堂はさほど位置付けが高かったわけではない。しかし同時代の作品のほとんどは姿を消し、モダニズムで他に現存するのは

代表作として名高い黒部川第二発電所・小屋平ダムだけになってしまった。発電施設という特殊用途で、長期利用が前提にある黒部に対し、市民に愛されることで生き長らえた事実を受け止めれば、梅月堂は地域史を語る大切な遺産であることが理解できよう。

　山形の昭和の記憶としては、ほかにも山形駅前に防火建築帯が300mほどの長さで連なっている（図5）。防火建築帯とは、第二次大戦後に不燃化・共同化を目的に全国で建設された長屋形式の都市建築のことで、沼津や横浜の例が知られている。その多くで設計に関わったのは日本不燃建築研究所（今泉善一）である。今泉善一もまた製図工上がりの叩き上げで、奇しくも山口文象が逓信省時代（当時は岡村蚊象と名乗っていた）に結成した近代建築運動グループである創宇社に加わっていた。共産主義への傾倒という共通した面もあるが、仕事に恵まれた山口に比べ、今泉はより過激であり、建築よりも地下活動の方が知られている。そんな二人が戦後、共に作家性よりも建築のシステム化や都市へと関心を移して行ったのも面白い現象である。

　沼津の防火建築帯は一時空き家が増えていたが、近年は持ち直しているようだ。横浜は徐々に解体され断片化している現状である。一方、山形は規模こそ小さいものの、ほぼ建設時の姿が"帯"として残っている。大きな自然災害や戦災に合わなかった山形市街地には、大正・昭和の佳作が点在しており、生きた近現代建築のアーカイブと評価できるだろう。

　建築よりも往時の記憶の方が消えてゆきそうな現在、前述のように20世紀の建築の価値が高まったことで、築80年を迎えた梅月堂をはじめとする現代建築を、あらためて文化財として捉え直し、活用することが可能な時代になったのではないかと密かに期待している。モノがそこにあることで、記憶を呼び覚ますことになるだろう。

## 台北の近代建築

台湾の都市部の風景は、どこに行ってもアジア的な喧騒と、折り目正しい都市計画による整った街区が同居している。これは複雑な台湾近代史の反映であり、多少の不整合をものともしない台湾らしい活力を感じさせるところであるが、近年は古い施設、とりわけ日本統治時代のものを上手に活用している事例が増えつつある。これは台湾総督府（現総統府）（森山松之助、長野

宇平治、1919年）をはじめとする役所や駅舎建築など、長く現役で使われているものとは異なり、いったん役割を終えた施設を大胆に転用したもののことである。

日本統治下の台湾には酒や煙草の専売制度があり、各地に国営工場が建設された。最も知られているのは台北の松山煙草工場であろう（図6）。1937（昭和12）年に建設が始まり、1940年に全体が竣工している。日本の国家予算のうち、施設建設費として最も高額な260万円（4ヶ年の合計）が投じられた。台北市の東郊外、約6万坪の敷地に、鉄筋コンクリート造による工場と職員官舎の他、食堂、浴室、託児所、庭園がつくられ、通勤用のバスや制服などもデザインされ、高度な労働環境を備える工業都市の様相を呈していた。給料も高く人気の職場であった。これほど巨大な事業が実現した背景には、1937年に始まった日中戦争がある。中国戦線の兵士のための軍用煙草を生産する必要があったのである。戦後、中華民国政府に接収された後も工場として稼働し続けた。蒋介石は外国からの賓客を、国力を示す意味で松山煙草工場に必ず案内したと言う。

この工場全体の設計を統括したのは、台湾総督府専売局の技師、梅澤捨次郎（1890〜1958年）である。工手学校を卒業したあと台湾総督府土木課に就職、雇員から技手、技師に昇格し、台湾で多数の建築を手がけた。先述した山口文象と同様に叩き上げから功を成した人物と言えよう。建築デザインとして見た場合、先鋭的なモダニストであった山口に比べ、梅沢の仕事には様式建築の名残やアールデコ的な風情があり、同時代の建築としていささか古く感じるものの堅実な印象がある。松山煙草工場は総合的な意味で、工場の正統的な近代化として評価できるものだ。

松山煙草工場は1998年に閉鎖された。そして2001年には台北市によって市定古蹟に指定された。我が国から見ると早い時期に、1930年代の建築が文化財として価値が認められていたのである。保存されていた建設時の資料や煙草のポスターなどを収めた立派な図録が作られ、さらには原図のデジタルデータが公開（http://digitalarchives.tw）されるなど、台北市の取り組みから学ぶことは多い。

かつては郊外であったが、周辺の都市化によってビルに囲まれ、市街地の一画でありながら廃墟のようになっていたこの場所の活用について、長く議論が交わされた。そして工場時代のかたちを保った上で、2011年に松山文

創園区として再出発した。工場ならではの大空間を巧みに活用したアートスペースで、庭園はそのまま都市のオープンスペースになった（図7）。民間と公共の違いはあれど、梅月堂と同じ1930年代に建設されたものが建築としてのインテグリティを保ちつつ、これほど大胆に活用されている姿は、羨ましく感じる。

実は工場をアートスペースに転用した先行事例が、同じ台北市内にある。松山煙草工場から西に1キロほどのところにある華山1914文創園区である（図8）。日本統治時代に民間の芳醸社が酒造工場を設立したのが始まりで、のちに台湾総督府が酒の専売制度を採ったことから政府に接収され台湾総督府専売局台北酒工廠となる。戦後は中華民国政府に引き継がれ、1987年まで酒造工場として稼働したが、その後は長らく廃墟となっていた。ところが1990年代後半になってから、この廃工場を舞台としたアーティストたちのゲリラ的な活動が注目されるようになり、1999年に現在のかたちで正式にオープンした。施設は松山ほど立派のものではなく、増改築の跡もそのままに工場らしい風情を保った姿で使われている。名称にある1914とはその出発点を示し、すでに100年使われているということになる。展示機能だけでなく、近年各国で活況を呈するデジタル・ファブリケーションをサポートする工房"FabCafe"が入居しており、新しいアートシーンを支える現場として注目されている。また藤森照信による茶室・森文茶庵と望北茶亭（図9）が置かれている場所として日本の建築関係者にも知られている。

こちらは台北駅に近い中心市街地にあり、敷地境界にほとんど壁がないので誰でも入って行ける状態である。アーティスト達も自由に振る舞っているように感じられる。公共空間をこれほどルーズに運用するのは日本人にとって驚きである。空き家のアートスペース化と書くと、もはや使い古された手法のように見えるが、誰もがプレイヤーとして入って行ける敷居の低さを、台北の人々が受け入れ楽しんだのだ。こちらの成功がなければ、松山のアートスペース化は無かっただろう。台湾独特のアートに対する感性が、廃墟を文化財に変えたのである。その後も台湾各地で工場のアートスペース化が相次ぎ、やや供給過剰に感じるが、中心市街地の公用地をオープンスペース化する効用の方が大きいらしく、この流れは続いているようである。台北市内最後の巨大公用地として注目されていた台北機廠（旧台北鉄道工場、1936年）は、鉄道博物館として活用されることが決まり、約10年かけて整備される（図10）。

## 台南の近代建築

台南市は京都になぞらえられる古都である。オランダ統治時代、清朝、日本統治時代などの遺構が点在し、やはり台湾らしい複雑な街並みを楽しむことができる。この町にも、松山煙草工場を設計した梅澤捨次郎による建築物があり、注目すべき改修が行われている。

中心街の角地に立つ林百貨がそれで、1932（昭和7）年に開業した台湾で

（左）図6 松山煙草工場（梅澤捨次郎）外観
（上）図7 現在では、松山文創園区として
　　　　展示会場などに活用されている

図8 華山1914文創園区

図9 望北茶亭（藤森照信）外観

図10 台北機廠（旧台北鉄道工場）

二番目の大型百貨店である（図11、12）。鉄筋コンクリート造6階建てで、スクラッチタイル張りのファサードや内部柱頭の装飾、建具は直線的なアールデコ風である。最新の設備であるエレベーターを備えるなど、台南の近代化を象徴する存在あった。オーナーの林方一は開店して間もなく亡くなったが、台南随一の百貨店として繁栄した。

　林百貨は隣接する住宅および店舗を含む、末広町店舗住宅として一体的に計画されたものである。市区改正により末広町通り（現在の中正路）が整備されたところに居住を希望する有志が建設を決め、そこに台南州の技師であった梅澤が協力するかたちで設計された。つまり民間事業に行政が協力したのである。都市化が急務であった時代らしいスタイルで、ほかにも幾つかの民間事業に梅澤は協力している。

　戦中に空襲を受けることもあったが建物は生き延び、戦後は接収され製塩工場と塩務警察が使用し、屋上には防空設備も設けられていた。しばらくして空き家となり放置されていたが、1998年に台南市が市定古蹟に指定した。それでもしばらくはそのままであったが、市政府と文化部が共同で8000万元（日本円で約3億円）かけて改修工事を行い、2013年に完了した。運用は民間に委託する、日本の指定管理者制度に近いかたちで行われ、2014年に百貨店として再オープンした。往時の姿を復元するとともに耐震補強がなされ、空襲の跡や屋上にあった神社の残骸も残されるなど、生きた文化遺産（リビングヘリテージ）のお手本として評価できるものになっている。

　梅澤捨次郎が設計したもう一つの建築が、台南警察署である（図13）。梅澤が台南州に赴任した翌年の1931（昭和6）年竣工。鉄筋コンクリート造二階建て、レンガタイル張りで、装飾の少ないアールデコ風。林百貨と同じく角地にファサードを配置し、入口部分に八角形の柱がある。中庭側にタイルは貼られておらず、モダニズム的な表情を見せている。現在は台南市の市定古蹟であるが使われておらず、中庭に植えられたガジュマルが建物を侵食するほど巨大に成長している（図14）。ちなみに、庭に大きな樹木を植えるのは日本人ならではの習慣と聞いた。なぜこちらを取り上げたかと言えば、2014年に行われた台南美術館新築のプロポーザルにおいて、この警察署が美術館の一部として利用されるプログラムが示されたからである。設計者として選定されたのは、日本の坂茂が参加するチームである。プログラムが大きく変わるので、こちらはそのまま保存というわけにはいかないだろう。建築家としてのアイデアを加え、梅澤の建築がどのように生かされてゆくのか、

関心を持って見守っているところである。

## 近代は日常と地続きであればこそ生き得る

近代建築、特にモダニズムの佳作が次々と姿を消してゆく状況にある我が国に対し、知られざる日本人建築家の作品を積極的に保存し活用する台湾には、なぜこのような余裕があるのだろうか。文化財としての位置付けの上下の問題でもなさそうだ。同じ地震国であり、気象条件も似通っている。法的な条件も大きな差があるわけではない。これは結局、日本のモダニズムが一般に理解されていなかったということになるのではないか。一方、台湾の場合はいつの時代の建築も、どこか不揃いだが個性的で、すべてが日常に根を下ろしているように感じられるのである。

ある建築史家が「建築保存は夕陽に向かって歩いていくようなものだ」と自嘲気味に話したことがあった。様々な保存運動で負けっぱなしの日本の建築界も、多少風向きが変わってきた今こそ、社会に向けてより一般性を持った言葉で語ってゆかなければならないのだろう。

図11　林百貨（梅澤捨次郎）外観

図12　林百貨内部（修復中）

図13　台南警察署（梅澤捨次郎）外観

図14　台南警察署中庭。ガジュマルが巨大に成長している

# 世界遺産に揺れる地方都市の現状と取り組み

伊達 剛

「世界遺産の街」という肩書は大きな力を持つ。それだけで観光客は増加し、街はにぎわい、大きな影響力を与えていく。「世界遺産」という列車が駆け抜けていくとき、街はどのように変わり、どのような課題に取り組み、そしてどのような対策をしているのだろうか。2013年に世界遺産に登録された「富士山―信仰の対象と芸術の源泉」を例に、静岡県のある地方都市の揺れる現状と取り組みを覗いてみる。

### ターニングポイント

2013年、富士山が世界遺産に登録された。富士山周辺の街にとって、この話題は街の活性化の新たな起爆剤としても大きな期待が寄せられた。「世界遺産の街」という肩書を持てば、それだけで多大な効果が生み出されることは予想され、事実、富士山周辺の市町村の宿泊客数や観光客数は大幅に伸びていった。だが、世界遺産になるということは、決してプラスの面だけではない。そこで、世界遺産というターニングポイントが街にどのような影響を与えたのか、世界遺産で街はどのように変わりそして現在どのような課題に取組んでいるのか、地方都市の世界遺産によって揺れる現状と取組について見ていきたい。

### 乗り損ねた街、乗り急いだ街

富士山が世界遺産に登録されたのは、自然遺産としてではなく、「富士山―信仰の対象と芸術の源泉」という文化遺産としてである。そもそも世界遺産

とは、世界遺産条約に基づくものであり、その条約には「文化遺産及び自然遺産を人類全体のための世界の遺産として損傷、破壊等の脅威から保護し、保存するための国際的な協力及び援助の体制を確立することを目的とする。」とある。また、世界遺産には「文化遺産」、「自然遺産」、「複合遺産」の3種類があり、「文化遺産」は「顕著な普遍的価値を有する記念物、建造物群、遺跡、文化的背景など」、「自然遺産」は「顕著な普遍的価値を有する地形や地質、生態系、絶滅の恐れのある動植物の生息・生育地など」、「複合遺産」は「文化遺産と自然遺産の両方の価値を兼ね備えているもの」とされている。いずれにしても、普遍的価値を有することが世界遺産の条件であり、遺産として残すことが目的なのである。

　どのような経緯で富士山が世界遺産になったのかはここでは触れないが、富士山が信仰と芸術の対象として「文化遺産」に登録されたことで、富士山域だけでなく富士山域を含む25の構成資産が、普遍的価値を有していると認められ、それらを後世に残すことが公に課せられたのである。また、山梨県の河口湖や忍野八海、富士宮市の富士山本宮浅間大社や白糸の滝だけでなく、富士山から直線で約45kmも遠く離れた三保松原までもが世界遺産に含まれることになったことは、ことさら大きな意味を持っている（図I）。

　富士山域を除く構成資産がどの市町村にあるのかを分類してみると、山梨県では富士河口湖町、富士吉田市、山中湖村、忍野村、静岡県では富士宮市、裾野市、小山町、静岡市となる。残念ながら、富士山に最も近い新幹線の停車駅を有する富士市はここに挙げられていない。つまり、富士山を目の前にしながらも、富士市には富士山域以外の構成資産がない街と言うことになる。両側に裾野が広がる富士山をどこよりも大きく見ることができる場所が多数あるにも関わらず、このことは富士市にとって大きな痛手であった。立ち寄るべき観光スポットが少ないというレッテルを貼られたようなものである。宿泊客数は他市と同様に伸びたとは言え、観光客にとって単なる通過点

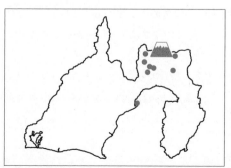

図I　静岡県の構成資産の位置

となってしまっているのが現状なのである。誤解を恐れずに言えば、富士市は「世界遺産に乗り損ねた街」とも言える。一方、富士山域以外の構成資産を持つ静岡市の三保松原は、観光スポットとして見直され、連日のように大勢の観光客が足を運ぶようになった。だが、まだ準備不足の状態で世界遺産となってしまったためか、現在は観光整備等のいろいろな問題に直面しているのが現状である。こちらも誤解を恐れずに言えば、「世界遺産に乗り急いだ街」とも言える。この「世界遺産に乗り損ねた街」と「世界遺産に乗り急いだ街」、富士市と静岡市（三保松原）を例に、それぞれの街の取り組みや課題を見ていきたいと思う。また、富士市の隣、富士山域以外に5つの構成資産を持つ富士宮市についても併せて見ることとする。この3つの街を見ることで、それぞれの街の課題を少しでも見つめ直すことができればと思う。

## 世界遺産に乗り損ねた街——富士市の場合

静岡県富士市は北に富士山、南に駿河湾、西には富士川が流れるなど豊かな自然に囲まれた地であるとともに、東海道新幹線や東名高速道路など、交通アクセスにも大変恵まれた地でもある。また、その昔は東海道14番目の宿場であった吉原宿が栄えていた地でもある。人口は約25万人で、浜松市、静岡市についで県内第3位。富士川や富士山の伏流水など水が豊富で、首都圏に比較的近く交通の便も良いこともあり、製紙業が盛んな街として発展してきた。そのため、街には煙突が何本も立ち並んでいるようすが見られる。あまり知られていないが、富士市にはかぐや姫伝説があり、竹採塚やかぐや姫関連史跡、伝承地が数多く残されている。この地に伝わる竹取物語のストーリーの最後は、かぐや姫は月に帰るのではなく、富士山頂に帰っていく。富士山がかぐや姫を御神体とした神の山でもあったことを示しているのがおもしろい。

市内のほとんどの場所から富士山を眺めることができ、絶景スポットが無数にあるのも富士市の特徴と言っても良く、市で「富士山百景」と題したガイドマップも作成して市内の撮影ポイントを紹介している。しかし、どこにいても富士山が目に入るためか、市民にとっては日常の一部という感覚になってしまっているようで、眺望を守るという意識はやや希薄なようにも感じてしまう。そのため、それらの撮影場所によっては残念と言わざるを得ないような場所となってしまっているところもある。例えば、富士山を眺める

スポットの代表格でもあった歌川広重の浮世絵にも描かれた「名勝　左富士」では、現在その周辺に工場や住宅が建ち、面影が全く感じられない場所になっている。「名勝　左富士」とは、江戸から京に向かって東海道を歩いていく際、吉原宿のあたりで右手に見えるはずの富士山が左手に見えてくるという、かつては街道の絶妙の風景として、行き交う人たちの目を楽しませた場所である。また、富士市役所屋上は富士山と共に街を一望できる場（図2）として一般に開放されているが、開放され始めた時期が世界遺産登録以後であることから、それまでこの眺望を活用してこなかった役所の富士山に対する新たな姿勢が表れているようにも思える。

　では、富士市が現在どのような施策を行っているのか、富士山との関係、世界遺産をどう捉えているのかを見てみたい。現在富士市では第五次富士市総合計画が進められており、同時に富士市観光基本計画、富士市シティプロモーション基本方針等、観光に目を向けた取り組みも行われている。「第五次富士市総合計画」は、計画期間を2011年度から2020年度までとし、「商業・工業・農林水産業が連携を図りながら、地域の魅力を盛り込んだ商品の高付加価値化や新たな産業の創出を促進し、産業の交流による観光振興の推進、地域ブランド商品の開発・普及への支援や観光施設の整備・拡充等により、にぎわいと活力ある産業都市を目指す」ことを基本方針としている。そして、

図2　富士市役所屋上からの展望

「富士市観光基本計画」は、その目的を「自然資源や歴史・文化資源等と、製紙業を中心として発展してきた産業を観光資源として活用し、地域経済の活性化を図ることであり、これらを実現するために、世界遺産富士山の麓にあることを活かした富士市ならではの観光による地域産業の活性化を推進する」としている。また、「富士市シティプロモーション基本方針」とは「観光客や転入者の増加、市民満足度の向上を目的とし、地域資源を活用して地域の魅力や個性を発掘・創造し、都市イメージとしてのブランド化を目指すもの」と記されており、具体的な活動として、富士市の魅力を発掘し伝える「富士山と、」運動、新たな産業観光の可能性として取組む工場夜景、富士市の地形を生かした登山に関するサポートをする富士山登山ルート3776、地元食材の販売促進に行う富士山しらす街道プロジェクトなどが推し進められている。各計画は、世界遺産となった富士山を切口にしているところもあるが、そもそも富士市には富士山域以外にここが世界遺産だという場所がないため、世界遺産に強く絡めたくても絡めきれない実情がある。世界遺産と絡めようとするなら、富士山の眺望のみと言っても過言ではない。ではその眺望に関し、まちづくりにおいてどのような施策が取られているのかというと、残念ながらあまり注目すべき対応はとられていないのである。目の前に雄大な富士山を有しながら、その景観を大事にするような施策がほとんど見られないのである。もちろん、富士山を意識した富士市景観計画や富士市景観条例といったものはあるが、都市計画や地区計画など他県や他市と同程度のルール作りがなされている程度である。世界遺産登録後も、富士山をより良く見せるためのルールの改変はほとんど見られない。建物や看板だけでなく、電線・電柱への対応について役所に問い合わせてみると、今のところ景観目的で無電柱化する計画はないということだった。富士市内の何ヶ所かは既に無電柱化されているが、それは景観が目的ではなく、非常災害時が目的だと言う。そのことは非常に大事なことではあるが、景観的視点を含めた検討がもっとなされても良いのではと思う。富士山をより美しく見せるための整備づくりは、世界遺産となった今がチャンスであるが、現状を見ると、富士市は世界遺産の構成資産を得られなかっただけでなく、世界遺産という機にも乗り損ねてしまっているように思えてしまう。こう思うのは私だけなのだろうか。

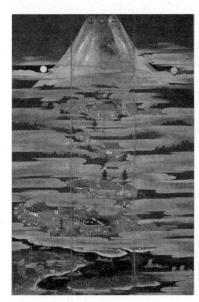

図3　絹本著色富士曼荼羅図
　　　（富士山本宮浅間大社所蔵）

（上）図4　三保松原から富士山を望む
（下）図5　三保松原　羽衣の松

## 世界遺産に乗り急いだ街——静岡市（三保松原）の場合

　世界遺産に登録されたとき、三保松原は逆転登録とまで言われた。それだけ大半の人には除外されると思われていたのだ。自然遺産ではなく文化遺産として登録されたことで、三保松原は世に富士山との関係性をはっきり示した形となった。富士山から遠く離れた地でありながら、三保松原が世界遺産となった理由は、『絹本著色富士曼荼羅図（富士山本宮浅間大社蔵）（図3）』に見られるように、富士山と三保松原は一体の景観であり、また奈良時代の「万葉集」にも歌われるなど、長きにわたり信仰や芸術に広く表現され、それら信仰と芸術の両側面を今日まで持ち続けていたことに他ならない。三保松原は、1922年に名勝に指定され、国、県、市、民間団体等が相互に連携を図りながら保存管理が行われてきた。以前は清水市だったが、2003年に静岡市と清水市が合併し、現在は静岡市となっている。三保松原に伝わる天女の羽衣の伝説は、一説では羽衣の天女が富士山から三保松原に来て水浴びをして、また富士山に帰って行ったと伝えられている。富士市のかぐや姫伝説と同じく、富士山を御神体とした神の山であったことを示していておもし

ろい。この伝説の中で、天女が舞い降りて羽衣を掛けたという羽衣の松は、現在3代目で、2010年に世代交代された樹齢200年ほどの松である。(図4、5)

　三保松原は名勝に指定されているということもあり、早くから名勝三保松原保存管理計画によって健全な維持管理がなされてきた。その後、富士山の世界遺産登録を機に、静岡市世界遺産三保松原保全活用条例、三保松原保全活用計画、三保松原管理基本計画といった様々な政策・施策により、構成資産として、保全が強化され、新たな活用の視点を加え、さらなる健全な保全活用が進められるようになった。と言いたいが、残念ながら現実は違っている。もちろん政策・施策により一定の保全活用は進められているのだが、松葉の処理、害虫による松枯死、踏圧による樹勢低下、海岸浸食による砂浜減少、観光客増加に伴う環境整備等まだまだ解決すべき多くの問題を抱えているのである。特にユネスコの諮問機関であるイコモスから景観が阻害されていると指摘を受けていた防波堤や消波ブロックは大きな課題であり、対応によっては世界遺産から一転して危機遺産に入ってしまう可能性もある。これに対し市は、「L字突堤」への移行を計画し、最低限の施設と継続的な養浜による砂浜の保全を進めている。

　このイコモスの指摘は普遍的価値を有することを条件とする世界遺産にとって至極当然だと思われる。しかし、世界遺産になったということはこのような当たり前の前提が「観光」というキーワードにより歪められてしまうことがあることに注意しなければならない。2016年7月21日(木)午後7時、三保生涯学習交流館にて市政出前講座として三保松原の今後の保全について住民に対して市から説明がなされた。観光に視点を置く市は、松の根を守るため、車いす利用者等の対応を理由に、3代目の羽衣の松の周囲にボードウォークを設置する計画を示し、すでに着工予定であることを説明。それに対し今までそのような計画があることすら説明を受けてこなかった住民は反発。三保松原を文化財として捉え、できるだけ人工物を作らずありのままの姿を残そうとする住民と、観光資源として捉え、ボードウォーク自体は環境に配慮するので問題ないとする市との対立が浮き彫りになる場となった。

　名勝ということで風致景観を保つための規制地区を設けてはいたものの、新たな開発は松林のすぐそばでも広がっている。羽衣の松とそのすぐそばにある羽車神社（御穂神社の離宮）から北へ500mほど離れたところに、羽衣の松を御神木とする御穂神社があり、その間は神の道と呼ばれる松並木の参

道が続いている。そのすぐ西側で広大な区画整理が行われているのである。この場所は構成資産の緩衝地帯に指定されており、物理的又は景観上の負の影響が想起し得る範囲として設定され、市町村が自主条例等を適切に運用・実施することとしている地帯である。だが、その効力は全く感じられず、世界遺産の地としてもう少し何とかならなかったのかと少々残念に思ってしまうのである。地区計画によっても土地利用の方針が示されているものの、大規模な区画整理から受ける印象は、世界遺産何処吹く風という感じである。区画整理と景観の施策は全く別とは言え、これで良いのかという疑問が頭をよぎる。三保半島景観形成ガイドライン、清水港みなと色彩計画、静岡市大規模建築物等ガイドラインといった基準もあるにはあるが、あくまでも基準である上、場所が限定されていたり、ある一定の規模以上のものが対象であったりと街並みまで整備できる強い強制力は今のところない。それでも三保松原につながる三保街道と呼ばれるメイン道路（県道三保駒越線）では、富士山の眺望を少しでも守るため、道路を横切る電線類の撤去はなされてはいるが、無電柱化については道路拡張に伴い行われる予定ということで、未だその調整は進んでいない。現在の三保松原は、住民の見据える方向と県や市が見据える方向が同じとは言えず、また世界遺産であることを前提とした厳しい規制もほとんどないように思える。半ば諦めかけていた世界遺産だったためか、準備もままならぬ状態で急ぎ乗り込んでしまったかのように感じてしまうのである。

### 共有される世界遺産——富士宮市（白糸の滝）の場合

白糸の滝は、富士山から流れてきた水が高さ約20m、幅約150mにわたる崖面の各所から白い絹糸のように湧出する滝であり、かつては富士講の巡礼・修行が行われた場所である（図6）。1936年には、名勝及び天然記念物として国の指定を受け保護保存されてきたが、時代の変化に伴い、2009年に「白糸ノ滝」整備基本計画が策定され、2010年には第二次保存管理計画が策定されている。これらは、いずれも富士山の構成資産に選定されたことを受け、新たに策定されたものである。

「白糸ノ滝」整備計画について見てみると、整備理念について、「「白糸ノ滝」の価値を次世代に継承するため、現在の名勝としての風致景観及び天然記念

物としての地形・地質を適切に維持管理するとともに、指定当時に比して潜在した価値の顕在化や回復、望ましい風致景観への改善等、適切な保存管理を行う。そのため、現状の問題点を踏まえ、風致景観の向上、本質的価値の共有、安全性・快適性の向上の3つを基本理念として位置づけ、整備方針を立てるものとする」と記されている。また、整備方針については、「風致景観の向上として、滝の眺望を阻害する人工物等の撤去を行うとともに、滝の眺望視界に入る護岸、展望場等については、本質的価値が享受できる風致景観の整備を行う」と記されている。では、具体的にどのような対応をしたのか富士宮市に話を聞いてみると、案内所・トイレ・売店を含めた一体的な整備を行い、新しい滝見橋はできるだけ滝から遠ざけ、吊り橋のような目立つデザインは避けることを目指し、表面積の少ないシンプルなものとしている。また、視界に入る必要不可欠な手すり等の色は、その背景に水があるのか植物があるのかにより、目立たない色を選び使い分け、可能な限り人工構造物の存在を打ち消すようにしているということだった。床のコンクリート舗装もまた、すべてを修繕するのではなく、ところどころ剥がれたり、水しぶき等で傷みがあっても、自然に馴染んでいると判断できれば現状のままを優先し、整備理念に基づいた整備を行っているとのことだった。滝の周囲だけでなく、その周辺地域にも理念を広げ、例えばコンビニの外観も景観に合った色使いをお願いしているそうである。白糸の滝もまだまだ多くの問題は抱えているものの、世界遺産としての基本理念を共有することを大事にしながら整備が進められており、同じく構成資産となった街中にある富士山本宮浅間大社周辺もまた、富士宮市世界遺産のまちづくり整備基本構想が策定され、「「世界遺産富士山」の顕著で普遍的な価値を守り、それを生かしながら次世代へ確実に継承していくこと」が目的とされている。

図6　白糸の滝

## 世界遺産が示すもの

世界遺産になるということは、観光地としてのお墨付きがもらえるということではない。世界の遺産としてどのように保護し後世に伝えていくかが最重要なのであり、それだけの価値があるからこそ登録されるのである。その原点を見失っては決して良いまちづくりはできない。何のための世界遺産なのか、まずはそれを共有することから始めなければならない。市は役所の縦割りを超え、各課が連携し、理念を共有していくことが必要であり、共有することで、バランスの取れたまちづくりができるのである。そして、もちろん世界遺産になれば多くの観光客がやってくる。そのときどのような対応をすべきか、街の力はそこでさらに問われてくる。だが、世界遺産の登録はあくまでも他者の評価なのであって、世界遺産に登録されたことで街の本質が変わるわけではない。街の本質とは何か。それは、その街の個性なのであり、世界遺産はそれを客観的に示してくれているだけなのである。世界遺産に登録されようとされまいと、観光客が来ようと来まいと、街の本質は変わらないはずなのである。街の本質、個性を誇れるものにできるかどうかは、その街の取り組み次第なのである。

**参考文献**

近藤誠一『FUJISAN世界遺産への道』、毎日新聞社、2014年
渡辺豊博『富士山学への招待』、春風社、2010年
西村幸夫、近藤誠一、五十嵐敬喜、岩槻邦男、松浦晃一郎『別冊BIOCITY　富士山、世界遺産へ』、ブックエンド、2012年
富士市産業経済部観光課『富士市の観光』、2015年12月
富士市『富士市景観計画』
富士市『富士市景観条例』
羽衣ルネッサンス協議会『三保松原（構成資産）を後世に伝えていくための活動記録』
遠藤まゆみ『三保の松原・美の世界：図説「三保の松原読本」』、三保の松原・羽衣村、2010年
静岡市『名勝三保松原保存管理計画』
静岡市『三保松原保全活用計画』
静岡市『三保松原管理基本計画』
静岡市『三保半島景観形成ガイドライン』
富士宮市『富士宮市景観計画』
富士宮市『「白糸ノ滝」整備基本計画』
富士宮市『富士宮市世界遺産のまちづくり整備基本構想』

1-4-4

# エチオピア・メケレ大学における遺産保護学科および日本語教育の歩み

古崎陽子

**遺産保護学科と日本語教育の草創期**

エチオピアの遺産保護教育の歴史は、首都アディスアベバではなく、第2の都市であるティグライ州のメケレで先行した。2002年にグンダグンドを含むティグライ地方の建築遺産を巡った慶應義塾大学（当時）の三宅教授を中心とした研究チームは地元の専門家や技術者が皆無であることに危機感を覚え、ティグライ地方の遺産を中心にエチオピアの遺産保護を担う人材育成を目的とした学術機関をメケレ大学内に提案した。ハイレ・ミトゥク学長(当時)の下、専門家会議を繰り返して詳細が検討され、最終的に2005年8月の国際有識者ワークショップを通して学科の概要が決まった。翌2006年から準備に入り、2007年9月に理工学部（Faculty of Science and Technology）の中に3年制の遺産保護学科（School of Heritage Conservation）として正式に発足した（図1）。

　遺産保護学科の教育体制は、南アフリカ留学から戻ったヒルイ・ダニエル講師（考古学）と、現在IPHCの所長を務めるテスファイ・ギルマイ助手（観光学）の2名が学科専任教員となり、三宅教授が客員教授として定期的にエチオピアに通うことになったものの、科目の大半は理工学部内の建築学科、土木学会、応用地学学科、さらに文学部の歴史学科、語学学科の教員の兼担でしのぐことになり、遺産保護に特化したエチオピア人教員の欠落がカリキュラムの足を引っ張った。学生は高校卒の新入生ではなく、エチオピア各地の文化局、観光部局、さらには教会などからリクルートされた経験者20名が第一期生となった。遺産保護分野におけるアフリカ初の専門学術機関であり、特に、アクスム遺跡、岩窟協会、正教会修道院など、ティグライ州を

中心とした歴史的遺産の保護研究活動を展開するとともに、遺産保護会議の開催や国際的な共同研究を通して、アフリカ、エチオピアにおける遺産保護分野を先導することが期待された。

この学科の設立準備期間中の2007年4月には、東京でエチオピア歴史遺産会議が実施され、ムル・バイライ副学長、文化遺産研究・保全局（ARCCH）のジャラ・ハイレマリアム局長、ゴンダール市長のアバイネ・ラエウ氏らが国際交流基金によって招聘され、日本の関係機関との交流を行った。また、三宅教授と中高の同級生であったいすゞ自動車の当麻茂樹副社長（現在は新生銀行社長）の理解を得て同社から2台のピックアップが寄贈され、学科専用の車輌として後のフィールドワークを支えた。

このように当初から日本との強い関係で遺産保護学科が発足したこともあり、日本語や日本文化を通した日本との学術交流も議論の俎上に上り、学科設立と並行して日本語講座の設立が検討され、最終的に国際交流基金の助成を得て2008年秋から課外講座が設けられた。その年から青島啓太氏が専任講師として赴任。同氏の専門である建築に加え、日本語教育も担当した（図2）。またこの年、考古学分野と統合して先史環境遺産保護研究所遺産保護学科（Institute of Paleo-Environment and Heritage Conservation, The Department of Heritage Conservation、IPHC）に改組。これは学部と同等のレベルであり、研究所内に遺産保護学科（Department of Heritage Conservation）と、古環境学、人類発展、文化人類学研究ユニット（Paleo-Environment, Human Evolution and Cultural Anthropology）が設置された。このユニットは2011年、人類学科（Department of Anthropology）に発展し、学部及び修士のプログラムが開始された。

## 2010年10月以降の先史環境遺産保護研究所（IPHC）の発展

■エチオピア日本研究所（Ethio-Japan Research Center）の活動
三宅教授と、当時IPHCの所長であったアクリル・ハブトゥ氏の尽力により、2010年秋よりIPHC内にエチオピア日本研究所が設立され、初代所長にはダウィット・ツァディックが就任し、筆者も所員として着任した。予定活動内容として遺産保護に関する人材育成、各種有形文化遺産の状況調査、修復作業の実施、関係者間のネットワーク作りのための学会開催などが定義され

たが、専属の人材不足もあり、実際の作業は学会の開催と人材の育成活動がメインとなった。しかし、「エチオピア日本研究所」という名前も助けになったのか、国際学会の開催にあたって国際交流基金から援助をいただいたり、日本財団から日本に関する英語の本の寄贈をいただいたりすることもできた。

(1) 国際学会の開催と論文集の出版

エチオピア日本研究所では、日本を初めとする海外の学者との知的交流の推進、及び若手エチオピア人研究者への論文発表機会の提供を目指して、国際会議の開催を精力的に行なった。2011年8月13日に最初の国際会議"Culture and Development（文化と発展）"（発表者14名、日本人は三宅教授を含む3名）が開催された。この時は、岸野博之大使（当時）に日本の開発政策について特別講演もいただいた。続いて2012年3月15日に2回目の国際会議"Culture, Environment and Development（文化、環境と発展）"（発表者18名、うち日本人発表者は三宅教授を含む3名）が開催された。この会議のレポートは北東アフリカ研究の学術誌であるITYOPIS第2号にも掲載されている[1]。このような実績が評価されて国際交流基金から予算を得て、2013年8月2日〜3日には、3回目の国際会議"Transforming the Cultural Landscapes of Ethiopia（エチオピアの文化的景観の変容）"（発表者30名、日本人は三宅教授を含む5名）が開催された。この3回の国際会議の論文集は「Cultural Landscapes of Ethiopia: Conference Proceedings」[2]という査読付きのプロシーディングとして2015年4月に出版された。また、"Transforming the Cultural Landscapes of Ethiopia（エチオピアの文化的景観の変容）"の際には、ルーマニアから壁画

図1　設立当初の先史環境遺産保護研究所（IPHC）　　図2　青島啓太氏と教え子たち

修復の専門家である、ジョルジャーナ・ザハリア氏が招聘され、会議に先立ってティグライ州の岩窟教会の壁画の状況を視察し、研究結果を会議内で発表し、論文集にも寄稿している。その後、ザハリア氏は、遺産保護学科及びアセラ・マテラ修道院の修道女のルーマニアにおける短期の壁画修復研修にも貢献した。

　このような活動により IPHC 及びメケレ大学内で国際会議開催のノウハウが蓄積されていき、2015 年 11 月にはメケレ大学で第 10 回国際エチオピア美術建築史会議（ICHAAE）が開催された。この国際会議は 3 年に 1 回開催されるもので、アディスアベバ大学以外のエチオピアの大学が主催したのは初めてであった。エチオピア日本研究所は、この会議についても国際交流基金からの予算獲得、及び事務局メンバーとして貢献した。この会議の成功により、第 20 回国際エチオピア学会（International Conference of Ethiopian Studies, ICES20）が 2018 年 10 月にメケレ大学で開催されることになった。ICES20 はエチオピア学の中で最も大きい国際会議であり、アディスアベバ大学以外のエチオピアの大学がこの会議を主催するのは初めてとなる[*3]。メケレ大学にとって大きな機会であるだけでなく、成功すれば、今後、他のエチオピアの地方大学が同会議を主催する道筋を付けることになる。

(2) 人材育成活動

エチオピア日本研究所では、エチオピアの遺産保護を担う人材の育成も行なってきた。まず、2012 年 11 月から 12 月にかけて、当時遺産保護学科の助講師であったエフレム（Ephrem Telele）を 3 週間北海道に招聘し、藤女子大学及び北海道大学にて行なわれた文化遺産管理及び保護に関する研修及びセミナーに参加させた。エフレムはその後、2015 年 4 月より文部科学省の国費留学生として北海道大学で博士号習得に向けて勉強している。彼は遺産保護学科の第一期卒業生であり、今後の遺産保護学科の発展に向けて重要な役割を担うことが期待される。北海道における研修は翌年も行なわれ、建築学科のアルーラ（Alula Tesfay）が参加した。彼は、青島氏が教授した、建築学科の卒業生でもある。アルーラも 2017 年 4 月より筑波大学に留学し、博士号習得に向けて勉強中である。

　一方、ルーマニアでは壁画修復の研修を行なった。2013 年 8 月から 10 月にかけて、ルーマニアのブカレスト国立芸術大学（UARTE）の協力を得て、遺産保護学科のダウィット・ハゴス助講師とアセラ・マテラ修道院の修道女で

図3　発掘調査中の
ミフサス・バハリ遺跡
（2014年3月）

あるヒンツァマリアム・ゲブレギオルギスをルーマニアに招聘し、壁画修復の実地研修を行なった。ルーマニアでは、国際会議 Transforming the Cultural Landscapes of Ethiopia（エチオピアの文化的景観の変容）への参加に先立ってティグライ州の岩窟教会の壁画の調査を行なった、ジョルジャーナ・ザハリア氏が指導にあたり、研修者たちは非常に多くのことを学んだ。

(3) その他のプロジェクトへの支援

日本エチオピア研究所の支援は、日本以外の国が主導するプロジェクトへと広がっている。特に、2013年から2016年までメケレ大学がドイツのハイデルベルグ大学の協力を得て行なった、Mifsas Bahri（ミフサス・バハリ）というティグライ州南部のハシェンゲ湖畔にある遺跡調査のプロジェクトについては、プロジェクト管理の中心を担なった。この遺跡はアクスム王朝（I世紀から8世紀ごろ）後期のもので、現時点で発見されているアクスム王朝の遺跡の中で、最南端にある。歴史的史料が非常に少ない、アクスム王朝からラリベラを首都とするザグウェ王朝へ移行していく期間の重要な遺跡である。また、ハシェンゲ湖畔という、自然が美しい所にある遺跡のため、IPHC、ティグライ州観光文化局ともに、今後、観光資源としての開発を進めていこうと考えているようである（図3）。

■先史環境遺産保護研究所（IPHC）の拡大

2012年9月に着任したテスファイ・ギルマイ所長の下、IPHCは、非常に積極的に規模の拡大を行なっている。2014年から2015年の間に、3つの修士プログラム（考古学・遺産管理、観光・開発学、歴史的建造物の保全と管

理を導入し、また、2015年秋からは、考古学・遺産管理学科も開始された。また、2017年秋からは、ホテル管理の学科も開講予定と聞いている。また、非常に積極的に様々なプロジェクトを実施したり、国内の学者を集めた学会を開催したりもしている（図4、5）。

## 日本語教育の発展

■日本語講座及び日本関連イベントの拡大

日本語講座は、2008年の設立当初と比べるとかなり拡張し、毎年80名以上の学生がI学期以上の修了証書を手にしている。開講から2年はまったくの初心者向けのIレベルのみの開講であったが、継続希望の学生のために徐々にレベルを拡張し、現在は3年以上学習を継続し、500字以上の漢字を読め、簡単な日常会話は日本語でこなせる学生も出てきた。このような学生は日本への留学を強く希望するようになるし、専門科目の勉強の傍らまったく卒業要件の充足に寄与しない課外講座の日本語の学習をこのレベルまで続けられる学生たちは基本的に優秀である。日本留学への門戸は狭いものの、できるだけ多くの優秀な学生が留学できるように、サポートしていきたい。

一方、2011年より年次で開催している日本文化祭を機に縁ができたメケレ大学付属コミュニティースクール（小学1年〜中学2年）についても、当時の校長から要請され、2012年秋より日本語講座が開講した。また2016年秋より、数学教師に対するそろばん指導も開始した。これは2010年に三宅教授を通じてメケレ大学に寄贈されたそろばんを使ったものである。今後、数学の講師から生徒たちへ指導してもらう予定で、学校側からは生徒たちの計算力向上の手段として大いに期待されている。

図4 遺産保護学科を管轄する、先史環境遺産保護研究所（IPHC）の事務所棟。青島啓太氏が基本設計を行なった当初は3階建てであったが、大学執行部の意向で基本計画のまま5階建てで建設された（2016年11月）。

図5 入口付近には、過去の所長の写真が掲げられている（2016年11月）。

■現地人講師の育成

日本語講座は、青島啓太氏が赴任して以来、「メケレ在住の、日本語教育が本職でない日本人」により教えられてきたが、メケレ在住の日本人は非常に少ない。そのため、講師不在により講座が継続できなくなるリスクが常にある。このような講座の継続性問題の解消、またメケレ大学付属コミュニティースクールからの日本語講座開始の要望に応えるため、2012年7月より課外講座の履修生から現地人講師候補2名（ミキアレ・メブラツとテスファイ・ゲブレメドヒン）を選定し、育成を始めた。2名には筆者がマンツーマンで講義を行い、当初は筆者が一緒に授業をするなどして、日本語及び教え方を学ばせ、なんとか初級前半レベルの日本語を教えられるレベルにまで持って行けた。実際に筆者と日本語だけで会話ができるレベルのエチオピア人がいるのは、日本語講座の学生たちにとってもいいモチベーションになっているようだ。

■今後の展望

2017年6月現在、社会科学・言語学部からは、日本語講座の専攻化の計画提出を強く要請されている。メケレ大学からは2012年春、当時課外講座を開講したばかりだった中国語が専攻開始に向けて動いていた際に、日本語講座も専攻化するよう要請されたが、筆者が時期尚早と考えたため、専攻化に向けた動きを行わなかった。ここで一旦は棚上げになった専攻化であるが、2016年の夏ごろより要請が再燃している。

　エチオピアの国立大学では一般教養科目が存在せず、学生は所属の学科で定められた、自身の専攻に関係する科目のみを履修する仕組みである。また、副専攻という仕組みも現在は存在しない。そのため、「専攻」に直接関係のない課外講座は、大学側としては、イレギュラーで扱いにくく、学科長や学部長の交代で継続の是非も含めた扱いが容易に変わってしまう。このようなことから、現在の外国語学科長は、専攻化することによって、日本語講座が安定継続できるようにしたいと考えている模様だ。

　メケレ大学が専攻化にこだわる理由だが、「2025年にアフリカでトップ25の大学になる」という目標を持っており、トップの大学となるためには専攻の多さも指標となること、そして専攻化することにより、日本との関係を強固にしたいと考えているようだ。ただ、中国の孔子学院のような強固なバックアップを行う機関は日本には存在しないため、日本語講座が専攻化し

たところで、メケレ大学の期待に沿えるかは定かでない。

　筆者としては、メケレ大学における日本語専攻の設立は時期尚早と考えているが、何もアクションを取らないと日本語講座自体の地位が危ぶまれることもあり、まずは専攻化に向けた計画書を提出する予定である。将来的な専攻開設は規定路線としても、焦らずにゆっくり進められればと考えている。

## メケレの日本──エチオピア交流の拠点化を目指して

　三宅教授が 2002 年にティグライ地方の建築遺産を巡られてから 15 年が経過して、メケレにおける日本のプレゼンスが着実に高まってきているのを感じる。最近では、メケレ大学と青島啓太氏が在職されている芝浦工業大学や足利工業大学など日本の大学との提携も相次いで決まった。

　エチオピアにいると、現地への進出が盛んでスピード感があり、金銭的にもかなり気前のよい中国の存在感の強さを正直感じずにはいられない。また、韓国についても、韓国ドラマが頻繁にエチオピアのテレビで放映されており、文化的な存在感の強さがある。一方の日本も、2016 年にジェトロのエチオピア事務所がアディスアベバに設立（再設立）されたこともあり、今後、日本企業のエチオピア進出が少しずつ増えていくことが期待される。また、5 年ほど前はアニメを見せても「実際の人が動いていないから、あまり感情移入できない」という意見が多かったのが、アニメ好きな学生も出始めている。中国のスピード感や会社の数、エチオピアのテレビにあふれる韓国ドラマの量や人気にはなかなかかなわないものの、メケレを拠点として、少しずつ着実に日本とエチオピアの交流を活発にしていく手伝いがしたい。少なくとも日本から見たときに「エチオピア」と聞くと首都アディスアベバに次いで「メケレ」がすぐに思い浮かぶようにしていきたい。

### 註記

*1　Yoko FURUSAKI (2012), " International Workshop on " Culture, Environment and Development at Mekelle University, 15 March 2012" , *ITYOPIS* vol. 2, pp. 160–163.

*2　James NARENDLA BONDLA, Wolbert G.　C. SMIDT, Yoko FURUSAKI, AYELE Bekerie (eds.) (2015), *Cultural Landscapes of Ethiopia: Conference Proceedings*, Mekelle University Printing Press, Mekelle.

*3　2012 年の ICESI8 の会場はエチオピアのディラダワ大学であったが、フランス人を中心としたチームの主催であった。

# 第2章
## 脆弱で危機にさらされた社会

# 第 2 章
## 脆弱で危機にさらされた社会

# 2-1
## 脆弱な都市と社会

**2-1-1**
打ち棄てられる都市
藤田 朗

**2-1-2**
モクミツの都市再生に向けて
──東京・向島地域での取り組み
長谷川栄子

**2-1-3**
場所性の恢復
──人と人とのあいだに生きられる場に向かって
坂倉杏介

2-1-1

# 打ち棄てられる都市

## 藤田 朗

都市が脆弱化する要因は様々にあるが、現代日本における人口動態に起因する脆弱化は、世界の諸都市の中で先駆けとなる課題である。人口減少・超高齢社会が進展する中、役割を終えた地区が発生するなど都市が縮小する実態・予兆が顕在化しつつある。

本稿では、地方都市や大都市圏郊外部などの現状を整理した上で、都市課題に対する対応策を都市計画制度をはじめとした都市政策の視点から検討を行う。

### 人口動態に起因する脆弱化

■問題の所在
国内において人口減少・超高齢社会が進展する中、高度経済成長期における急激な都市拡大の反作用として役割を終えた地区が発生するなど、都市が縮小し「打ち棄てられる」状況が、地方都市のみならず大都市圏においても懸念されている。その都市課題に対応するためコンパクトシティ政策が重視されており、例えば、そのツールとして2014年に創設された立地適正化計画の作成に多くの自治体(2017年4月現在約300の市町村)が取り組んでいる。立地適正化計画とは、市街化区域を居住誘導区域と居住誘導区域外に区分し、居住者の移転を誘導することにより住宅市街地の規模の適正化（コンパクト化）を図る制度である。

しかし、都市のコンパクト化に際して、①都市住民のための都市の目標とは何か、②都市の目標は技術官僚や専門家からのアプローチだけで実現できるのか、③将来の技術革新（自動運転、人工知能など）によって都市の目標が変わるのではないか、など基本的な疑問が呈されている。本稿では、これ

らの視点を踏まえつつ、コンパクトシティ政策の整理を行い、打ち棄てられる都市への課題解決策を検討していきたい。

■世界の都市縮小
都市の縮小とは都市範囲が縮小する実態を指し、東ヨーロッパなどの旧社会主義国や、アメリカの工業都市などで見られてきた。ライプツィヒ市をはじめとした旧社会主義国においては、市場経済への移行が急激な都市間移動を引き起こし、一部の住宅市街地が打ち棄てられた。アメリカ、イギリスなどでは、鉄鋼業や繊維業などの衰退と言った産業構造の転換によって、役割を終えた工業中心の都市(ヤングスタウン市、デトロイト市、バーミンガム市など)において人口流出が起きている[1][2]。

■日本の都市縮小
日本の縮小都市の代表例である夕張市では、1960年には10.8万人いた人口が、2015年には0.9万人を割り込んでいる。「炭鉱の町　夕張」としての役割を終え、石炭産業以外の雇用の受け皿がなく働き手の若者が都市へ流出し、2007年に財政再建団体に指定され、財政破綻している。

　都市縮小を生み出す要因は、例に挙げた工業地の衰退の他に、大規模商業施設の郊外立地などを原因とする中心市街地の衰退、居住地の郊外化(インナーシティ問題)などが考えられ、それぞれ政策的対応が講じられている[3]。

　しかし、日本の多くの都市は、対応がより困難な、出生率低下をはじめとした人口動態に起因する問題に直面している。国立社会保障・人口問題研究所による2065年までの人口推計(日本の将来推計人口、平成29年推計)では、出生者数と生産年齢人口の減少、高齢者数の増加は「異次元」と称されるほど劇的である。平成27年国勢調査による日本の人口は、調査開始後初めての減少となり、その小地域集計によると、これまでの趨勢とは非連続的に人口が大きく減少した地区が郊外部や地方都市などで散見される結果となった。

　出生率低下による自然減に加えて、人口移動による社会減が深刻であり、国内の都市間においてパイの奪い合いが生じている。大都市圏に人口を流出させている地方都市は、出生率が人口規模を維持できる水準になく、「地方消滅」の危機が取りざたされている。

国際連合の推計によると、2015年の日本の人口は世界で10番目であるが、人口上位20か国の中で2010年〜2015年において人口が減少しているのは日本だけである。また、15歳未満人口の割合は世界で最も低く、65歳以上の人口の割合は世界で最も高い水準である[*4]。人口動態に起因した都市縮小（都市希薄化）現象は、世界に先駆けた日本の都市課題である（図1）。

■都市の縮小プロセス

スプロール現象が進行するなど、全国の市街化区域面積の合計はいまだ拡大中である。例えば、大都市圏における郊外縁辺部の鉄道駅から遠いエリアにバラ建ちや小規模宅地開発など、戸建住宅が安価で供給されている。一方で全国的な趨勢として世帯人員や人口密度は減少しており、都市希薄化が進んでいる。若年世帯の転出が顕著な地域も多く、急速な高齢化が進んでいる。都市希薄化は徐々に進行しているかに見えて、高齢者の死亡により空き家や低未利用地の発生が一斉に進むなど、都市範囲の無秩序な縮小（スポンジ化）が懸念されている。都市の縮小現象は、都市圏全体の中で中心市街地から中

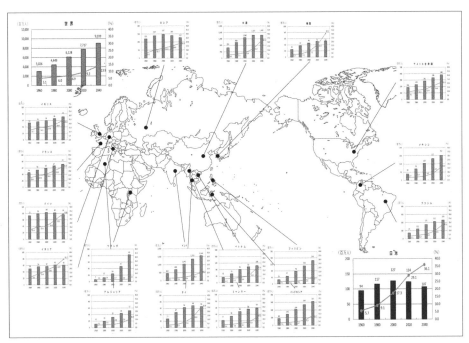

図1　国別の人口推移予測・高齢化率　1960〜2040年
出典：UN, World Population Prospects The 2012 Revisionより作成

山間地域集落に至るまでランダムに進行するとの見方もある。しかし、正確な実態把握の試みは、各自治体で始まったばかりである。

## 脆弱な都市の現状

■中心市街地の衰退
地方都市は中心市街地の衰退にあえいでいる。多くの地方都市では鉄道駅からやや離れた商店街が、かつて栄えた中心市街地であった。鉄道駅周辺の都市開発が進む中、かつての栄光を取り戻すべく中心市街地と駅周辺の二拠点をにらんだ活性化施策が進められるケースは多い。しかし、二拠点が同時に活性化するほどの需要は見込めず、中心市街地の希薄化が進む。

　中心市街地の衰退を引き起こしたのは郊外化である。高度経済成長期の地方都市郊外部における幹線道路等インフラの整備と合わせて住宅地の開発もなされ、モーダルシフトやライフスタイル・商業形態の変化などもあいまって、圧倒的な規模の商業ストックが郊外部に立地した。この間、2000年の旧大店法の廃止なども商店街衰退の要因となっている。

　まちなか居住推進を国内でいち早く実施し、コンパクトシティ政策の先進モデルと言われた地方都市においても、車利用を前提とした郊外のショッピングモールが賑わい、中心市街地は大通りを除けば空き店舗が散見される現状がある。公共交通を軸とした住み替えの促進は、より長期的な視野に立って都市の目標を見定め、効果の見込める施策の案出が必要である。

■大都市圏郊外部の課題
大都市圏における都市希薄化のマクロ的な動向について、例えば国土交通省国土政策研究所の調査（2012年）では、首都圏の都心から30〜50km圏に位置する八王子市や横浜市郊外部等に空地率が高いメッシュの集積が見られるとしている。近畿圏では都市圏中心から距離が離れるにつれて、空地率が少しずつ高まる傾向が確認され、神戸市の内陸側などに空地率の高い地域が見られるとしている[※5]。

　これらの地域には、高度経済成長期に供給されたニュータウンをはじめとした郊外住宅団地が多く立地している。限られた年齢構成の世代が開発当初に一斉に入居したことから、急速な高齢化率の上昇による地域の活力低下、

高齢者単独世帯の増加等の郊外住宅団地特有の問題が生じるとされている*6。郊外住宅団地は、持続的居住に向けた課題が大きいと言える。

日本を代表する港町でもある神戸市では、2012年に総人口が減少に転じ、高齢化も急速に進んでいる。また、都心部と郊外部では人口動態に大きな差が生じている。このままでは将来の郊外住宅団地は無秩序に縮退すると懸念されている。また、多くの若者が大学入学時に市内に流入し、就職時に転出している状況も課題となっている。

東京都唯一の中核市である八王子市全体の人口は増加傾向にあった。一方で、郊外住宅団地を含む町丁目人口の推移を見ると、めじろ台、南陽台、北

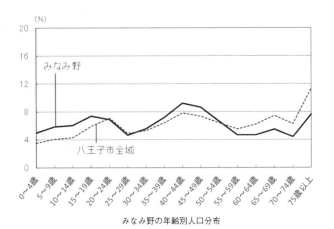

みなみ野の年齢別人口分布

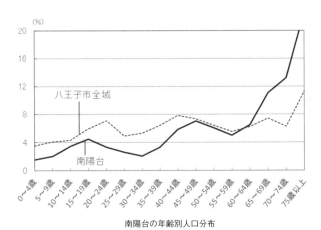

南陽台の年齢別人口分布

図2　ニュータウン地区（みなみ野）と戸建住宅団地（南陽台）の人口構成
出典：『国勢調査（2015）』より作成

野台をはじめとした団地を含む地区について人口減少が続いてきた。市内には、近年開発されたニュータウン地区（みなみ野など）やスプロール地区など居住者の年齢が比較的若い地区もある一方、高齢者が多く人口構成に偏りがある郊外住宅団地が多い（図2）。これらの団地は、50～60歳代の人口はそのまま高齢化へスライドしている一方、20～30歳代の人口はスライドすることなく減少しており、若年世代が流出していることがわかる（図3）。なお、ニュータウン地区は、どの年齢層も比較的均質に人口が増加している。

郊外住宅団地は老朽化しているため若い世代に人気がなく、今後も人口流入がない場合は、空き家化（都市希薄化）が進むことが予想される。

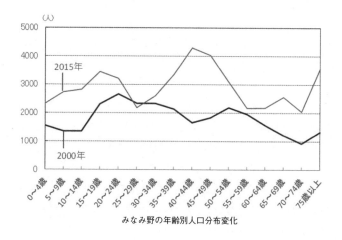

みなみ野の年齢別人口分布変化

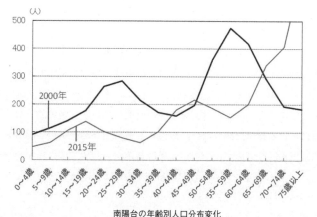

南陽台の年齢別人口分布変化

図3　ニュータウン地区（みなみ野）と戸建住宅団地（南陽台）の年齢別人口分布の変化
出典：『国勢調査（2000、2015）』より作成

## 課題に対する政策的対応

■都市の目標と手段

都市計画行政の現場では、長年「コンパクトシティ」が念仏のように唱えられてきた。しかし、石井秀明が指摘するように、「人口減少なので、コンパクトに」という言説は論理過程の中間説明が省略されている[*7]。図4は、社会的厚生や市民の効用の視点から「都市の目標」を設定し、主な都市政策手段と目標との階層的な関係を整理したロジックツリーである。

やや飛躍するが、フェリックス・ガタリは、『恐るべきエコロジー的アンバランス』の中で「この惑星上においてどのように生きていくかという生き方の問題」として、「三つのエコロジー的な作用領域——すなわち環境と社会的諸関係と人間的主観性という三つの作用領域——の倫理-政治的な節合」が問われているとしている[*8]。都市の目標としてこの三つのエコロジーを援用し、都市政策手段との紐づけを試みた。技術官僚や専門家の立場として、「環境のエコロジー」についての技術的蓄積や「社会的・制度的な動的編成」に向けた政策的対応は、準備が進められていると思われる。ただし、「個人のもっとも奥深い領分に住みついている幻想や風景」すなわち都市における「精神のエコロジー」に関わる対応は、都市計画行政としてはほぼ手付かずと言える。生活の場所を移転誘導するという手段が、精神的エコロジーの再創造という都市の目標に適うものなのか、三つのエコロジーの節合とはいかに可能なのか、都市政策手段のアップデートが問われている。

■合意形成に向けて

市民が都市計画行政に関心を持ち、自分たちの住宅の資産価値や将来の負担等に関する意識を高めることは、都市の目標実現に向けて重要である。
区域区分制度(いわゆる「線引き制度」)では、逆線引き(市街化区域を市街化調整区域に変えること)は、地権者の財産の観点から現実的でなく、既成市街地における運用実態もない。市民から逆線引きの一種とも捉えられがちな立地適正化計画制度では、居住誘導区域等を設定する際の住民合意形成が大きなネックとなっている。(居住誘導区域外は、地価が下がるなどの噂が流布している)

合意形成の考え方として、東浩紀はルソーの再読による「一般意思2.0」

という概念を示し、「これからの政府は、市民の明示的で意識的な意思表示（選挙、公聴会、パブリックコメントなど）だけに頼らずに、ネットワークにばらまかれた無意識の欲望を積極的に掬いあげ政策に活かすべきである」「一方で市民の無意識を積極的に吸い上げながら、他方で市民のあいだの意識的コミュニケーションをも活性化させる」べきではないかとしている[*9]。

例えば居住誘導区域を決定する際に、市民の効用の視点に立った様々な分析項目からなる「レイヤー」を重ね合わせ、計画に対する複数の制約条件として機能するデータベースを用意し、市民の無意識の可視化や潜在的な意思の活性化により結論に反映させる（クリストファー・アレグザンダー的）方法である。

また、同書では「熟議（市民のあいだの意識的コミュニケーション）のあいだをランダムに繋ぐ感情の糸。熟議の暴走を外部から抑制する、それら無数の糸が織りなすネットワーク」をモデル的に示している（図5）。市場調査やマーケティングにおいて、消費者の潜在的な意識を見抜こうとする「インサイトリサーチ」の方法が確立する中、都市計画の市民参画においても情報環境を活用した集合知の生成方法を検討し、新たな合意形成の仕組みとして実装する時期に来ていると考えられる。

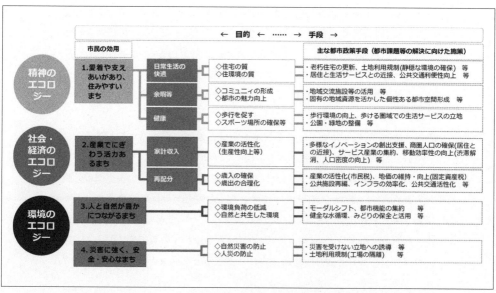

図4　都市の目標と都市政策手段の階層的関係
出典：石井秀明（2017年）『ロジックツリー概要』を基に作成

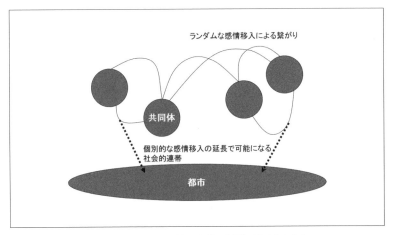

図5　無数の共同体が乱立したまま
　　　ゆるやかな全体性を確保する社会モデル
　　　出典：東浩紀（2011年）『ネットワーク的社会』より

■計画的に縮退を促す地域を選択する方法
立地適正化計画では、居住が望ましい区域とそうではない区域を行政が選別する。将来は、宅地需要やインフラ維持更新コストの点からすべての住宅市街地を維持することは困難である。放置すれば衰退・荒廃しかねないが、維持更新の取り組みにより持続可能となる住宅地と、長期的には取り組みを試みても衰退・荒廃の可能性の高い住宅地に分かれる中で、持続的居住を目指す地区を選択し、コントロールすることが政策的対応となる。その際、「精神のエコロジー」の観点から、生活利便性や交通利便性のみならず、歴史や風土、愛着や支え合い、健康といった要素を地区の評価基準（制約条件としてのレイヤー）として折りこむことが重要である。

　「社会・経済のエコロジー」の観点からは、地域の現状のコスト（インフラや公共施設の維持・更新コスト、図6参照）や、コンパクトシティ政策が実施された場合の費用・便益及び財政収支への影響といった視点での分析が考えられる。また、「環境のエコロジー」の観点からは環境負荷の低減や災害リスクが評価基準となる。

　これらの分析項目を節合し、市民の資産価値や将来の負担等に関する意識を喚起し、将来の計画的な縮退に向けた合意形成ツールとして構築することも一方策である。

■集約方策と縮退方策

地区選別後の政策的対応として、地区特性や都市縮小要因に応じて「流入」促進と「定住」強化、「退出」の管理といった措置を講ずることが考えられる[\*3]。それらを「集約方策（Pull）」と「縮退方策（Push）」の二つに整理したものが図7である。集約方策とは住宅地の魅力・優位性を高めるための取り組みであり、縮退方策は居住者の自主的な撤退を求める取り組みである。将来の都市縮小に備え、集約方策と縮退方策を組み合わせ、都市全体を見渡した展開が必要であると考える。

■経済的誘導手法の提案

縮退方策として、住民の自主的な撤退を求める経済的誘導手法が挙げられるが、経済学的には妥当な方法であるとされている。例えば金本良嗣と藤原徹は、固定資産税に差をつけることにより公共サービスの費用負担の適正化を行うことが最善の政策であり、土地利用規制という間接的な政策手段は次善の政策であるとしている[\*10]。

具体的な手法として、人口が減少して一人あたりのインフラ維持更新コスト等が割高になる住宅地において、通常のインフラ維持更新サービスを受けようとする場合には住民に負担を求めるなどの仕組みを取り入れる方策が考えられる。特定の地区に立地する者に対して、社会的な便益（外部効果や税収等）とインフラ維持更新の費用とのアンバランスを解消できるよう負担を

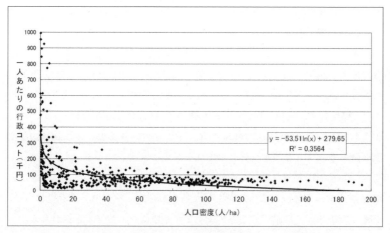

図6　一人あたりの行政コストと人口密度の関係（地域メッシュ別試算イメージ）

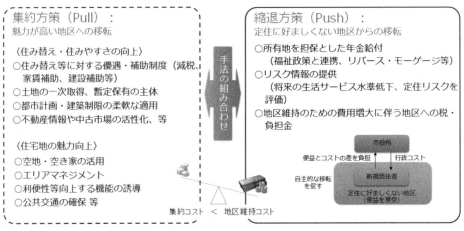

図7 集約方策と縮退方策

求めることにより移転を誘導するなど、市場を活用した仕組みである。いずれにしてもコンパクトシティ政策が、どのような効果を有し、それがどの程度の規模感として見積もれるのか、政策評価の仕組みと合わせた手法の提案に取り組む必要がある。

## 政策化に向けて

本稿では、コンパクトシティ政策を市民の効用の視点に立った都市の目標の中で体系づける必要があること、コンパクトシティ化の合意形成に向けては市民の潜在的な意識を見抜くような集合知の生成方法が望まれることを述べた。また、居住誘導は規制ではなく誘導により進めていくべきであることから、経済的誘導手法について提案を試みた。これらの手法について、実施した場合の行政の事務量、既存の法制度との整合性や公平性、財政支出などの観点など、実現可能性の評価を進めることが今後の課題である。

また、人間の流動性を大幅に高めるパーソナル・モビリティ、物理的な空間と融合するような仮想世界、生まれながらにネットでコミュニケーションを取ってきている若い世代の行動など、技術革新は都市の在り方に大きな影響を与えると予想される。そのような動きからフィードバックを受けつつ、柔軟に政策的対応を講ずることがますます重要になってくると思われる。

**参考文献**

- *1　矢作弘『「都市縮小」の時代』、角川書店、2009年
- *2　矢作弘『縮小都市の挑戦』、岩波書店、2014年
- *3　加茂利男、徳久恭子編『縮小都市の政治学』、岩波書店、2016年
- *4　総務省統計局『平成27年国勢調査人口等基本集計結果　結果の概要』、2016年
- *5　国土交通省国土交通政策研究所『オープンスペースの実態把握と利活用に関する調査研究』2012年
- *6　国土交通省『国土形成計画（全国計画）』、2015年
- *7　石井秀明『公益社団法人日本都市計画学会　都市計画　Vol.66　No.2』「都市のコンパクト化がもたらす「生産性革命」」、2017年
- *8　フェリックス・ガタリ著、杉村昌昭訳『三つのエコロジー』、平凡社、2008年
- *9　東浩紀『一般意思2.0　ルソー、フロイト、グーグル』、講談社、2011年
- *10　金本良嗣、藤原徹『都市経済学（第2版）』、東洋経済新報社、2016年

2-1-2

# モクミツの都市再生に向けて
## 東京・向島地域での取り組み

長谷川栄子

地方の大震災の発生で都市のあり方が問われる中、東京の山手線外周部に広がる「モクミツ」(木造住宅密集地域の略称)の再整備は、首都・東京が抱える大きな課題となっている。行政の不燃化整備だけに頼ることなく、負の資源を活用した住民主体の継続的なまちづくりを進める墨田区向島地域では、新たな活力も芽生えている。

モクミツは、関東大震災や第二次世界大戦の被害を免れ、高度成長期に無秩序に建物が建てられた地域である。狭い道路に沿って古い木造家屋が密集し

図I スカイツリーから見た東京・向島地域

ているため、大地震と火災による被害は甚大になると予想されている。モクミツの中でも、常に危険度ランキングのワースト上位に食い込む「向島」は、地盤が弱い隅田川沿いのデルタ地域にある下町である（図1）。

　筆者が向島地域のまちづくりに関わり始めたのは、建築設計事務所での勤務を経て、社会人学生として三宅研究室を修了した翌年の1998年からである。地元のまちづくりNPOが主催した向島国際デザインワークショップの参加に始まる。向島は防災上の危険性のみならず、高齢化、近代産業の衰退、住環境問題を抱えるが、下町情緒という魅力も残す。その向島に世界各国から学生や大学の研究者、建築家や都市計画家が集まり、各国の都市に残る古い市街地の将来像について向島でケーススタディを行うというものであった。

　この原稿では、筆者が主に関わった1998年以降の向島地域での木造密集市街地の都市再生に向けた取り組みを中心に、それを取り巻くまちづくり活動や今日に至る展開などを紹介する。

## 「モクミツ」は負の遺産？

東京都墨田区の北部一帯を指す「向島」は、浅草方面から見ると「川の向こう側」であることによる俗称である。江戸の時代は田園地帯であり、文人墨客が遊ぶ風光明媚な郊外だったが、明治末の大水害を機に工場が進出、さらに関東大震災の罹災者を吸収し、わずか数十年で自然発生的に市街地が形成された。水田やあぜ道がそのまま曲がりくねった路地となり、そこに町工場、商店、棟割長屋が渾然一体と建ち並ぶ木造密集市街地である。東京大空襲では向島のほとんどが焼失したが、迷路のような路地はそのまま残り、再び密集市街地が形成される。

　中でも、戦災を免れた京島地区は、戦前の木造密集市街地がそのまま戦後に引き継がれ、高度成長期に人口はさらに急増する。1950年代で人口密度が600人/haを超え、東京で最も過密な町となる。再び大震災が起きたら生存者は半分にも満たないという調査結果も発表された。

　そのため墨田区は全国に先駆けて防災都市づくりに取り組んできた。1980年代からは老朽住宅の不燃化建て替えや道路拡幅による防災事業を進めてきている。しかし、幹線道路に囲まれた街区内部での建物の更新は遅々として進まず、「アンコ」と呼ばれる災害危険性の高い建物がまだら状に残っ

ているところが少なくない。「アンコ」は向島のゆゆしき問題であるが、ま（ママ）この「アンコ」に下町の魅力が今に残る。建て替えが進まないがゆえに、それまで築き上げられてきた貧しくもコミュニティ豊かに暮らしてきた風情がそのままにある。路地には狭小な住まいからの生活が溢れ出し、路地園芸が所狭しに並べられる。こうしたプライベートな生活空間に外部の人間が足を踏み入れた時には、近代都市がすでに失った情緒あるまちの魅力を感じとることができるのである（図2）。

モクミツ地域を「20世紀の負の遺産だ」と指摘した都知事もいたが、「モクミツ」の「アンコ」を一掃することは急務なのだろうか。かつては世界的にもスラムクリアランス型の市街地再開発が進められてきた。しかしこうした近代的な都市美化はしばしば批判され、住民参加による持続可能なコミュニティを創出する都市再生のあり方が問われてきている。向島のまちづくりにも、その意識が向けられていくことになる。

## 外国人が訪れるわけ

向島界隈といえば、花街としても知られ、下町情緒溢れる町のイメージも色濃い。スカイツリー建設後は、近年の外国人観光客の増加も伴い、浅草から足を延ばすケースも見られるようになる。

　私がこの地域に関わるきっかけとなった向島国際デザインワークショップには、10ヶ国からの参加があった。しかしその目的は根本的に観光とは異なる。彼らの視点は、すでにある都市構造や地域資源に新たな価値を見出し、〈負〉とされているものにも光を当てることであった。今日において、それはまちを再生する上での世界共通の重要なキーワードとなっている。またその視点は、ワークショップを主催した地元のまちづくりNPO「川の手倶楽部」のまちづくりにおける姿勢にも通じていた。地域の活性化が問題になっていた時代、バブル経済の最盛期に大規模な開発計画が発表された中、行政や企業に任せるだけでなく、住民もまちづくりの主体になるべく設立されたという経緯を持つ。

　向島国際デザインワークショップの翌年には、川の手倶楽部が草の根交流を続けていたドイツ北部のハンブルグ市のアルトナ区オッテンゼン地区に私も赴くことになる。この地区も向島と共通の悩みを抱えながら、既存の都市

構造を生かした住民主体の修復型まちづくりのモデルとなっており、川の手倶楽部はすでにまちづくりの多くをこのオッテンゼンから学んでいた。環境が劣悪で貧困層が多く居住する問題のある市街地をどう改善していくのかは、世界的な課題であるが、スラムクリアランス型の開発に対する批判は多く、欧米ではすでに住民参加型がキーワードとなっていた。その意味で先例的なまちづくりを進めていたオッテンゼン側も、国際都市・東京らしからぬ向島の魅力と課題に興味を抱き、お互いの交流は今日まで続く。

　皮肉にも都市開発から取り残されたがゆえに、向島は外国人が興味を持つ町となっていった。

### 暫定活用がもたらすもの

人口の減少と高齢化に伴い空き地と空き家が増加し、市街地が空洞化することによって、まちの活力は失われていく。向島地域もその課題は大きいものの、権利関係の輻輳化によって解決は一筋縄ではいかない。

　一方、これまで向島を訪れた国内外の若者の多くが、その活用に興味を抱いて帰っていった。クリエイティブな意識が刺激されるだけでなく、今でも残る下町の魅力が後押しして、空き家はとても魅力的に映っているようだっ

図2　生活や緑が溢れる路地

た。複雑な問題を抱えるまちの構造の根本的な見直しにはならないにせよ、負の資源が暫定的にでも生かされることによって、まちが活力を得ていく何らかのきっかけにならないものか。この漠然とした思いが、私が向島のまちづくり活動に入りこむ具体的な動機となる。

　向島国際デザインワークショップでアドバイザーを務めた建築家や都市プランナーら複数名と、「向島のまちづくりを支援する専門家集団SONOTA」を設立した。2000年には、川の手倶楽部やSONOTAが中心となり、向島の地域団体と連携して〈向島博覧会2000〉を開催する。空き地や空き家を使ったアート展と社会実験などのイベントを、向島で同時多発的に行うというものである。

　私は建築家の仲間と共に、空き家活用の社会実験プロジェクトを行った。東向島地区の路地に斜向かいに建つ大正時代の2軒の空き家を借り、SOHO、外国人ゲストハウス、アートギャラリー、コミュニティキッチン、居酒屋、子供教室などのあらゆる社会実験の場として、10日間のイベント期間中に、路地も活用しながら2軒分以上のプログラムをフル回転させる。空虚だった場所にエネルギーを注ぎ込むことで、何らかの動きが生まれることを期待したのである（図3）。

　イベントで使用した空き家や、博覧会中に設けた「空き家情報バンク」に情報が寄せられた空き家には、次々と若いアーティストらが転入してきた。

　2002年には「向島博覧会」の実行委員会を母体に向島学会（2004年にNPO法人化）を発足させるが、向島学会メンバーやその関係者らの住まいやアトリエ・スタジオ、さらには交流拠点としてのコミュニティキッチンなど、空き家の活用は連鎖的に広がっていく。遊休資源の暫定活用は、新たなエネルギーを地域に注ぎ込む効果を確実にもたらしていくのである（図4）。

図3　空き家実験でのギャラリーとSOHO活用

図4　空き家実験で使用した大正時代の住宅には、その後若手アーティストらが継続的に暮らす

## 分散・循環型の再生イメージ

　空き家・空き地化が進む理由は、更新が進まない密集市街地特有の都市構造にもある。未接道のために根本的に建て替えられない小規模の敷地が随所に点在し、空き家になってもそのまま放置せざるをえない。もしくは建てられないまま空き地化する。老朽化した空き家は防災上の危険性も大きく、負の循環に陥っている状況である。

　「向島のまちづくりを支援する専門家集団SONOTA」では、地域内の老朽化建物の更新を、空き地を活用して促進するためのモデルの提案を行うことになる。それと同時に、地域全体の利益と整合するスキームにも配慮した。

　SONOTA設立当初に検討したのは、当時建設機運が高まっていた高齢者の自立支援型の集合住宅〈グループハウス〉を、用途が未定のまま空き地になっている区有地を有効活用しながら建てるという計画案である。区有地に隣接する未接道の隣地へと順次増殖していきながら、同時に建替えも促進していく小規模連鎖型のモデルとした（図5）。

　向島学会設立以降は、学会内に「まち・ひと・住まい方研究室」を設置するが、そこではさらに分散・循環型の概念を重視した計画提案を行っていく。

　〈分散型〉とは、それぞれが「小さな機能」を持つ分散する複数の建物が、用途上相互補完することで、全体的に必要な機能を実現させるイメージである。〈循環型〉とは、複数の場所を移動しながら必要な機能を得つつ、「移動元」の更新を実現させるイメージである。一箇所に集約して整備を行い、そこで永続的に利用を行う〈集約型〉〈固定型〉の対の概念であり、地理的・空間的、かつ時間的な広がりを視野に入れている。

　地域に未利用のまま放置される数多くの小規模の空き地や駐車場を活用して、例えば地域交流の拠点ともなる高齢者の支援付き住宅を用意する。それを基点とし、近くの未接道の老朽化住宅に居住する高齢者の居住保障の準備をしつつ、住み替え後に老朽化住宅の更新を検討するという住み替えサイクルの提案である。このような近隣分散型グループハウジングのモデルなどは、小規模な建物、空き地、空き家が混在するモクミツ地域での応用可能性は非常に高いと思われる。〈分散型〉〈循環型〉の地域更新こそが、向島地域の再生にふさわしいイメージと考えている（図6）。

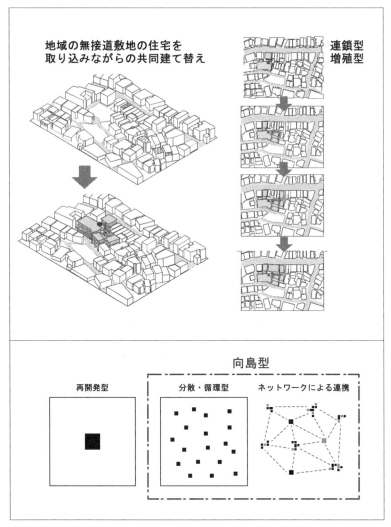

(上)図5　小規模連鎖型の建て替えモデル／(下)図6　小規模連鎖型の建て替えモデル

### 〈路地のまち〉の魅力

向島地域の魅力は路地にあると言っても過言ではないだろう。前述の通り、「アンコ」には私権が絡むがゆえに行政が踏み込みにくく、そのことが逆に下町独特の風情ある路地を存続させてきた。

しかし今日に至るまで、その様相は変化しつつある。駅前の再開発や、幹線道路・主要生活道路沿い建物の不燃化促進に重きを置いた行政による地域更新は、長い年月をかけて成果を上げてきた。とりわけ、京島地区の再開発と不燃化事業はまちを急激に変貌させ、古い木造建物は不燃化されたミニ戸建てや共同住宅に建て替わり、建て替わる度に路地は拡幅されていく。

以前から、路地のたたずまいが徐々に失われつつあることに住民らは危機感を抱いていた。10年程前に京島地区のまちづくり協議会会長の依頼により、「路地のまち」の魅力を担保した住宅の建て替えモデルの検討を行っているが、先駆けて実施した地区内外の参加者によるワークショップを通して、生活コミュニティ空間としての路地の存続が大きな課題であることが確認されている。

京島の街区構造は、幹線道路と街路、さらにその内側に毛細血管のように走る路地からなっている。現在整備が進められている幅員8mのループ道路の完成後は、100m内外でその内側の街区に到達することが可能となる。まずは都市計画の視点として、駐車場を街路に設置し、それより内側への車両の侵入を規制して、路地の幅員を緊急車両が侵入できる2.7mにすることを提案した。道路拡幅なしに建て替えが進められる地区指定の制定などを前提とし、通過交通のない人々の生活を重視した路地の整備と、路地空間と一体化したモデルプランを提案することで、〈歩いて暮らせるまち〉の創造を促進させるというものである。

しかし現実には、防災優先で進められる不燃化事業の中で、路地は確実に様相を変えつつある。そうした状況の中で、まちの魅力である生活コミュニティ空間をいかに継承していくのかは、今後の課題になっていくであろうと思われる（図7）。

 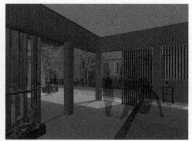

図7　建て替えモデルの外観と内観のCG

## ネットワークの構築

 地区再生のためのモデルの実現のためにも、地元住民を中心とする組織によって、コミュニティのバランスを崩すことなく、その改善に努めていくことが課題である。その解決しなければならないハードルは複数におよぶため、サポートする各種専門家や事業者、行政、制度などの連携による支援ネットワークが必要となる。向島学会内に立ち上げた「まち・ひと・住まい方研究室」は、その支援ネットワークの中核となるべく活動を進めてきたわけである。一方、具体的な相談の案件を持ち込むのは、常に地域に根ざす我々の関係者であった。地域住民と専門家らを結ぶパイプとしての役割を果たしていた彼らは、地域密着型のゆるやかな中間支援的ネットワークでもあり、その存在が実は重要なのではないかとの認識を持つようになる。

 向島学会は、前述の通り向島博覧会の実行委員会が母体となって発足され、まちづくり協議会や各種NPOの主要メンバー、建築・都市計画の専門家、アーティストなどによって構成されている。向島地域におけるまちづくり活動を、建築・都市計画的な側面とアート的な側面を両軸に継続してきた。そこに関わってきたメンバーやその関係者が、向島に移住し、新たな活動の担い手になるケースは多い。彼らは個々に、あるいはグループで様々な活動をなしている人々である。「まち・ひと・住まい方研究室」で勉強会を繰り返し、古くからの地域住民も含めて地域の課題や目標を共有していく中で、地域に根ざす彼らこそが、モクミツ型の地域改善のための担い手の主体になり得ることが見えてくる。新旧の地域の住民が自ら「住み続けていこうとする」意識こそが、サスティナビリティに根ざした住まい・まちづくりにとって最も大切なことであり、そのために常に新しい担い手を生む努力もまた必要になっていくのである（図8）。

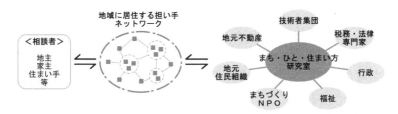

図8　支援ネットワークによるサポート

## モザイク都市の新陳代謝

　向島地域のモクミツの改善は、行政主体の再開発や不燃化事業におけるハード面の防災性の向上においては成果を上げてきている。しかし一方で、スラムクリアランス型の開発を批判し、住民参加型のまちづくりを進めてきたという流れがある。住民組織主体の防災まちづくりによる防災意識を高めるソフト面での活動は積極的に続けられてきているが、その長年の防災まちづくりの蓄積は、必ずしも新たな住民には伝わっていない。我々が提案してきた建て替えモデルも実現には至っておらず、防災面では空き家の耐震改修や減築に留まっているが、モクミツの「アンコ」の防災も大きな課題である。生活コミュニティ空間を担保した建て替えも、これからの重要な課題となるであろう。

　向島地域は、必ずしも同じ方向を向いているわけではない新旧の建物に新旧の住民が共存する現実は否めない。さらに様々な用途の小規模な建物が混在するモザイクのようなまちであり、多様な価値観が交錯している。しかしこの一見無秩序のように見える地域は、いつしかインキュベーターとしての機能を宿していく。まちをおもしろく魅力的に捉える人々を常に吸収し、新たな用途と活気を随所に吹き込んでいる。それは、地域の魅力や課題を掘り起こす、これまでの多様なまちづくり活動の継続が培ってきたものではないだろうか。

　一見劇的に姿を変えた京島地区にも、古い建物が個性的にリノベーションされ、コミュニティ拠点となっている場所がいくつもある。その運営をしているのは、我々のまちづくり活動メンバーの知人であったり、さらに彼らが営んでいた場所に集っていた人たちであったりと、不思議なほどの人的なつながりが見えてくる。向島学会でその活性化に取り組んできた東向島地区の鳩の街通り商店街にも、イベントに参加したアーティストやその知人らが空き店舗に転入し、自らの創作活動を行いながら、地域との交流を図る場としてきている。建物の寿命や本人の事情で転出する人たちがいる一方で、新たな転入者が新たな活動を生み出す連鎖が地域のいたる場所で起こっている。

　重要なのは、様々な人々や組織とのつながりの中で多様な活動を続けることであり、そこでの新たな担い手たちにこれまでのまちづくりを引き継いでいくことなのではないか。固定化した改善や再生のモデルを押し付けるのではなく、時代や社会状況に応じてその内容を見直しつつ、点在する小さな地域資源を生かしながら、チャレンジを発信し続けていくことなのだと思う。

図9　道路が拡幅された京島地区　　図10　鳩の街商店街の古い空き店舗を利用したコミュニティカフェ

　モクミツの再生は、古いものを一掃した均一的な防災都市の構築であるべきでなく、多様さを内蔵していける懐の大きさを持ちつつ更新されていくべきであろう。我々の活動は、それを高めていくための継続的な取り組みなのである。
　モザイク都市「向島」は、今もおもしろい可能性を宿しながら新陳代謝を続けている（図9、10）。

### 参考文献

山本俊哉『造景32(2001.4・6合併号)』「向島の密集市街地とまちづくりの取り組み」、建築資料研究社、2001年

長谷川栄子『造景32(2001.4・6合併号)』「向島空き家実験―暫定活用がもたらすもの―」、建築資料研究社、2001年

長谷川栄子、建築思潮研究所編『店舗併用住宅84＝商住建築2[建築設計資料]』「都市に暮らす-「向島」的都市生活論-」、建築資料研究社、2001年

山本俊哉主査、長谷川栄子委員、他『研究年報 No.30』「密集市街地の整備過程の検証と地域再生居住支援プログラムの構築」、住総研、2003年

長谷川栄子『季刊まちづくり8』「路地を生かした建て替えイメージの共有化に向けて」、学芸出版社、2005年

特定非営利活動法人向島学会『墨田区向島地域における非営利事業を織り込んだ住宅更新プログラムの提案と試行』、平成20年度住まい・まちづくり担い手事業

特定非営利活動法人向島学会『モクミツ状態更新のための〈エリア・リノベーション・サイクル〉（循環型地域更新）イメージ、および各種専門事業種協働ネットワークを織り込んだその事業スキームの提案、検証と試行』、平成21年度住まい・まちづくり担い手事業

まち・ひと・住まい方研究室（特定非営利活動法人 向島学会内）『墨田区向島地域における小規模連鎖型〈エリア・リノベーション・サイクル〉（循環型地域更新）プログラムの実践に向けた地域内担い手ネットワークの構築と試行、検証』、平成22年度住まい・まちづくり担い手事業

2-1-3

# 場所性の恢復
## 人と人とのあいだに生きられる場に向かって

坂倉杏介

いま、人と人とのあいだに生きられる場が求められている。近代化の中で失われてきた場所性は、2000年代になって新たなかたちで必要とされている。そのパラダイムの変化と生成の手法論を「京島編集室」、「三田の家」、「芝の家」という小さな場づくりの実践を通して見ていきたい。

### 場所性の恢復の時代

現代は、場所性の破壊から恢復へ向かう移行の時代である。

　工業化時代以降の都市は、地域に固有の記憶や文化によってではなく、グローバルに拡大し続ける資本主義経済によって画一的な再編を強いられてきた。近代化とは、不合理で前近代的な土着性をいかに乗り越え、国家や経済システムのなかに統合していくか、という試みだったと言えよう。だからこそ再開発に乗り遅れた地区は、建物が老朽化し災害危険度が高く、また高齢化や過疎化が進み活力を失った負の遺産とみなされた。昔ながらの街並みが郷愁をそそる「まちあるき」の対象になったり、歴史保存地区として観光政策に取り込まれたりすることはあっても、いまだに親しい近所づきあいの残る下町の木造密集市街地の暮らしこそ私たちの生きる場所として取り戻さねばならないといった声が主流になることはなかった。

　1960年代のジェイコブスの批判[1]にも関わらず、こうした趨勢は長らく変わらなかった。その現場で生活を営む人々の心には、歴史に根ざしたその場所らしさが次第にやせ細っていく光景が映しだされてきたはずだ。「プレイスレスネス[2]」の感覚は、ずっと私たちの精神に潜んでいた。それでも場所性は、前時代的な習俗と一緒くたにされ、切り捨てられてきた。

潮目が変わったのは、いつ頃からだっただろうか。いや、2020年の「オリパラ」に向けて前世紀的な開発が野放図に進む東京では、大部分はまだ変わってはいないのだろう。しかし、例えば、遊具を撤廃し自由に出入りできる芝生を中心に据えカフェを新たに誘致した「南池袋公園」のリニューアル事例が、公園行政の中で（社会的包摂の視点からは問題がないとは言えないものの）管理ではなく人々の賑わいによって公園を再生した成功事例として語られるようになった。街路や公園をヒューマンスケールでデザインし直し、人々の活動によって場をつくる「プレイスメイキング」の考え方は、今では無視し得ない一つの潮流になっている。

　それに先立ち、民家や老朽化したビルを改装した居心地の良いカフェ、子どもから高齢者まで自由に過ごせる地域の居場所、リビングルームや趣味の活動を共有するシェアハウス、ゆるやかな協働を目指すコワーキングスペースなど、90年代までには見かけなかった小さな場が全国に広がってきた。歴史的な建物の保存や地域の記憶を生かした都市計画といった開発的な発想とは真逆の、その場に集う人々の関係性がその場に固有の場所性を生むような場である。少しずつ、これまでは個人の内側に細々とあったがコモンセンスにはなり得なかった新しい場所性の感覚が、共感を持って受け入れられ始めた兆しと考えられないだろうか。

　現代の場所性は、わが故郷として愛着を持てるような土地の記憶や文化の継承だけを意味しない。むしろ、人々のあいだに生きられるような場所に対する切実な希求と結びついている。近代都市開発が徹底して破壊してきたものの一つがコミュニティである。場所性が求められる背景には、関係性の貧困があると言って良いだろう。私たちが今、災害時や老後に安心できるコミュニティを求めるのは、またはSNSでつながりあう仲間たちとの関係性がアイデンティティの一つにもなるのは、確固たる基盤を欠いた社会にひろがる寄る辺のない不安の裏返しである[3]。デランティも指摘するとおり、だからこそ場所性があらためて重要になる[4]。暮らしの場を、人と人とのふれあいの中で人間らしく生きられる空間として、そこに根ざし愛着を感じられるような空間として維持し、再生していくこと。こうした要求は、現代社会の根底にある問題に結びついているに違いない。

　私が三宅理一研究室で学び始めた2001年から現在にいたる15年間は、場所性の価値が見直され、様々な形で拡張されてきた時代とも言える。従

来からある喫茶店でもなく、チェーン店のドトールやフレンチスタイルのカフェデプレなどでもない、いわゆる「東京カフェ」ができはじめたのは2000年前後。老朽化したビルや古民家をリノベーションし、古道具屋で集めたような家具や雑貨の置かれたカフェの気張らない居心地の良さが、当時は新鮮だった。今では、こうしたスタイルのカフェは、どんな小さな町村でも珍しくない。近代主義にもとづく20世紀から、場所性を重視する21世紀への移行の一つの象徴と言って良いかもしれない。

　三宅研究室での研究を皮切りに、これまで私は小さな場づくりの実践を重ねてきた。始めた当時はそれほど一般に理解されなかった価値観や手法のいくつかは、今となっては多くの人が共感できるものになっている。ここでは、1)あるものを活かしたセルフリノベーション、2)関係性から新しい価値を生み出す社会的創発、3)存在を受容してくれる居場所という三つの視点を、これまで手がけてきた「京島編集室」、「三田の家」、「芝の家」という実践を通じて考えてみたい。

## 空き店舗に住む　日常的実践としての場づくり
### 京島編集室（2002年）

2002年、「アーティストイン空き家2002」というプロジェクトに参加した。墨田区京島の木造密集市街地にフランス人のアーティストが滞在制作するという、三宅研究室主催のアートプロジェクトである。この一環として、文学部で開講していた熊倉敬聡教授の授業「美学特殊C」と連携して実施したのが「京島編集室」だった。

　京島編集室とは、空き家になっていた元米屋に住み込み、その店舗スペースをオルタナティブな交流スペースにしよう、という企画である。2002年の夏から空き物件を探し、10月1日から2カ月間、私を含めた4人の学生が、そこで暮らし、場づくりを行った。

　場づくりと言っても、当時の私はカフェづくりやワークショップといった具体的なスキルは何も持ち合わせていなかった。気の利いた交流空間を「つくる」ことはできなかったが、「住む」ことならできる。そう開き直り、プログラムも改装計画も事前には何も決めず、寝袋だけを持ち込み、住み始めた。住むことから始め、掃除をする、買い物に行く、料理をする、といった日常

図1　京島編集室の外観。元米店を2ヶ月間借り受け、学生4人が住み込みながら場づくりを行った。

図2　京島編集室の内部。簡単な改装と周囲からかき集めてきた家具や機材を用いて、店舗スペースがリビングに転用されている。上がり框の先には小さな台所がある。

図3　イベント開催中の京島編集室を内部から見た様子。室内と通りが隔たりなくつながっており、気軽に入りやすい空間となっている。

の行為を重ねていく先に、ある種の「場」が立ち上がってくるのではないか、という試みである。

　住み始めてみると、意想外のことが次々と起こっていった。研究室の学生の手を借りて掃除や簡単なDIYをしていると、区役所の人が閉鎖された寮から家具を自由に持って行って良いと声をかけてくれたり、駅前のお好み焼き店のおばちゃんが鍋や炊飯器を貸してくれたりということが次々と起こっていった。また、噂を聞きつけた美大の女子学生二人組が週末のカフェを始めたり、下校中に遊びに来て仲良くなった小学生たちとのパーティーが開催

されたりもした。それ以外にも、近隣の人たちと海外からのアーティストが ごく自然にお茶を飲みながら話しているとか、来場した人がいつのまにかホストとして後から来る人をもてなし、料理までふるまうといった不思議な日常の光景も見られた。

　振り返ってみると、空き店舗を自分たちの手でリノベーションし、住み込むことから関係性を育んでいくというアプローチは、その後いろいろな形で広がっていると言える。「きちんとした計画を何も決めずにまずは住むことから始める」のは研究室や地域の協力者の間では多少物議を醸したが、ある意味で先駆的なアプローチであったと言えよう。既存ストックの活用や主体性という点では、当時はまだ東京でも「リノベーション」という言葉は一般的ではなかったが、今となってはごくあたりまえの手法であるし、行政やディベロッパーといった特権的な主体だけが都市の建設を行うのではなく、まちづくりを自分たちの手で進めていく意識も一般化した。そして、その土地に住むことが関係性をつくる大きな原動力になるという考え方については、コンサルとして地域づくりの指導をするのではなく、住み込むことで内側から地域を活性化させていく「地域おこし協力隊」といった制度にも通じるものがある。

## 大学と地域のあいだの場所　欠如から生まれる社会的創発
### 三田の家（2006年）

東京都港区、慶應義塾大学とJR田町駅のあいだの繁華街の一画に、ひっそりとたたずむ一軒の民家があった。「三田の家」と名付けられたその「家」は、筆者を含む慶應義塾大学の教員、元学生が自主運営する「新たな学びの場」。オープンは、2006年9月（2013年10月クローズ）。近年は誰も住むことなく倉庫代わりに使われていた築約40年の住宅を、自分たちの手で半年間かけて改装した[*5]。

　三田の家では、実に多彩な活動が行われていた。ある日は、いろんな学部の学生たちが集まり、誰でも参加可能なオープンな授業を行っている。またある日は、外国人留学生たちが日本人学生に入り交じり、自国のあるいは日本の文化についてのミニプレゼンをしている。またある日は、障害のある人・ない人が一緒に賑やかに歌を作るワークショップに参加している。またある

図4 三田の家の外観。倉庫として使われていた民家を教員・学生有志が半年かけて改装した。

図5 三田の家のリビング。授業中の風景。すぐ隣にキッチンがあるため、授業中にコーヒーを入れたり、夕食の準備が始まったりすることも日常的であった。

図6 障害のあるなしにかかわらず参加できる音楽のワークショップ「うたの住む家」の様子。多様な人々を受け入れる寛容な場であった。

日は、近くの商店街のイベントの相談のため、商店主・教員・学生たちがミーティングをしている。こうして、実に多様な人たちが、自由に出入りしながら、ある時は真剣に議論し合い、またある時は美味しい食事を囲みながら、夜遅くまで交歓する[6]。

　授業でありながら「誰でも参加可能」というオープンさ。国籍や障害の有無を問わない交流。地域の人と教員、学生が活動をともにすること。あるときは真剣に議論し、あるときは食事を囲む柔軟さ。こうした自由な雰囲気に誘われて、「三田の家」には毎年、実人数で100人以上の学生、50人以上の

留学生が出入りしていた。また、それを上回る一般の来場者、卒業生、地域の人々が集まり、様々な出会いが起きていた。そこではキャンパス内の授業と違い、何かを学ばねばならない義務はないのだが、教室では得られない貴重な学びが生じていた。学生、教員、地域住民それぞれにとってかけがえのない学び場であった。こうした場での創造的な出会いの中から、「うたの住む家」や「芝の家」をはじめとした多様な新しいプロジェクトが生まれていった。

　三田の家も京島編集室と同様、活動内容を事前に決めることなく、まずは場をひらくことから始めるアプローチであった。空き家のリノベーションという点も共通している。数名の教員と学生の共同で始めた活動だが、ある一つの大きな目的を決めるのではなく、ゆるやかに価値を共有することで、関わる教員や学生それぞれが三田の家にふさわしいと考える活動を行った。普段のあり方は、ゆるやかに人と人とがつながっていくキャンパス近傍のサードプレイス的な場なのだが、一つの目的に集約されないというある種の欠如があることで、かえって多様な人が集まり、様々な活動が生まれることになったのである。それを意図したわけではなかったが、あらかじめアウトプットが決まっているのではなく、集まった人の相互作用の結果として思いもよらなかった新しい価値が生まれるという、社会的創発のプラットフォーム[7]として機能していたと言える。つながり方が変わると、起きるできごとが変わるのである。三田の家がはじまった2006年前後から、社会的創発を意図的に生み出そうとするコワーキングスペースやソーシャルイノベーションの拠点が増えている。そうした時代性とも共振していたといえるだろう。

### 誰もが居たいように居られる居場所　有用性から存在性へ
#### 芝の家（2008年）

「芝の家」は、東京都港区芝にある地域コミュニティの居場所である。すぐ近くには、東京タワーや増上寺といった観光名所のある、いわゆる東京の都心部だ。周囲は再開発によって建てられた高層ビルが立ち並ぶが、その中で芝の家のある芝三丁目周辺は、旧来の木造家屋も多く、細い路地が縦横に走る下町的な雰囲気を残した区画である。かつてはこのあたりも商店街の賑わいを見せていたそうだが、今は住民や近隣の会社員の他にはそれほど人通りは多くない。芝の家は、こうした街並みの一角にある。通りに面して古い建

図7 芝の家の外観。通りに面した大きな開口部に縁側をしつらえ、通りがかる人が休憩し、室内の人とコミュニケーションしやすい空間になっている。

図8 芝の家の室内。ソファやちゃぶ台、セルフサービスの喫茶コーナーなどがあり、子どもからお年寄りまで、それぞれが自由に過ごせる空間。

図9 時折開催されるイベントでは、40人以上の人が集まることもある。居場所であると同時に、誰かの想いを実現できる舞台でもある。

具や古材を生かした玄関と縁側が設けられ、幾つもの植木鉢や手書きの看板が目を引く。室内は、ちゃぶ台やソファが置かれ、どこか懐かしい家のような雰囲気である。また、駄菓子や喫茶コーナー、遊び道具やピアノも置かれ、お茶を飲んだり、けん玉やベーゴマで遊んだり、ソファでくつろいだり、ちゃぶ台でおしゃべりしたりと、自由に過ごすことができる。

芝の家は、港区芝地区総合支所の地域事業として開設された。都市部で薄くなりがちな近隣同士のつながりをつくり、子どもから高齢者まで安心して暮らしていける環境づくりを支援する事業で、同地区にある慶應義塾大学と

の協働で運営されている。現在は、月曜日から土曜日まで週5日間オープンし、赤ちゃんから80代のお年寄りまで、毎日40人前後の人たちが訪れては、好き好きに過ごしている。散歩や買い物のついでによる近隣の人たち、仲間と遊びに来る小学生たち、赤ちゃん連れのお母さん、おしゃべりに来るお年寄り、お弁当を食べに来る会社員、授業の空き時間をつぶしに来る大学生など来場者は多様で、近隣の人もいれば、地域外から通う人もいる。しかも、そのいろいろな人たちが、年齢や立場の違いを超えて、ここではともに同じ場を共有し、分け隔てなく関わり合っている。芝の家で出会った人同士が、菜園づくりや子育て支援などの地域活動を始めることも多い。2008年に開設して以来8年が経ち、今ではすっかり地元の居場所として溶け込んでいる。

　芝の家の運営の大きな特徴は、「誰もが居たいように居られる居場所」を目指している点だ。事業目的は地域コミュニティの形成だが、芝の家の来場者は、一人で休憩していたり、遊んでいたりということも許される。まずは、それぞれの人が安心して自分らしく居られることを大切にしているのである。不思議なことに、自分の気持ちや体調に素直にいることが受け入れられると、来場者はその場に愛着を持てるようになり、次第に主体的な活動を始める[*8]。互いを尊重する温かい雰囲気もあり、初対面の人でも積極的に関わろうという勇気が湧いてくる。コミュニティが活発になるということは、自発的に他者と関わったり活動を始めたりという個々人のアクションの集積であるから、芝の家ではそれを自然に促すよう、あえて何かを強要はしない。

　2000年代に入って、高齢者、子育てする親子、若者など、多様な対象向けの居場所が全国に広がった。小規模多機能で自由に出入りできるこうした居場所的な場は、専門サービスの補完機能として拡充されているという側面もあるが、居場所が増加している本質的な要因は、そこががんばらずに自分らしく居られる場だからなのではないだろうか。有用性ではなく、存在性の空間ということである。何かのために役に立たねばならないという有用性ではなく、一人の人間として受け入れられ、尊重される場が、現代の都市には根本的に欠けていると言って良い。

　芝の家は、存在性の空間を来場者同士がつくり上げている場である。開設時には自覚していなかったが、機能性から場所性へ以降する2000年代という時代に求められるものであったのかもしれない。芝の家には、全国からの見学のほか、今ではトルコやシンガポールなど海外からの視察も多く訪れる

ようになった。来場者同士が相互承認し合える寛容な場を、小さくても具体的につくり直していくことが世界中で求められていると言って良いだろう。

## 人と人とのあいだに生きられる場の創出をめざして

京島編集室、三田の家、芝の家という事例を紹介し、1）あるものを活かしたセルフリノベーション、2）関係性から新しい価値を生み出す社会的創発、3）存在を受容してくれる居場所という視点から場の生成のありようを見てきた。これらは、近代的デザインとは異質なアプローチである。場づくりの現場でここ15年のあいだに最も大きく変わったのは、SNSやスマートフォンなどによる情報環境の変化である。かつては情報交換のために当たり前だったフェイス・トゥ・フェイスの交流が不要になったことで、逆に、身体的にともにある場の価値の再認識が起こった。人と人との関係が生み出す場所性から得られる創発的な価値に、多くの人が目を向けることになったのである。それゆえ場所性の恢復の本質は、景観や文化資源の保存ではなく、人と人とのあいだに生きられる場を再創造する試みだと言って良い。人と人とのあいだに生きられる場をひらくために、私たちはデザインという近代の道具をどう書き換えられるのか。それ以外にどのようなアプローチが可能なのか。こうした議論と実践を、今後も重ねていきたい。

### 註記

*1　J.ジェコブス『死と生アメリカ大都市の死と生』、黒川紀章訳、鹿島研究所出版会、1969年
*2　E.レルフ『場所の現象学：没場所性を越えて』、高野岳彦、阿部隆, 石山美也子訳、筑摩書房、1999年
*3　Z.バウマン『コミュニティ：安全と自由の戦場』、奥井智之訳、筑摩書房、2008年
*4　G.デランティ『コミュニティ：グローバル化と社会理論の変容』、山之内靖、伊藤茂訳、NTT出版、2006年
*5　熊倉敬聡他『黒板とワイン：もう一つの学び場「三田の家」』、慶應義塾大学出版会、2010年
*6　慶應義塾大学教養研究センターウェブサイト
　　URL〈http://lib-arts.hc.keio.ac.jp/exchange/cooperation/mita.php〉
*7　國領二郎、プラットフォームデザイン・ラボ編著『創発経営のプラットフォーム：協働の情報基盤づくり』、日本経済新聞出版社、2011年
*8　坂倉杏介他『「共同行為における自己実現の段階モデル」による「地域の居場所」の来場者の行動分析 東京都港区「芝の家」を事例に」、地域活性研究、vol. 4, p. 23–30

**第 2 章**
脆弱で危機にさらされた社会

# 2-2
# 開発途上国の過去と現在

**2-2-1**
東アフリカ・ジブチ共和国におけるスラムの実態とその形成プロセスについて
小草牧子

**2-2-2**
売春と歴史遺産
——エチオピアにおける歴史的環境と女性の貧困化をめぐって
岡崎瑠美

**2-2-3**
レジリエンスのメカニズム
——スラムをめぐるもうひとつの解釈
唐 敏

# 東アフリカ・ジブチ共和国における スラムの実態とその形成プロセスについて

小草牧子

ジブチ共和国は近年、都市部周辺に形成される不良住宅地区（スラム）に悩まされている。この問題の背景には、急激な都市化や近隣諸国の民族紛争、飢饉による移民の流入といった事情が深く関係しており、このことにより引き起こされる「遊牧民の定住化」がスラム形成の鍵となっている。そこで、このスラムの実態とその形成プロセスに踏み込み、民族特性や住環境デザインといった視点から解決への糸口を探ってみる。

### ジブチ共和国の人口増加と定住化の背景

アフリカ北東地域に位置するジブチ共和国は、元来がアファール族やソマリ・イッサ族などの遊牧系の諸民族が分布する地域であるが、19世紀半ばに入植を始めたフランスにより、1977年の独立まで約100年にわたり、重要な軍事基地として植民地化されていた歴史を持つ。
2013年現在での人口は公式には88万人であり、そのうちの60%以上の人口が首都ジブチに集中しているとされている。ただ、現存する遊牧民の動きや周辺諸国からの非合法の移民などを考慮すると、実際には100万人を優に越えるとも言われる。
　ジブチの急激な人口増加が始まったのは1950年頃であり、これはちょうどフランスによる首都ジブチ市の都市計画がほぼ完了した頃となる。自国での定住化が進んだと見られる一方で、1970年代から1990年代にかけて起こった断続的な飢饉や民族紛争、独立戦争による避難民をジブチが積極的に受け入れたこともジブチへの人口流入の引き金となった。これらの難民は、現ソマリア共和国に分布するソマリ（Somali）族、エチオピア東部に分布す

るアファール（Afar）族、スーダン南部に広がるベッジャ（Bedja）族などと呼ばれる遊牧系民族である。これら遊牧民が避難民としてジブチに流入した際、家畜のあるものは、郊外に定住し集落を形成して遊牧生活を営むセミノマッドとなり、家畜を失った者は、職を求めてジブチ中心部に集中し、近郊に定住してスラムを形成することとなった。急激な都市化に伴う遊牧民の定住化と周辺諸国からの難民・移民受け入れのタイミングが、まさにジブチの人口増加に拍車を掛けたのである。

## スラム地区「バルバラ」

バルバラ地区は、ジブチ市中心部から約4～6km程度西に位置する小高い丘にある低所得者層の居住地区である。1960年代、ジブチ中心部の急激な人口増加を危惧してフランスが境界線を指定した場所であり、ここに監視塔やフェンスなどを建設して、中心部への遊牧民の通行や移住を規制したのだ。この制限区域内から追い出された遊牧民達は、この境界線沿いに勝手に居住し始め、その居住区域を広げていったのである。このバルバラ"Balbala"という地名は、フランス語の有刺鉄線のフェンスを意味する"barbele"から来

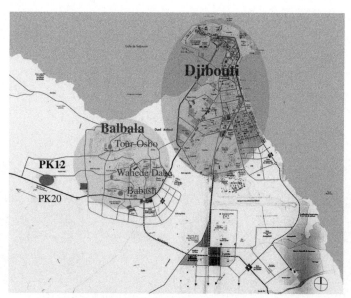

図1　首都ジブチ市。ジブチ中心部から4～6km西側に位置するバルバラ地区と12km西側に位置するPK12地区の位置関係を示す。

ている。この自然発生した居住区に、1970年代以降、移民や難民が流入し、遊牧型住居やバラック小屋などが乱立する過密集住居地域が形成された。バルバラ地区におけるこの間の人口増加率は17%となっており、この地区への急激な人口集中が伺える。ちなみに、日本での過密度地区として挙げられる東京都墨田区京島の人口密度は268人/haに対し、このバルバラ地区は533人/haとなっており、実に倍以上の数値を示している。

　バルバラ地区で見られる典型的な住居は、ベニヤ板もしくはトタン板を木材の柱・梁に打ち付けた構造であり、セルフビルドの簡易的な住居である。最も貧しい地区では、周辺から拾ってきたダンボールや木板の破片、布などの材料をパッチワークのようにフレームに打ちつけているものも多い。屋内は1部屋か2部屋に仕切られていることがほとんどで、面積は10〜15㎡程度、居住人数は5〜10人程度で構成される。窓はないか、あっても小さなものが1〜2箇所程度、住居内部に水道や電気が引かれていることはない。夏場は湿度が高い上に、日中の気温が40℃〜50℃となるため、屋内はサウナ状態となり長時間とどまることはできない。敷地を与えられているところでは、敷地を囲う高い塀が設けられ、台所やトイレのスペースを別棟で設けていることもある。日中は、屋根をかけただけの日よけスペースで過ごすことが多い。一部地区の上水道を除いては、上下水道は全く整備されておらず、車両が進入できる地区には給水車による定期的な水の供給が行われる。さらに貧しい地区では、けものみち程度の狭い通路空間が確保されている他は住居で埋め尽くされており、灯りのない夜間は歩行も難しく、治安の悪さや不衛生さといった居住環境に不満を持つ住民がほとんどである。

## スラムに見る遊牧民族のアイデンティティ

図2　バルバラ地区のスラム。最貧困層地区"Bon Bache"の風景。トタンやベニヤ、布などをフレームに打ち付けた簡易的な住居が乱立している。

図3　遊牧型住居。ソマリ・イッサ族の使用する住居。曲線のフレームに木の皮を編んでつくられるむしろが幾重にも重ねられている。

ジブチで見られる主な遊牧民は、ソマリ・イッサ（Somali-Issa）族とアファール（Afar）族である。遊牧形態や住居形式は非常に類似しているが、遊牧テリトリーは異なる。バルバラ地区でも、同じ部族が集まって居住する区画があり、例えば、アファール族が多く居住するWahede Daba l'ouest地区にはソマリ・イッサ族は近づかないと言われている。今回は、そのバルバラ地区のマジョリティで、元々の支配部族であるソマリ・イッサ族の例を取り上げてみる。

　イッサ族の住居形状は、木の枝をつなぎ合わせた曲線フレームに、木の皮で編んだむしろが幾重にも重ねられてできたドーム型の住居であり、2時間程度で設営・徹営が可能だ。プランはほぼ円形、床面積は10㎡前後、高さは一番高い部分で2m程度である。エントランス右側には調理のための焚き火スペース、左側には寝床があり、一番奥に貴重品などを収納する棚が備え付けられているのが一般的である。エントランスは夜間を除きほとんど開放されており、火を使うときは、上部のむしろをめくって開口を確保する。日中、昼寝以外は戸外で過ごすことが多い。一般に、この地域の遊牧民は、閉所恐怖症、高所恐怖症と言われている。

　ソマリ・イッサ族は、基本的に住居一つに1世帯1核家族が居住し、通常1～3世帯で構成されるバンドで移動生活していることが多い。他のバンドが視界に入る距離に住居を設営することはほとんどなく、一つのバンドにおいて、完全にプライバシーが保たれている。これらの住居は均等な距離を保って配置され、日常的な活動をバンドが共同で行える共有スペースを囲むような形で住居が配置される。日中、女性はこの共有スペースで料理の準備をしたり、むしろを編んだり、ラクダの乳搾りなどをして過ごし、男性は他の家畜を連れて遊牧に出かける。

　バルバラ地区で見られる住居形態は、材料の差こそあれ、フレームと膜材を使用した構造であり、セルフビルドが可能であるという点からも、遊牧型住居からの発展型であると考えることができる。実際に、バルバラ地区、PK12地区、PK20集落といった各居住ゾーンには、この発展経緯を示す各段階の住居が混在している。遊牧型住居だった住居の膜材が部分的に工業製品などの防水性の高いものに替えられ、さらに段階が進むと、曲線フレームから柱・梁への変化、さらに膜材がより耐久性のあるものに替わり、膜材を柱に打ち付ける最終型へと発展するのである。

一方で、スラムの拡大プロセスにも遊牧民の特性が見て取れる。定住化プロセスの第I段階が、そのバンド構成員であるところの近親者や同族に受け入れてもらうことから始まるからだ。単身で居候をしながら、その住居近くに適当な場所を見つけると、スクウォッティング（不法占拠）を始め、家族を呼び寄せる。そうやって、次々とテリトリーを拡大していくのだ。郊外の広大な土地と違い、限りのある土地では、その密度も極度に高まっていく。バルバラ地区の最貧困層が居住する地区は、このスクウォッティングの段階であることが多く、バンド単位での生活環境がある程度保たれていると言える。一方で、POP（Permis d'Occupation Provisoire ＝一時的な土地占拠を保証される権利）保持者の多く住む地区では、分配された土地に世帯ごとに分散して居住することとなるため、バンドという生活団結単位は破綻することとなる。遊牧生活では「隣家」とはバンド構成員である親族といった生活団結単位そのものであるのが、都市生活においては全くつながりのない他人と近距離で生活することを強いられるのである。他人と隣り合わせに暮らすことは、遊牧民にとって非常に緊張した状態であり、そのことは、敷地の周りをトタン塀で囲み、外部からの視線を完全に遮断している現象によく現れていると言える。

## フランスの試み

1980年代、バルバラ地区の急激な人口増加によるスラム拡大を危惧したフランスが、一時的な土地占拠を保証する権利（POP）と土地を与える代わりに、立ち退きを要請し、整備事業を行った。しかし、これはかなり限定的なインフラ整備に終わってしまう。そもそも、これまで広大な土地を自由に移動し、適当な場所に住居を許可なく設営していた遊牧民に、四角で囲まれた敷地などという概念はなく、さらにその土地を使用するための権利といったものを理解させることは困難である。彼らにとって、土地はだれのものでもないのだ。この認識の齟齬により、暴動や反対が起こり、またすでに高密度化・拡大化してしまったスラムの規模に、対策の規模が追いつかなかったのである。結局、インフラが整備された地区は、その後新興住宅地としてジブチ市内の中流層の移住が進んだだけで、スラムの解消、改善には到底至らなかった。そこでフランスは、1990年代初めにジブチ中心部から12km西に

図4 遊牧型住居からの発展。
　　定住化を始めた初期の住居。

図5 遊牧型住居からの発展。
　　膜材の一部が工業製品に替えられている。

図6 遊牧型住居からの発展。
　　円形フレームから柱・梁構造に変化している。

位置する場所にPK12という住宅地区の整備を始めた。バルバラ地区のスクウォッター層の移住を見込んで、5000筆分の土地の分配を行うとともに、舗装道路、電気、水道、学校施設やモスク、保健施設や市場等を整備するという壮大な計画である。将来的にはバルバラ地区の一部として統合され、そのための道路整備事業も含まれた。1筆30～35㎡、設定された世帯構成人数は5.5人程度で、計画では30000人程度の人口が見込まれていた。

しかし、2005年時点での人口は14000人前後と見られており、住宅用に分配された敷地は半分近くが空き地の状態である。住居があっても空き家であることが多い。舗装道路は地区の中心を通る大通りのみで、未舗装の道路以外にインフラは整備されず、公的施設は診療所と小学校、モスク1棟のみである。計画当初は、期待もあってか、バルバラ地区から引っ越してくる者もいたが、職探しのために中心部へ出かけるのに不便であり、またインフラ整備の遅れもあり、結局ほとんどのものがPK12に移り住むことなく、バルバラ地区へ戻っていった。このPK12には現在、バルバラ地区に居住できな

い貧困層や新たな移民が許可なく定住し始めている。敷地は境界線がはっきりしないため、居住ロットを無視して勝手に住居を建てており、またそれを管理、監視するものもいないため、スラム形成を誘発している状況にある。この計画はバルバラ地区のスラム解消のためのものであったが、逆に新たなスラムを形成する結果となってしまった。

　フランスはまた、住宅問題に対する具体的な取り組みも行っている。建材となる資源を持たないジブチは、建築材料8割以上をアラビア半島やヨーロッパからの輸入に頼っている状況にある。都市中心部に見られる建物は、輸入セメントによるコンクリートブロック造が一般的である。フランス植民地時代には近海の珊瑚を利用した珊瑚ブロックを用いて建てられることもあったが、環境的な視点から見ると、今日での使用には限度がある。また国内では、焼成レンガを生産している工場もあるが、高価であるため、一般的には装飾などの部分的な使用にとどまっている。セルフビルドが一般的なバルバラ地区では、良質な木材やブロックなどの建材を購入するのは困難であり、結果、ベニヤやトタンなどの安価な建材といった選択肢に行き着く。こうした劣悪な環境にあるスラム型住居か、非経済的な輸入住居か、という状況の中で、経済的かつ快適な住宅供給の可能性を目指して、バルバラ地区に実験住宅が建てられた。コンクリートブロック、焼成レンガ（コンクリートフレーム、木フレーム）、日干し煉瓦（コンクリートフレーム、フレームなし）、トタンの4種の材料を用いて計6棟建てられた実験住宅は現在でも使用されており、各棟の経年変化についての比較も可能である。コンクリートブロックや焼成レンガを使用した住宅は今なおダメージが少なく、室内環境も快適に保たれている。日干し煉瓦やトタンは、部分的にダメージを受けてはいるが、使用には問題ない状態であった。初期費用やセルフビルドという観点から総合的に判断すると、やはりトタンなどの安価で施工性の優れた材料が普及する結果となるのがよく分かる例である。

## スラム問題解決への視点

ジブチが抱えるスラム形成の問題は、遊牧民族特有の生活形態や住居形態、または土地に対する基本的概念といった要素に大きく起因するため、これらを無視した計画は、短期的、限定的に効果を上げることはあっても、根本的

な解決にはならない。居住する側と管理する側両者にとっての解決を見出すためには、これらの要素をうまく利用した計画を行うことが重要なのである。

(1) 世帯ごとの敷地分配からバンド単位の敷地設定へ

これまでフランスが行った政策は1世帯につき1敷地を分配するというものであったが、この方法では、元来のバンド単位が保持できず、世代間の相互扶助や役割分担が崩壊することとなる。バルバラ地区では、バンド構成世帯が各地区に分散している例が多いため、バスや徒歩で料理や物資を届けたり、病気の世話などに通ったりすることとなる。数世帯を設定した規模の大きな敷地を分配するか、もしくは隣接する敷地にバンド構成世帯をまとめるなど、バンド単位を維持することができる敷地設定が必要である。

(2) 民族混在の居住区画から民族別のゾーニング

現在のバルバラ地区では、民族ごとにまとまった居住区もあれば、混在している地区もある。民族ごとにまとまっている居住区は、強固なコミュニティが自然発生し、治安が保たれることとなる。住居の修理や建て替え、物の貸し借りなどの協力体制も存在する。しかし、移民や他の民族が混在する地域では、住民の警戒心が強く、日中も各住戸からほとんど外に出ないため、コミュニティが形成されにくく、治安の悪化を誘発する。緩やかな民族ごとのゾーニングを行い、コミュニティ形成を促すことが必要である。

(3) 一角集中のインフラ整備よりもポイント分散した整備計画

1970年代以降、ジブチは周辺諸国の避難民を受け入れる際に、その避難民たちが遊牧民であることを考慮して、首都から各都市につながる幹線道路沿いに井戸や貯水所などを設置した。家畜を有する避難民達は、この設けられた水場の近くに定住して集落を形成するセミノマッドとなった。これらの集落には、住民が集まれるコミュニティスペース（お祈りのための場所や商店

図7 PKI2地区の不法占拠 PKI2にスクウォッティングを始めた定住化遊牧民の住居。敷地を無視して建てている。

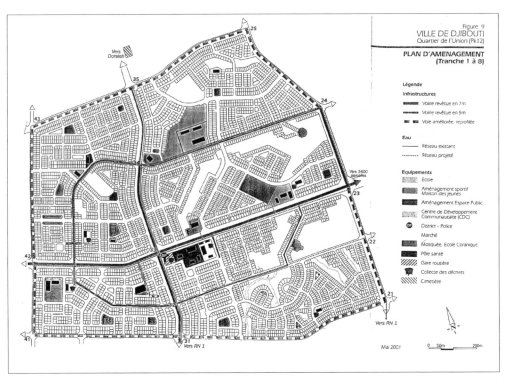

図8　PK12地区整備計画。バルバラ地区のスラム解消のために、5000筆の土地区画と学校や市場などの公共施設、道路整備が計画されている。

などであることが多い）が幹線道路から比較的アクセスしやすい場所に設けられており、コミュニティスペースにのみ電気が引かれていることもある。つまり、水、電気、物流のための道路を1箇所に設けて集落で共有しているのである。このような、必要最小限の整備で全域に効果を上げる方法は、バルバラ地区においても応用できるであろう。通常行われる整備計画は、都市中心部側から外側に向けて段階的に行う方法であるため、バルバラ地区全域をカバーするには莫大な時間と費用がかかる。しかしながら、コミュニティ形成がバルバラ地区全体で促されれば、各地区に近隣住民が共有できるインフラのポイント整備を行うことで、水と電気、物流の確保が全域で可能となるのである。

(4) セルフビルド住居の環境改善のためのアイデア

貧困層の住居改善の鍵は、経済的な膜材を利用したフレーム構造のアップグレードにある。これまでの遊牧型住居に恒久的な要素を付加した上で、室内環境を改善していくのだ。経済的な理由から建材の選択肢が限られているため、既存建材の耐久性を高めることと構法の工夫は必須である。トタンやベニヤ材は遮熱性、防水性のある塗材の積極的利用で耐久性・耐候性を高めることがある程度可能であるし、また、もともと遊牧民が使用しているマット材は、そのまま日よけスペースや間仕切り等にも利用できる。より耐久性、防水性の高い工業製品、化学繊維などでマット材を生産することができれば、新たな建材としてその利用価値を高められるだろう。さらには、規模に応じた部材の規格化や自由に開閉できる膜材のシステム化などが可能になれば、効率的な住居建設が行えるとともに、室内環境改善やメンテナンス性向上にも期待できる。遊牧民が遊牧型住居から徐々に発展させたスラム型住居の構成要素をできるだけ変えないで、改善を加えた新たな構法の確立ができれば、改善型住居普及も可能となるであろう。

**参考文献**

Centre d'étude d'Afrique noire, *l'Afrique politique 1998 Femmes d'Afrique*, Karthala 1998
François Piguet, *Des nomads entre la ville et les sables*, 1998
Marc-Antoine Pérouse de Montclos, *Afrique contemporaire, No.198 2e trimester*, 2001
Republique de Djibouti, Ministère des travaux publics, de l'urbanisme et du logement, *Schèma directeur de Djibouti et identification des projets provisoires*, Group Hiot-Tractebel Development 1998
Republique de Djibouti, Ministère des travaux publics, de l'urbanisme et du logement, Mission Française de Coopération et d'action culturelle, *Habitat pilote Balbala maisons témoins*, 1991

# 売春と歴史遺産
## エチオピアにおける歴史的環境と女性の貧困化をめぐって

岡崎瑠美

開発途上国の歴史都市は先進国に較べてはるかに多くの遺産リスクを抱えている。その一つが「女性化」問題で、インフォーマルな仕事を生業とする女性たちが歴史地区に集まるという報告が各地でなされている。本論文はエチオピアを例にとり、世界遺産クラスの歴史都市環境にジェンダー面から見てどのようなリスクが潜んでいるかを論じるものである。すぐれた歴史的建造物が売春婦が住み込むという「プロスティチュート・イン・ヘリテージ」現象の実像を、ゴンダール、メケレ、ハラールでの現地調査によって把握し、そのメカニズムと対処法を考えるものである。

■背景と目的

開発途上国における都市の貧困を考える際、浮かび上がってくるのがジェンダー問題である。従来、途上国における女性の貧困化問題はシルヴィア・チャントやチェチリア・タコリらによって指摘されてきた。そこでの論点は、今日の都市の発展が「生活条件の改善、平均寿命や識字率の向上、そしてより良い環境的持続可能性や急激に減少を続ける天然資源の効果的利用を通して、かつて存在しなかったほどの機会」を提供するに到った中で、女性の置かれたポジションをどのように評価するべきかといった点に集約される。実際のところ、開発途上国の女性たちがそのような機会を享受することはあまりない。アフリカに的を絞った場合、女性の置かれた状況に対する研究は、マリ、ナイジェリア、ケニアなど一部の国に限られている。明らかなことは、都市化の進展によって男性労働力が都市に向かうという現象である。出稼ぎに出た夫が家族に定期的に仕送りをするというのが一般的なパターンであるが、そのために農村部における男女のバランスが著しく崩れ、同時に、都市

部においてもかつてないほどに男女のアンバランスが生じている。アフリカ東部を対象としたいくつかの研究でこのような事例が繰り返し報告されている。著者は長らくエチオピアにおいてフィールドワークを重ねてきたが、ここでも隣国ケニア等と同様の傾向を見て取ることができる。本論文においては、エチオピアの歴史都市をフィールドとして実施した都市調査にもとづき、歴史環境を軸としてジェンダー問題を掘り下げていきたい。論文の目的は、以下の2点に絞られる。

(1) エチオピアの歴史都市の中心市街地を対象として、悉皆調査を基本に住民の生活環境を探り、その社会的な特徴を明らかにする。

(2) 歴史地区の環境劣悪化にともなう「貧困の女性化」問題に着目し、歴史的環境とジェンダーの関係を問う。

■対象地

調査地としてはエチオピアの歴史都市を選び、特にアムハラ地方ゴンダール、ティグライ地方メケレ、ハラール地方ハラールの三都市を扱う。ゴンダールは、近世ゴンダール朝の都として17世紀初頭から19世紀後半に到るまで宮廷を抱え、その周りに家臣団の市街地を展開させてきた。メケレは19世紀半ばのヨハネス4世期に都となり、1886年にアジスアベバに遷都されるまでの短い期間に発展を遂げる。他方、ハラールはイスラーム圏に属す交易都市としての顔をもち、アダル・スルタン国、ハラール土侯国の都として成長するが、1887年になってエチオピアに統合された。前二つの都市がキリスト教徒（エチオピア正教）を主体としているのに対し、ハラールはイスラーム教徒が主体であり、特に城壁をともなった歴史地区（ハラール・ジュゴル）においてはその点が顕著である。建造物についてはゴンダールの中心市街地はチッカと呼ばれる土着の簡易木造で覆われているのに対し、メケレはティグライ地方の伝統構法である石造が一般的である。ハラールの場合、城壁内では中庭型の石造住宅が密集し、その建設年代も他二都市と較べてかなり古いとされる。

# 三都市の調査

■調査の実施

今回の都市調査にあたっては、市街地中心部に対象区域を定め、その区域内の建造物の実測調査を行うとともに、居住者・建造物について属性、居住履歴、建築年代、文化的重要度などに関する全数調査を実施した。また一定数の居住者をサンプリングしてヒヤリングを行った。

調査日程ならび調査戸数については以下の通りである。

　ゴンダール：2011年8月に調査実施。対象区域はユネスコ世界遺産たるファシル・ゲビ（城館）に隣接する2ブロック、総戸数233戸、有効回答数136戸（58.4%）。

　メケレ：2009年6-7月に調査実施。対象区域はヨハネス宮殿に隣接する歴史地区の4ブロック、総戸数188戸、有効回答数145戸（77.1%）。

ハラール：2007年8月に調査実施、対象区域はハラール・ジュゴル（城壁内）のアルゴブ・バリ地区の3ブロック、総戸数82戸、有効回答数72戸（87.8%）。

■調査結果

ここでは三都市の中心市街地に関し、世帯の女性世帯と収入を軸に調査結果を載せる。なお、所得に関する米ドル換算は調査時点の換算レートによる。

(1) ゴンダール

調査対象はファシル・ゲビの東に隣接する2ブロックで、20世紀初頭までは円形住居が散集する地域であったものが1960年代のマスタープラン施行に合わせてグリッド型の道路配置がかかり、沿道型の連続住宅が建設された経緯をもつ。調査対象の27.6%が自家保有、54.5%がケベレ所有の公的住宅（革命以前の余剰住宅を接収したもの）である。住民40%が年間所得8,000ブル（470.3ドル）以下であるが、平均所得は16,344ブル（960.9ドル）となっているのは、この地域で事業展開を行う高所得者が混じっているためである。63.5%が女性世帯主である。平均居住年数は21.5年（図1）。

(2) メケレ

対象区域はケベレ14に位置する歴史地区内の4ブロック。19世紀後半のヨハネス王宮建設時から家臣団の邸館の建設が始まり、当初から明確な街路パターンをもった都市型の配置となっている。ヒドモと呼ばれる矩形の石造住

宅が一般であり、石積みの都市景観をかたちづくる。自家保有は15.3%、ケベレ所有の公的住宅は57.6%で、ゴンダールよりも所得水準が低い。女性世帯主は74.2%であるが、就業形態として売春が世帯数の27.4%を占め、最貧困層の街頭のテッラ（酒）売りは39.0%に上っている。平均所得は9,180ブル（779.3ドル）。平均居住年数は13.1年（図2）。

(3) ハラール

対象区域は4ブロックに分かれ、49の地籍区分にそれぞれ中庭型の住居を展開させ、ゲガールと呼ばれるハラール式の住宅が目立つ。ひとつの区画には1戸から数戸が収まり、ハラール人に加えて若干のオロモ人が住む。1900年以前のものが72%、16世紀にまで遡る古建築も含まれる。自家保有は52.9%、ケベレは38.6%であり、いずれも手入れが行き届いている。女性世帯主は51.8%となり、その多くは寡婦で1/4が高所得グループに属す。平均年収は12,602ブル（1,342ドル）で、外貨換算で所得水準が他都市に較べてかなり高いのがわかる。何世代にもわたって居住している世帯が多く、平均居住年数34.6年は他都市に較べてきわめて長い（図3）。

## 歴史地区におけるジェンダー問題

■エチオピアにおける都市と女性の地位

エチオピアは険しい山岳地帯が国土を覆い、19世紀から20世紀にかけての国内インフラ整備が進まなかったこともあり、都市化の進展はかなり遅れていたが、ハイレセラシエ帝後期の1960年代に入ってようやく都市化に弾みがつく。その結果、農村部から都市部への人口の移動が加速された。ゴンダールやメケレといった地方の拠点都市には、就業機会を求めて多くの農村人口が移住した。その後、社会主義政権（1974-1991）による土地国有化と余剰住宅接収政策が都市居住の形態を大きく変え、特に中心市街地では階層分布が激変した。

　エチオピアの都市部における女性世帯主の比率は2000年で35.4%を占め、他のアフリカ諸国と較べてみると、ボツワナ（48.1%）とガーナ（39.7%）を除いてかなり上位に位置している。しかし、今回の中心市街地の調査結果を見ると、女性世帯主の割合はゴンダール（63.5%、2011）、メケレ（74.2%、2009）と突出しているのがわかる。ハラール（50.0%、2009）ではその割

合が男女で同数になっているが、ムスリム社会の伝統を考えれば、それでも女性世帯主の比率が大きいといってよい。

女性世帯主の年齢分布をみると、別の特徴が読み取れる。ゴンダールにおいて男性が過半数を占めるのは40歳代の年齢グループのみである。女性の平均寿命を考えれば、高齢者世帯の世帯主が女性であることはわかるが、比較的若い層、特に30歳代においても女性化が進んでいる。なかでもメケレの場合は顕著であり、20歳代になると女性化の率はきわめて高い。この若年女性層の大半は、売春や街頭のテッラ（酒）売りで生計を立てており、住居の移動頻度が高い。逆に、ハラールでは高齢者層での女性の世帯主の割合が高く、その大半は寡婦である。70歳以上の寡婦の存在は圧倒的である。メケレの例に着目すると、女性のみの単独世帯には二つの傾向が存在し、ひとつはシングル・マザーとなった女性単独世帯、もうひとつは配偶者を亡くした高齢の女性が寡婦として世帯を切り盛りしている場合である。前者に対応するのは、売春婦と街頭のテッラ（酒）売りであり、調査区域での最大数を占めていた。売春はもっぱら自宅で営業され、その点で、地区全体がいわゆる風俗街となってしまっている。街頭の物売りも女性単独世帯を基本とした同じパターンを踏襲する。後者に関しては比較的裕福な住宅保有者であり、賃貸による家賃収入、場合によっては海外の親族からの仕送り収入で生計を立てている。つまり、この地区には二つの極端な女性グループが相互に干渉せず共存しているということである。

このような男女比率の違いはハイレセラシエ帝時代から存続した。1960年代にメケレを調査したスウェーデン調査グループは、市街地全体での男女世帯主の比率を40.4%：59.6%と報告している。現在が50.8%：49.2%となり、男女が拮抗していることを考えると、明らかに男性世帯主が増えている。その背景には、都市化によって農村部から多くの男性労働者がメケレに集まってきたことが影響しているようにも思われる。しかし、中心市街地は相変わらず女性世帯が多い。

■歴史遺産と売春
(1) エチオピアにおける売春
エチオピアにおいて売春は合法であり、多くの都市で売春街が存在している。アジスアベバにおける女性の行動に関する先行研究を見ると、アジスアベバ

図1 ゴンダール中心市街地調査区域(2011年)、女性世帯主の分布

図2 メケレ中心市街地(ケベレ14)調査区域(2009年)、女性世帯主の分布

図3 ハラール・ジュゴル調査区域(2007年)、女性世帯主の分布

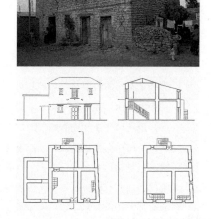

図4 メケレ、旧ブラタ・アッセファ・アバイ邸(1935年建設、1940年増築)。現況写真(2009年)ならびに平面図(一階、二階)、立面図、断面図。4戸用に小分割されている。

の成年女性の7.1%が配偶者以外の男性と日常的に性的接触をしており、その大半は売春であると報告されている。ゴンダールについても、城館（ファシル・ゲビ）地区に隣接してゴンダール朝時代から飲食や売春を生業とする「ギラ・ベット」と呼ばれる歓楽街があったことがわかっているが、現在もその「伝統」が続いていることが今回の調査で明らかにされた。アジスアベバの場合は「カザンチズ」地区がそれに対応する。

　文化人類学的に考察すると、売春行動は社会的接触という点で特異なパターンを示す。売春あるいはセックスワークは健康衛生面だけでなく、犯罪などを含めた高度の社会的リスクを背負っているが、社会的接触という面からは、セックスワークに携わる女性が日頃でさまざまなレベルの人間と接触する点に着目したい。買春側の男性だけでなく、他の売春婦や近隣の住民などもその中に含まれており、メケレの場合がその点を顕著に表している。アジスアベバの売春婦にインタビュー調査を行ったベトレヘム・テコラは、彼女たちの社会的コンタクトを三つのレベルに分ける。「サービスを提供される側の男性は女性に対し、リスクとチャンスの双方を提供する。一緒に働く女性は仕事上のライバルであるとともに相互協力者でもある。売春婦は隣人たちに受け入れられ抱擁されるか、拒否されて排斥されるかである」。彼女たちの近隣社会への参加は、彼女たちのフォーマルならびにインフォーマルな活動によって評価される。病者への見舞い、葬儀への参列、近親者を亡くした住民の世話、さらには地域単位の互助グループ（イディル）への参加などである。少なくともメケレの事例を見る限り、売春婦たちは地域社会によく溶け込んでいるように見受けられる。寛容と受容の精神が中心市街地に根付いているといってもよい。

　ハラールの歴史的街区はハラール人による典型的なムスリム社会から成り立っており、エチオピア正教のコミュニティが見せるような寛容さはなく、売春を基本的に認めない。しかしアムハラ人やオロモ人のコミュニティには他の大都市に見られるような売春宿がいくつも存在している。

(2) 遺産に住まう売春婦

メケレの中心市街地は、邸館を含む歴史的住居の多くが売春営業のための場所として用いられている点で特異である。歴史的住居の所有者の多くは当該地区に居住しておらず、古い建造物を単なる賃貸物件として扱っている。建築年代が古くメンテナンスが到らず、小分割してそれぞれの居住単位を低家

賃として、結果的に多くの低所得層が流れ込むことになる。中心街の立地という利便性を生かしたインフォーマル・ビジネスが生計の要となる。売春婦もそのようにこの地区に居を構えるが、収入面ではむしろ中所得層であって、程々の収入で格のある石造住居を借りることができる。それらが連担し、歴史地区全体が風俗街化していく。「遺産に住まう売春婦」（prostitute in heritage）となる所以である（図4）。格式のある建築と卑俗な入居者との組み合わせは、文化的価値を標榜すべき歴史地区には似合わない。ただ、売春街化するとはいっても、暴力犯罪の発生はきわめて低く、街並みはヒューマンスケールで景観的にも整っている。

　ゴンダールの場合、売春婦は歴史地区全体に分布しているが、これは城館に隣接する歴史地区が歓楽街としての側面を持っていたことに由来する。しかし、メケレに較べると、売春営業の場となる住宅は、チッカによる簡易木造で、見かけもみすぼらしい。今回の調査区域では、かつての売春宿として同定しえたのは1件のみで、イタリア占領期にイタリア人将兵を対象とした売春宿であったが、現在は一般家庭が入居している。ハラールにおいては、調査対象区域外のアムハラ人・オロモ人エリアでかつての邸館が売春宿として用いられている例がいくつも見られた。ムスリム主体の町であっても、同様に「遺産に住まう売春婦」の現象が見られるということでもある。

　欧州においても歴史的建造物がこの種の風俗街を形成している例がある。たとえばバルセロナの中心街バリオ・ゴティコがその典型であった。中世の街並みを残し、世界中から観光客を集める由緒ある歴史街区であるが、バルセロナ市が1990年代にオリンピックを機に整備に乗り出すまでは、売春と裏ビジネスがはびこる港町特有の歓楽街でもあった。マフィア等の犯罪集団が東欧等からの人身売買で集めた売春婦を抱えるということで国際的にも悪いイメージが付きまとっていた。

　メケレやハラールの中心市街地は、このバリオ・ゴティコの前段階であるのだろうか。古き由緒ある地区が売春街となっているメケレを見ると、その将来像についての疑問が沸いてくる。むろんこの地区の住民以外は、ネガティブなイメージを増殖させて、スラム・クリアランス的な再開発が俎上に上る。しかし、重要なのは、物理的相似性が必ずしも町の生活実態の相似性となっているわけではないことだ。メケレの中心市街地の社会的コンテクストを十分に分析しなければならない。ベトレヘム・テコラが分析するように、エチ

オピアの売春婦（セックスワーカー）の状況は他国とは大きく異なり、コミュニティは売春に対して寛容である。

　一般的に女性世帯主が多いことが直ちに売春婦の多さに繋がるわけではないが、メケレではまさにその現象が起きている。本来は多くの観光客を惹きつけるはずの歴史的建造物に売春婦が寄生している。とはいえ、セキュリティ上は安全で、普通に人が往来している。不動産所有のわかりやすさがその点を助長しているのではないだろうか。パリや東京、ニューヨークといった世界の巨大都市では、歓楽街は制度の及ばない場所といわれている。古いがゆえに所有者が不明か、さもなければ二重・三重の登記で所有者が曖昧なことが多く、それゆえに組織犯罪の温床となる。メケレの場合、都市の規模も圧倒的に小さく、社会主義期の混乱はあったとしても、不動産所有は可視的である。大半の住民は貧しいながらもコミュニティ・ベースの生活を送り、インフォーマル・ビジネスのひとつとして売春も組み入れられている。

　アフリカの他の都市を見た場合、ザンジバルやモザンビークなどの港町は「遺産に住まう売春婦」の側面を持ち合わせているように見える。世界遺産都市でありながら、貧困とジェンダー問題に根ざす負の生活環境が未解決のまま残っている。歴史環境保護に際してこうした現実をはっきりと認識する視点が必要であろう。

エチオピアは世界遺産を数多く擁していながら、都市整備という点から見ると、地域コミュニティに根ざした持続的な街づくりを行う段階にはまだ達していない。歴史的建造物は単体として保護の対象となり、周囲の市街地は貧困のまま放置されているのが現状である。エチオピアでは特に貧困層の女性がそこに根を張っていることが今回の調査で明らかになった。貧困が支配するこれらの地区が、商業的ポテンシャルの増加、あるいは道路拡張などを理由として突然の土地収用、クリアランスに到る例が多々生じているが、住民の生活を軸とした離陸への道筋は、行政レベルで深く考えられていない。単なる劣悪市街地のジェントリフィケーションではなく、住民のコミュニティ参画を指標とした地区更新の新しいプログラムを立ち上げなければならない。その際に町のアイデンティティを形成する歴史的環境を重んじつつ、女性のためのセーフティネットをともなった施策が肝要である。

## 註記

*1 ジェンダーと貧困に関する問題は南アジア（特にインド）を対象としてさまざまなケーススタディが試みられている。See: Sylvia Chant ed. "The International Handbook of Gender and Poverty: Concepts, Research, Policy" Edward Elgar, Cheltenham, 2010
Sylvia Chant "Gender, Generation and Poverty: Exploring the 'Feminisation of Poverty' in Africa, Asia and Latin America" Edward Elgar, Cheltenham, 2007, Bruno Schoumaker, Bruno "Poverty and Fertility in Sub-Saharan Africa: Evidence from 25 Countries" presented at: *Population Association of America Meeting*, Boston, April 1–3, 2004. Degefa Tolossa, (2010) 'Some Realities of the Urban Poor and their Food Security Situations: a Case Study of Berta Gibi and Gamachu Safar in the City of Addis Abeba, Ethiopia', *Environment & Urbanization*, vol.22, no 1, 2010, pp179–198

*2 Cecilia Tacoli "Urbanization, Gender and Urban Poverty: Paid Work and Unpaid Carework in the City" International Institute for Environment and Development, London, 2012, p.4

*3 Mahomoud Bah, Salmana Cisse, Bitrina Diyamett, Gouro Diallo, Fred Lerise, David Okali, Enoch Okpara, Janice Olawoye and Cecilia Tacoli "Changing Rural-urban Linkages in Mali, Nigeria and Tanzania", *Environment and Urbanization*, vol 15, no 1, 2003, pp13–23, Jonathan Baker "Survival and Accumulation Strategies at the Rural-Urban Interface in North-West Tanzania", Environment and Urbanization, vol 7, no 1, 1995, pp117–132.

*4 Mari H. Clark "Woman-Headed Households and Poverty: Insights from Kenya", *'Woman and Poverty'* Vol 10. No. 2 (Winter 1984), pp. 338–354

*5 Cecilia Tacoli 'Internal Mobility, Migration and Changing Gender Relations: Case Study Perspectives from Mali, Nigeria, Tanzania and Vietnam', in Sylvia Chant ed. "The International Handbook of Gender and Poverty: Concepts, Research, Policy" Edward Elgar, Cheltenham, 2010

*6 社会主義政権は接収された余剰住宅をケベレ（住区）の所有に転換したが、社会主義政権崩壊後、その一部が元の所有者に返還されている。今回の調査地でもそのような事例が多く確認された。

*7 Per Carlsson, Bo Martensson, Rolf Sandstrom, Mats Astedt "Housing in Makalle, Ethiopia" Svensk Byggtjanst, Stockholm, 1971, p.11

*8 Mehret M., L. Khodavich & B. Shanko "Sexual Behavior and Some Social Features of Female Sex Workers in the City of Addis Ababa" *The Ethiopian Journal of Health Development*, 4(2), 1990, pp. 171–176
Kevin Lalor "The Victimization of Juvenile Prostitution in Ethiopia" School of Social Science and Law Articles, Dublin Institute of technology, 2000, pp

*9 Bethlehem Tekola "Negotiating Social Space: Sex-workers and Sociala Context of Sex Work in Addis Ababa" *African Study Monographs*, Suppl. 29: March 2005, pp.169–183, Also See: Bethlehem Tekola "Poverty and the Social Content of Sex Work in Addis Ababa An Anthropological Perspective" Forum For Social Studies, Addis Ababa, 2005

*10 メケレの売春婦の平均年収は対象地区で8,640ブル（733.4ドル、2009年）となり、区域の平均月収を若干下回る。

2-2-3

# レジリエンスのメカニズム
## スラムをめぐるもうひとつの解釈

唐 敏

国連人間居住計画によれば、スラムとは「過密でインフラへのアクセスが不十分、住居の建てつけが悪く、土地所有が曖昧」(2003年)とされる。その種のトップダウン的な見方に対して、住民による自助的なステップアップの道筋をポジティブに捉える考え方もある。寄せ集めの不均質な仮住まいの場所という先入観を外し、従来、一般的とされたスラムと都市の間にある境界線を取り外して、ひとつの都市的な居住への移行段階と理解することはできないだろうか。本論文は、筆者のイスタンブールとナイロビでの経験にもとづき、スラムに潜む隠れたロジックを明らかにするものである。スラムに対するもう一つの視座を提供するために「レジリエンス」の概念を持ち込み、住民の移住・発展・強化のプロセスの中で住人の間で共有されるつくり上げの力に着目し、スラムを日常生活に開いた普通の町の一部となすべく、若い世代の居住者の今後の可能性と問題点を論ずる。

### スラムをめぐる言説——何が境界を発生させるのか

地球の「南」にはびこる不良住宅地、すなわちスラム、は何とも手の付けられない代物と考えられている。実態が良く分からないまま、移住、改善、サービス提供といったトップダウン的な援助で片づけるのが一般的なようだ。インフォーマルかつ不法な集団であるがゆえに行政側の権力と対峙する。さらに言えば、建物が好き勝手に建てられ無法地帯そのものであるかのような外観が、都市に対する異物として扱われ、脅威として認識される。それゆえにスラムに関する議論を行う際は、都市との間に引かれた有形無形の境界線が浮かび上がってくる。

ジャーナリストであり文筆家でもあるマイク・デーヴィスはガラクタの素材で造られたスラムが今後の20年で世界の大多数（少なくとも開発途上国の78%）を占め、地球は「スラムの惑星」となると予測している (Davis, 2006, p.19)。スラムと他の市街地との違いは明白だ。インフォーマル性、貧困、不衛生、疾病、文明化された社会に当然備わっている「スタンダード」のインフラの欠如、混沌性、適切な教育の不在、といったものが先に述べた「境界」を生み出す論法の一部となっている。

　その一方で、前向きの議論もある。1970年以来、世界銀行が主導した第三世界における「サイト＆サービス・スキーム」や、最近のプリツカー賞受賞プロジェクト（アレハンドロ・アラヴェナの著名なプロジェクト）では、建築家がスラム住民の自助的な活動をその空間実験の中心に据えるなどして評価をする。こうしたハウジングの問題とは別に、レム・コールハースはラゴスの都市運動を「車の中に座ってではなく、自分の足で歩き、ヘリコプターを使って天空から観察する」[*1]ことで、人々の先入観がいかに変化するかを提示した。彼は、恒常的な複合性、言い換えれば自己制御的な都市システムは、西側世界の未来のあり方[*2]として考量されなければならない、と説く。

　スラムのもつ社会経済的な側面はしばしば政治的な運動と一体化するが、この点に着目する必要もあるだろう。ヘモンド・デ・ソトは、スラムにおけるマイクロファイナンスや他の見えない寝かせ資本による起業との可能性に期待をかける最も楽天的な経済学者の一人に違いない。1970年代初頭のハート・キース（1973年）や国際労働機構（ILO）がインフォーマル性を概念化することによって、インフォーマルはフォーマル経済の対比概念となった。デ・ソトは貧困層を法律の枠内に入れ、法的手段の使い方を教えることで、開発が達成されるとともに寝かせ資本を「貧困の循環」を断ち切る「ダイアモンドの塊」にしてみせるとまで言い切った。インフォーマル経済は、次から次へと移住してくる人間とそのための一時的な空間とを支える社会的ネットワークに依拠している。ダグ・サンダースはそれを「アライバル・シティ」と名付け、「効率的で関係性の良い内部の行政機関があれば、アライバル・シティの機能が担保され、移住者が到着、自己変容、そして中産階級へのステップアップへと進む社会的モビリティ・パスを提供しうる」とした (Saunders, 2011, pp. 20–21)。

　筆者自身、過去5年間にいくつかの国のスラムを訪れているが、その時の

経験は上記の議論に概ね対応している。今問いたいのは、その時感じた異物性をいかに読み替え、そのダイナミズムをもっていかに都市の中に一定の役割を与えるべきかということである。本稿では、二つの相異なった事例を下敷きとして問題提起を行い、教訓を引き出すとともに新たな視点を展開してきたい。

## スラムのレトリックとリアリティ

■事例Ⅰ：イスタンブールのゲジェコンドゥ

「ゲジェコンドゥ」はイスタンブールの都市化の過程で住宅需要に供給が追い付かず、その差を継ぎはぎ的に埋めるべく「一夜にして建築した」不良住宅地のことを指す。1940年代にその兆候が始まり、1960年代、1970年代には相当数の住宅がこのように建てられた。一時はイスタンブールの住宅ストックの40%を占め、市民の半数はかつてゲジェコンドゥに住んだ経験がある。1966年の第一次ゲジェコンドゥ法は、既存の不良住宅地を法の枠組みで捉え住民に必要なサービスを提供するとともに、さらなる不良住宅の建設をストップしようとの試みであったが、政権交代とともにゲジェコンドゥは逆に増え続ける（Koçak, 2014, p. 100）。住民はインフラの導入や居住の権利の確立を目指して、選挙活動中の政治家と交渉したり、自ら政治団体をつくったりして活動した。第二次にあたる1983年の法律は新自由主義的な政策にもとづいてゲジェコンドゥ一帯に市場経済を持ち込むことになり、一部の住居に残留を許しつつも、全体としてはクリアランスもしくは再開発事業を起こして貧困層並びに少数エスニック・グループを郊外の高層住宅に移すといった策を取った。それでもゲジェコンドゥは住宅不足を補うかのように都市域における一定のルールを伴った「セルフサービス」式の建築法で継続する。

　一定のルールを伴ったセルフサービス的なアプローチとは、集住地レベルでも個々の宅地レベルでもはっきりと確認することができる。都市計画家のシェンヤピリは、新たなゲジェコンドゥを造成することは土地取得とコミュニティ施設の建設に関し経験豊かな年長者と共同で行うコレクティブ・アクションであるとする[*3]。このシェンヤピリの説明が初期の計画段階を指し示すとすれば、図1の「アルムトル」すなわち第二ボスフォラス橋の近傍に1950年代から発生し進化したゲジェコンドゥの発展形を示すことになる（図2）。

5つの丘を繋ぐように細かく分かれて分布する夥しい住居群に、表通りから小径や袋小路に到るヒエラルキーを見て取ることは難しくない。学校やモスク、文化センターも巧みに配されている。2011年に初めて訪れた時、市営バスに乗ってアルムトルの中心街に行くことができた。バスを降りると、5〜6階建てのビルの一階にいくつもの店舗が入っており、表通りの向こう側に渡ると、どの建物も敷地内でセットバックしているのに気が付いた。多くの場合、手前には庭、背後には玄関ホールを備えている。最も印象的だったのが、丘の上から眼にした緑に覆われたピクチャレスクな光景である。建築の形態は様々だ。煉瓦壁には仕上げ無しでむき出しとなっているものもあれば、カラフルに装飾されているものもある。水道、電気、インターネットといった基本的なサービスは完備しており、道路も舗装されている。

（上）図1　空から見たアルムトル（2014年）
（下）図2　アルムトルの初期ゲジェコンドゥ（左）と進化したアパルトコンドゥ（右）（2016年）

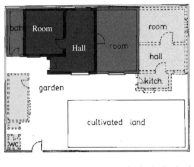
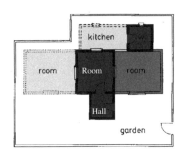

図3　AkdereとTuzlucayirにおけるプロットの進化過程（出典：Modified from Senyapili, 1986）

　ゲジェコンドゥは大きく二つのタイポロジーに分けることができる。初期のゲジェコンドゥは農村的な庭を伴った戸建形式であり、それに対して後期ゲジェコンドゥもしくは「アパルトコンドゥ」は多層型の集合住宅を基本としている（Esen & Lanz, 2005）。初期のゲジェコンドゥからアパルトコンドゥへの水平的・垂直的変化は、工場生産の材料と近代的な構法によって促進されたと言っても良い。施工法はもはや自助的なつくり方ではなく、施工会社への発注と、場合によっては外国人労働者の仕事が前提となる。このような変化によって住宅地の質が変わったにも関わらず、政治家たちの議論は相変わらずアルムトルの状況は「危険度と違法性の高い地区として再開発の対象とする」といったものだ。

　アルムトルの空間特性は、地区・主たる道路の配置・施設の組織化からなる空間構造を持つトルコの土着の集落の構造を踏襲している[4]（Pinon, 2008）。こうした空間の論理は自然環境だけでなく、社会経済的な秩序を反映する。例えば、集落の境界は経済生産によって決定され、内部の土地の小分割は住民の権力関係を映し出す。権力者は公共施設や学校・モスクの立地にも権力を行使する。カフェ、薬屋、床屋、洋服屋、鍛冶屋、大工といった職種の分布も集落の構造の一部となる（Tunçbilek, 1974; Hütteroth, 1974）。

　アルムトルの社会構成はより複合していると言って良い。土地の分割については、当初からの利権を保ってきた土地マフィアに対して1970年代から左派グループが少数エスニック・グループと宗教的少数派への土地の無償提

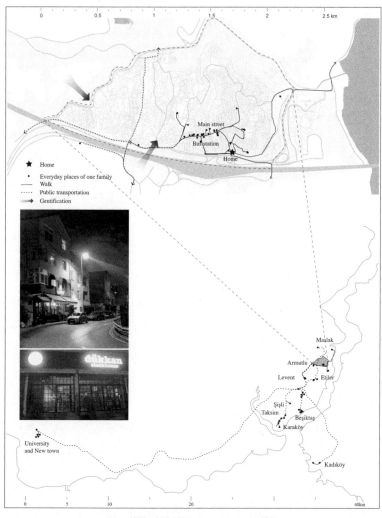

図4　境界の侵略と領土のメトロポールへの拡張

供を主張したことで、権利形態に凹凸ができたことが特筆される。表通り沿いには、昔からのマーケット、スーパー、電話会社、パン屋、レストラン、トルコ・カフェが並ぶ。町の周縁部ではジェントリフィケーションが進展していた。よそ者が、インフォーマルゆえに低家賃であるこの地区の建築物の権利を取得し、近隣のブルジョワ層に向けたラグジュアリーな建物に改装しようとしているのだ（図3）。

宅地レベルにおいては伝統的なトルコの住宅の特質を見ることができる。トルコのハヤット住宅（Kuban, 1995）は半農村的環境、都市的伝統がさほど強くない社会で、16世紀以降の遊牧民の定住に伴い、とりわけ19世紀に入って生み出された（Kuban, 1995, pp. 33–36）。無論、自然もなく密度の高い都市部においてこのような住宅の思想をそのまま再現することは不可能に近い。大きく変化したのは、戸外/室内の関係を保ちつつ工場生産の材料を使用することになった点だ。住宅の経済事情の向上、ゲジェコンドゥの女性たちの活発な活動によって、宅地間の境界は曖昧かつ互いに開いた関係になってきている。ひとつのクラスターに属する住宅は互いに領域を開放する。ある家の庭は別の家の通路を兼ねる。洗濯や料理のためのサービス・エリアは、近代テクノロジーが日常生活にもたらした快適性ゆえに室内に移された。にも関わらず、庭と（近代化された）ハヤットは今でも集住地に不可欠の要素として人々に受け入れられている。それゆえトルコの住宅の精神は都市生活にアレンジされながらも今なお継承されている。

　ゲジェコンドゥの若い世代は、こういった伝統と現代がぶつかる環境の中に綴じ込められず、海外の高等教育を受ける人もいて、仕事、または遊びでイスタンブールのポプラルな場所によく出かけている。そうした大都市自体が彼らの領域になっている（図4）。

■事例2：ナイロビのスラム
ナイロビは東アフリカのハブであり、100か所にわたるスラムもしくは不法占拠の不良住宅地を抱え、そこに全人口の60%が住んでいる。スラム住民の91.2%は賃貸者である（Andvig & Barasa, 2014, p. 55）。スラム住民は転居率が高く、生まれてから同じ場所に住んでいる世帯は17.4%に留まると言われるほどに不安定な生活を送っている。この数字を見れば、スラムの役割は若年層の受け入れと送り出しを担う賃貸住宅市場となっていることが分かるだろう。その一方で、ナイロビの労働力の2/3がインフォーマルな労働形態に依拠していることから、スラム内でこの町の相当額の金額が収入として生み出され、消費されているのが理解される。

　2014年にケニヤの「スラム改善予防政策」が採択されたが、それによるとナイロビのスラムは、老朽化した住居、過密性、極貧困、失業、犯罪行為、曖昧な土地所有、物理的開発行為の欠如、不十分なインフラ・サービスに示

され、多くの場合、持続不可能な環境に位置している、とされている。このことが人々のスラムをめぐる想像力をかきたて、何千人もの「ミズング」(白い人＝外国人) を世界で最も有名なアフリカ最大のスラムに惹きつける。スラムの形成は英国植民地時代の隔離政策まで遡ることができる。キベラ・スラム (図5) が生まれたのは 1918 年とされ、その年に第一次世界大戦で英軍に加わったヌビア兵とその部族のために森林だったこの土地が提供された (Amis, 1984)。

　ケニヤ第二のスラムであるマタレ・ヴァレーの場合は、スラム改善に向けて動きが活発化している。1970 年代に、初期の不法占拠者を含む多数がステークホルダーとなって民間ディベロパーによる土地買収や賃貸住宅建設が進み、さらに 1980 年代になって国際的な資本参加が入り、政府主導でサービス整備プログラムやスラム改善プロジェクトが実施に移された[※5] (Etherton, 1982)。そうした開発事業等で、マタレの街並みは鉄板を張り合わせた粗末な小屋と高層の煉瓦壁の住宅が共存する不思議な光景を生み出している (図6)。中の住民は、土地所有者と賃借者が二つの階層に分かれている。当初、この地区が形成されるにあたって部族問題が根底にあったのは確かである。様々な社会集団[※6] が混在するため、また都市内にセキュリティと連帯性を担保するため、境界をつくることが重要であった。実際、マタレ

図5　キベラの街の玄関口のひとつ。線路が見える (出典：Kiberastories 2016)

図6　マタレの民間ディベロッパーによる住宅と不法占拠された住宅の混合パターン

内には13の「村」があるが、その大半はキクユ族とルオ族が居住する。一部は多部族に開かれ、ソマリア人、スーダン人が住むという点で国際的でもある。土地所有者は土地や家屋を貸すにあたって同じ部族の出身者を好む傾向がある。預金の際にはリスクを減らす上でも同一部族で固まり、ビジネス展開も同じである。ギャング・グループですら同一部族となるようだ。

　ナイロビの人口の80％は15歳から34歳の年齢層に属している（Population & Center, 2012）。「青年」なるものは、正規雇用に就き十分な土地や住居を構えるに足る収入を得ることのできる「大人」になるための前段階に位置づけられ、ケニヤにおいては18歳から35歳までの都市住民を表すことが一般的である。中等教育を受けていないナイロビの大半の青年は、若い時から経済活動に敏感であり、いかなる時にも複数の収入源を確保している（Thieme, 2013）。国際援助があるおかげで、地元の団体は潤っている[7]。マタレの青年はそのことを熟知しており、部族にはこだわらない一つもしくは複数の団体に登録することを願っている。その団体が扱う各種のプログラム[8]だけでなく、教育への資金援助やトレーニングの機会、プロジェクトやイベントへの資金提供などのチャンスが眼前にあるということで、俄然やる気になる。こうした団体が、国際的な援助を受ける上での青年たちの物理的ゲートウェイになっているわけだ。スマートフォンはSNSが誰でも使えるようになったので、スラムの若者も容易に世界と繋がっている（図7）。

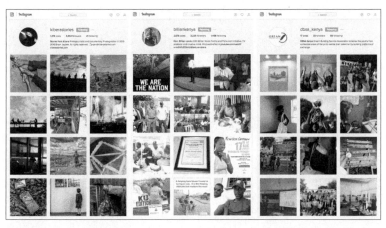

図7　SNSのページの一例（2016年）
　　（左から）キベラのスラム写真家のSNSページ、マタレの若者指導者、外国のNGO

　ある団体が外国からの援助でコミュニティ・ワークを実施するのであれば、他の団体も別の収益性の高い仕事をこなすのが普通である。例えば、ゴミ回収グループはそれぞれ自分たちなりのテリトリーと顧客があり、一戸当たり月々100～200ケニア・シリングを徴収する。回収した廃棄物は分別され、換金性のあるプラスチックや金属であれば仲介業者に転売する。活動力のあるグループなら、水の供給、コミュニティ・トイレのメンテナンス、都市農業や鶏の飼育などを行う。

　これらの活動は都市との様々な関わり合いも生み出す。都市農業は自給自足型のライフスタイルを促進するのが目的となるが、スラムでは土地に限りがあるので、マタレの場合、地面での栽培に加えて、袋栽培[9]が一般的なやり方である。マタレの街中を歩いてみれば、どこにでも「畑」があるのが分かるだろう。コンティとコッポ（2013年）でマッピングを行ったところ、24の菜園中16件が販売を目的としているとの報告を上げている。マタレとキベラにおいて最も成功している販売物と言えば、「ミトゥンバ」の商標を付けた先進国の衣服の中古物件である。中国製のアクセサリーならどこでも見かけることができる。いわゆるインフォーマルビジネスの産品がフォーマルなマーケットで扱われているだけでなく、海外企業も「インフォーマル」な小売業のマーケットに参入しようとしていることは興味深い。日清食品の製品がキベラで販売されているのがその良い例で、スラムという巨大マー

図8 (左上)スラムフィルムフェスティバル、(右上)屋上緑化農業、(左下)マタレヴァレーの中心にあるミトゥンバの市場、(右下)フルマの日清ヌードルの広告(2015年、2016年)

ケットにインスタントラーメンを普及させようとの涙ぐましい努力が見て取れる(図8)。

## レジリエンスのメカニズム

ここに紹介した二つの事例から得られるのは四つの基本的な知見である。第一に、建築によって示される環境は、法的・社会経済的な状況とは必ずしも対応していない。そもそも極めてダイナミックな対象を陳腐な基準でもって概念化しようとするのは、かえって見えない境界をつくるという意味で危険である。第二に、スラムとは住宅に特化した単純な設問では解ける代物ではない。むしろ、その内部に封印された様々な事柄が、多様性、ダイナミズム、複合的な社会経済的な関係を包摂していることを知らなけれがならない。人間、資源、場所、思想が一緒くたになり、ローカルなスケールでもグローバルなスケールでも相互に関係し合うのである。第三に、スラムにおいて過去と現在、農村と都会の双方が様々な観点から混じり合っている。第四に、トップダウンとボトムアップの両方が共存し、互いににじり寄りながら、スラム

の形態を色々なスケールに変容させていく。

　しかし、スラムの持つ地域による差異、不均質で絶えず変化する関係、都市的な状況を勘案し、それらを一つの統合した枠組みの中に入れ込むかとなると、それはそれで大きなチャレンジである。筆者が提案したいのは、スラムという集住地の進化を理解し、より広い都市的な仕組みの中でそれが果たすべき新しい役割を把握するためにも「レジリエンス」という概念である。スラムを強固なものに組み替えるためには、個のレベルから集団のレベルまでにまたがる各種のスケール、そして直近から長期までのタイムスパンを前提として「変化」と「安定性」を経なけれならない。そうすれば、街中の身近なレベルで様々な試みをしながら社会・空間的なプロダクトを僅かずつでも生み出していく若い住民たちの意欲を良い方向に導くことが可能になるだろう。

　アルムトルとマタレの最初の移住者たちはそこに自身のシェルターを建てることで精いっぱいだった。しかし、両者で戦略は全く異なっていた。トルコでは理想的な住居に向けて徐々にではあるが一歩一歩進み、アメニティを獲得するために当局と交渉を重ねた。彼らが有していた伝統住居のノウハウは重要な役割を果たし、昔の住宅の持つ空間の特質や社会的ネットワークを移し換えて自身の集住地を形作っていった。一方、ケニヤでは初期の段階から賃貸住宅マーケットを発展させることを目的に、集団で土地を購入し賃貸用の住居を建てた。賃借者にとっては一時的な居住の場であり、そこに資金をつぎ込んで居住条件を改善することは禁じられた。マタレの建築的環境はイスタンブールよりも見栄えが良いと言うのも、ここから説明がつく。

　ナイロビの若年層にとっては、この場所は既に住宅地として目いっぱいに用いられていて、新たな宅地を得る可能性は全く無いと言うことで、住居と土地は最重要マターとはならない。それゆえに経済活動こそが重要であると考える。具体的には国際援助で潤う地元団体に登録することが、新たな資金源、援助、仕事をもたらす上で最良の選択である。建築的環境の見かけが良いからといって、この種のダイナミズムが潜んでいることを無視してはいけない。一方、イスタンブールの若者たちは教育水準も高く、ビジネスの機会に触れることも多く、大都市により深く結びついている。新参者であっても結構早く都市生活に慣れ、近隣地域の外に出ても自身の足跡を残すことが

できる。それでも年寄りの世代がつくった住居はインフォーマルの賃貸住宅マーケットに資するものであることに気が付いている。実際、2016年のフィールドワークでは、初期のゲジェコンドゥを集合住宅に建て替える例が散見された。

　安定とは、住民たちの当初の密度の高い社会文化的背景に依拠するのが普通であり、集住地の空間構造に影響される。逆にレジリエンスな特質を付与することで、伝統規範の先を行く若者世代にとってゆるやかなコミュニティ形成を可能にする。この開放性が境界を越えて結ばれる都市との関係性を成立させることになる。

　マタレは都市化の過程において民間資本の流れと当局による介入が決定的な意味を持った。場合によっては、農村部からの移住者を受け入れたという点でアライバル・シティの役割を果たしたかもしれない。外国からの資金と地元の若者とをチャリティの下に結び付ける場所でもある。グローバル経済から見れば、製造業と流通業、そして消費マーケットの結節点である。住民が自助的に自身の住居を建て徐々に都市基盤を強化していったことで比較的安定したゲジェコンドゥとなったアルムトルの場合、現在、投機とジェントリフィケーションに直面し、都市再開発プロジェクトの脅威に晒されている。

　ここに提唱するレジリエンスの概念はスラムを別の視点で再定義しようとする実験的な試みでもある。加えて、歴史的な経緯をなぞることで、いわゆるスラムにおける日常生活に胚胎される関係性、生産性、相互の社会空間的配置に焦点を当てることができる。スラムを「普通の町」(Robinson, 2006) の一部と認識し、強化のための異なったレベルに向かう長い旅の中で発展した総合的な全体像と理解する考え方もあるが、筆者の場合は、自発的な集住地が都市化の過程で果たす重要な役割、(若い) 住民が都市社会に総合されていくための機会としてスポットを当ててみた。

## 註記

*1　The informal gigantic rubbish dump, at first sight, is a place where a process of sorting, dismantling, reassembling and potentially recycling is being held at the second glance. The following aerial view made them understand that an accumulation of dysfunctional movements turns to an impressive systematic performance at the urban scale. (Koolhaas, 2002)

*2　He claims that 'Lagos is not catching up with us, rather we may be catching up with Lagos'

*3　"When new gecekondu areas have been opened en masse instead of on an individual basis after the 1970s, they first asked assistant experienced elders in the neighborhood near them, and together with them they went to the area and occupied about 150–200 parcels each about 10 ha. In the meantime, the experienced elders walked over the site, allocating land for community facilities like schools, a mosque, sports area and the like." (Şenyapili, 1986, p. 164)

*4　ayouts and parcel divisions, and facilities within quarters dictated an assemblage threaded through by alleys… The system of cul-du-sacs is for local use…provide access to the heart of blocks and also distended at the periphery… The distribution of Ottoman house took its place along the streets…not always aligned by the main façade" .(Pinon, 2008, pp. 143, 149, 154, 157)

*5　The squatting activities on the former quarry could be traced back to 1920s. Until the mid-1960s, there were nine separate tribe-based villages with the loose rural-type structures that have been gradually developed along the southern side of the river, and mainly on the private lands. Dramatic transformations of Mathare's socio-spatial morphologies occurred at the end of the 1960s.(2010) The so-called 'company housing' represents the co-operative basis of property buying and shelter construction actions, which initially aims to secure the right of early squatters to be part of the shareholders in their group. It soon transformed into housing speculation movement that has involved external capitals including from the sophisticated real estate developers.(Amis, 1984) The rest of the public lands have been developed by world bank oriented Site and Service Schemes as well as the rehabilitation projects during the 1980s and 1990s (Amis, 1988; Kigochie, 2001).

*6　The primary composition is Kenyan tribes such as Kikuyu (38%), Luo(14%), Luhya(14%), Kamba(11%), and outsiders such as Asian(Indians), European, Somali(4%) and expatriate communities.

*7　The hierarchy of local organizations is as follow: Youth Group, Community Based Organization (CBO), NGO and National Youth Service (NYS).

*8　The range of activities covers from football tournament, artistic training, modeling, photographer, and film-production, waste management, sanitation, urban agriculture, saving group, micro-finance, health center, orphanage and various type of entrepreneurship, etc.

*9　A 50 kg sack can hold 50–70 seedlings of green leafy vegetables. To fill one sack with soil, manure, pebbles and seedlings costs an average of 1700 Ksh (17 Usd).

## 参考文献

Amis, P. (1984). Squatters or tenants: the commercialization of unauthorized housing in Nairobi. *World Development*, 12(1), 87–96. doi:http://dx.doi.org/10.1016/0305-750X(84)90037-8

Amis, P. (1988). Commercialized rental housing in Nairobi, Kenya. *Spontaneous shelter: international perspectives and prospects, Temple University Press, Philadelphia*, 235–257.

Andvig, J. C., & Barasa, T. (2014). *A Political Economy of Slum Spaces: Mathare Valley*. Retrieved from

Davis, M. (2006). *Planet of slums*. London; New York: Verso.

Erman, T. (1997). *The meaning of city living for rural migrant women and their role in migration: The case of Turkey*. Paper presented at the Women's Studies International Forum.

Esen, O., & Lanz, S. (2005). *Self Service City: Istanbul*. Berlin: B-Books.

Etherton, D. (1982). *Mathare valley: a case study of uncontrolled settlement in Nairobi (1st ed., repr. ed.)*. Nairobi: Nairobi : University of Nairobi. Housing research and development unit.

Hart, K. (1973). Informal income opportunities and urban employment in Ghana. *The Journal of Modern African Studies, 11*(01), 61–89.

Heynen, H., & Loeckx, A. (1998). Scenes of Ambivalence: Concluding Remarks on Architectural Patterns of Displacement. *Journal of Architectural Education, 52*(2), 100–108. doi:10.1111/j.1531-314X.1998.tb00261.x

Hütteroth, W.-D. (1974). The influence of social structure on land division and settlement in inner Anatolia. *Turkey Geographic and Social Perspectives, Leyde*, EJ Brill, 21.

Kuban, D. (1995). *The Turkish hayat house. Istanbul*: Muhittin Salih Eren.

Odede, K. (2010). Slumdog Tourism. Retrieved from http://www.nytimes.com/2010/08/10/opinion/10odede.html?_r=0

Pinon, P. (2008). The Ottoman Cities of the Balkans *The City in the Islamic World (2 vols)* (pp. 141–158): Brill.

Population, A., & Center, H. R. (2012). *Population and health dynamics in Nairobi's informal settlements: report of the Nairobi cross-sectional slums survey (NCSS) 2010*: African Population and Health Research Center.

Robinson, J. (2002). Global and world cities: a view from off the map. *International Journal of Urban and Regional Research, 26*(3), 531–554.

Saunders, D. (2011). *Arrival city*. London: Windmill.

Şenyapili, T. (1986). A Discussion On The Physical Characteristics And The Evolution of The Gecekondu Phenomenon. *METU Journal of the Faculty of Architecture, 7*(2), 143–170.

Thieme, T. A. (2013). The "hustle" amongst youth entrepreneurs in Mathare's informal waste economy. *Journal of Eastern African Studies, 7*(3), 389-412. doi:10.1080/17531055.2013.770678

United Nations Human Settlements, P. (2003). The challenge of slums global report on human settlements, 2003. Retrieved from http://www.123library.org/book_details/?id=85785

Uysal, Ü. E. (2012). An urban social movement challenging urban regeneration: The case of Sulukule, Istanbul. *Cities, 29*(1), 12–22.

Yalçıntan, M. C., & Erbas, A. E. (2003). Impacts of "Gecekondu" on the Electoral Geography of Istanbul. *International Labor and Working-Class History, 64*, 91–111.

**第2章**
脆弱で危機にさらされた社会

# 2-3
# 伝統社会と近代化

### 2-3-1
ネパールの伝統的住宅の温熱環境と熱的快適性
リジャル・ホム・バハドゥル

### 2-3-2
エチオピアの都市・建築分野の国際協力プロジェクトの課題と可能性
設楽知弘

### 2-3-3
取り込みとしての建築技術の移転
——エチオピアのティグライ地方における近代伝統建築史
清水信宏

2-3-1

# ネパールの伝統的住宅の温熱環境と熱的快適性

リジャル・ホム・バハドゥル

ネパールの伝統的住宅の温熱環境について評価すべき点や問題点を分析し、居住者の熱的快適性を検討し、伝統的住宅の具体的で実現可能な改善予測を示すことを目的として、ネパールの5つの郡の伝統的住宅を取り上げ、夏と冬の温熱環境実測と居住者の熱的主観申告調査を行った。ネパールには気候と文化に則した独自な形態をもつ住宅が多種形成されていた。また、ネパール人の快適温度は亜熱帯、温帯、冷帯の順に高かった。さらに、伝統的住宅の断熱化や気密性は、温熱環境の改善や薪削減のために有効的である。

伝統的建築・都市環境は、気候風土を配慮して自然の建材を用いて作られている。そのため、地域によって様々な個性ある街づくりを見ることができる。先人達の知恵と工夫が凝縮されたそのような建築や都市を体験すると多くの感動を受ける。現在でもヨーロッパの国々では伝統的な街並みが多く残され、この先100年後もずっと変わらずに生き続けるように思われる。このような歴史ある街並みで暮らす人々は、心豊かであろうと想像する。

一方、近代建築・都市には気候風土への配慮が少ない。世界のあちらこちらで似たような街づくりが見られる。今後、私達が異なる体験や景観を求めて旅をしても、どこでも同じような街が建ち並んでしまえば、伝統や文化に触れることができなくなる。また人工的な空調設備によって環境負荷も限りなく増え続けていくだろう。

残念なことに、日本各地域の伝統的建築や歴史ある街並みが失われつつある。これは、伝統的建築の良さがあまり評価されないまま国の近代化がなされてきたためであり、伝統的建築・都市環境に関する教育も十分ではないからだと思う。建築史の教育は行われているが、これは伝統的建築・都市環境

の技術発展を説く内容ではなく、むしろ伝統的建築・都市を過去のものとして教えている。建築や都市計画では地域に配慮した建築が必要と叫ばれているが、これを実現するための具体的な方法論はあまり見られない。気候風土に根ざした建築・都市環境をつくるためには、伝統的な建築の技術を発展させるしかないと思われる。伝統的建築・都市環境は長い歴史と先人達の知恵の積み重ねによって長い期間を経て出来上がったものであるから、それこそが持続可能な技術の条件なのであって、これからもその技術を時代と共に発展させる必要がある。今までは伝統的建築・都市が「サステイナビリティ」の観点からあまり注目されて来なかったが、適応策、省エネルギー、資源循環などの観点から、これは必要不可欠であり、非常に有効であると思われる。

　伝統的建築を博物館の陳列品のように昔のまま保存することではなく、人の健康に害を与えないことや、環境負荷が少ないことなどの優れた点を継続し、現代における不便を最小限に改善させることである。発展途上国では、現在も多くの人々が伝統的建築・都市に住んでいるが、技術発展への糸口が見い出せないでいる。将来は日本のような近代化を受け入れざるを得なくなり、伝統的建築・都市が失われる恐れがある。私達が伝統的建築・都市環境の良さを解明し、それらを多くの人々に伝え、さらなる改善を行うことが出来れば、伝統的建築・都市環境の継続が可能であると思われる。伝統的建築・都市環境は気候風土に適合しているため、エネルギーや環境負荷が小さいと言われており、近年、持続可能な発展の観点から注目されている。

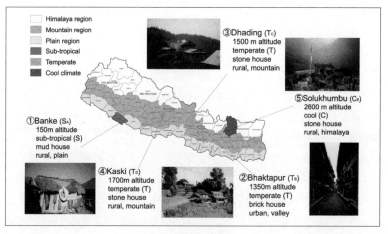

図 I　調査対象地域

この章では具体的な例として、ネパール各地域の伝統的住宅の温熱環境や快適性について紹介する[*1]。ネパールの国土面積は北海道の約1.8倍と小さいながら、標高は60～8848mに及ぶ、亜熱帯から寒帯まで気候の変化に富んだ国であり、様々な伝統的住宅が見られる（図1）。これらの住宅には快適な温熱環境を得るために亜熱帯では開放的、冷帯では閉鎖的な特徴が見られる。しかし、住宅の内部空間は、とくに冬において、窓ガラスや閉鎖用の戸もなく、半戸外空間に似た開放的空間が多いため、なお解決すべき問題も多い[*2]。また、ネパール人は古来より、自然環境と共生しながら、住まい方を工夫して生活しているが、ネパール人が温熱環境に起因する疾病や死亡、不快感に苦しんでいるのも事実である。しかし今まで、ネパールの伝統的住宅に関する温熱環境の視点からの研究はなく、伝統的住宅の温熱環境や、居住者の温熱感覚については明らかになっていない。とくに、ネパールの伝統的住宅を持続させるためには、伝統的住宅の技術を発展させ、改善の方向性を明らかにする必要がある。

ネパールの伝統的住宅の温熱環境について評価すべき点や問題点を分析し、伝統的住宅の具体的で実現可能な改善予測を示すことを目的として、ネパールの5つの郡の伝統的住宅を取り上げ、夏と冬の温熱環境実測と居住者の熱的主観申告調査を行い、下記のことを明らかにする。

1. 伝統的住宅の内外温湿度差などの熱的特性を定量的に把握することにより、各地域の伝統的住宅の特色を明らかにする。
2. 居住者の熱的主観申告調査により、快適温度の地域差・季節差を明らかにする。
3. 伝統的住宅の熱負荷シミュレーションにより、冬の温熱環境の改善予測を行う。

## 伝統的住宅の温熱環境

■室温

伝統的住宅の夏の室内環境について明らかにする。亜熱帯（Banke郡）の夏の日平均気温（相対湿度）は外部で32.4℃（52%）、室内で31.1℃（53%）である（図2）。亜熱帯の昼間の平均室温は外気温より4.6K低く、土間や土壁の温熱緩和効果が見られた。しかし、亜熱帯の台所の気温が最高41.9℃ま

で上昇しており、煙突付ストーブを導入して、薪燃焼から発生する過熱を排出する必要がある。

■屋根の表面温度
亜熱帯（Banke郡）の住宅では草葺き屋根が利用されており、粘土瓦葺きとセメント瓦葺きの屋根裏表面温度と比較を行う。昼間の屋根裏表面温度は草葺きで37.9℃、粘土瓦葺きで39.4℃、セメント瓦葺きで42.2℃であり、草葺きが最も低い（図3）。また、屋根裏表面温度の最大値は草葺きで48.1℃、粘土瓦葺きで45.7℃、セメント瓦葺きで52.2℃で、日較差はそれぞれ18.1K、16.8K、25.6Kである。三者の特徴としては、草葺きと粘土瓦葺きは熱し難くて冷め難いが、セメント瓦葺きはその逆である。以上から、草葺き屋根であっても、表面温度の最大値と日較差が高いのは草の厚さが薄い（20cm程度）ためであり、草を厚くして断熱性を向上させる必要がある。

■各地域の伝統的住居の比較
図4にネパール、中国と日本の伝統的住宅の内外温度差を示す。ネパールの伝統的住宅の日平均内外温度差は低地（150m）では小さく（-0.3K）、高地（2600m）では大きい（2.3K）。適切な温熱環境を得るために低地では開放的住宅、高地では閉鎖的住宅が有効であり、今後の住宅計画に気候と開放度合の関連性を考慮する必要がある。

　日本の伝統的住宅における夏の内外温度差は、ネパールの-0.3～2.3Kの

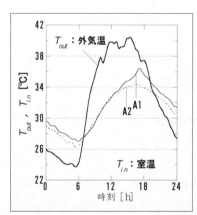

図2　外気温度と室温 [3],[4]

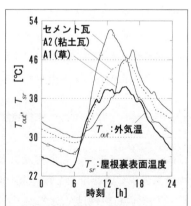

図3　外気温度と屋根裏表面温度 [3],[4]

範囲内にある(図4)。冬も日本とネパールでほぼ同じ範囲にあったことから、両国の伝統的住宅の熱的性能にあまり差がない。化石エネルギー利用が身近ではなかった時代に、両国で自然環境と共生した生活をした結果である。先進国の近代的住宅は冷暖房設備に依存するようになっているが、今後の住宅計画には気候風土と住まいの関係を考慮することが求められる。ネパールと日本の伝統的住宅における内外温度差は夏（1.2K）で冬（2.2K）より1K小さく、夏には開放的、冬には閉鎖的な生活習慣の実態が示された。居住者が夏と冬に容易に環境調整できる開口部を設ける必要がある。

## 居住者の快適温度

ネパール各地域の伝統的住宅の居住者の熱的主観申告調査に基づいて（図5）、居住者の快適温度の地域差、季節差について明らかにする。調査は2000～2001年の夏と冬に、5地域×4日×2季節の延べ40日間行い、夏に3,552、冬に3,564の申告を収集した。主な申告項目は温冷感、快適感と適応感である。被験者数は計103人(夏66人、冬81人)である。申告場所は、室内と半戸外である。

温冷感申告の「中立」、快適感申告の「快適」、適温感申告の「このままで良い」の出現頻度が亜熱帯の夏を除くと、夏冬とも高い[*6,*7,*8]。居住者は温熱環境への満足度は高いことから、伝統的住宅の良さを継続して行く必要がある。また、各地域の室内の快適温度は、夏の室内では亜熱帯で30.0℃、温帯で23.4～29.1℃、冷帯で21.1℃であり、冬では亜熱帯で16.2℃、温帯で15.2～24.2℃、冷帯で13.4℃である（図6）。居住者が気候風土に適応しているため、快適温度は亜熱帯、温帯、冷帯の順に高いことが示された。快適温度の地域差は夏8.9K、冬2.8Kである。自然環境と共生した生活を行うことで、快適範囲が広がり、結果的に冷暖房に必要なエネルギーが削減できる。

## 伝統的住宅の改善

Dhading郡の石板葺き住宅を対象として、シミュレーションにより冬の温熱環境の改善予測を行った。気象データとして、外気温、絶対湿度、法線面直達日射量、水平面天空日射量、全雲量、風向と風速の、ネ

| 国名 | 調査対象地域 | 住宅数 | 測定点数 | $T_{out}$ [℃] | | | | $T_{in}-T_{out}$ [K] | |
|---|---|---|---|---|---|---|---|---|---|
| | | | | 夏 | 冬 | 夏+ | 冬+ | | |
| ネパール | a) Banke (S_A) | 10 | 13 | 32.4 | 11.3 | -0.3 | 2.0 | | |
| | b) Bhaktapur (T_B) | 5 | 14 | 22.4 | 10.1 | 1.2 | 1.3 | | |
| | c) Dhading (T_C) | 8 | 15 | 20.1 | 11.9 | 2.1 | 2.9 | | |
| | cc) Dhading (T_C)* | 3 | 7 | - | 14.0 | - | 1.5 | | |
| | d) Kaski (T_D) | 7 | 15 | 19.5 | 11.8 | 1.6 | 3.5 | | |
| | e) Solukhumbu (C_E) | 6 | 16 | 15.5 | 3.1 | 2.3 | 3.4 | | |
| 日本 | 1)山形県山形市 | 1 | 5 | 24.1 | - | -2.3 | | | |
| | 2)北海道沙流郡 | 1 | 1 | - | -2.8 | | 6.7△ | | |
| | 3)山梨県敷島町 | 1 | 2 | 26.0 | 6.4 | 0.5 | 1.9 | | |
| | 4)山梨県一宮町 | 1 | 2 | 23.9 | 5.0 | 2.1 | 2.1 | | |
| | 5)山梨県河口湖町 | 1 | 2 | 21.3 | 3.5 | 1.4 | 3.0 | | |
| | 6)山梨県山中湖村 | 1 | 2 | 20.6 | 3.6 | 1.2 | -0.8 | | |
| | 7)岐阜県白川村 | 1 | 11 | 27.1 | 6.4 | 0.2 | 1.5 | | |
| | 8)島根県出雲平野 | 1 | 6 | - | 3.7▲ | - | 3.0 | | |
| | 9)岡山県北部 | 1 | 2 | 24.7 | - | 0.6 | | | |
| | 10)高知県高知市 | 1 | 3 | 29.8 | - | 1.2 | | | |
| | 11)鹿児島県大隅半島 | 2 | 5 | 27.6** | - | 1.8 | | | |
| | 12)鹿児島県奄美大島 | 2 | 4 | 27.3 | - | 0.8 | | | |
| 中国 | 13)中国河南省洛陽市 | 2 | 3 | 29.3 | - | -3.4 | | | |
| | 14)中国河南省三門峡市 | 3 | 5 | 26.7 | - | -0.6 | | | |
| | 15)中国甘粛省蘭州市 | 3 | 3 | 22.1 | - | -1.5 | | | |

*:1998年実測、**:二日間の平均、△:10:30～0:30の平均値、▲:松江気象台(1月の平均値、理科年表1995)、各測定点の変動、+:全測定点の平均

図4　ネパール・日本と中国の伝統的住宅の内外温度差の比較 [1,3,5,6]

| 尺度 | 温冷感 | 快適感 | 適温感 |
|---|---|---|---|
| -4 | 非常に寒い | | |
| -3 | 寒い | | |
| -2 | 涼しい | | 暖かく |
| 1 | やや涼しい | | 少し暖かく |
| 0 | 中立 | 快適 | このままで良い |
| 1 | やや暖かい | やや不快 | 少し涼しく |
| 2 | 暖かい | 不快 | 涼しく |
| 3 | 暑い | 非常に不快 | |
| 4 | 非常に暑い | | |

図5　熱的主観申告尺度 [7]

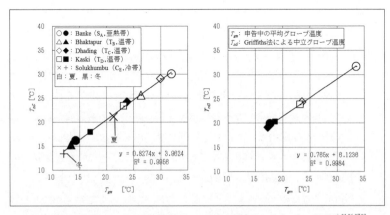

図6　申告中の平均グローブ温度と快適グローブ温度の関係(左:室内、右:半戸外) [1,6,7,8]

パールで実測した7つのデータを用いた。

　気密化や断熱化による改善効果が見られた（図7）。特に、「総合改善」の夜間の平均室温は基本モデルより一階で12.7K、二階で9.5K、三階で4.4K高くなり（図7、8）、改善効果は下階ほど大きい。

　快適な温熱環境を実現し、エネルギー消費量を減らすために、「総合改善」で薪削減の検討を行う。「総合改善＋薪削減」では現在の昼間の室温を維持し、かつ夜間の平均室温を15℃以上にすることを目標とし、薪の消費量を検討したところ、換気量の減少によって削減可能な薪の消費量は最大で60%である。「総合改善＋薪削減」の夜間の平均室温は一階で22.0℃、二階で19.3℃、三階で15.6℃であり、上記の目標値が達成されている（図8）。これらは「基本モデル」より一階で3.9K、二階で4.0K、三階で1.0K高く（図7）、薪の消費量を60%削減しても夜間の改善効果がある。また、夜間の換気回数は1.6回/h以上（高断熱高気密住宅の3倍以上）であり、就寝に十分な換気量が確保されている（図7）。伝統的住宅の室内温熱環境は換気の影響が大きく、開口部の気密化、屋根の断熱化などにより換気量を減少すれば、冬の室内温熱環境が改善できる。

　また、温熱環境、空気環境、薪消費量[*11,*12]などを改善するため、改善ストーブを提案し、44軒に設置した（図9）。居住者が改善ストーブに非常に満足している。


ネパールの亜熱帯から寒帯に至る標高150〜2600mの地域にある5つの郡の伝統的住宅を取り上げ、夏と冬の住宅の温熱環境実測、居住者の熱的主観申告調査を行ってその特質を明らかにするとともに、シミュレーション解析によって、ある住宅の冬の具体的な改善案を提案し、ネパールの伝統的住宅の改善の方向を示し、以下のことを明らかにした。

1) 様々な気候区の伝統的住宅の内外温湿度差などを実測して定量的に分析した結果、小国でありながら高温な気候区から寒冷な気候区を持つネパールには気候と文化に則した独自な形態を持つ住宅が多種形成されていること、居住者は室内だけではなく室外や半戸外を有効に利用して適切に自然的な温熱環境を利用する生活様式を持つこと、近代的な建築材料の利用が必ずしも温熱環境の改善にはつながらないこと、室内で裸火のイロリを利用するためエネルギー効率も良くないこと、などを明らかにした。

| 検討項目(12月13日) | | | $T_i - T_b$ [K] | | | $V_i - V_b$ [回/h] | | |
|---|---|---|---|---|---|---|---|---|
| | | | 1F | 2F | 3F | 1F | 2F | 3F |
| 基本モデル($T_b$ [℃], $V_b$) | | | 18.1 | 15.3 | 14.6 | 30 | 54 | 71 |
| 改善モデル | 気密化 | (A1)1階の階段の開口面積の削減 | 5.1 | -0.1 | -0.7 | -14 | -14 | -14 |
| | | (A2)2階の階段の開口面積の削減 | 2.1 | 2.7 | -1.2 | -7 | -19 | -24 |
| | | (A3)1階・2階の階段の開口面積の削減 | 5.7 | 2.1 | -1.2 | -15 | -31 | -24 |
| | | (B)窓やドアの開閉による調節 | 7.2 | 3.2 | 0.1 | -17 | -32 | -32 |
| | | (C)隙間面積の削減 | 0.8 | 1.6 | 2.6 | -2 | -12 | -27 |
| | 断熱化 | (D)屋根の断熱 | 0.0 | 0.0 | 0.2 | 0 | 0 | 0 |
| | | (E)土間の断熱 | -0.1 | 0.0 | 0.0 | 0 | 0 | 0 |
| | | (F)1階腰壁の断熱 | 0.0 | 0.0 | 0.0 | 0 | 0 | 0 |
| | 両者 | (G1)総合改善 | 12.7 | 9.5 | 4.4 | -22 | -45 | -67 |
| | | (G2)総合改善＋薪削減 | 3.9 | 4.0 | 1.0 | -24 | -47 | -68 |

$T_b$ & $T_i$:基本&改善モデルの室温, $V_b$ & $V_i$:基本&改善モデルの換気回数

図7 基本モデルと改善モデルの室温と換気回数 [6],[9],[10]

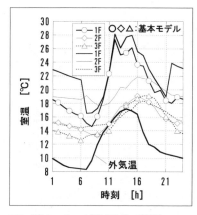

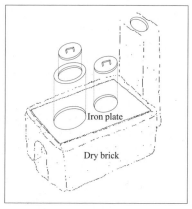

図8 「基本モデル」と「総合改善＋薪削減」の温熱環境 [9]

図9 改善ストーブの提案 [12]

2) 居住者の暑さ寒さの緩和法、熱的満足度、快適温度（暑くも寒くない温度）の地域差・季節差に関する申告調査により各地域の居住者の温熱感覚を分析し、快適温度は亜熱帯、温帯、冷帯の順に高いこと、居住者は気候風土に適応していて快適温度に季節差があること、自然環境と共生した生活をすることで居住者の熱的快適範囲が広がること、などを明らかにした。

3) 伝統的住宅の温熱環境がシミュレーションにより予測できることを示し、どの程度、開口部の気密化や屋根の断熱化を行えば環境改善に必要な自然換気量の減少が見込めるか、その結果としてどの程度冬の室温が改善するかを定量的に示し、実建物の改善手法と効果を推定した。

### 参考文献

*1 リジャル H.B.『ネパールの伝統的住宅における温熱環境の分析と評価に関する研究』、京都大学博士論文、2004 年 3 月

*2 リジャル H.B.、吉田治典、梅宮典子『日本建築学会計画系論文集』第 546 号 pp. 37–44「ネパール山岳地帯の伝統的住宅における冬季の温熱環境調査」、2001 年 8 月

*3 リジャル H.B.、吉田治典、梅宮典子『日本建築学会計画系論文集』第 557 号 pp. 41–48「ネパール各地の伝統的住宅における夏季の温熱環境」、2002 年 7 月

*4 Rijal H.B. / Yoshida H. / Umemiya N., Passive cooling effects of traditional vernacular houses in the sub-tropical region of Nepal, Proceedings of the 22nd Conference on Passive and Low Energy Architecture (Beirut), November, 2005.

*5 Rijal H.B. / Yoshida H., Comparison of summer and winter thermal environment in traditional vernacular houses in several areas of Nepal, in M. Anson, J.M. Ko, E.S.S. Lam Eds., Advances in Building Technology, Vol. 2, pp. 1359–1366, Elsevier, December, 2002.

*6 Rijal H.B., Thermal improvements of the traditional houses in Nepal for the sustainable building design, Journal of the Human-Environment System, 15 (1), pp.1–11, 2012.

*7 リジャル H.B.、吉田治典、梅宮典子『日本建築学会計画系論文集』第 565 号 pp. 17–24「住宅におけるネパール人の夏と冬の温熱感覚」、2003 年 3 月

*8 Rijal H.B. / Yoshida H. / Umemiya N., Seasonal and regional differences in neutral temperatures in Nepalese traditional vernacular houses, Building and Environment, 45 (12), pp. 2743–2753, 2010.

*9 リジャル H.B.、吉田治典『日本建築学会環境系論文集』第 594 号 pp. 15–22「ネパール山岳地帯の伝統的住宅における冬の温熱環境改善：シミュレーションによる検討」、2005 年 8 月

*10 Rijal H.B. / Yoshida H., Winter thermal improvement of a traditional house in Nepal, Proceedings of the 9th International IBPSA Conference (Montréal), Vol. 3, pp. 1035–1042, August, 2005.

*11 リジャル H.B.、吉田治典『日本建築学会大会学術講演梗概集（東海）』D-2, pp. 1–2「ネパールの伝統的住宅における薪消費の地域差と季節差」、2003 年 9 月

*12 Rijal H.B. / Yoshida H. / Miyazaki T. / Uchiyama I., Indoor air pollution from firewood combustion in traditional houses of Nepal, Proceedings of the 10th International Conference on Indoor Air Quality and Climate (Beijing), pp. 3625–3629, September, 2005.

2-3-2

# エチオピアの都市・建築分野の
# 国際協力プロジェクトの課題と可能性

設楽知弘

**アフリカ屈指の文化遺産を有するエチオピアは現在も後発開発途上国（LDC）である一方で、ミレニアム以降の経済成長が著しく開発ラッシュに沸いている。本稿はエチオピアが近代化において抱えている都市・建築の問題に関して、二つの国際協力プロジェクトを取り上げて論じる。歴史背景、現地の実態を踏まえた上で、問題の解決の可能性についてエチオピアの研究と実務の両方に携わる身として考えてみたい。**

## エチオピアとの関わり

エチオピアを初めて訪れたのは1998年の夏だった。その年の4月から芝浦工業大学の三宅研究室で修士課程を開始した私は、同級生、後輩とともにイエメン、エジプト、エチオピアにおいてフィールド調査を行った。入学時はイエメンのサナアやシバームのような塔状住宅が林立する城郭都市の歴史研究がしたかったのだが、この調査を通じて三宅研究室の諸先輩がそれまで継続して研究を積み重ねてきた、エチオピア北部に多数存在する中世教会建築に魅力を感じるようになった。翌年は後輩とエチオピアに絞って修士論文のためのフィールド調査を行い、2000年の春に修士課程を修了して就職した。エチオピアと私の縁は再びつながった。2年間の建築設計事務所勤務ののち、2002年の秋に慶應義塾大学の三宅研究室で博士課程を開始した私は、2007年の春までエチオピアと日本を10回以上行き来し、研究と実務の二足の草鞋を履くことになった。三宅先生の勧めで世界文化遺産の近世の王宮群を擁するゴンダールの都市・建築の歴史研究をしつつ、ゴンダール市役所にて現地の専門家とともに都市計画マスタープラン改訂プロジェクトの主要メン

(左上)図1　ゴンダールの近世に建設されたファシラダス王宮群(世界文化遺産)
(右上)図2　ラリベラの岩窟教会：聖ギョルギス教会(世界文化遺産)
(左下)図3　アジスアベバ中心部の高層ビルとライトレール
(右下)図4　アジスアベバ郊外の建設中の中層ビル

バーとして勤務し、延べ2年半近く現地に滞在する機会を得たのだ。

　更にエチオピアとの縁は続いた。2008年の夏に博士号を取得した私は、建築コンサルタントとして、国際協力機構（JICA）の国際協力プロジェクトに従事することになり、これまでエチオピアで4つの学校建設[1]に携わり現在に至っている。想い返してみれば修士課程で三宅研究室の門を叩き、エチオピアに関わり始めてから既に20年になる。

## エチオピアにおける都市・建築の近代化と諸問題

　エチオピアはアフリカ屈指の文化遺産を有する国である。古代アクスム王朝（紀元前5世紀頃～紀元7世紀頃）から現在に至るまで約80の民族が多様な文化を形成してきた。アクスム、ラリベラ、ゴンダール、ハラールといった世界文化遺産を擁する都市に加え、少数民族の土着的な暮らしが現存することで知られている（図1、2）。

　エチオピアに最初に近代化がもたらされたのは、メネリク2世政権期（1889

年〜1913年)で、のちのハイレ・セラシエI世政権期(1930年〜1974年)、イタリア占領期(1936年〜1941年)[※2]においても続いた。一方で、1970年代と1980年代の大飢饉に象徴されるように、エチオピアの人々の生活は非常に貧しく、国際社会の援助を長く必要としてきた。現在も後発開発途上国(LDC)に数えられるが、2004年〜2011年まで8年連続で10%以上のGDP成長[※3]を成し遂げ、首都アジスアベバを筆頭に地方都市においても道路、建築の建設ラッシュが続き、都市化に拍車が掛かっている。これまでにない程の新たな近代化の波が押し寄せているのである(図3、4)。

　本稿ではエチオピアの都市・建築の伝統社会における近代化について、私の現地での研究と実務を通じた経験をもとに論じてみたい。事例としてドイツ国際協力公社(GIZ)が現地で実施してきた都市・建築関連の国際協力プロジェクト[※4]を一つずつ取り上げ、近代化の実態、諸問題を示し、それらに対して「持続可能な(サスティナブル)」や「持続可能性(サスティナビリティ)」という視点から考察する。

　サスティナブルやサスティナビリティは暮らし、環境、経済、政治、文化など様々な分野で使用されているが、その意味は分野によって随分異なる。しかし、広い意味では対象となるものが将来にわたって持続できるか?ということである。国際協力の分野における使用は、2000年9月に国連ミレニアム・サミットでまとめられた「ミレニアム開発目標(MDGs)」において8つの目標の1つ(環境分野)に掲げられ、その後、2015年9月に国連持続可能な開発サミットでまとめられた「持続可能な開発のための2030アジェンダ(SDGs)」においては中心に掲げられた。今や国際協力における最大の目標になっているのである。

　私が携わってきたエチオピアの学校建設プロジェクトは、小中学校における教育環境(アクセス、学習環境)の改善を最大の目標としている。建設する施設数(=就学できる生徒数の増加に直接つながる)を最も重視する場合は、ローコスト型の設計で施工は現地の建設会社が実施する方式をとる。一方で、施設の数に加えて一定の質も重視する場合は、現地でモデル校になるような設計も可能で、施工は日本の建設会社が実施する方式をとる。どちらの場合も設計(間取りや構法、設備や材料など)に関しては、我々コンサルタントの知見や技量がダイレクトに問われ、大変だがやりがいがある。今回のエチオピアの都市・建築の近代化の諸問題を考える上で、自身が携わったプロジェ

クトを取り上げたいところだが、よりテーマに相応しいプロジェクトを以下では取り上げることとする。

## コブルストーン（小舗石）プロジェクト

初めに取り上げるのは道路建設プロジェクトである。エチオピアの道路は都市間を結ぶ幹線道路から都市内部の街路に至るまで未舗装率が高く[5]、雨期には幹線道路でさえ車が泥濘にはまることさえあった。しかし、こうした状況がこの10年で大きく変化している。首都アジスアベバから東西南北に向かうすべての既存幹線道路の拡幅とアスファルト舗装が進んでいるのに加え、これまでにない新ルートの建設も盛んである。さらに注目すべきは、コブルストーン（小舗石[6]）による街路の舗装である。私が延べ2年半生活したゴンダールでさえ10年前はまだ市内にアスファルト舗装された道は数えるほどしかない状況だったのが、現在では中心部の細い道に至るまで小舗石が見られる（図5）。

エチオピアにおいて幹線道路が舗装されたのは、イタリア占領期のアスファルト道路建設に遡る。この時代にアジスアベバなど大都市の一部の街路も舗装された。しかし、小舗石舗装が普及するまで多くの街路は未舗装のままであった。急速な都市化が起こる以前は、未舗装が当たり前であり、人と車両（馬車）の往来が限られたことから生活に支障がなかったものが、人口と自家用車、バイクやタクシー（ミニバスやオート三輪）の増加により、街路は雨期になると一気に凸凹になり歩くのもままならない。小舗石舗装はこうした問題の解消に大いに役立っている。

ここまで普及することになる発端は、2005年にエチオピア第二の都市ディレダワの市長がフランスを訪れた際に小舗石が至る所で見られることに感銘を受け、帰国後にディレダワで使用したことに遡る。本格的に使用されたのは、2007年に教育省の依頼でGIZが実施した新設大学の建設プロジェクト（全国に13校）においてで、ドイツから技術専門家を招聘しエチオピア人に技術トレーニングを実施し、構内の歩道がすべて小舗石で舗装された。その後、GIZに加えて世界銀行（World Bank）など様々なドナーが道路建設プロジェクトを支援したことで、エチオピア全土の街路舗装に使用され、2013年までに総延長2202kmが建設された（図6）。この驚くべき普及は海

外メディアでも紹介された。

　小舗石舗装の特性は、石材を用いる文化が北部を中心に伝統的に根付いているエチオピアにおいて、ほぼ全土で採掘される地場の石材（玄武岩、花崗岩、粗面岩など）を使用することにある。アスファルト舗装は材料を海外からの輸入に頼るので高価になるが、これらの石材は全土で安価で調達できる[*7]。また、アスファルト舗装と比較して耐久性が高く、車道、歩道の両方に使用可能で、更に将来のメンテナンスもとても容易である。

　普及した要因は、こうした特性に加えてGIZが実施したプロジェクトの仕組み作りにもある。小舗石は機械である程度の大きさのものを現場で10cmの立方体に加工し、それを道路に敷き詰めるが、加工は技術的にそこまで難しくないため、短期間で多くの研修生にトレーニングが可能であった。トレーニングはGIZによって全国の職業訓練校（TVET College）で実施された。こうして育った職人が各地域で小規模な企業[*8]を立ち上げ、小舗石が全土に広がる基盤を形成したことで、普及に繋がったのである。

　広まったプロジェクトの地域への貢献は、新たな経済効果をもたらしただけではなく、プロジェクトに携わった職人の報酬も満足いくものであったほか、職人の4割が女性であったことで女性雇用にも大いに役立ったことが特筆される。また、当初は海外からのドナー主導による支援だったものが、エチオピア政府、そして、コミュニティに根付いた企業へと変化していったことで、より地域に密着したものになっていった。更に中長期的な視点では、一定の技術を有しながらチームワークでいつも作業をしている職人たちが他の分野にも参入することで、現在エチオピア政府がJICAとともに力を注いでいる幅広い産業人材の育成にもつながる可能性を秘めている。以上、小舗石舗装を考察してきたが、総括は最後に譲ることとし、次の事例に移りたい。

図5　ゴンダールの街路の小舗石建設の様子

図6　小舗石が街路に普及した様子
　　　（ティグライ州メケレ）

## コンドミニアムプロジェクト

二つ目に取り上げるのはコンドミニアムプロジェクトである。エチオピアで集合住宅と言われてすぐに思い浮かぶのは、2005年以降、全国で建設が一気に進んだコンドミニアムである（図7、8）。2003～2005年にアジスアベバ市長がローコスト集合住宅の設計・建設をドイツ技術公社（GTZ：GIZの前身の機関）に要請したのが始まりで、パイロット事業としてアジスアベバ郊のボレ・ゲルジ地区に750戸住宅に店舗とオフィスが入ったものが建設され評判を呼んだ。その噂は連邦労働都市開発省（MWUD）に伝わり、2005年には全国規模の総合住宅開発計画（IHDP）としてコンドミニアムプロジェクトが展開され普及していったのである。

エチオピアの住宅、土地所有の歴史を紐解くと、ハイレ・セラシエⅠ世政権期には一部の権力者が多くの土地を所有していたが、その後の社会主義政権期（1974～1991年）にはすべての土地と1戸以上の余剰住宅はすべて時の政府に接収され、住宅は2つの公的住宅組織（KebeleとRental Housing Administrative Agency）により人々に低価格で貸し付けられた。現政権になっても、これら2つの組織は所有する住宅を貸し付けてきたが、痛みが酷くなった住宅の維持・管理が難しい状況に陥っていた。

2005年以降の総合住宅開発計画において、アジスアベバで真っ先に実施されたのは、中心部に広がる劣悪な住環境のクリアランスで、その中にはこれら公的住宅組織が所有する住宅も多く含まれていた。中心部で生活していた人々は郊外に建設された大規模なコンドミニアム団地に移り、その土地は競売に掛けられ、商業ビルやオフィスなどが建設された。こうした状況は一部の地方都市でも多く見られた。また、結婚して新居がほしい人、小さな住宅に大人数で生活している人、他人への賃貸や転売目的の人もコンドミニアムに憧れ、ニーズが高まった。

GTZはアジスアベバのパイロット事業において、プロジェクトの仕組みづくり、設計、建設の監理など様々な役割を担ったが、その後の全国展開においては、設計は現地の建築コンサルタント、それ以外の部分は連邦政府による主導の下に州労働都市開発局（BoWUD）、住宅開発計画事務所（HDPO）が分担してその役割を担った。建設は一定の規模の建設会社が実施するが、上述のコブルストーン（小舗石）プロジェクトと同様に小規模な企業を育成

図7　アジスアベバ郊外のコンドミニアムの航空写真

図8　アジスアベバ郊外のコンドミニアム全景

図9　コンドミニアム外部階段の施工不良

するために、部分的な施工については彼らに下請けされた。

　GTZの設計は鉄筋コンクリート柱にプレキャストコンクリートの小梁を渡し、隙間を空洞コンクリートブロックで埋めて最後にコンクリートを打設して床を建設する「ウルディ・スラブ工法[9]」と呼ばれるものである。型枠が不要で工期が短縮できる他、コストも安く量産するのにとても適している。また、間取りは主に4種類（ワンルーム：20平米未満、1LDK：20〜30平米、2LDK：30〜40平米、3LDK：40平米〜）[10]で、一階部分には生活必需品の購入や小規模ビジネス向けに店舗とオフィス用のスペースが設けてある。全ての建材は連邦政府が調達し、決められた数量のみが建設会社に支給され

る。施工を間違えると材料不足になるので施工会社にとってはプレッシャーとなり、これにより無駄が抑えられる。

　コンドミニアムプロジェクトは上述のとおり、連邦政府を中心としてアジスアベバと地方都市に普及していった。その理由の一つに、MDGsの目標の一つである劣悪な住環境を改善するためにも、コンドミニアムの建設は不可欠であったことが挙げられる。当初の掲げられた2006〜2010年までに36万戸を供給するという目標は、2011年時点で17万1000戸（47.5%）が達成された。

　その一方で、入居した住民や有識者からの批判の声も上がった。電気、給排水、建具、共有階段などの施工不良（図9）が指摘された他、間取りが多様な入居者のライフスタイルのニーズに即さないことやそれまで生活したことのない外部階段の危険性、更には近隣とのコミュニケーションの問題、それまでインフォーマルセクターで収入を得ていた人々が郊外において収入源を失うなど、様々であった。こうしたことも踏まえて、最後に総括してみたい。

## 持続可能か？という視点

ここまでエチオピアにおいてGIZ（前身のGTZも含む）が実施した都市・建築分野における二つの国際協力プロジェクトを考察してきた。これらは現在、国際協力に身を置く私自身に対して様々な教訓を与えてくれる。二つとも私がエチオピアで携わったことのない大規模のプロジェクトであり、それらはエチオピアにおける国家プロジェクトと言えるまで発展し、国内に広く普及するまでに至った。

　ここで持続可能か？という視点でこれらを総括してみたい。「人々の生活に支障はないか、培ってきた伝統との調和がとれているか、環境問題はないか、地域経済に根差しているか」といった側面から評価すると、コブルストーン（小舗石）プロジェクトは満遍なく現地に馴染んでおり、まさにエチオピアに相応しいプロジェクトと評価できる。

　一方で、コンドミニアムプロジェクトに関しては、部分的に評価ができるが、生活面や伝統面に関する批判の声が上がっていることに関しては改善が必要と言える。しかし、ここで関わっていない私が安易に完全策を語るべきではなく、それを考えるのは間違いなく関係した人々の責任であると私は考

える。

　本稿の目的は、二つの事例について持続可能かどうかを教科書的に考察するだけでなく、それを自身の今後の活動に役立てるために幅広く考えることと捉えている。取り分け、三宅研究室で学んだ「現地を訪ねフィールド調査をするとともに、過去の文献を調べ都市・建築の歴史を深く考え、自身が身を置いている世界を幅広く考えること」の重要性を再確認する機会であった。最後にこうした機会を与えて頂いたことに心から感謝したい。

**脚注**

*1　オロミア州小学校建設計画、アムハラ州中学校建設計画、南部諸民族州小中学校建設計画、ティグライ州中学校建設計画（現在従事中）の4案件。
*2　ハイレ・セラシエI世政権期の途中において5年間のイタリアによる占領があった。
*3　国際通貨基金（IMF）より。
*4　国際協力とは、国際社会全体の平和と安定、発展のために開発途上国・地域の人々を支援することで、国が行う政府開発援助（ODA）や多国間で行われる支援以外にも様々な組織、団体、機関、市民が関わっている。〈http://www.jica.go.jp/aboutoda/whats/cooperation.html〉アクセス 2016/9/30。
*5　13%。世界銀行（World Bank）, World Development Indicators Database 2009。
*6　日本ではピンコロ石という名称で広く知られている。
*7　1㎡あたりの建設費はアスファルト舗装 680 ブルに対して小舗石舗装 210 ブル。Elissa Jobson, Old ideas are sometimes best.〈http://www.global-briefing.org/2011/04/old-ideas-are-sometimes-best/#auth〉アクセス 2016/9/30。
*8　MSEs (Micro and Small Enterprises)。主に従業員10人以下の企業をさす。プロジェクト開始後、数年で首都アジスアベバだけでも2240も設立された。
*9　西アフリカを中心に近年普及している工法である。
*10　ここでは日本の表現としているが、現地では「スタジオ、1ベッドルーム、2ベッドルーム、3ベッドルーム」で区分されている。

**参考文献**

GIZ , *The cobblestone sector of Ethiopia, Addis Ababa*, GIZ, 2012.〈https://www.giz.de/en/downloads/giz2012-making-good-governance-tangible-en.pdf〉2016/9/30 Access.
UN-HABITAT, CONDOMINIUM HOUSING IN ETHIOPIA, *The Integrated Housing Development Programme, Nairobi*, UN-HABITAT 2011.
〈http://unhabitat.org/books/condominium-housing-in-ethiopia/ 〉2016/9/30 Access.
GTZ, Low-Cost Housing, *Technical Manual Vol.2, Addis Ababa*, GTZ 2005.
〈http://www2.giz.de/wbf/library/detail.asp?number=5945〉2016/9/30 Access.

2-3-3

# 取り込みとしての建築技術の移転
## エチオピアのティグライ地方における近代伝統建築史

清水信宏

エチオピアのティグライ地方では古くから石造建築文化が育まれてきた。19世紀末以降のイタリアによる影響によって、確かに地域の建築のつくり方には変化が生じたが、その変化は建築の大半が鉄筋コンクリート造の建築に置き換わるといったような極端なものではなかった。本論考では、この建築の変化を、伝統建築がイタリアからの影響を取り込んでいった過程として捉え、その意味する所について考えていきたい。

### ティグライ地方における建築の伝統

エチオピア、ティグライ地方（図1）。エチオピアの首都、アジス・アベバからバスで北へ走ること1日、車窓に見える建築が土壁の円形住居から矩形の石造住居に変わると、その地に足を踏み入れたことが実感できる。ひとつひとつの石材は周辺のむき出しになった岩肌から切り出されており、それらが一体となった風景は、石造建築文化が地域で育まれてきたことを物語る。

　ティグライ地方の東部と南部、およびエリトリア高原に存在する伝統住居は「ヒドモ」と呼ばれ、大まかに言えば、石造のストリング・コース[1]を伴った壁面、木材による柱梁および天井、小石の上を土で盛った屋根から構成されている（図2、3）。なお、開口部はまぐさ[2]によっており、アーチは用いられない。壁面の石材は現場の周辺地域から入手されるため、対象地域の中でもその地質によって、色や厚さなどは異なる。木材は入手するのが石材に比べ難しく、その調達には親類やコミュニティの協力が不可欠であった[3]。このため、多量の木材が必要なヒドモをすべての住民がつくれたというわけではなかった。用いられる木材の種類や質、ディテールの精巧さや装飾性も

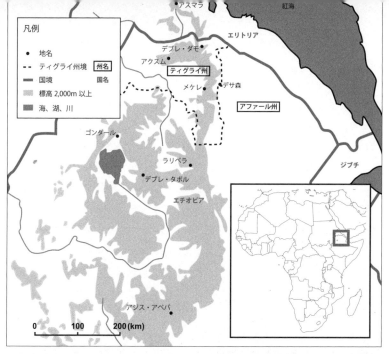

図1 対象地域地図

図2 伝統住居ヒドモの外観

図3 伝統住居ヒドモの天井（樋口諒氏撮影）

含めて、ヒドモは保持する住人のコミュニティ内での地位を示す一つの表象として機能したと考えられる[4]。

　ヒドモは伝統住居の一つの類型を指し示す言葉だが、共通の建築構法は、対象地域で信仰されてきたエチオピア正教の聖堂建築や、対象地域の有力者の邸館建築にも採用された。ただし聖堂や邸館においては、より多くの、また良質の木材が用いられる傾向にある[5]。最も木材をふんだんに用いた事例として、由緒を6世紀にさかのぼるエチオピア最古の修道院、デブレ・ダモ

の聖堂を挙げることができる（図4）。その壁面は、木材の断面を表面に突出させた「モンキーヘッド」と呼ばれる木材を規則的に並べながら、石積みの層と木材を水平に入れた層を交互に配することで、骨組みを形作っていることが分かる。これは、隅の部分に他より大きな石材が使われていることも併せて、建築の安定性に寄与している[6]。また木材による装飾的な開口や柱の存在も、聖堂や邸館に見られる伝統住居との違いとしては特徴的な点だ。こうした構法技術は、4世紀に最盛期を迎えるアクスム王国[7]の時代にはすでに完成の域に到達していたと考えられている。それを示すものとして、この時代につくられたオベリスクを挙げることができるが、確かにその細部の彫り刻みを見てみると、モチーフがデブレ・ダモの壁面と類似していることが分かる（図5）。7世紀頃、アクスム王国が衰退を始めると、エチオピアの中心はティグライ地方から離れ[8]、オベリスクに代表される大きな石材を用いた建築がつくられることももはやなくなった。それでも本論考の対象となる小さな石材を積み上げた建築はその後もつくられ続け、20世紀に至るまで関連する技術は少なくとも一定程度は保たれてきた[9]。

　伝統とは、このように長い歴史をかけて培われた規範のようなものと理解でき、そうした規範に則った建築は伝統建築、そこに使われる技術は伝統建築技術と呼ばれる。いったん伝統的なものとして認識されると、それは変化するものとして捉えることが難しくなるが、対象地域で調査を進めるうちに分かってきたのは、対象地域における建築のつくり方が20世紀に変化を遂げたこと、そしてその変化は、近代建築技術の移転も含めて、基本的には伝統建築技術の変容の中に位置づけた方がたやすく理解することができるということであった。そこで本論考では、近代伝統建築史という枠組みを設定して、この変化について考えていきたい。

図4　デブレ・ダモ修道院の聖堂の壁面

図5　アクスムにあるオベリスクの細部

## ティグライ地方の建築に対して、イタリアが与えた影響を考えるために

　一般にアフリカ大陸の建築史は、ヨーロッパ列強による植民地支配との関連で論じられることが多く、地域でそれまで培われてきた技術などとの関係で論じられることは少ない。確かに植民地支配の時代には、アフリカ大陸に多くのヨーロッパ人技術者が派遣され、外来の建築や都市計画に関する技術や考え方が持ち込まれた。イタリアによるエチオピアの占領は1936年から1941年までという、他のアフリカ諸国と比べれば短期間のものであった。しかし、イタリアはエチオピアに無視することのできない影響を残し、鉄筋コンクリート造やプレファブリケーション造によるコロニアル建築の建設や都市計画マスタープランの作成などを進めた。イタリア領東アフリカの首都となったアジス・アベバ、アムハラ州都ゴンダール、そして1889年には既に占領の始まっていた現エリトリア[10]首都アスマラにおいては、こうした傾向は特に顕著に見受けられる。一方で、アスマラを州都とするエリトリア州に含まれた現在のエチオピアのティグライ地方では、そうした建設活動がなかったわけではないとは言え、その数は比較的限定的なものに留まった。

　現在のティグライ州都、メケレの旧市街には、石造壁面を持つ建築が今も残存していて、対象地域の中で見ても印象的な街並みを形成している（図6）。この街並みを構成するそれぞれの建築は、一見して古い印象を与えるものが多いが、実際のところつくられ始めたのは19世紀末に過ぎず、イタリアの占領期以後につくられた建築も多い。また都市を離れれば、伝統的な形式の建築は現在もつくられ続けている。この対象地域における建築の意外な新しさは、近代が伝統を置き換えたのではなく、伝統が近代を取り込んだのではないかと考える視点の可能性を喚起させる。

## イタリア人によるティグライ地方の伝統建築技術の利用

　地域の外部から建築材料や技術が限定的にしか持ち込まれなかったのだとすれば、地域にあるものでどう建築をつくるのかという視点が必要となろう。そこで、イタリア人が携わったと言われる建築の中に、ティグライ地方の伝統建築技術の要素を見い出してみたい。

　まずイタリア占領期以前、1872年にエチオピア皇帝となったヨハネス4

世が、1880年ころに彼の家臣であるイタリア人の大工ジャコモ・ナレッティに命じ、メケレにつくらせたヨハネス・パレスから見てみたい（図7）[11]。この建築は、ドイツ人の父とエチオピア人の母を持つエンジニアのエングダシェット・シンパーらの助力も得ながら1884年頃に完成した。この王宮の建設をきっかけに、上流階級の人々や兵士がメケレに住まうようになり、メケレは都市としての発展を始めた。それまでのティグライ地方の邸館建築とは様相を大きく違えたこの壮麗な王宮は「ゴンダール様式とネオゴシックの見事な交配[12]」などと表現されることもあるが、特に木材に関する造作が精巧になされている。とは言え、建築構法の観点から見てみると、地域で培われてきた聖堂建築との共通点が多いことにも気付かされる。例えば、木材を水平に入れた層を持つ石造壁面、ストリングコースの存在、並べ方が異なるとは言え木材で構成された天井、対象地域の教会と同じモチーフの装飾を持った開口といった要素には、先に記したティグライ地方の建築の伝統と共通するものを見い出すことができる。ナレッティの建設への参画によって、それまで地域に存在しなかった類の壮麗な王宮が造られた事実に違いはないが、その背後にある地域で培われてきた建築に関する技術や規範にも同時に目は向けられるべきであろう[13]。

　次に、イタリア占領期につくられたとされるメケレ近郊のクィハの橋の石積みを見てみると、規則的に空洞となっている箇所のあることが分かる（図8）。これはティグライ地方では「ブッコ」と呼ばれるもので、建設を進めるための足場をつくるのに利用される。この穴に木材を突き刺し、その間に掛けた木材の上に乗って、職人たちは作業を行なっていく。また、イタリアの影響によって出現したとされるメケレ旧市街の二階建て住宅も、技術として見るならば、対象地域の伝統建築技術で充分対応することが可能なものである（図9）[14]。このように、イタリア人が関わったとされるティグライ地方での建設事業を見ていると、彼らが地域で培われてきた伝統建築技術を良く観察し、利用した痕跡を窺い知ることができる。

## 建築工具の変化に見る石積みの変容

地域に残る伝統建築技術を知るために、産地から石材を取ってきて壁面がつくられるまでの工程のアーカイブを行なった。その工程は、石材の入手と運

図6 メケレ旧市街の現在の街並み。左の建築は、戦後造られた鉄筋コンクリート部材を開口部周りに限って利用した建築の一例。

図7 ヨハネスパレスの外観。メケレの観光ポスターを写したもの。

図8 イタリア占領期につくられたとされるクィハの橋。

図9 メケレ旧市街の2階建て住宅。近年、都市計画によって取り壊された。

図10 マラキーノを用いて石材を切り出している様子。

第2章 脆弱で危機にさらされた社会 ── 伝統社会と近代化

搬、石材の成形、現場での石積みの三つに分けることができるが、特にそこで用いられる建築工具の中に、イタリアが地域に与えた影響を見い出すことができるということが分かってきた。

　石材の入手は現在、「マラキーノ」と呼ばれる先の細くなった棒状の鉄器を用いて、てこの原理で岩盤から石材を切り出すことによってなされる（図10）。職人の言い伝えによれば、マラキーノが用いられるようになるのはイタリアの影響を受けた後のことである。ではそれ以前どのように石材を入手していたのかというと、利用可能な石材が辺りに今より多く落ちていたため、日々少しずつそれを拾って現場へ運んでいたらしい。また石材を岩盤から切り離すことが必要な場合も、「マハラシャ」という木材の取手に先のとがった鉄を取り付けた農具を用いていた。マハラシャはマラキーノと比べると力強さや安定性に欠けるため、マラキーノを用いるようになって以降、より大きな石材が岩盤から取り出されるようになった。

　切り出された石材は現在、メドーシャ（大きいハンマー）を用いて持ち運び可能な大きさに叩き割られた後、マルテッロ（一般的な大きさのハンマー）を用いて、一つひとつ都合の良いサイズや形に成形され、建材として用いられる。現場にはカンカンと石材を叩く音が響き渡る。マルテッロはイタリア語由来の言葉で[*15]、また職人によればメドーシャもかつて使用していた人は限られていたと言うため、これらの建築工具が広く使われるようになるの

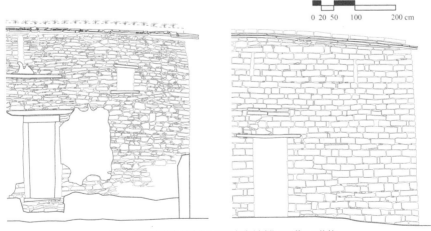

図11　19世紀後半（左側）と1960年代（右側）の石積みの比較

298

もやはりイタリアの影響を受けた後と考えることができる。ではどのようにそれ以前は石材を成形していたのであろうか。職人によれば、「黒くて丸い石」と呼ばれる他と比べて割れにくい石が、必要な場合には用いられていたと言う。サイズの大きな石材が入手できるようになったこととも関連するが、入手した石材を成形してサイズを揃えるという意識は、イタリアによる影響が入って以降強くなったと考えることができる。

　そこで19世紀後半と1960年代につくられたメケレ周辺の石積みを比較してみると、確かにイタリアの影響が入る前と後では異なる石の積み方に対する考え方を見い出すことができる(図II)。ともに伝統的な平面形式を持ったヒドモではあるが、確かに1960年代のヒドモの石材のサイズはより大きく、また揃えられている。すなわち、かつての石積みは利用可能な石材をどう組み合わせて使うのかにより意識的で、石材の成形はうまく石を填めるための微調整としてなされるのに対し、1960年代の石積みはサイズの大きな石材を成形して積んでいくことに意識的であると結論づけることができる。なおヨハネスパレスの石積みは、基本的には前者によっているが、正面アーチを構成する石材はサイズが意図的に揃えられているので、この辺りにその影響の端緒を読み取ることができるかもしれない[16]。戦後、石材のサイズが大きくなってくるのが一般化すると、鑿を用いた石材の表面成形も行なわれるようになった。「エスカルペロ」という鑿の呼称からはやはりイタリアの影響を見い出すことが可能だ[17]。

　石材の積み方に変化が生じたとは言え、地域の人々にとって、伝統的な形式を持った住宅が「ヒドモ」であることには変わりない。もともとあった伝統建築技術を下敷きとしていた点を鑑みても、この変化は基本的には伝統建築技術の延長に位置づけられるものである。イタリア人による建築工具の紹介とその普及は、地域に存在する石材をイタリア人にとって都合良く用いるためになされたものではあるだろうが、こうした地域の文脈に即した戦略は、エチオピア人にとっても、技術的・精神的双方の意味で受容しやすいものであったと想像することができる。以後、こうした石積みは広く対象地域でなされるようになり、現在では車の入ることのできないような辺境地域においてすら、これらの建築工具（やその呼称）は一般的に用いられている。

## 補いの材料としてのトタン板と鉄筋コンクリート部材

　イタリア占領期における近代建築技術の移入が限定的だったとは言え、トタン板や鉄筋コンクリート部材といったそれまでティグライ地方に存在しなかった建築材料自体は、イタリア占領期以降一般的に用いられるようになった。これらの材料は、もともと地域で入手するのが困難だった木材を置き換えるように利用が進んでいったように見受けられる。占領期以後メケレでつくられた典型的な建築類型の一つを見てみると、それまで木材の用いられていた天井とまぐさが、それぞれトタン屋根と鉄筋コンクリート部材に置き換えられていることが分かる（図6）。

　トタン屋根は、少なくともイタリア占領期にはメケレでも用いられている。イタリア占領期に建設されたとされるエチオピア人用住宅にも、アスマラから輸送されたトタン屋根の用いられた事例が存在していて、そのトタン屋根は未だに現役で使われている。戦後メケレでつくられた住宅の多数はトタン屋根によっており、また、ヒドモの天井と屋根も順次、トタン屋根に置き換えられた。しかし、対象地域では直射日光が強いため、土で覆われたヒドモと比べると、トタン屋根の室内はジリジリと暑い。

　イタリア占領期以降、メケレでも鉄筋コンクリート造の建築は確かにつくられたが、小規模な建築における鉄筋コンクリート部材の利用は開口部周りに限られる事例が多い。基本的に、壁面はサイズの揃えられた石材によっている。この意味で、戦後のメケレ旧市街における鉄筋コンクリート部材の利用は、それ自体としては少なくとも、伝統的な街並みを破壊に至らしめるほどのインパクトを与えることはなかったと考えることができる。

　これまで挙げてきた一連の伝統建築の変化をどう理解すれば良いのだろう。1973年頃メケレに建設されたマーケットの事例はそのための重要な視点をわれわれに投げかけてくれる。この建築もまた、開口部まわりに鉄筋コンクリート部材を用いた石造壁面を持つものであるが、その上にはヴォールト屋根が架けられている（図12）。地域にそれまで存在しなかったヴォールト屋根がどうしてつくられることになったのか、筆者は運良くその建設において重要な役割を果たした地元の職人にインタビューをすることができた。彼によれば、当時ティグライ地方を統治していたマンゲシャ・セユム[18]が海外から図面を持ち帰ってきて、その図面の通りに建築をつくるように命令

をしたことにこのプロジェクトは端を発すると言う。しかし命じられた家臣はこうしたヴォールト屋根をどうつくれば良いのか分からず、その職人の所へやってきた。最初彼もそれをどうつくれば良いか分からなかったが、やがて「神の思し召し」があって、つくり方を思いつき、一つ目の建築が完成、同様のつくり方を繰り返して、今見られる街区を取り囲んだマーケットができるに至ったのだと言う。先に示した通り、鉄筋コンクリート部材自体はその頃既に用いられていたため、それの応用を思いついたというのが「神の思し召し」の真相だと推察できるが、この事例が何より指し示しているのは、建築のつくり手の果たした役割の重要性である。すなわち、イタリア占領期以前から戦後に至るまで、実際にこれまで扱ってきた建築をつくってきたのは、地元の職人に他ならない。職人は、伝統的に培われてきた石造建築技術を基礎として、イタリア人の促した変化に対応し、最後にはその技術の応用まで実現していった。この意味で、対象地域における20世紀の建築の変化は、伝統が近代を取り込むことによってなされた結果の反映であると理解することができる。

## さらに変わりゆく現在の状況の中で

1991年の民主化以降、ティグライ州都になったメケレの人口は増え続けており[19]、都市部では鉄筋コンクリート造の建築が増加している。これに伴って、建築における石材の利用は現在減少しており、鉄筋コンクリート造の建築の壁面にもコンクリートブロックが用いられるようになった。地域で採れる石灰岩を原料につくられるコンクリートブロックが石材に取って代わるというのも皮肉な話ではある。

　石積みの壁面は、敷地を取り囲む外構において今もまだよくつくられてはいるが、一方で、石積み技術の劣化が進行していることを、伝統的な職人たちは指摘する。彼らによれば、石積みの表面により意識が向けられるようになった結果、石積み内部への意識が希薄化しているのだと言う。確かに、現在なされる外構の石積みの現場を観察してみると、壁面は、その外側と内側が分離して構築されていて、壁面内側には残りの石や土が混ぜて入れられているだけである（図13）。かつては、内側の石材を外側の石材と相互に噛み合わせて壁面を構築することにより意識的だったと職人たちは証言する。

(左)図12　1973年頃、メケレに建設された
マーケット
(上)図13　現在なされる外構の石積み

　さらに旧市街では、新たに策定された都市計画によって伝統住居が取り壊されるといったようなことも起きているが、そうした状況は一方で、地域に残る歴史的建造物の重要性を問うような動きとも逆説的に繋がっているようだ[20]。また、石材などのローカルな材料を用いた建築や都市整備の可能性を問うような動きも、徐々にではあるが出てくるようになっている[21]。その中でも、エチオピア各地で実施されている石畳による道路整備は、より広い問題意識を包含した事例として注目に値する。このプロジェクトは2007年以降、ドイツの技術的支援を受けつつ行なわれてきたものであるが、アスファルト道路より低予算かつメンテナンスが容易な道路整備、貧困層の人々の雇用機会の創出、コミュニティ参加型の開発といった成果を実現している[22]。都市景観としても見ても、メケレ旧市街のそれは周囲の石造建築を良く引き立て、特徴的な街並みに色を添えている（図6）。

　技術とは、ある状況において解決が必要とされている課題に対して、その時代その場所で利用可能な材料を用い、解答を与えていこうとする術であるという本来的なことを、20世紀の対象地域における建築の変化は教えてくれる。地域で培われてきた技術とどう向き合い、また同時に、新たに入ってくる技術をどう活用するのか。取り込みとは、こうした姿勢を持って地域の

実情により効果的に対応するための戦略と言えよう。翻って、もし新しい技術の地域への根付きが今後の建築や都市の構築に際して問われるとするならば、まず向き合うべきは、どう地域で育まれてきた技術や知をリスペクトするのかということになる、ということではないだろうか。

## 註記

\*1 建築上部の薄い石材が水平に並べられた部分。地域の職人によれば、壁面の目地に直接水分が浸入するのを防ぐ役割がある。

\*2 「門または出入口の扉の上に渡した横木」のこと（広辞苑第6版より）。

\*3 筆者がメケレ周辺で行なったインタビュー調査による。天井材として最も格式の高いビャクシンの木材は、メケレから40km離れたデサ森でしか入手できなかった。

\*4 対象地域における木材の用い方とコミュニティ内での地位の関係についてはLyonsによって指摘される。Bauerは、所帯の型に関する論文の中で伝統住居についても触れている。これらの成果やフィールド調査の成果を下敷きにしながら、筆者もヒドモの建設プロセスに着目して論文を執筆している（採録決定済み、論文集名称未決定）。Lyons, D.E.（2007）"Building Power in Rural Hinterlands: An Ethnoarchaeological Study of Vernacular Architecture in Tigray, Ethiopia" *Journal of Archaeological Method and Theory*, Vol.14, No.2, pp179–207., Bauer, D.F.（1977）*Household and Society in Ethiopia: An Economic and Social Analysis of Tigray Social Principles and Household Organization*, African Studies Centre, Michigan State University, East Lansing., Shimizu, N., Alula T., Aoshima, K., Miyake, R. "Local Specific Meanings on the Traditional House from the Perspective of Building Preparation Process: in Case of Hïdmo House in Ïnderta, Ethiopia".

\*5 Shimizu, N.（2015）"An Analysis of the Construction Method of Emperor Yohannes IV's Buildings in Tigray Region, Ethiopia" *Cultural Landscapes of Ethiopia: Conference Proceedings*, Institute of Paleo-environment and Heritage Conservation, Mekelle University, pp.27–38.

\*6 ただしデブレ・ダモの聖堂では、モンキーヘッドが建築内部の壁面ファサードまで貫通しておらず、その役割が一部装飾化しているのを見て取ることができる。Phillipson, D.W.（2009）*Ancient Churches of Ethiopia: fourth-fourteenth century*, Yale University Press.

\*7 アクスム王国は、今のティグライ地方アクスムを首都とした王国。紅海沿岸部とエチオピア高原の間でなされた交易は、王国の発展に対して重要な役割を果たし、紅海沿岸はその先の地中海沿岸地方とインド亜大陸とを繋ぐ交易ルートとも繋がっていた。アクスム文明では石造文化が発達し、オベリスクの他にも王宮、地下墳墓、玉座などが造られ、それらには碑文の刻まれることもあった。こうした文化的・技術的・建築的な所産は、4世紀エザナ王の時代にキリスト教が受容されて以後展開するキリスト教文化に対しても、基礎を与えることとなった。

\*8 アクスム王国にかわって、新たな系譜であるザグウェ王朝がティグライ地方より南のラスタ地方で生まれた。その最も有名な王は12世紀末から13世紀初頭にかけて君臨したラリベラ王である。なお、第2のエルサレムを目指したことで知られるラリベラの岩窟教会群には、ラリベラ王の時代に一気に造られたという伝説も存在するが、実際にはその数世紀前からラリベラの時代に至るまで建設が進められていたということが、近年の調査によって明らかになってきている。Ibid.

\*9 アクスム文明より後に対象地域で建設された石造建築の多くは現存していないが、デブレ・ダモの聖堂ほどに木材を多用する建築が造られることはなくなったと推定される。また、アクス

ム文明の時代には稀に存在したレンガを用いたアーチなども、以後の建築で用いられることはなくなった。石造教会よりもむしろ岩窟教会（岩をくり貫いて建設される教会）の方が現存数は多く、先に挙げたラリベラ以前から、ティグライ地方ではそうした建築が造られていた。岩窟教会の細部のモチーフの多くは、アクスム文明で培われた要素や石造教会の細部と関連づけられ、当時の石造建築のありようを考える上でも示唆深い。

*10 エリトリアは 1993 年にエチオピアから正式に独立した国家である。エチオピアより早い 1890 年にはイタリアによって占領されていた。エチオピア高原に位置するティグライ地方とエリトリア高原には、共通の民族、言語、宗教を持った人々が存在していて、歴史的に見ても古代以来関係は深い。

*11 ヨハネス 4 世がティグライ地方出身だったことも起因し、拠点が前首都のデブレ・タボルからティグライ地方へと移され、王宮の建設がメケレで進められた。1889 年の彼の死後、ショア王のメネリク 2 世がエチオピア皇帝となったことで、首都が再度移動、現在のエチオピアの首都アジス・アベバの発展が進んでいった。

*12 Sacchi, L. (2012) *Architectural Heritage in Ethiopia: Two Imperial Compounds in Mekele and Addis Ababa*, Skira, Milano. ただし、何がどう「ゴンダール様式」的で、また「ネオゴシック」的なのかということについては詳しく述べていない。なおゴンダール様式とは、17 世紀にゴンダールで建設された王宮の様式のこと。当時、イエズス会宣教師の来訪によってエチオピアとポルトガルの関係が一時的に強まっていた。ポルトガル領インドのインド人建築家も派遣されて建設活動が行なわれたため、それまでのエチオピアでは見られない様式の建築が造られた。詳細は以下参照。設楽知弘（2008）「ゴンダールの伝統的居住空間の生成と近代化による居住空間の変容に関する研究」博士論文、慶應義塾大学

*13 Shimizu, op.cit.

*14 メケレ旧市街における住宅建築類型に関しては岡崎によって纏められている。Okazaki, R. (2011) " Deterioration of Heritage by Informal Urbanization in Mekelle, Ethiopia " *Journal of Asian Architecture and Building Engineering*, Vol.10, No.2, pp.343–350.

*15 イタリア語でハンマーは martello。

*16 メケレのとある集落を対象に行なったフィールド調査を通じて、ヨハネス・パレスの建設に鍛冶職人として関わった祖先がいるというファミリーヒストリーを持った人を確認することもできた。木材を切り出したり、その表面を削ったりする工具（ムサル）は伝統的に存在していたため、もともと鍛冶職人が存在しなかったというわけではないが、それでもなお、パレスの建設に際して鍛冶職人がその現場の近くで作業していたという事実は興味深い事実である。

*17 イタリア語で鑿は scalpello。これが変化してエスカルベロと呼ばれるに至ったと考えられる。

*18 マンゲシャ・セウムはヨハネス 4 世の曾孫にあたる。

*19 1994 年に 96,938 人だった人口は、2007 年には 215,914 人となり、2020 年には約 50 万人になると推定されている。郊外スプロールと既存地区の過密化は同時平行で進んでおり、既存地区に新たな住宅が建設される場合には、石造より簡易な土壁住宅の建てられることも多い。

*20 2007 年、こうした背景もあってメケレ大学に遺産保護学科が設置された。そのパイロットプロジェクトとして、グンダ・グンド修道院の修復プロジェクトが現在進められており、三宅理一を中心とする日本人チームもこれに関与している。

*21 こうした建築の事例としては、ウクロ考古学ミュージアム（設計 :Nedelykov Moreira Architekten。2014 年竣工）、メケレ大学先史環境遺産保護研究所棟（設計 : 青島啓太。2014 年竣工）が挙げられる。また、イタリア人の Enrica and Silvio Rizzotti の開業した宿泊施設ゲラルタ・ロッジは、ヒドモを改良した建築に宿泊できる施設として観光客からの人気を博す。

*22 GIZ (2012) *Making Good Governance Tangible: The cobblestone sector of Ethiopia*

第 2 章
脆弱で危機にさらされた社会

2-4
災害と難民

2-4-1
トルコにおけるシリア難民の「統合」について
浅見 麻衣

2-4-2
東日本大震災における緊急住居の実態とコミュニティ再形成のあり方
〈女川町の事例〉
石坂 玲(大友)

# トルコにおけるシリア難民の「統合」について

浅見麻衣

本論文は、「21世紀最大の人道危機」と言われるシリア難民問題をめぐり、世界最大の受入国トルコにおける統合の試みを考察することを目的とする。この論文が2016年9月時点におけるものであることを、はじめに断っておく。

中東アラブ諸国で起きた民主化要求運動「アラブの春」の一環で、シリアで2011年3月に始まった大規模な反政府デモは、アサド政権がデモ参加者らに厳しい弾圧を続けたことで内戦に発展。国連人道問題調整事務所(OCHA)の集計では、この5年間にシリア全土で25万人以上が死亡した[*1]。しかし、民間団体「シリア政策研究センター(SCPR)」が2016年2月に公表した報告書では、死者数は47万人に達し、国連統計の2倍に及ぶとしている[*2]。

内戦が長期化している理由は、もはやアサド政権と反体制派という単純な二項対立ではないからだ。反体制派でも複数の武装勢力が入り乱れ、過激派組織「イスラム国」(IS)が台頭、さらに米国、ロシア、トルコなど関係国による「代理戦争」という性格を帯びており、内戦の構図が複雑化している。

国連主導でアサド政権と反体制派の和平協議が断続的に行われているが、対立は解けず、解決の糸口は見えていない。多くのシリア難民は内戦が終結すればシリアに戻りたいと願っているものの、その希望が実現する日が近いとは言えない。

そのような状況下、祖国の近くで安全な暮らしをするため、第3国定住でも自主帰還でもなく、庇護国社会への統合という選択肢が現実的になりつつある。本論文では、シリアの隣国トルコに着目し、シリア難民がトルコ社会に定着しつつある様子を、内政上・外交上の問題点も挙げながら考察する。

まず、シリア難民の概要とトルコにおけるシリア難民の受け入れ状況を整

理し、次に、で15年の「欧州難民危機」の背景と、それをきっかけにした欧州とトルコとの外交的駆け引きを論ずる。そして、トルコにおけるシリア難民への国籍付与計画など政策面の受入体制を、それに続いて、シリア難民のトルコ定住を容易にするための草の根的な取り組みを追う。最後に本論文の結びとして、難民の自立の必要性について述べる。

## シリア難民の概要とトルコでの受け入れ態勢

国連難民高等弁務官事務所（UNHCR）によると、2016年8月1日現在、登録されているシリア難民は約480万人に上る。これはシリアの人口約2200万人（2014年）の約2割にあたる。そのうち、トルコには最大の約270万人、レバノンには約100万人、ヨルダンには約66万人が暮らしている[*3]。また、シリア国内の避難民は660万人に上る（図1）[*4]。

ギリシャやバルカン諸国を経て、ドイツや北欧などの欧州諸国へ向かった難民も多い。欧州におけるシリア人の難民申請は2016年6月時点で、計約110万件。その6割が難民受け入れに積極的な姿勢を取ってきたドイツ（およびセルビア）と、欧州連合（EU）圏内の手前にあるセルビアで行われている[*5]。しかし、欧州では最近、IS支持者などによるテロ事件が相次いでいることを受け、難民や移民を排斥する動きが広まっており、シリアの周辺諸国に難民が集中せざるを得なくなっている。

その中でもシリアと約900キロに渡って国境を接するトルコは、最も大きな負担を強いられている。トルコ政府は「門戸開放政策（オープンドアポリシー）」の下、シリア難民を積極的に受け入れてきた。ただ、トルコは「難

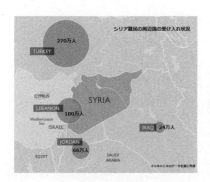

図1　シリア難民の周辺国の受け入れ状況

民の地位に関する条約」（1951年）に批准しているものの、1951年の条約にあった地理的・時間的制約を取り除いた「難民の地位に関する議定書」（1967年）は批准していない。トルコが加盟を目指しているEUからの圧力もあり、トルコ政府は2013年4月、難民法を制定し、非欧州系の庇護希望者のために4種類の「国際的な保護」制度を確立。シリア難民にはこの中で最も低い地位である「一時的保護」が認められている[*6]。

現在、トルコ国内の10県に26ヶ所のシリア難民キャンプが設置され、住居や食料、医療サービス、教育を提供している[*7]。トルコでのシリア難民の支援の主な特徴は、①トルコ首相府防災危機管理庁（AFAD: Disaster and Emergency Management Presidency）が完全に管理していること、②キャンプ以外に暮らす都市難民の割合が多いことだ。都市難民の中には、キャンプに入居できなかった者もいるが、キャンプでの生活では経済的・物理的な自由

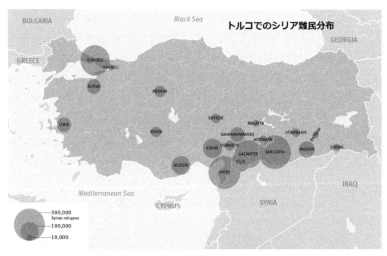

（上）図2　トルコでのシリア難民分布（出典：Human Rights Watch）
（下）図3、4　トルコ南部キリス県のエルベイリ難民キャンプ

を持てないことから自主的に都市部に暮らしている者が多い（図2）。

　政府直轄による難民キャンプの運営には、効率的なサービス提供や治安の確保などの利点もある一方、政府によるシリア難民支援のための支出額が増え続けることも意味する。エルドアン大統領は2016年5月、イスタンブールで開催された国連主催の「世界人道サミット」で、シリア危機が始まった2011年以降、約100億ドルを拠出したことを明らかにした。毎月平均5億ドルがシリア難民支援に充てられている計算になる。

　例えば、シリアと国境を接するトルコ南部キリス県のエルベイリ難民キャンプ[*8]は2013年6月に設置されたが、コンテナ型仮設住宅に加え、各種学校、病院、商店、モスク（イスラム礼拝所）を備え、「難民キャンプの手本」とも称される。キャンプ内外には憲兵隊や警察が配置され、厳重に管理されている。このキャンプの報道担当者によれば、月々の運営費は250万ドルに上るという（図3、4）。

　筆者が2016年5月、キリス市中心部でインタビューした青年（当時＝19）は、両親らは難民キャンプに暮らし、青年と兄弟3人はキリス市内で働いていた。青年はホテルや飲食店での勤務を経て、2015年秋から文具店で週6日働くようになった。労働許可証はなく、月給は約700リラ（約2万4000円）。シリアでは高校に通っていたが、内戦が始まって以降5年間勉強していないという。「私は若いので難民キャンプだと何もすることがなくてつまらない。自分の将来や家族のためにお金が必要だ」と話した（図5）。

### シリア難民をめぐるEUとトルコの合意

2015年、欧州諸国には中東やアフリカからの難民・移民が押し寄せ、「欧州

図5　キリス市中心部の文具店で働くシリア難民の青年

図6　欧州への難民流入ルート

難民危機」と呼ばれる事象となった。国連難民高等弁務官事務所（UNHCR）によると、2015年に地中海を渡って欧州を目指した難民・移民は100万人を超え、そのうち約3700人が恐らく途中で溺死するなどして行方不明になっている[9]。それに加え、トルコから陸路でブルガリアやギリシャに入った人々は3万4000人に上るという。2014年に欧州へ渡った難民・移民数約28万人と比較すれば、約4倍の人数だ。

　地中海を通じて欧州入りした難民・移民のうち、半数は内戦が続くシリアの出身。アフガニスタン出身は20％で、イラク出身は7％だった。8割がトルコから、地中海の一部であるエーゲ海を通じてギリシャに上陸した（図6）。

　2015年に欧州へ逃れたシリア難民が急増した理由について、英紙ガーディアンは①シリア内戦終結の兆しが見えないこと、②シリア近隣諸国での避難生活が持続困難であること、③国際社会からのシリア難民向け支援金が十分でないこと、④子供が長期間公的教育を受けられていないこと、⑤地域の難民受け入れ国が新たな規制を導入していること、⑥テレビやソーシャルメディア上で欧州が難民受け入れに前向きに見えたこと、を挙げている[10]。同年9月には、シリアから家族と逃れてきた3歳男児、アイランちゃんの遺体がトルコの海岸に打ち上げられ、その写真が波紋を呼んだことは今も記憶に新しい（図7）。

　この難民危機では、多くの人が最終目的地としてドイツなど豊かな北部欧州を目指した。筆者が2015年12月にトルコのイスタンブールで会ったシリア北東部ハサカ出身の50代の男性は、4人の息子のうち、20代の長男と次男は既に密航業者を使ってそれぞれオランダとドイツに渡った。男性がイスタンブールに来たのは2013年9月。シリア軍から離反した長男が同軍兵士に撃たれ、手術が必要だったためだ。その半年後、妻や娘らも呼び寄せた。一緒に暮らす子供3人が働いているが、生活は苦しく、自身も欧州に行くため、資金調達に奔走していた。男性は「トルコと欧州を比べれば、欧州の方が支援は手厚い。私のような年配者はトルコで生活するのは厳しい」と語った（図8）。

　欧州への難民・移民の流入を防ぐ目的で、EUとトルコは2016年3月18日、同月20日以降にギリシャ入りした「違法な移民」をトルコが引き受ける一方、シリア人送還者と同数のシリア難民をEUが受け入れることで合意。また、EUがトルコに滞在する難民への支援金を60億ユーロ（約7600億円）

に倍増させ、トルコ国民のEUへのビザ（査証）免除措置の前倒しも合意に盛り込まれた[11]。

この合意に基づき、2016年4月4日、ギリシャからトルコへの強制送還が始まり、難民申請をしなかったり、難民申請が却下されたりした人々がギリシャの島々からトルコの西部イズミル県のディキリに運ばれた。2016年8月時点で、パキスタン人ら計約500人の移民が送還された[12]。一方、トルコからEU諸国に再定住したシリア難民は約800人（同年7月時点）に上る[13]。しかし、ギリシャには3月20日以前に到着した難民・移民も合わせて約7万人が足止めされていることを考えると、手続きが順調に進んでいるとは言い難い。

また、EUとトルコの合意から半年経った現在、トルコの協力で同国経由の密航者は確かに激減したものの、この合意は政治カードとして使われている印象が強い。特に、トルコ国民のEUビザ免除をめぐっては、2016年6月末への前倒しは未実現のまま。EUは人権上の観点からトルコの「反テロ法」の修正を求めているが、国内でISやクルド人勢力によるとみられるテロ事件が頻発していることを理由にトルコは応じていない。また、トルコで同年7月に起きたクーデター未遂事件を受け、反政府派の大規模な排除を進めるエルドアン政権の強権姿勢にEUは懸念を示しており、これもビザ免除の実現を遅らせている原因となっている。エルドアン大統領らは、トルコ国民のビザ免除が当初の予定通り10月に実現しなければ、合意を破棄すると迫っている。

### トルコにおけるシリア難民への国籍付与計画

トルコは他のシリア周辺国と違い、唯一公用語がアラビア語ではなく、トル

図7　トルコの海岸に打ち上げられたシリア難民男児の遺体を運ぶトルコ憲兵隊兵士

図8　欧州に行くため資金調達に奔走していたシリア難民の男性

コ語である。そのため、シリア難民にとって言語の問題が生活上の障害となり得ると考えられるが、それでもトルコのシリア難民は増加傾向を見せており、今後も増え続けると予想される。

　主な要因としては、①シリア内戦の長期化、②トルコ政府の「門戸開放政策（オープンドアポリシー）」およびイスラム化の傾向、③トルコ経済の潜在的な成長性、④EUの玄関口であること、が挙げられる[14]。トルコでのシリア難民の統合を考える場合、中でも②と③が重要な位置を占めることになる。

　エルドアン大統領は2016年7月、シリア国境沿いの町キリスで、シリア難民らを前に「トルコもあなたたちの母国だ。もし望むのならば、トルコ国籍を得る機会を与える」と述べ、内務省がシリア難民への国籍付与に向けた準備を行っていると発表した[15]。

　第Ⅰ章で触れたように、トルコは難民条約の締約国だが、難民の定義を欧州から逃れてきた人に限っており、シリア出身者は難民としての地位を得られない。トルコ政府は2016年1月、シリア難民に労働許可証を与える施策を導入したが、5月時点で3800人しか許可を得ていない。そのため、国籍が付与されれば、教育や就労、医療サービスなどの面でシリア難民の生活環境の改善が期待される。

　計画の詳細は不明だが、エルドアン大統領はその後、トルコ経済の発展に資するであろう「高い技能を持つシリア難民」を対象としたい意向や、シリアとトルコの二重国籍保有を認めることを明らかにした。地元紙ハベルチュルクによれば、政府は最大30万人のシリア難民にトルコ国籍を付与する方針だという。

　国連や欧州はトルコの提案を歓迎したが、国内では貧困や失業に苦しむ自国民よりもシリア難民を優遇しているとして反対する声が殺到。野党は、エルドアン大統領が実権を握るイスラム系与党・公正発展党（AKP）が支持拡大を狙ったものだと批判し、市民の間でも、ツイッターで「私の国にシリア人はいらない」というハッシュタグが付いた投稿が広がった。

　実際のところ、トルコ南部のシリア国境近くの都市では、シリア難民の流入により、物価や家賃の上昇、賃金の低下、医療サービスの不足などを招き、地元住民とシリア難民との間であつれきが生じていた。

　2016年7月15日、首都アンカラや最大都市イスタンブールで軍の一部による反乱が起きた時、トルコ人だけでなく、シリア難民も大きな恐怖を感じ

た。それは、エルドアン大統領が失脚した場合、「トルコから追い出される」という懸念だった。そのため、クーデターが未遂に終わり、各地でエルドアン大統領に支持を示す集会が開かれると、多くのシリア難民も参加した。

　しかし、今回の事件を受け、エルドアン大統領は国民の声に敏感にならざるを得なくなった。また、エルドアン政権による反政府派の大量の取り締まりに懸念を示す欧米との関係は険悪化し、エルドアン大統領は、難民問題をめぐるEUとの合意の破棄もちらつかせている。そのため、シリア難民への国籍付与計画は白紙に戻り、シリア難民の欧州行きを奨励しかねないとの指摘も上がっている。

## 頭脳流出を防ぐ試み

欧州行きを目指すシリア難民は依然少なくないが、トルコにとどまる難民もいる。同国では、そのような難民向けに教育や職業訓練を提供し、「頭脳流出」を防ごうとする取り組みがシリア人らの手で行われている。見据えているのは内戦終結後のシリア再建だ。

　トルコ南部ガジアンテプにある児童養護施設「ウフク」（図9）。筆者がこの施設を訪問した2015年12月時点では、0〜20歳のシリア難民144人とその母親ら45人が暮らしていた。シリア人実業家が2014年に設立したこの施設の目的は「将来のシリアのために有能な人材を育てること」。住居や医療サービスを提供するだけでなく、母子双方に対し教育の実施・支援をしている。

　インタビューに応じたシリア北部アレッポ出身の女性（当時＝27）は2015年4月から、5〜10歳の娘3人と暮らしていた。夫は3年前、シリア軍に殺害された。トルコ中南部アダナに住む親族の家に身を寄せていたが、この施設の話を聞いて入居を決めた。

　まもなく中学を卒業予定だというこの女性の目標は「看護師になって、シリアで働くこと」。「機会があっても欧州に行くつもりはない」と言い、10代の長女も「将来は医者になり、シリア人を治療したい」と話した。

　一方、レバノンやトルコで活動するシリア系非営利団体「ホムス・リーグ・アブロード」（図10）も同様の理念を掲げる団体だ。ガジアンテプ中心部にある訓練施設では、シリア難民らを対象に語学やパソコン、起業などの授業

をほぼ無料で実施。先生も大半がシリア難民だ。

これまでに送り出した「卒業生」は約1万人に上る。同施設のジハード・アルリファイエ所長は「欧州に渡れば、シリアに戻らない可能性が高い。いかにトルコにとどまらせるかが重要だ」と指摘。トルコ語を習っているシリア中部ホムス出身の元ジャーナリストの男性（当時=32）は「トルコにいるためには言語は必須。平和が訪れたら、シリアに帰りたい」と語った。

将来のシリア再建を考える際、特にシリア難民の子供たちの不就学が深刻化し、「失われた世代」になるのではないかとの懸念が高まっている。シリアで内戦が起きる前、同国では、ほぼ全ての子供たちが小学校に在籍し、15～24歳の識字率は95％だった。だが、このまま子供たちが教育を受けられず、高い収入を得られる職業に就けない場合、シリア経済に及ぼす損失は毎年2700億円に達する見込みという[16]。

国連児童基金（ユニセフ）によると、トルコのシリア難民のうち半数以上が18歳以下の子供だが、公式教育を提供する学校への学齢に達した児童の就学率は約35％に過ぎない。難民キャンプではシリア人の教師によるアラビア語の教育を受けられるが、難民の8割以上が都市部に住んでおり、近隣のトルコの公立学校に通っても言語やカリキュラム上の違いの大きさから、就学を断念するケースが多くみられる。

難民キャンプでも都市部でもなく、農村地の村々に住むシリア難民の子供にとっては、公式および非公式の教育を得る手段がほぼないに等しい。対象となる子供の人数が比較的少ないため、国際機関や主要NGOの手が届かないのが実情だ。

そのような子供たちへの教育支援を行っている日本人女性がシリア国境沿いのトルコ南部ハラン市郊外にいる。東京都出身の高田みほさん（29）だ。

図9　トルコ南部ガジアンテプにある児童養護施設「ウフク」での授業風景

図10　トルコ南部ガジアンテプにあるシリア系非営利団体「ホムス・リーグ・アブロード」での授業風景

シリア内戦収束の気配がない中、高田さんは子供たちに「学ぶ機会と希望」を与えたいと立ち上がった。

2016年4月まで日本のNGO職員として働いていた高田さんは、ハラン市や郊外の村でシリア難民を対象とする食糧支援事業に携わっていた。そこで出会ったのが「学校に行かず、一日中遊んで過ごす子供たち」だった。

高田さんは学校に行きたくても行けない子供たちに、非公式ではありながらも基礎教育を提供する教室を開こうと決意。2016年3月、シリア人やトルコ人の仲間とともにNGO「ホープフル・タッチ」（図11、12）を設立した[*17]。

筆者が高田さんを訪ねた2016年5月、高田さんはハラン市郊外の村で、7月の「開校」に向けた準備の真っただ中だった。シリア北部アレッポ出身のイブラヒム・アラウィ君（11）は、「シリアの学校ではクラスで1番の成績だった」と話すが、内戦の影響で3年以上も学校に通っていなかった。母親のラシアさん（26）は高田さんの取り組みについて「失われた世代をつくらないためにも、こうした取り組みは重要だ」と歓迎した。

事業費80万円は、インターネット経由で不特定多数から資金を募る「クラウドファンディング」を使って集めた。7月、村の空き地に5メートル×10メートルのテントが設置され、周辺に住む8〜18歳の子供約30人にアラビア語や英語、算数など5教科を教え始めた。同じ村に住み、シリアで教師をしていた女性が子供たちの先生だ。近く、他の地域に教室をもう一つ設置する予定で、2017年3月末までに100人に教えられるように準備を進めている。教室が始まって数ヶ月だが、「子供たちの表情は大きく変わり、楽しそうな笑顔が自然と見られることが増えた」という。

長年難民問題に携わってきた元国連難民高等弁務官の緒方貞子氏は、「難民問題の発端は本質的に政治であるため、それには政治的対応を通じて取り

図11、12　事業の打ち合わせなどをする「ホープフル・タッチ」の代表の高田みほさんとシリア人スタッフ

組まねばならない」「人道的対応だけで政治的対応に代えることはできない」と指摘している[18]。難民を発生させる内戦や戦争が政治的な動機に基づくものであるが、難民の受け入れもまた、政治的な動機が核心に存在する。

　難民の受け入れは、人間の安全保障という観点に基づく人道的介入であるべきというのが本来論ではある。しかし、受け入れ国は道義的責任を果たすことで、国家としての信用や発言力を高めようとする。そのため、本論文の2章で紹介したように、難民受け入れを政治カードにした各国間での国際問題にも発展している。

　難民生活が長期化するに従い、国際社会からの物資提供や支援金に依存するいわゆる「援助漬け」状態になり、人々から自律性・自立性を奪うことになる。皮肉なことに、人道援助が紛争の長期化を招くことにもなる。シリア難民に限らず、国際社会の長年の懸念であるパレスチナ難民や、紛争が続くアフガニスタンやソマリアからの難民、独裁政権下のエリトリアからの難民にも当てはまることだろう。

　しかし、国際社会の各国の政治的思惑に翻弄されながらも、それを言い訳にせずに、自分の足で立とうとしている難民も少なくない。例えば、筆者がトルコの最大都市イスタンブールで出会ったシリア人男性のシャディ・イドリスさん（27）は「難民」と呼ばれることを拒否した。シリア中部ホムスで大学生だった時にシリア危機が始まり、2013年3月、700ドルだけを手にイスタンブールに来た。まもなく両親や4人の姉妹、弟もトルコに来たが、両国間の物価の違いのせいで、生活は困窮を極めた。

　現在、本人以外はスウェーデンで難民生活を送っている。シャディさんは仕事をしながら大学に通っているが、「ほかの学生は両親が学費を払っているが、私は両親を支える立場」だと語る。なぜスウェーデンに一緒に行かなかったのかを尋ねると、「イスタンブールでの経験を将来シリア再建に生かしたい。今、他のところに行ったらあきらめたことになる」と固い決意を見せた。

　当然、難民の中には人道援助に頼らざるを得ない人々も多い。しかし、シャディさんのような若者に対しては、人道支援から開発援助へと支援内容を切り替え、受け入れ国への統合を促すような支援が必要だろう。そのためには、受け入れ国の国力に任せるのではなく、国際社会の各国が国益の枠組みを超えた人類全体の普遍的利益を考慮し、助け合う必要がある。それがひいては現在続いている紛争の解決や、将来の紛争の予防に寄与するのではなかろうか。

## 註記

*1　*Syria: About the Crisis*, United Nations Office for the Coordination of Humanitarian Affairs.
　　http://www.unocha.org/syrian-arab-republic/syria-country-profile/about-crisis

*2　*Syria: Confronting Fragmentation! Impact of Syrian Crisis Report（2015）*, Syrian Center of Policy Research, February 11, 2016.
　　http://scpr-syria.org/publications/policy-reports/confronting-fragmentation/

*3　*Syria Regional Refugee Response*, Office of the United Nations High Commissioner for Refugees.
　　http://data.unhcr.org/syrianrefugees/regional.php

*4　*Syria: About the Crisis*, United Nations Office for the Coordination of Humanitarian Affairs.
　　http://www.unocha.org/syrian-arab-republic/syria-country-profile/about-crisis

*5　註記3

*6　「EUとトルコの難民対策合意：トルコ情勢」、日本貿易振興機構（ジェトロ）アジア経済研究所
　　http://www.ide.go.jp/Japanese/Research/Region/Mid_e/Radar/Turkey/20160322.html

*7　Disaster Report, Syria, *Disaster and Emergency Management Authority（AFAD）*, https://www.afad.gov.tr/en/2601/Introduction

*8　約42万平方メートルの土地に、2016年5月時点で約2万3000人が入居。コンテナ型仮設住宅は約3600戸。トルコの大学に行きたい学生らのためにトルコ語の語学学校もある。

*9　*Over one million sea arrivals reach Europe in 2015*, Office of the United Nations High Commissioner for Refugees.
　　http://www.unhcr.org/news/latest/2015/12/5683d0b56/million-sea-arrivals-reach-europe-2015.html

*10　*Six reasons why Syrians are fleeing to Europe in increasing numbers*, the guardian, October 25, 2015.
　　https://www.theguardian.com/global-development-professionals-network/2015/oct/25/six-reasons-why-syrians-are-fleeing-to-europe-in-increasing-numbers

*11　*EU-Turkey Agreement: Questions and Answers*, European Commission, March 19, 2016.
　　http://europa.eu/rapid/press-release_MEMO-16-963_en.htm

*12　*Greece retunes 14 migrants to Turkey under EU deal*, Fox News, August 18, 2016.
　　http://www.foxnews.com/world/2016/08/18/greece-returns-14-migrants-to-turkey-under-eu-deal.html

*13　*Relocation and Resettlement: Positive trend continues, but more efforts needed*, European Commission, July 13, 2016.　http://europa.eu/rapid/press-release_IP-16-2435_en.htm

*14　山本剛、「難民支援に関する一考察—トルコにおけるシリア難民支援を事例として—」、『ソシオサイエンス Vol22』、2016年3月、21項。

*15　*Turkey plans to offer citizenship to Syrian refugees*, The Telegraph, July 3, 2016.
　　http://www.telegraph.co.uk/news/2016/07/03/turkey-plans-to-offer-citizenship-to-syrian-refugees/

*16　紛争の代償：シリアで教育が失われていることによる、深刻な経済的損失を試算、Save the Children JAPAN、2015年3月15日、http://www.savechildren.or.jp/scjcms/sc_activity.php?d=1913
　　http://www.hopefultouch-jp.org/

*17　緒方貞子「人間の安全保障を求めて」、国連広報センター、http://www.unic.or.jp/activities/
*18　international_observances/un70/un_chronicle/ogata/

2-4-2

# 東日本大震災における緊急住居の実態と
# コミュニティ再形成のあり方
### 〈女川町の事例〉

## 石坂 玲(大友)

　宮城県女川町は2011年の東日本大震災に際して全国での最大規模の津波被害に遭い、その後の町外移住も加わって人口が2/3以下に激減した。本論文は、被災者そして役場や施工事業者等への聞き取りを通して避難所設置から仮設住宅建設のプロセスを追い、被災者がどのような経緯を経て新たなコミュニティに到り着いたかを明らかにするとともに、居住問題を軸足にして避難所そして仮設住宅の生活実態を明らかにするものである。

　女川町は宮城県の東、牡鹿半島の付け根に位置する風光明媚な土地であり、リアス式海岸の地形に則った我が国でも有数の漁港として知られてきた。2011年3月11日の東日本大震災に際して、同町は県内最大の津波高(14.8m)、遡上高(34.7m)の津波に見舞われ、海岸部の市街地や集落の多くが浸水した。その結果、鉄筋コンクリートのビルがいくつも横倒しとなり、多くの木造住宅が倒壊流出し、人的被害も甚大な数に及んだ。被災前の人口10,051人(2010年)に対する死者行方不明者872名(8.68%)は岩手県大槌町(8.36%)を越して全国最大の比率であり、住宅被害も全壊2,924棟、半壊349棟、一部損傷661棟となり、街並みの大半が被災することとなった[1]。また、地震による地殻変動で、東南東に5.3m、下方向に1.2mの地盤沈下が発生したことで、漁港地区は満潮時に海面下に没することとなった（図1）。

　この津波被害に際して、筆者は災害復旧支援ボランティア組織VAN (Voluntary Architects Network)[2]に与して同年8月以降、女川に赴き、被災地の復興活動に従事したが、同時に住民の避難の実態、その後の仮設住宅のあり方についての調査も行った。本論文はその記録であり、激甚災害に見舞われた地域における緊急時の住環境に関する新たな知見をまとめたものである[3]。

本論文は、未曾有の被害を蒙った女川の住民が被災後の生活を送る避難所・仮設住宅という緊急時の住環境の実態を調査し、以下のかたちで評価を行うことを目的としている。
（1）大規模災害の発生に際して、公共団体は避難所を開設して被災者を収容するが、その実態を避難者の生活に即して記録、解明すること。
（2）避難所生活の後、公共団体によって提供される仮設住宅に関し、その建築的質と生活環境のあり方を住民の生活に即して評価すること。
　本調査は、対象を女川町の5か所の仮設住宅として、町役場や工務店へのヒアリングによる施設計画プロセスの解明、ならびに居住者のヒアリングによる生活実態の解明を目指した。ヒアリング対象の被災者は38世帯であり、質問内容は、対象者の被災履歴を明らかにした上で、被害の実態、避難所と仮設住宅の現状と問題、女川の将来像等の項目に及ぶ。なお調査日程については、2011年8月4日に事前調査、10月28日〜11月1日が本調査である。各戸30〜60分、対面調査の形式をとった。同時に仮設住宅の性能面をめぐって現場の訪問調査も行った。

## 被災者の属性と履歴

■仮設住宅居住者の抽出
今回の調査は仮設住宅に住まう世帯を対象としたサンプリング調査の形態をとった。抽出された仮設住宅居住者は38世帯（38名）。インフォーマントの男女比37:63（%）、年齢構成は60代以上が71%、現居住地は女川浜地区が最多（12%）であるが、同じ集落からの避難者が近くにいるわけではないため、人間関係は濃くない。職業は元水産加工員が大半を占めたが、9割は

図1　女川の市街地、震災前（左）と震災後（右）

職を失い、ほとんどの回答者が当時、年金生活者であった。

■避難の実態

東日本大震災では、多くの被災者が被災後まずは避難所に逗留し、抽選で仮設住宅に順次移動した[*4]。復興対策本部事務局によると、被災後3か月弱の6月2日時点での避難者数は124,594名であるが（図2）、いわゆる避難所住まいはその1/3で、残りは旅館やホテル、親族知人宅、さらに仮設を含む住宅であった。発生当初は知人宅に身を寄せる避難者も多く、まもなく別の場所へ転居していくケースが多い。

被害の度合いが極端に大きい女川町では人口の半分以上が避難所で生活を送った。最大時、町内に83か所の避難所が開設され、5,720名が避難した（図3）。避難所生活は最短2か月、最長7か月に及んでいる。特に女川総合体育館では最大時2,000名以上の避難者を受け入れた。避難所は8月末には25か所に減少、11月9日、町民野球場に建設された仮設住宅の竣工に伴って、女川第一小学校の避難所を最後にすべての避難所が閉鎖、町民は町外を含む仮設住宅等に転居した。

## 避難所の問題

■避難所の滞在

被災者の仮の住まいとなる仮設住宅の建設にはある程度の時間がかかる。被災後数か月を経て仮設住宅が提供されるのに伴い、被災者は徐々に避難所から移動していくが、今回の場合は避難者の絶対数が圧倒的に多いため、かなりの人間が長期間避難所に留まらざるを得なかった。とりわけ総合体育館と

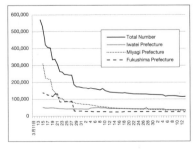

図2　東日本大震災の避難者数の推移

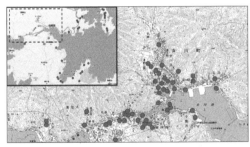

図3　女川町避難所の分布（中心部）

第一小学校の二つは、大規模施設ゆえに時間とともにスペースができ、またケアの体制が整ってくるので、長期間留まる人が多かった。それ以外の小規模避難所では、ある段階で知人や親戚の家に避難の場を移している。避難所内での利便性、コミュニティの形成などが関係している。

■避難所の諸問題

避難所は災害直後の緊急避難先ということで、被災者が着の身着のまま逗留することになり、精神面、施設面での制約が大きい。今回のヒアリング結果も極度の密集環境におけるストレスや人間関係に発する問題が多々現れている。その結果を分類すると、以下の4点に集約される。

(1) プライバシーの欠如

避難の長期化にともない、極度のストレスをため込んで、避難者間の衝突が起きる。たとえば、避難所のキャパシティは畳一畳を一人分とするというのが暗黙の了解のようで、「寝るのにも足を曲げたままで伸ばすこともできないから眠れなかった」という声が上がるほど狭さに悩まされた(図4)。実際にそのような環境で多数の人間が過ごすとなると、個々人に与えるストレスや圧迫感は尋常なものではなく、隣人とのトラブルは日常茶飯事である。隣人の声がうるさいとか、更衣室内で女性同士が喧嘩を始める、といった指摘があり、何よりも「みんな自分勝手なのよ」、「自分のことで精一杯なのよ」ということで心の余裕がない。

　逆に親戚や家族に引き取られた人は、プライバシーの面では満足するが、居候生活に引け目を感じ、やはり常に気を使う毎日を送っていた。

(2) 食事の問題

避難所では社協を通して食事が配給される[5]。しかし、その量が圧倒的に足

図4　女川第一小学校避難所の光景

りない。被災後の2～3日は食事がないところが大半で、その後、徐々に食料が届くようになったが、しばらくは1日2食、内容的にはほぼ菓子パンやゼラチンゼリー、あるいはバナナ1/3のみであった。寿司1貫ほどの少量のご飯で1日2回をやりくりする避難所もあった。菓子パンのみから牛乳が付き、3食になったのは避難所によって異なり、1ヶ月から3ヶ月後であった。「最初のうちは食事が1日に1回や2回しかなくとも、何を食べてもおいしかった」、「食べるものがないから水ばかり飲んでいた」、「温かいものが食べたかった」といった声は、避難者の偽らざる心情であろう。

　何とか食を維持できたのは、ボランティアの炊き出しがあったためで、温かい汁物などが配られたのが大変嬉しかったとの意見が多かった。「ヘリコプターの音が聞こえると何を持ってきたのかなと楽しみになり、避難所での唯一の楽しみであった」との声は示唆的である。

(3) 非衛生な環境

避難所では、避難者数に対して様々な物資の欠乏が原因で衛生面での問題が引き起こされた。「割り箸を水洗いでそのまま使い回す」、「水を飲むための入れ物がなく、ポリ袋を折って水を溜め、飲料用とした」、「トイレの水がなく、大便の際はバケツに水を汲んで流すというルールが守られず、流さない人が目立った」、という意見が相次ぐ。着替えがなく、津波で海水につかって泥だらけになって避難所に入ったが、ずっとその服で過ごしたという人もいる。避難所ではこのような人が少なくなく、風邪が流行り、実際に肺炎になった人も多い。大震災が起きた当初の天気は3月にも関わらず降雪に見舞われた。総合体育館では、窓が割れていたため雨や雪が入り、濡れた服のまま寒さを耐え忍ばなければならなかった。逆に、夏になって暑くなるとコバエが増え、大変不潔になり、そこら中にハエを捕まえるためのペットボトルの中に蜂蜜を水で薄めたもの、ガムテープにはちみつを塗ったものがぶら下げられていた。

(4) 精神面でのストレス

以上のような非衛生で高密度の環境の中で過ごしていれば、多くの人間に精神的に疲れがたまる。足も延ばせないほどに密集しプライバシーを欠いた状態で人間関係は必然的に壊れるといってもよい。気を使い続け、ストレス発散法は散歩をすることだったと答えた人は精神的に疲れを感じ、薬を飲んでいたと話した。苦しい避難所生活により、PTSD（心的外傷ストレス障害）になった68歳女性方は、「蕁麻疹がでたり、突然涙が流れたり、痙攣が起きた。

あのまま避難所にいたら死んでいた」と話していた。「知人がいなかったことから一人の避難所生活に不安を感じ、寂しくなったことが原因ではないか」と本人は語っている。

## 仮設住宅をめぐって

■仮設住宅の供給実態

被災者が新たな自身の住居を確保するまで、地方公共団体によって一時的に提供される住宅が仮設住宅である。プレハブ住宅メーカーの大半が加わるプレハブ建築協会は、地方公共団体との間で協定を結び、災害時に短時間での大量供給体制を敷いている。ただ、東日本大震災に際しては、一部メーカーの東北の工場が被災したことで、生産体制に遅れをきたし、半年後の9月末になってようやく当初目標の72,000戸を確保した[*6]。

　女川町の場合、町が発注した仮設住宅は31か所、1,597戸である（図5）。平地が限られた女川では建設地の確保も大きな課題であり、一部は隣の石巻市から場所を提供され、3か所290戸が越境住宅となった。加えて、地盤が悪く、着工時に地割れを発見するなどして12か所が建設中止に追い込まれた。入居は抽選で決められ、計5回の抽選が行われている。最初の入居は5月1日に開始された。前住居の近傍への居住希望が殺到し、不便なところは最後まで残った。最後の抽選208戸分は8月中旬、9月に全てが完成予定となっていたが、台風の影響で10月に延期された。この5回にわたる仮設住宅の抽選を経て転居するのにかかった期間は、早い人でおよそ2ヶ月、もっとも長い人でおよそ8ヶ月にも及ぶ。取り残された人たちの不満は大きく、抽選方式にもその矛先が向かっていた[*7]。

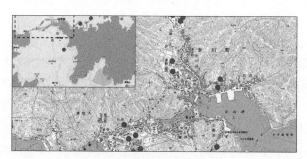

図5　女川町の仮設住宅の分布（中心部）

住宅タイプ標準設計で、居室、台所、トイレ、風呂が設けられ、家族規模に対応して面積が6坪（単身者）、9坪（夫婦など）、12坪（子供世帯）とされる。メーカーによって仕様は大きく異なり、居住性能の差も目立った。

■仮設住宅の居住性能評価
(1) 女川第一小学校グラウンドならびに町民多目的運動場仮設住宅
　　（第一回仮設移動）
町内でもっとも早く完成した仮設住宅は女川第一小学校グラウンドで、施工は日成ビルド工業、5月1日から入居が始まった。次いで町民多目的運動場が続き、これも日成ビルドの施工で、入居開始は6月5日と7月24日。建設戸数は154戸（6坪12戸、9坪52戸、12坪30戸）（図6）。

この住宅はジョイントやパネルの不備など瑕疵が目立ち、加えて断熱性や防音性の低さにより住民の評判がきわめて悪いため、「早く当たったのは運が良かったのか、悪かったのか…」とまで言われている。10月に入ると朝晩の気温が下がり、断熱なしの住宅は大変厳しい。特に高齢者には堪えたようだ。そのため、10月に入って断熱等の追加工事が行われた。

(2) 石巻バイパス仮設住宅（第四回ならびに第五回仮設移動）
用地不足のため、女川町の隣の石巻市内の道路用地に建設された。施工は積水ハウス、建設戸数は236戸（すべて6坪）で単身者を対象としている。入居開始は7月30日と8月27日（図7）。

第一期の仮設住宅に較べ、気密性、断熱性、防音性のいずれについてもすぐれ、遠隔地にも関わらず、住民の評判は大変良い。テラスがないため、自前で増築する世帯が目立っている。

(3) 女川町民野球場仮設住宅（第五回仮設移動）
女川町役場に近い敷地で女川の中心機能が集積した場所に建設された。設計はVAN、施工はTSP太陽、建設戸数は189戸（6坪74戸、9坪72戸、12坪43戸）。最後の仮設住宅として入居開始は10月10日（図8）。

海上輸送コンテナを積層させ、仮設住宅としては例外的に2～3階建となった。住棟に加えて集会所、マーケット、生涯学習センターが附置されているが、これらは民間からの寄付をベースとしている。室内仕様も凝っており、寄付による家具も備えているので、居住性、デザイン性ともに圧倒的に高く、「7か月待った甲斐があった」「私たちは、ここの仮設住宅をコンテナ

(上)図6　女川第一小学校グラウンド仮設住宅
(中)図7　石巻バイパス仮設住宅
(下)図8　女川町民野球場仮設住宅

マンションと呼んでいます」といった声が上がっている。

■仮設住宅の諸問題

建築性能をめぐる以上の論点に住民のヒアリング結果を重ねると、女川の仮設住宅のもつ諸問題を以下のかたちで整理することができる。

(I) 元のコミュニティとは無関係な居住実態

津波が午後の早い時点で起こったので、被災者の多くは自身の家の近くではなく職場や学校、病院などで避難を行った。そのため家族との再会に1か月近くかかった例もある。「部落」毎の結束が高い土地柄であるが、避難所が異なるため、地縁者による仮設住宅をめぐる話し合いができず、加えて抽選で入居が決まるため、仮設住宅地において元のコミュニティが分断される結

果となり、孤立感、孤独感を増長した。

(2) 仮設住宅入居決定プロセスに対する不満

入居のための抽選では、老人や障碍者に考慮して格差是正を目指すため、点数制が導入されたが、住民にはその点が告知されておらず、逆に何度応募しても当たらない住民たちの間に不信を生むきっかけとなった。また、後で建設された住宅の方が質的に高くなっているので、役場に知り合いがいると早々と当選し、その後仮設住宅を代える人がいるとの風評も呼んだ。

(3) 仮設住宅の質的格差

きわめて大規模な災害のため、従来から仮設住宅供給の経験を積んだ大手住宅メーカーだけでなく、新規の業者も多く入ったことで、業者間の質的な差が目立った。抽選にあたって住民側には業者名、設計仕様などは明示されず、有無を言わせずに住宅をあてがわれることに運不運以上の不満が鬱積した。気密性、断熱性の欠如から暖房は住民にとってきわめて重要な課題であるが、ストーブやホットカーペット等の暖房器具は全国から義捐品として送られてくるものを住民が選ぶため、火災や一酸化中毒のリスクが高くなっているのも大きな問題である。

(4) 若者の町外移住と雇用環境

もともと女川町は高齢化率 33.5%（2010 年）を数えていたが、現在、震災前に較べて 37% の人口減を示している[8]。高齢化率（33.6%、2015 年）は相対的に変化がないが、若者や子供いる世帯に加えて高齢者の転出が多かったためである。40 歳代の定着率は高いのは、中堅世代として地元での仕事が続いているためであろう。港湾施設を含む沿岸部の街並みがすべて流されるという状況下で、仮設住宅入居者の間では雇用に対する漠然とした不安が一般的であったが、その後の復興に伴う雇用環境の好転が見られ、中堅世代が漁業施設等の再建に積極的に関与するなど、プラス材料も増えてきている。

女川の津波被害は、超高齢化社会を迎えつつある地方都市の被災例として、今後の日本の都市防災を考える上できわめて貴重な教訓を導き出すことができる。震源地に近く、リアス式の地形が災いして人口あたりの被害規模は全国でも最大となり、そのインパクトが超高齢化社会を襲う。抽出された被災者の生活パターンは明らかに都市部とは異なっており、津波によってコミュニティが壊滅し、分断された被災者がばらばらに仮設住宅に配置されていく

という事実が、今回の調査で浮かび上がってきた。被災直後から避難所そして仮設住宅に到るプロセスは、緊急時のコミュニティ(避難)から復興に向けたコミュニティ再形成(仮設居住)に対応するものであるが、その都度の状況に応じたきめの細かい施策が必要となる。避難所の物理的・心理的要因(狭隘な空間、心的ストレス、物資供給のばらつき等)、仮設住宅の遅延や質的格差などが多大の問題を引き起こしているが、重要なのは、被災者の生活支援を考える上でコミュニティ崩壊と再形成という視点であり、今後の激甚災害に際した復興支援を考えるにあたって十分に考慮しなければならない。

**註記**

*1 宮城県災害対策資料(2016年3月7日)より。女川町の被災前の人口は10,051人(2010年国勢調査)、世帯数は3,968戸であった。

*2 VAN (Voluntary Architects Network)は、建築家の坂茂が中心となり、1995年の阪神淡路大震災を契機として設立され以降、災害時の緊急住宅を提供する災害復旧支援NPOとして世界各国で活動してきている。東日本大震災に際しては、避難所用の居住ユニット(PPS)の開発と提供、女川町の仮設住宅設計と建設等をこなした。

*3 本調査の結果は日本建築学会北海道支部で部分的に発表しているが、本論文はその内容をさらに精査し発展させている。大友玲・松下瑛美・三宅理一「女川町における避難施設及び仮設住宅の実態に関する研究」日本建築学会北海道支部研究報告集、第85巻、2012年6月、pp. 427–430

*4 第二次大戦後に制定された『災害救助法』(1947年)では国や地方公共団体の基本的な施策が決められ、災害直後の救援体制について公共側がとるべき具体的な内容を定めている。都道府県知事が、収容施設の設置、炊き出し、被服の供与、医療、その他生活維持のための援助を行い、国がその資金を補助するという内容を定めており、1970年代に入って国(消防庁)は避難路と避難場所を具体的に示すことを指示するようになる。広域避難場所、収容避難場所、一時避難場所に分類されてそれぞれの地域に設けられる。一般に言われる避難所はこの中で「収容避難場所」で、つまりは屋根のついた避難施設である。

*5 社会福祉協議会(社協)は通常社会福祉を目的とする事業を経営し社会福祉に関する活動を行うが、災害時においては避難所運営を担当する。社協の下にボランティアをコーディネートする「災害ボランティアセンター」が設置され、避難所運営のサポート、介護・障碍者の支援、炊き出し、物資の配布・仕分け、瓦礫撤去、子供たちとの遊びなど、さまざまな活動をサポートする。

*6 三宅理一『限界デザイン』TOTO出版、2011、p.286

*7 特に抽選の際には、優先事項(高齢者・障碍者など)を考慮して応募者の点数付を行い、各棟に高齢者等が分散して入居するようになっていた。健常者のみの家族は0点、健常者+身体障害者1名の家族は10点といったように点数をつけ、たとえば、100戸の募集がある地区では、50点以上の家族は90%当選、30〜40点の家族は80%当選というようにランク付けし、町長が立会人の下、抽選を行う(町役場でのヒヤリングから)。

*8 2015年度の女川町の人口は6,334人、高齢化率は33.6%である(国勢調査)。

# 第3章
## 再生に向けたヴィジョンとデザイン

# 第3章
## 再生に向けたヴィジョンとデザイン

## 3-1
## 地域と構法、そしてイノベーション

### 3-1-1
ティンバーローテーションによる木質都市のビジョン
青島啓太

### 3-1-2
アルミニウムと地域性
――北陸における地域構法の開発〈アルミハウスプロジェクト A-ring〉
宮下智裕

### 3-1-3
地域素材から街づくりへ
山下保博

3-1-1

# ティンバーローテーションによる木質都市のビジョン

青島啓太

17世紀までの石材による組積造の発展や18世紀に多用されたレンガ造りの街並み、そして、20世紀に花開く近代建築は、コンクリート、鉄、ガラスといった無機材料によって支えられてきたと言っても良い。では、21世紀の建築では、何に注目していくべきであろうか。それは、環境負荷の少ない材料である、有機材料としての木材である。人の手によって加工しやすく、軽いわりに強い木材は、建物や家具をつくる上で非常に扱いやすいため、古くから日本人が慣れ親しんだ材料であると同時に、未来の都市を形作る新しい材料として注目を浴びている。

1997年の気候変動枠組条約「第3回締結国会議(COP3)」において採択された京都議定書は、$CO_2$排出量削減に向けて、世界中の人々の環境に対する意識を大きく変えた。2016年にパリで開催されたCOP21まで、継続して議論されてきた自然環境への負荷低減は、依然として地球上における最大の関心事である。

建築や都市における環境負荷を考える上では、大きく分けて二つの要素が重要である。一つは、建設によるエネルギーをいかに低減するかということである。中でも建築材料そのものの製造エネルギーは、材料によって大きく変わる。製造工程で膨大なエネルギーを要するコンクリートや鉄骨による建築から、コンクリートの60%、鋼材のわずか1.2%の製造エネルギー(体積比)で済む木材に注目が集まってきたのは、時代の流れからすると当然のことであった。さらに木材は、再生可能な森林資源であって、化石資源を要する材料と比べると非常に環境負荷の少ない材料である。

もう一つの要素は、建物で使用するエネルギーをいかに低減させるかという課題だ。室内の環境を快適に保つために必要な、冷暖房や空調・照明・電

化製品といった設備によるエネルギーを最小限に抑えることである。このために、断熱性や気密性を上げ、室内の熱を屋外に逃がすことなく、無駄なく環境を制御する必要がある。木材は、有機材料であるために温かく、室温を一定の温度に保つための高い性能を持っている。

　こうしてみると、環境負荷の少ない建築・都市を実現するには、木質化がいかに効果的であるかが分かる。筆者はさらに、木材が繰り返し利用できる材料であることに重要な利点が隠されていると考えている。日本でも古くから行われてきた「移築」から、加工することで自由に形状を変えて利用する「再利用」、または様々な用途に利用できる「汎用性」など、木材はまさに社会で循環させて使うことができる材料であり、ティンバーローテーション（木材の循環）という新しい文化として見直すことで、循環資源による未来を描くことができる。

## エチオピアで木の文化を考える

前章での清水氏や設楽氏が述べているように、エチオピアの北部、アムハラ州ゴンダール周縁やティグライ州の伝統的住居は、石積みによる組積造を主体とする。地域で産出される石材の質によって違いがあるが、石積みの壁の上に木材によって屋根をかけた、非常に土着的な構法によってできている。

　エチオピアミレニアムパビリオン（アトリエ・天工人、2007）（図Ⅰ）は、そうした石積みの文化であるエチオピアに、日本の伝統構法の木造建物を持ち込み、両国の伝統構法を隣り合わせで建設したプロジェクトであった。大部分が石材で造られる建物に慣れているエチオピア人にとって、築60年の日本の古民家は、非常に関心深く迎えられた。島根で解体処分されるはずであった2間

図Ⅰ　エチオピアミレニアムパビリオン
　　（筆者撮影）

の客殿は、丁寧に解体されコンテナに詰め込まれてアフリカまで海上輸送された。現地のゴンダールは、エチオピア帝国の首都であった17世紀の王宮群として世界遺産登録されている都市である。町中には、今でも石材を丸く積んだ円筒型の伝統円形住居が幾つか見られる。この円形住居と、日本の伝統構法による古民家を合わせて再構築して、両国の文化交流会館として構想したプロジェクトだ。建設中、60年以上前に日本の職人によって仕口加工が施された材料は、エチオピアの職人の手で組み上げられ、貴重な技術交流が生まれた。

　驚くべきは、木材の船舶による輸送エネルギーは、陸送の1/50と非常に効率が良く、環境への負荷が小さいことである。単純に、この客殿を焼却した場合と比較して試算すると、廃棄によって発生する約10tもの二酸化炭素量とくらべ、およそ1/5の発生量でエチオピアのゴンダール市まで搬送できたことになる。さらには、エチオピアの職人達にとって、60年前に刻まれた仕口加工は驚くほど繊細で、かつてない技術交流に繋がったのである。使われる場所や、使われる人を変えることによって、木造の古い民家が全く新しい価値をもち、さらに長期間にわたって利活用されるのを目の当たりにした。

## 我が国の木質建築を取りまく制度

エチオピアの石文化と日本の木文化を比較したことで、改めて日本の豊かな森林資源が支える建築文化の魅力を感じて帰国した筆者は、日本における木造建築業界の独特な状況を目の当たりにする。

　確かに、日本では20世紀の前半まで、実に住宅の90％以上は木造であり、人々の生活を支え続けてきたのが木材であった。近代化が進む中でも、住宅における木造建築は、国内外からの安定した材料供給やプレカット（工場加工）の効率的なシステムに支えられ、コンクリート造や鉄骨造に比べて低コストで建設できるため、木造は「戸建て住宅」で多用されてきた。

　しかし、都市部への人口集中に後押しされて、人々の住まい方が戸建て住宅から集合住宅に移り始め、「住宅総数」で見ると、1978年に81.7％であった木造の住戸数は徐々に低下し、2008年では58.9％と6割を下回っている。非木造の住宅（コンクリート造等の集合住宅）は、1978年から2008年にかけて、18.3％から41.1％に増加していることからも、木造の住宅に居住する人は減っていることがわかる。

そうであれば、木造文化が大型の建築で継承されて発展してきたかというと、実際はそうではなかった。日本では、第2次世界大戦中の火災による消失などを契機に、1950年に制定された建築基準法によって、木造の制限が明確化され、大型の木造は作りにくくなったとされる。最高高さ13m、軒高9m、延べ床面積3,000㎡を超える木造は、この時から建築規制を受けることになる。これによって、その後50年にわたって、木造の利用は戸建て住宅と一部の建築に限られることとなった。

### 日本の建築・都市の木質化の出遅れ

1950年から約60年を経て広がり始めた日本における建築・都市の木質化だが、欧米と比較すると大きく後れを取っていると言わざるを得ない。

　日本において、「木造建築」と言えば、戸建ての木造住宅（在来軸組工法・2×4工法）、または、法隆寺や東大寺などの伝統建築のことを言う。今でも、伝統木造工法にこだわる意見も少なくなく、世界でも有数の歴史を誇示する声も多い。例えば、国内の木造建築に特化した「木の建築賞」（NPO木の建築フォラム）などの顕彰を見てみても、伝統木造をベースとした技術を取り入れた現代木造への称賛が大きい。

　一方で、欧米等で木質構造を採用している理由は、環境負荷低減や建物の軽量化ができるからであり、新しい技術を開発しながら次々と実現している。このため、木質建材の流通コストも安く流通が安定しており、工場で貼り合わせるなどの加工を施したエンジニアリングウッドによる、さまざまな木質構造のイノベーションが生まれている。1990年代にオーストリアを中心として開発されたCLT（Cross Laminated Timber）なども、その一つである。これは、板の層を各層で互いに直交するように積層接着した厚型の集成パネルのことであるが、詳しくは後述する。こうした大型の木質材料が、2000年以降、世界中の建築業界を席巻しているのである。

### 新しい木質文化の必要性

■木質建築のイノベーションへ-重量木造の時代
1950年代からの木造建築の暗黒の時代を経て、ようやく日本で木造建築（特

に大型建築）を取りまく状況が一変したのは、準耐火建築物による木造（大スパンの木造建築）が可能となった1987年の建築基準法改正と、2000年の改正からである。以降、条件を満たすことで、上記の高さ・階数・規模の制限が緩和された。そして、2010年には「公共建築物木材利用促進法」が施行され、公共建築物の木質化が推奨されることになり、低層の建築物から木質化が広がり始めた。

それでも、都市型の床面積の広い多層の建築では耐火防火上の難しさから広がりは遅かったが、技術開発によって徐々に木質都市に向けての光が見え始めた。2013年には、5階建ての木造集合住宅「下馬の集合住宅」（KUS一級建築士事務所）などの多層型の木質建築が建設され始め、ようやく建築・都市の木質化の新しい時代が始まった。

こうした社会の流れの中で、伝統工法に限らず木質化の流れを後押ししようとしているのが、より巨大な柱や梁で木材を利用した大断面集成材による重量木造や、CLT等の木質厚板パネル工法である。特にCLT、W.ALC、LVLといった厚板パネル（図2）は、木材の使用量を上げることで国内の木材利用率を大きく増加させることができるため、森林資源活用を国家的に推進している日本にとって重要な構法となっている。国内の森林では、戦後から高度経済成長期にかけて大量に植えられたため、ちょうど30年から40年と言われる伐採適齢期を迎えている。国内の建築物を木質化することで、これを資源として活用し、木材による炭素貯蔵量の向上を目指しているのである。

■CLTパネル工法の息吹：つくばCLT実験棟の実践

CLT（Cross Laminated Timber）は、ひき板を並べた層を板の方向が直交するように層を重ねて接着した木質集成パネルだが、これがどのような建築のイ

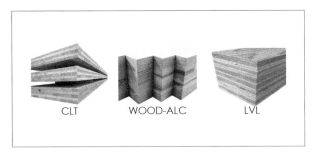

図2　木質厚板パネルの種類

図3　建築研究所敷地内に建つ、つくば CLT 実験棟（ナカサアンドパートナーズ撮影）

ノベーションをもたらすのか。1990 年代中頃からオーストリアを中心として発展してきた CLT だが、日本では 2016 年 4 月にようやく、CLT パネル工法に関する告示が施行された。この開示とほぼ同時に、つくば CLT 実験棟（通称：CoCoCLT）が竣工した（図 3）。

この建物は、一般社団法人日本 CLT 協会が事業主体となって、茨城県つくば市（国立研究開発法人建築研究所の敷地内）に建てられた地上 2 階建ての CLT パネル工法による実証実験棟である。平成 26 年度の補正予算で国土交通省の補助を受け、「木質材料需要拡大のための CLT パネルの特質をいかした試作棟」として建設された。筆者は、意匠設計として企画から、設計、監理までを担当した。

2015 年 2 月に当研究棟の計画について依頼を受け、いくつかの計画案を検討した。その中で、CLT の特性を活かすために最適な構成とボリュームであったものが、シンプルな二つのコの字型を組み合わせるようにして住環境を入れ込んだ計画案であった。

日本で CLT パネル工法が用いられ始めた当初、国内で建てられてきた CLT 建築は、基本的な箱型のつまらない建築ばかりであった。これが閉塞感や室内の反響音の問題を生んでしまっている。そこで、完全なボックス状

図4、5　6mのCLTパネルを活用した高天井空間（ナカサアンドパートナーズ撮影）

の空間ではなく不完全なコの字型の構造で、住環境を包むことを考えた。これを地上から浮かせて配置し、もう一つのコの字型の構造を加えて3層に分かれた空間構成を作っている。室内からは壁3面が開放されているため、光・風・音・視界が室内から抜ける、開放的な空間が確保できる。

つくばCLT実験棟では3つの特徴によって、CLTの可能性を示した。パネルの長さを活かした「シームレスな高天井」、構造体としての大版パネルサイズを活かした「3mのキャンチレバー」、構造体の素板をそのまま見せた「CLTによる現しの内装」である（図4、5）。

高さ6mをつなぎ目無く天井まで伸びるCLTパネルの構造体は、廊下の吹抜けや階段、そして2階のリビングスペースを支え、迫力のある木質空間を実現している。CLTパネルそのものを現しとしたことで、日本の固有樹種である「スギ」の素材感をそのまま感じることができる。また、パネルの強度を活かして大きく跳ね出した広いテラスを可能として、リビングスペースから屋外への連続的な広がりを生んでいる。

こうした、CLTパネル工法をはじめとするエンジニアリングウッドは、木質建築におけるイノベーションを支え、より自由なデザインや空間を生む技術としての期待は大きい。さらには、加工の自由度も高い木質材料は、コンピュータ制御によるCNC加工機や多軸ロボットアーム加工などのデジタルファブリケーションとの相性も良いため、今後の展開が非常に楽しみな建築材料でもある。つくばCLT実験棟をパイロットプロジェクトとして、今後様々なCLT等の重量木造建築が実現していくはずである。

■木材の環境性能を活かした建築—エネマネハウス

構法によって木質建築のイノベーションを進める一方で、木材を利用することで生活に必要なエネルギーを削減し、サスティナブルな社会を目指すエネマネハウスという大学対抗でモデルハウスを建て競う試みがある（図6、7）。

エネルギーの使用の合理化等に関する法律（1979年施行）は、度重なる改正経て、2009年には住宅・建築物分野での対策が強化された。さらに、2011年3月の東日本大震災によって原子力発電に対する不安は広がり、電力不足が引き起こす深刻な事態を目の当たりにしたことで、日本の住宅事情は一変した。この頃から、急速に注目を浴び始めたのが、ゼロエネルギーハウスである。正確には「ネット・ゼロ・エネルギー・ハウス」と言い、「ZEH（ゼッチ）」と呼ばれる。これは、消費するエネルギーと作り出すエネルギーを正味ゼロとする住宅のことで、性能要件を満たすことによって経済産業省で認可される。

当時、日本の住宅は欧州の住宅と比べて省エネルギー性能の面で遅れを取っていた。特に断熱性能はおよそ1/3程度とも言われ、これは住環境を保つために消費してきたエネルギーを捨ててきたと同義である。厚板の木質パネルが注目される理由は、こうした断熱性能をはじめとした建物の外皮性能を向上させる可能性があるからである。

■CLTによるZEH「母の家2030」

芝浦工業大学コンソーシアムとして参加した第1回大会エネマネハウス2014で、前述したCLTパネルを用いたゼロエネルギーハウスとして、「母の家2030—呼吸する屋根・環境シェルターによるシェア型住宅スタイル—」を提案し、東京ビックサイトの屋外会場で建設した（図8）。

図6、図7　エネマネハウス大学対抗コンペティション（エネマネハウス事務局撮影）

10日間の超短工期で一棟のゼロエネルギーハウスのモデル住宅を建設することが求められていたため、われわれは最適な材料を探していた。その時に出会ったのが、2014年当時まだ告示化されるまでは2年以上かかるとされていたCLTであった。工期短縮を図るために一部の居室をプレハブ化し、六面のCLTパネルに仕口を設けてビス接合することでユニット化した。高い剛性を持つCLTパネルで囲まれた居室を「環境シェルター」と呼び、災害時の一時避難を可能とした。2011年に起こった東日本大震災を受けて、住宅内での災害リスクを少なくすることが目的だった。

　ここで注目したのは、木質材料としてのCLTを利用することで、居住環境を向上させることである。外皮性能を高くしながら、主に空調負荷を削減して、使用エネルギー量を抑えるために、環境性能としての木質厚板パネルの特性であった。木の塊であるCLTで居室を構成することによって、木材の高い断熱性能・蓄熱性能・調湿効果を活かして設計し、シミュレーションの上では約25%の省エネルギー化を実現できた。

■木材の環境性能を活かした建築
　　──WOOD-ALCによるZEH「継ぎの住処」
第一回大会で発表した「母の家2030」は、大会後、福島県の会津若松に移築して、年間を通しての環境性能の実験・計測を行った。この中で、木質厚板パネルの断熱・蓄熱・調湿の性能により、室内環境が向上できることを確認した。この経験を背景に、第2回大会のエネマネハウス2015では、集合住宅を木質化することにより環境負荷を低減しながら、住まい手の変化や、多様化するライフスタイルに対応できる住戸ユニットモデルとして、集合住宅としてのゼロエネルギーハウスを提案した（図8、9）。

　「継ぎの住処」は、集合住宅の一住戸を抜き出してプロトタイプとして、横浜の会場に建設した。居住空間をピロティ空間によって持ち上げ、下層部からの立体的な通風や、テラスを介した採光で自然エネルギーを最大限に取り入れる計画である。モデルハウスでは、夫妻二人暮らしを想定して、L字型の一室空間に、寝室・キッチン・ダイニング・リビングを配し、赤いコア内に浴室とトイレの水廻りをまとめている。

　高床式の構造は、高温多湿なモンスーン地域の環境に適応すると共に、家族構成の変化や要求に伴う増改築を許容する空間となっているだけでなく、連

続するピロティが、共用廊下を兼ねたコミュニティスペースとなる計画である。

「継ぎの住処」では、「母の家2030」と違い、中高層を実現できるシステム鉄骨によって構造を支えている。これに、帳壁と呼ばれる荷重を負担しない形で、厚板の木質パネル（WOOD-ALC）を取付けることで、外壁を構成している。WOOD-ALCは、通常鉄骨造の建築で用いられるALCと呼ばれる軽量気泡コンクリートを、木材に置き換えたもので、梁などに利用してきた集成材を用いるものである。この木質パネルの環境性能を活かして、温かい室内を実現している（図10、11）。

注目するべきは、モデルハウスの展示を終え、解体してからの経験である。「継ぎの住処」は、再利用可能な鉄骨と木質パネルと、コンパクトな設備システムによって解体・移築を容易にし、世代を超えて「棲み継ぎ」をできることを示唆している。木材は柔らかく取り外して搬送している中でも破損が小さく、材料は再利用や移築に十分耐えうる。

## ティンバーローテーションによる資源循環型社会

■人口減少時代の可減築建築──大型木質材料のもつ再利用の可能性

(左上) 図8　エネマネハウス2014、CLTパネルを用いた「母の家2030」(パナソニック撮影)
(右上) 図9　エネマネハウス2015、WOOD-ALC工法による「継ぎの住処」(パナソニック撮影)
(下) 図10、11　CLT工法と、WOOD-ALC構法の施工風景 (筆者撮影)

人口減少を原因とした建築の過剰ストックは増え続け、大きな問題となっている。それでも、2000年以降の建築ストック数は、前年比0.5%前後で毎年微増を続けている。飽和状態を迎えた社会において、建築ストックを活用する様々なアプローチが社会的に求められている中、旧来の増改築やスクラップ・アンド・ビルドで、果たして人口減少時代の建築・都市に対応できるのであろうか。

「改築・改修」という形態でのストック活用手法は一般的になったものの、建築の「移築」や「減築」、「再資源化」といったストック活用方法については、十分な研究がなされていない。先に挙げた、エチオピアへの古民家移築の経験、つくばCLT実験棟のような木質構法のイノベーション、エネマネハウスの建設と移築による実証を経験して、木質材料の繰り返し利用についての可能性を実感するに至った。

もとより、伊勢神宮等の建材再利用の歴史や、数寄屋の移築利用の事例からも明らかなように、木材は解体・再利用しやすく、繰り返し材料として利用することができる。さらに、大断面集成材やCLT等の大型の木質材料が普及し始めたことで、解体後、一度利用した材料を再加工して活用する可能性は大きく広がった。

これまで増殖し続けてきた建築・都市は、木材などの再生可能な材料によって建設されることで、はじめて「減築」というプロセスを経た「移築・再資源化」が、現実味を帯びてくる。人口減少に舵を切った2006年以降の日本にとって、筆者自身の考えるティンバーローテーション（木材の循環）という循環社会の体系を実現したい。

ティンバーローテーションとは、古民家の古材から、これまで挙げてきた大型の木質材料に至るまでのあらゆる木材を、一時の建物を支える材料として使い終えるのではなく、繰り返し活用することで環境負荷の少ない建築・都市の実現を加速させようとするものである。木質材料を社会で循環させることで、炭素を貯蔵したまま木材の状態で使う期間を延ばす構想である。そして、最後はバイオマス燃料として、余すことなく森林資源を利用する。

■木材の循環利用による社会の未来 ── ティンバーローテーションの条件
社会で木質材料を循環させることを考えると、いくつかの課題点が挙げられる。まず考えられるのは、木材が可燃性の材料であるということである。建

築・都市を木質化していくにあたって、建築材料が燃える材料であることは、一見すると不安な要素と捉えがちである。しかし実は、木材の燃え方は、非常にゆっくりであることが知られ、特に表面が燃焼して炭化することで、材料の奥深くまでの燃焼には非常に時間がかかる。この特性を活かした設計が、建築基準法で言うところの、燃えしろ設計と呼ばれる手法であり、材料の厚みを増すことで炭化するまでの耐火時間を確保する設計だ。火災時に室内に居る人々が避難をするまでの間、建物を倒壊させないことで人命を守る。一方で、木材は熱を伝えにくく、厚板パネルの場合は一方の面が燃焼していても、反対側の温度は上昇しないため、避難時間を確保することが可能である。もっとも、木材が燃えない材料であれば、ティンバーローテーションを締めくくる、燃料としてのエネルギー利用ができないため、その魅力は半減してしまう。

　二つ目に考えられるのは、材料自体の耐久性の問題である。有機材料である木材にとって、腐食は最大の課題である。日本の高温多湿の気候は材料の腐りやカビなどを進行させやすく、通気を十分に取った上で用いる必要がある。また、日本で特に気を配るべきはシロアリへの注意であって、地面に近い部分での活用には、防蟻処理が必須である。また、日光にさらされ続けることで、紫外線に表面の劣化が進むことも考えられる。しかしこうした耐久性については、法隆寺をはじめとした日本が誇る長期間建ち続ける木造建築の存在からも明らかなように、適切な処理と技術によって克服可能である。

　そして、三つ目に考慮するべきは、利活用の方法である。先に挙げたエチオピアのミレニアムパビリオンは、非常に極端な例ではあるが、移築によって場所と利用者を変えることで、材料は再度価値を上げる可能性があるのだ。再利用には費用がかかるものの、こうした代えがたい材料の価値を発見することが利活用の第一歩になるのである。

　こうしてみると、木質材料は破損や変形に強くしなやかであること、そして、建物の構造体から造作材料、仕上げ材料と使用用途に汎用性があり、建築から家具・プロダクトに至るまであらゆる利用先が考えられることなど、改めて繰り返して利用するのに適した材料である。この特性を十分に活かした、ティンバーローテーションによる循環型社会に期待したい。木材は、21世紀の建築・都市を語る上で、重要な建築材料になることは間違いないだろう。

3-1-2

# アルミニウムと地域性
## 北陸における地域構法の開発
〈アルミハウスプロジェクト A-ring〉

宮下智裕

アルミハウスプロジェクトは、北陸における主要産業であるアルミを構造体、放熱器として用いることで、環境共生型住宅を開発することを目的に、アトリエ天工人・山下保博氏と金沢工業大学宮下智裕研究室が中心となって2005年より行われた産学連携プロジェクトである（図1）。

### アルミであること

北陸の主要産業の一つであるアルミニウムは、多くの優れた特性を持っている。比重は鉄の1/3と軽量でかつ耐食性も高い。また、加工性も良く精緻な設計が可能だ。融点の低さからリサイクルの容易なことも注目されている。これらの事から、環境時代の今日ではアルミは建築資材として大きなポテンシャルを有している事がわかる。一方、熱伝導率は鉄の3倍で、アルミの大きな特徴の一つとなっているが、住環境においては結露を生む事が大きな問題となっている。2002年建築基準法の改正によりアルミニウムが構造体として認定され、地域産業としてのアルミの構造体への活用方法が求められている。2002年以降、建築家とメーカーが協力して構法の開発も行われている。

しかし、アルミによる住宅は未だ一般化されていないのが現状である。その最大の理由はアルミのコストが他の構造材料に比べ高い上に、スチールやコンクリート、木の代替品から脱却しきれていない事にあるのではないか？スチールでもコンクリートでも木でもなく、アルミでなければならない理由が確実に存在すれば、クライアントもしくは建築家が構造形式を選ぶ際の選択肢にアルミが挙げられてくるはずである。アルミが本来持っている物質特性、質感を十分に考え、それを最大限に引き出した建築へと昇華させていく

事が構造体としてのアルミの普及へと繋がるはずである。

## 北陸であること

北陸発のプロジェクトとして興した意味として二つの事柄が挙げられる。その一つが北陸特有の気候である。北陸では、一年を通してからっと晴れ上がり、抜けるような青空を眺められる日は極めて希である。特に冬はどんよりとした厚い雲が低く空を覆い、毎日雨か雪が降っているのではないかと思うような印象を受ける。金沢に赴任して初めてのある冬の日の朝、カーテンを開けようと窓に近づき、床がビショビショになっていることに驚いた。雨が吹き込んだのかと錯覚するほどであったが、実際の犯人はサッシの結露受けから溢れるほどの結露による水滴であった。アルミは熱伝導率が非常に高く、その結果結露を発生しやすいため、時として建材としての使用の妨げになってきた。

今回のプロジェクトに当たり、北陸の気候を調べた結果非常にショッキングな結果が出てきた。金沢では、一年の内、約 3/4 が湿度 70% を超えており、これは東京の梅雨時期の湿度とほぼ同じなのである。言い換えれば最大の問

図I　アルミハウス A-ring　リビング内観

題とも言える「結露」というキーワードに対して、非常に不利な地域である。ということは、北陸の極めて厳しい環境の下での解決法が見つかれば、日本全国どこに於いても対応できる可能性が高いと言うことを意味している。

　二つ目は、北陸にはアルミ産業の生産量が日本でもっとも高い富山の高岡があり、いわばアルミのお膝元であることが挙げられる。急流河川の氾濫や治水対策として建設されたダムによる水力発電は豊富で、低廉な電力と工業用水の供給を可能とした。川上から川下までを一つの県内に有するという立地条件を持つ。さらには、高岡銅器の伝統による技術的な素地を背景としてアルミ産業が発展してきた。

　この様にアルミは北陸にとって重要な産業であり、その発展は直接地域経済の活性化にも繋がる。またアルミメーカーの工場や研究所も集中しているため、開発段階における高度な連携も取りやすい上、輸送面でのコストの軽減も図れる。

　この様に「北陸であること」によって、産業、気候風土が密接に関わり合いながら特色を持った地域経済の活性化を図れるという理想的なアルミ構法システムが構築できると考えている。

## 産学官協働のプロジェクトであること

今回のプロジェクトでは産学官協働で行われ、且つリアルな経済活動につながる事を大きな柱として置いている。企画・開発から情報公開、実際の施工に至るまでの過程を、プロジェクトメンバーが有機的に連動して行えるような組織を目指した。その結果コアのプロジェクトメンバーとして、アトリエ天工人・山下保博氏＋金沢工業大学環境・建築学部・宮下智裕研究室を中心に、アルミ業界、北陸の地元企業および組織、地方自治体が主体となって構成されている。

　アルミの型材の開発及び構法の開発では、高岡アルミニウム懇話会、三協立山アルミ、新日軽、佐藤淳構造設計事務所、輻射式冷暖房システムの開発では、ピーエス、EOS plus、金沢工業大学永野紳一郎研究室、照明と構造の一体化に関連する開発は金沢工業大学金谷末子研究室、ビジュアルテクノロジー研究所、コイズミ照明、キッチンユニット・バスユニットの開発ではINAX、自然エネルギー活用ユニットではカナイワ、グリーンズ、施工フェー

ズではみずほ工業、マサキエンベック ALLES など、多くの企業との協働となった。また、プロジェクトを進める一方で、地域住民に対してもシンポジウムを通してアルミ建築の理解や、プロジェクト成果の公開を野々市町（石川県）と金沢工業大学の地域連携の中で行った。（文章中の企業名、大学、研究室名などはすべて 2009 年当時のもの）

## アルミハウスプロジェクト　5つの基本コンセプト

冒頭に述べたように今回のアルミハウスは「なぜアルミなのか？」という問いに対して説得力のある解答でなければならないと考える。そこでこの住宅がアルミでなくてはならない理由として5つの基本コンセプトを導き出した（図2）。
①：構造体としてのアルミリングの開発
②：冷暖房システムとしてのアルミリングの開発
③：照明、設備空間としてのアルミリングの開発
④：自然エネルギーの活用システムの開発
⑤：熱負荷軽減のデザイン

　この 5 つのコンセプトの解答として 2009 年、四年間の研究を経て石川県金沢市に地上二階、地下一階のアルミ造の住宅「A-ring」を建設した（図3）。
　A-ring では、アルミの持つ特徴を最大限に引き出し、ランニングコストゼロを目指した環境共生型の新しい住宅が提案できたと考える。この住宅は国土交通省の「住宅・建築物省 $CO_2$ 推進モデル事業」にも選定された。そこでの取り組みを以下に示す。

①構造体としてのアルミリングの開発
アルミ住宅というもの自体まだ明確な定義は為されていないが、今回我々が考えたアルミ住宅とは構造体がアルミであり、それが空間の中でしっかりとした存在感を持つことが条件であると考えている。
　型材の種類の増加はダイレクトにコストアップにつながることから、一つの基本型押出し材で柱、壁、梁、スラブにもなるものが求められた。基本形であるC型、I型、L型からスタートし、その組み合わせにより、強度、経済性、施工性のスタディを重ねた結果、それらの基本形の特徴を併せ持つ変形のデッ

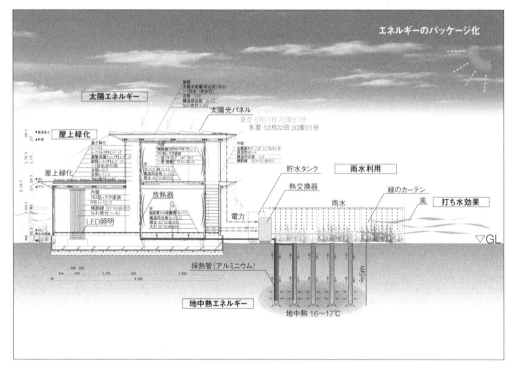

図2　アルミハウス A-ring　コンセプトダイアグラム

キプレート型に至った。交互に2個、計4個の山からなる 264 mm×75 mm を一つのピースとしている。通常のデッキプレートと異なり、オープンな部分に羽根が出ているのは、面としてのアルミの質感を強調する意図がある。材の表裏がなく、両サイドから作業ができる上、連結の際も内部でのボルト締めが可能となり意匠性、施工性の両面で優れている形状である。このアルミ型材を4面リング状に組み上げたものを今回のアルミハウスの基本構造とし、これを「アルミリング」と名付けた（図4）。この「リング状」にすることが後で述べる放熱器というコンセプトに重要な役割を持つ。A-ring ではリビング、キッチン、バススールのエリアに三つのアルミリングを配した計画となった。

　押出し材には、75 mm の厚さを持たせることで、約二間半のスパンを飛ばすことが可能となっている。またジョイントは特別な技術を要さなくても組み立てられ、施工性に優れた工法としている。これは一般の大工や工務店で

図3 アルミハウス A-ring 外観

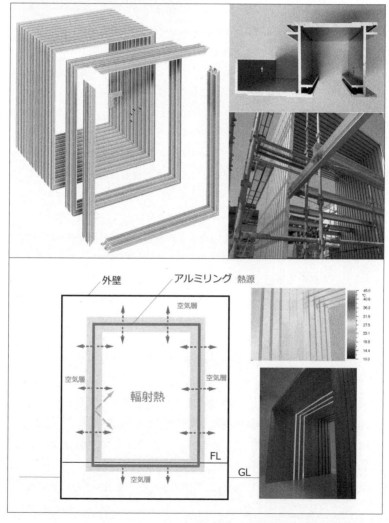

(上)図4 押し出材を組み合わせて作るアルミリング
(下)図5 アルミリングを内側に入れ放熱器として活用

も施工が可能となりオープンな工法になり得るということである。

　一つの基本型材としたもう一つの理由として、アルミの耐食性の高さが挙げられる。今回の構造体の厚さになると一般的な環境下では半永久的に同等の耐力を持つと言われており、何十年というスパンの中で建替えが行われる際には再使用できるということになる。その時には壁や梁、スラブといった様々な構造材として再度自由に使えるように考慮したのである。

②冷暖房システムとしてのアルミリングの開発
アルミの熱伝導率は鉄の約3倍である。この特性は結露しやすく、熱損失が大きいという現象を生み、多雨多湿であり寒冷地である北陸の住宅構造材としては不適切なように思える。しかし、これは外気温と内気温の差が激しい状態に直接アルミが触れている場合に起こる。もし、外気とアルミリングの間の縁を切ることができれば、この問題からはフリーになる。そこで我々はアルミリングを内部に引き込み、外側を新たな外皮でくるむシステを用いることとした。つまりアルミリングと外壁の間に新たな空気層を設けるのである。非常にシンプルな解答であるが、これが次の放熱器というアイデアに繋がっていった（図5）。

　アルミリングを外部の環境から切り離すことによって、純粋に熱伝導率の良さの恩恵を受ける事が可能になった。その解答が構造自体を放熱器として考えることである。構造体であるアルミリング全体を冷やしたり暖めたりすることで、室内の冷暖房を行うのである。アルミは熱伝導率が高いだけでなく、同時に熱の輻射や反射もし易い材料であるため、効率的に室内空間の温度を均一にしてくれる。アルミリングの垂直面の内部に直径4.2ミリのポリプロピレン製のチューブを配管し、その中に温冷水を循環させることで構造体としてのアルミリングを輻射式冷暖房システムとしたのである。暖房時には、壁面が暖まる事により暖かい空気が壁沿いに上昇し、中央部分で押し下げられる熱の対流が生まれ、効果的に部屋全体を暖めることができることがシミュレーションの結果明らかとなった。同様に、冷房時にも天井面の温度を下げることによって、壁面沿いに冷やされた空気が下がる熱対流が生じる。一方、住宅全体を常に快適に保つためには相当量のエネルギーが必要になるため、地中熱や地下水熱などの再生可能エネルギーを用いてその熱源とし、エコロジカルなアプローチを行った。

③照明、設備空間としてのアルミリングの開発

アルミ型材の中空部分は、放熱器としての温・冷水管だけでなく、給排水や電気設備の配管スペースにもなる。配管・配線の工事後、型材の山の羽根に切られた小さな溝にアルミのフラットバーを差し込むことによって連続したアルミの面を作り出せる。パッキンによって固定されているフラットバーは後から開閉が自由にできるため、メンテナンス性もよい。また、スイッチやコンセントを増やしたり位置を変えたりしたいといった改修にも適応し易いシステムである。この様に細かな断面設計ができ、高い精度で成形できるのもアルミの特性である。

この中空スペースに照明機器自体を仕込み、半透明のパネルなどを差し込んでカバーすることで構造体と照明を一体化させることが可能となった。(図6)

当時金沢工業大学教授であった金谷未子先生と共にLED照明を用いた多灯分散という考えのもと照明設計を行った。多灯分散とは、小さなワット数の照明機器をタスクによって多数配置し生活シーンに応じて切り替えながら運用していくことで、豊かなあかり空間を演出すると共に省電力を図る手法である。LEDと多灯分散による照明設計により、ランニングコストでは白熱灯、蛍光灯を用いた一般的な照明設計に比べ85%削減できることが検証された。配線と同様、照明位置も自由に変更が可能であることから、ライフス

図6　アルミリングと一体となったキッチンユニットと照明

タイルの変化や使用目的の変化などにも対応出来るシステムとなっている。2009年のA-ring建設当時、照明全てにLEDを用いた住宅は日本で初めてであった。

さらに今回のプロジェクトではINAXと共にアルミリングを用いたキッチンユニットとバスユニットの商品開発を行った。構造補強、冷暖房、照明、建築空間と連動した水回りなどが一度に解決できるユニークなアイデアと言える。今後はこのユニットを町家など古い木造家屋のリノベーションにも活用できると面白いと考えている。

④自然エネルギーの活用システムの開発
前記したアルミリングを用いた輻射式冷暖房システムの熱源として地熱、地下水熱の活用を行った。金沢工業大学永野研究室と協働し、実際の敷地で採熱実験を行った。今回の実験では、採熱管の深さを10mと浅くし、その分本数を7本に増やして安定した採熱を行うシステムを検証した。実験の結果13本の採熱管で今回冷房に必要な熱源が採れることが分かった。金沢は地下水が豊富で対象敷地で地下水位が非常に高かったため、最終的には地下水を汲み上げ熱交換を行う手法を採用した。掘った7本の内、3本で地下水を汲み上げ、4本で地中に戻す事とした。暖房に関してはヒートポンプで温水を作り循環させることとした。

冒頭で、北陸の湿度の高さについて言及したが、壁面を用いた冷房での最大の問題点は結露である。アルミリングの表面温度が結露点に達することなく室内温度を下げるために壁量の調整を行っている。竣工後の実際の生活の中で、特に湿度が高い日にはうっすらと結露が見られる事があるが、内部の空気を動かすことで改善が可能である。国内でも湿度がトップクラスの金沢でも快適な室内環境が生み出せている事から、結露点がより低い地域ではさらに効率的に冷房する事ができるはずである。

⑤熱負荷軽減のデザイン
アルミリングを用いた輻射式冷暖房システムは、屋内環境のベースを整える言わばやわらかな冷暖房システムである。そこで効果をより効率的にするために、熱負荷軽減のデザインが求められた。太陽高度から直接的な日射をコントロールするために設けられた大きな庇や屋上緑化なども、その

一例である。輻射による冷房ではエアコンと違い、自然風を入れることができる。そこで、この地域の年間を通した風向を調査し、風の通り道ができる様に窓の位置を決定した。さらに敷地の外周にはグリーンカーテンを設け、ミストを噴射しグリーン表面の温度を下げることによって室内に取り込む風の温度を下げる試みも行っている。この様に、地域の環境を最大限に活かしながら細かな熱負荷軽減の手法を重ね合わせ、トータルとして快適な住環境を生み出している。

## 今後の展望

最後になったが、アルミハウス A-ring は私の自邸である。別の言い方をすれば、竣工以降 7 年間、この実験的な側面を持った住宅の実証実験を被験者として私自身が行っているとも言える。その第一の感想は、家中の空間が一定で一年を通して均一な快適さを有しているということだ。部屋毎の温度差がとても小さく、住宅全体が 24 時間一定の温度に保たれているためである。冷房時ではエアコンの様にキーンとした涼しさこそ無いが、常に体から熱が奪われている事から実際の室温以上に涼を感じることができる。夜間も寝苦しいと感じたことはほとんど無い。この様な室内環境は、高齢者や子供などに適していると考え、今後は高齢者施設などにも利用できないか検討していきたい。

また、設計当初はアルミリング以外の壁面の材料に珪藻土を用いる事も検討していた。能登の珪藻土は調湿性能がとても高いというデータから、土とアルミを適材適所に配置して結露対策も行いながら効率的な冷暖房システムとしようと考えていた。A-ring ではコスト的な事情もあり採用できなかったが、アルミだけでなく様々な特性を持った地域素材を組み合わせてアルミハウスの可能性を広げていきたい。

この様に地域の主要産業であるアルミの特性を最大限に引き出した新たな構法や冷暖房システムを開発し、北陸の文化や気候風土と重ね合わせながら考えていくことは非常に意義のあることだと考えている。実際にその住宅に住み検証を行いながら更なる提案を続けていくことで改良がなされ、今後環境共生型のアルミハウスが広く普及していくことを願う。

# 地域素材から街づくりへ

山下保博

18世紀の産業革命以降において、少数のブルジョアおよび貴族のみが富を持つことに対して、市民への富の分配が求められた。そのためには、交換するモノの量を大幅に増やすことが最短の道であった。しかし、モノを生産するためには人や動物の力ではその量に限界があった。ちょうどその頃様々な領域で技術のイノベーションが起き、水を温めると莫大な力を得ることが分かった。その機械を動かすためのエネルギーとして石炭や石油の重要性が増し、20世紀はそのエネルギーの奪い合いのために何百万人の人々が死んでいった。多くの市民の幸せを望んだ動きが、またもや莫大な力を持った少数の人々の幸せの追求に変わっていった。あまりにも桁の違う莫大な力のために世界中のみんなが思考停止に陥り、たくさんの人々の死へとつながったのだ。そして、20世紀の後半に入ると、その力以上に計り知れない力が生み出された。それは、ハードなものではなく、ソフトと呼ばれる情報の力だ。ここでまた大きく時代がシフトされ、大量消費的な「ファスト」から多様性の容認の「スロー」に変わりつつあり、今まで忘れ去った物事を見直す契機となった。その忘れ去った地域の歴史や伝統・文化を見直すだけでなく、新たな角度で再編集することが次なる時代の使命となっていると思う。

## チソカツ（地域素材利活用協会）について

著者は建築家として10年以上前から、様々な地域の素材を新たな視点で開発し、その材料を使用した建築をつくってきた。そのような地域素材の利用や構法の開発を世の中に広げるために、2013年に九名の理事で一般社団法人「地域素材利活用協会」（通称チソカツ）を立ち上げた。その法人の目的は、

いたってシンプルである。それは、「地域に眠る素材たちを発見し、建築や土木に応用することで地域に仕事を生み出し、地域の活性化につなげていくこと」であった。我々の考える「地域素材」として扱う範囲は広い。自然の素材であったり、気候であったり、伝統的な建築であったり、人である場合もある。特に重要なことは、流通しているような建築材料ではなく、今までに見向きもされなかった素材を見つけ出し、その応用を考えることにある。そして、最近になって扱う素材を見つけるきっかけとなるキーワードを3つ設定した。

①「みすてられたもの」について
昔は使用していたが、現在は使用されなくなった素材や構法。また、目的を見いだされないまま捨て去られたり、邪魔者として扱われているような素材。
②「そこいらにあるもの」について
あまりにも、当たり前すぎる材料、流通しすぎて気にも留めない材料や自然現象。その地域では当たり前だが、場所が変わると価値が出るような素材。
③「うつろいゆくもの」について
実態が分かりにくい時間や伝統を扱ったような素材。今まで気づかなかった瞬間的な時間や凄く長い時間を扱ったような素材や『人の想い』も素材と考えられる。

## 「みすてられたもの」としての『シラス』

■シラスについて
シラスとは、南九州の火砕流堆積物の総称である。鹿児島県の面積の約半分（3427 km²）に分布し、平均の深さが60 mで埋蔵量は750億m³で、東京ドームの約六万杯分あると言われている。現在、鹿児島ではあまり利用価値がなく、軟弱地盤の元凶になっているため、迷惑がられている素材でもある。このシラスは、50数年前から鹿児島県の技術センターや鹿児島大学の土木学科で研究開発がなされ、橋梁の柱脚や擁壁の一部として活用されている。また、側溝や平板ブロックのようなコンクリート二次製品や左官材料としても活用されている。建築物としては、50年ほど前に試験的なシラスを用いたコンクリートによる平屋の住宅が建設されたが、数年前に壊されてしまった。以来、建築基準法がクリアできないことが理由で一棟の建築さえもない。

それゆえに、シラスを利用した建築ができることは鹿児島県にとって悲願とされてきた。

■環境型シラスコンクリートの特徴
我々が開発した環境型シラスコンクリートは、大きく三つの特徴を持っている。一つ目は、希少となった山砂や海砂の代替品として使用されることで、海の環境負荷の低減や、製造時の動力低減による$CO_2$の削減ができ、さらに解体時にセメントの原材料として完全にリサイクルできることである。二つ目は、シラスを混入することにより、水和反応以外にポゾラン反応が緩やかに発現することで長期強度が増し、耐硫酸性、耐塩害性に優れていることである。三つ目は、シラスが砂以上に粒子が細かく、密実でキメの細かいコンクリートになることで外的要因を防ぎ、さらには、シラスの粒子の独立気泡により調湿効果や消臭効果が期待できることである。

■大臣認定取得のためのプロジェクトメンバー
このシラスを利用したコンクリートの開発は、思った以上に高いハードルを越えなければならなかった。そのために、多様な専門家の力が必要になった。私の他には、コンクリート研究が専門の東京大学の野口貴文氏、構造設計が専門の東京大学の佐藤淳氏、シラスを工業製品として製造する（株）プリンシプルの東和朗氏、コンクリート製造業者の伊藤司氏の計5名でこのプロジェクトがスタートし、実験・検証を何度も行い、一年以上の月日を費やした。

■建築利用への4つのハードル
これまでに、私たち以外の鹿児島チームで何度か建築の応用を試みたようだが、すべて失敗に終わっていた。そこには、大きく4つのハードルがあったからだ。

　一つ目のハードルは、シラスを混入したコンクリートで実際の建築が建設可能なのかということであった。これまで土木では多少利用した実績があるが、JIS規格制定以降の建築の実作はなかった。そのため、我々は鹿児島で4畳ほどのボックスを試作することにより現実化が可能かの検証を行い、建築でも応用可能なことを確かめる必要があった。二つ目のハードルは、コンクリートが工業製品であるためシラスが異物扱いとなることだ。数十社の製

造会社から断られたが、芝浦にある(株)東京SOCがこの計画を受け入れてくれたことで、プロジェクトのスタートが切れた。三つ目のハードルが一番高かった。シラスコンクリートがJIS規格外であるため、個別大臣認定の取得が必須となったことだ。そのため、一年以上の時間をかけて実験と検証を繰り返し、その検証した実験データを元に国の定める委員会と何度も協議した上で認めてもらい、個別大臣認定が取得できた。四つ目のハードルは、天然由来のシラスの品質をコントロールするための技術が必要であったことだ。鹿児島県の姶良郡にあるシラスを振るい分け、乾燥させることで工業製品に近づけ、コンクリート製造会社に供給することができた。

■世界で最初の環境型シラスコンクリートの住宅について
このシラスのプロジェクトは、化学者であるクライアント夫婦のリクエストからスタートした。それは、「打ち放しコンクリートで内外部を包み込んで欲しい。そして、そのコンクリートが挑戦的であり、環境的であって欲しい」という言葉からだ。この住宅の敷地は、東京の山手線内に位置し、敷地面積が約20坪の小さい角地であった。クライアントの機能の要望は多岐にわたった。地下を利用した防音が優れている音楽室、1階エントランスのギャラリーのようなスペースと和的な予備室。2階は、5mの天井高さを持つリビングスペースとダイニングスペースの広さの確保と同じフロアにお風呂やトイレの水回りの機能もあること。そして、吹き抜けに面した寝室や書斎のようなスペースを持つ3階があること。結果として、延べ床面積を稼ぐために地下を設けた4層のフロアで構成され、その層を貫く階段室の縦動線を熱の循環スペースとして設備設計の山田浩幸氏が計画してくれた。それは、冬は温まった上部の空気を地下のピットに送り込み、夏は地下ピットの冷気を三階まで送り、自然に部屋全体の空気を循環させるシステムであった。建物の形態は基本的には矩形で、その三方向の角を欠き取ったような特徴的な開口を設けることで、内部からの視線が空へと繋がるような空間構成となっている。打ち放しコンクリートの建築は、内部に入った瞬間にコンクリート臭が感じられることが一般的だが、この建物はシラスの独立気泡が消臭効果をもたらしているため臭さが少ない。そして、シラスの粒子が細かく密実なコンクリートになっているため手触り感が滑らかである。コンクリートのほかにも、ご夫婦の趣味と私の指向性が同調しながら、さまざまな人を巻き込んで新たな

図I　シラスコンクリートの住宅　外観

素材が生まれていった。MDFを研磨し黒墨を流し蜜蝋ワックスをかけた扉や、2階のキッチン天板の黒ステンレス、3mm厚のステンレスを3回研磨した玄関の床など随所に見慣れない素材が配置されている。また、この環境型シラスコンクリートの施工においては、私の建築を数多く手がけている監督と職人たちが関わってくれ、実験段階から施工段階まで様々な人々が協力してくれたことで竣工に至った。

■構造計画について（多面体を形成する薄肉ラーメン構造）
この建築の構造は、構造家の佐藤淳氏を中心に考えたものである。柱梁を壁と同じ厚さにした「薄肉ラーメン」と呼ばれる構造体で、その壁厚は鉄筋の曲げ加工や定着長さなどの条件を満たすためには220mm程度が最小値となる。そして、「ラーメン構造」なので「壁式構造」の仕様規定を満たす必要がなく、形状の自由度を獲得できる構造体でもある。これらの特徴を活用し、多面体を形成しながら220mmで可能な部材配置を見つけた。壁厚が薄く、鉄筋がやや密になり混雑するため、コンクリートの流れ込みやすさは重要な鍵であるが、シラスが微粒分を多く含んでいることからコンクリートの流動性が増して、ほとんど問題なく流れ込み、密実なコンクリートを打つことができた。環境型シラスコンクリートが鉄筋量の多い薄肉ラーメンにも使用できる可能性をも示せた。

■材料計画について
（低炭素型・資源循環型社会に資する完全リサイクル可能なコンクリート）
クライアントの要望から、次世代の環境型コンクリートを目指したことが「シラス」という材料に着目した所以である。この材料の中心的存在は、東京大学の野口貴文氏であった。野口氏を中心に様々な関係者が協力し、各々の役割を綿密に果たしていった。その中で、ポゾラン活性を有し長期耐久性が期待できるシラスを細骨材・混和材として用いて、低炭素型社会の構築に資するために高炉セメントB種を採用した。また、コンクリートの完全リサイクル化を図ることと乾燥収縮ひび割れの抑制を図ることができる骨材としては石灰石砕石・砕砂を用いることとした。さらに、工事現場における騒音・振動の低減と省エネルギー化を図り、技能労働者不足にも対応できるよう自己充填性を有する高流動コンクリートを選択した。開発においては、シラスの品質安定化とコンクリートの単位水量低減が最大の課題であったが、度重なる議論と室内実験による検証、そして数回の実証実験を通じて、この環境型シラスコンクリートを実現することができた。

■これからのシラスの可能性
価値を見出せないシラスは鹿児島だけでも750億㎥という莫大な量であり、南九州地方全域にはより多くのシラスが眠っている。現在のコンクリートの材

料となる砂は1㎥が約3000円で取引されている。例えば、土地の面積が100㎡、シラス堆積深さが平均60mの土地の価値は約1800万円となる。このシラスが採取できるような荒れた地域の土地の売買価格は通常の50〜100倍になる換算だ。この莫大な資金を利用することで、地域産業が明らかに上向きに変わり、人が集まり、街が活性化することが我々チソカツメンバーの夢である。

## 「そこいらにあるもの」としての『椎木の泥染』

私の故郷は、鹿児島県の奄美大島である。地域産業は、サトウキビやフルーツを中心とした農業や自然環境を売り物にした観光業。その他に、戦後8年間アメリカに支配されたことにより、国からの大きな援助資金による公共事業を行う土建業が主な産業である。それ以前は、奄美独自の泥染による「大島紬」が産業の主流の時代もあったが、現在では、衰退の一途をたどっている。

二年前に、行政から奄美の木材を活用したいとの打診を受け、二つの材料を開発することになった。それは、「そこいらにあるもの」であった。一つ目は、奄美全土に分布しているが、松くい虫のために立ち枯れしている「琉球松」の活用。二つ目は、奄美の在来種である「椎の木」の活用である。この材料を加工するために瞬時に思いついたことが、化学の力と泥による染色方法である。大島紬のように泥染し、泥の微粒分が樹幹に入ることで樹木を強くし、それと同時に化学反応によって色が変わるのではないかと思ったからだ。そこで、試しにその両方の木材をそのまま泥に浸けたり、紬と同じように煮沸して泥に浸けたりの実験・検証を行った。数回の実験等を行うことで、外壁材として使用可能なことがわかり、私が設計する建物への使用を決めた。「そこいらにあるもの」が、お金になった瞬間である。

## 「うつろいゆくもの」としての『白井晟一の建築群』

近代日本建築の巨匠の一人・白井晟一の建築は、日本全国に30数棟残っており、うち10棟は秋田県湯沢市に現存している。時間が経てきたことで価値が薄くなったと考えるか、時間がその建築を熟成させてきたと考えるかの岐路に立っている。それは、「うつろいゆくもの」が価値となり得るかということである。湯沢市に残る白井建築の一つに、旧雄勝町役場があるが、老

図2 シラスコンクリートの住宅 内観

朽化のため庁舎機能は別の場所に移っており、その建物を解体するか否かという話になっていた。白井建築にかかわる建築家や団体などは、「歴史的に価値あるものだから残そう」と運動するが、次の時代に引き継ぐには難しいことが多い。それに対して私たちは、経済的視点のアプローチから「湯沢市を元気にする提案」という題で市への提案を行った。それは、湯沢市の経済的活性化を主軸に旧雄勝町役場の三つの利用法を提示したのだ。①行政が考えている利用法で、すべてを解体して駐車場にするもの。②増築部分を解体し、そのまま役所として利用するもの。③補修を行ってテナントとして貸し出すというもの。そもそも60年前の建築だから、年間維持費が800万円近くかかっているという現状がある。それに加え、①は概算で5700万円の費用がかかるうえに、歴史的価値を失うというマイナス面もある。②は文化遺産を保持できるが、もっと費用がかかる。私たちのチームの本命は③で、最低限の補修をして、若い世代を中心とした地元住民や企業にテナントとして貸し出すというビジネスモデル。これをNPO法人に管理委託し、商業や市民活動で運営費を捻出する仕組みにすれば、これまで行政の肩にかかっていた年間維持費は相当抑えられる。そして、歴史的建造物を残すことが、地域の資源として活用されていく。今なお活動中であるが、「うつろいゆくもの」が時間を経過しているからこそ価値を生み出すと証明されてほしい。

## 時代が「チソカツ」を必要としている

私は 10 年ほど前に、日本と韓国とエチオピアとパリで同じようなタイミングでプロジェクトを動かしていた時期がある。その時に感じたことは、それぞれの都市の駅の周辺は同じ風景であるため面白みがないということだ。なぜなら、交通の拠点とは合理性の追求のための場所だからだ。また、合理性の追求と似たような言葉にグローバル化がある。目に見えない経済の世界では意味をなしたが、目に見える建築やその他の物の世界では、表出するモノを退屈にさせるだけだったのではないだろうか。そして、情報の高度化とともに 20 世紀末から起きた「環境の時代」は、大きく時代の変化に拍車をかけた。その場所にあるものを見直しつつ、その場所に合う気候に合わせつつ、できる限りエネルギーを消費しないこと。この考え方は、昔ながらの日本の生活そのものだった。そして、忘れ去られた既存の歴史や文化を再度見直しつつ、新たな視点で再編集することが多様性の容認となっていくのではないか。そこでは、物質的な量を増やすのではなく、思考や解決方法の選択肢の多い豊かな場所になることを目指したい。簡単に言うならば「知恵の宝庫」となることであり、日本人が何千年もの間に訓練した編集の技術が活用できる世の中になることだ。その考え方が広がることを夢見て、2013 年に「チソカツ」を立ち上げたが、思った以上の反響があった。2013 年 11 月〜 2016 年の 6 月の 2 年半の間に、シンポジウムを違う場所で 4 回行う機会を得た。最初は、シラスの拠点である鹿児島で 200 人強の来場者と 10 社以上の協賛企業がある中、盛大なシンポジウムが開催できた。二回目は、東京の木材会館で行い 120 名以上の観客が集まった。三回目は、金沢での日本建築家協会全国大会において、私と理事三人でシラスコンクリートを一時間半も集中的に発表できた。四回目は福岡にて 120 名定員のところ 140 名近くが集まったシンポジウムを開催できた。前半部では我々が関わっている具体的な案件を発表し、後半部では協賛企業 7 社の具体的な製品について発表し、理事の 4 人がチソカツ的切り口でその製品の新たな可能性をコメントしていった。その後半は大変好評で、集まってくれた企業や設計事務所との交流の場となり、その後、新たな製品が産み出されるような話も伺った。そして、2016 年の 5 月には鹿島出版会から「チソカツの術」として、理事の全員で執筆した本も出版された。このムーブメントは、多様性の容認の始まりであり、「チソカツ」が時代に必要とされている証なのかもしれない。

第 3 章
再生に向けたヴィジョンとデザイン

# 3-2
## 復興支援と防災・減災

**3-2-1**
スイスの核シェルターと軍事要塞
木村浩之

**3-2-2**
被災地の「みんなの家」がもたらすもの
──復興支援の在り方
髙池葉子

**3-2-3**
洪水リスクに対応した環境共生型の住まいの提案
田名後康明

3-2-1

# スイスの核シェルターと軍事要塞

木村浩之

シェルター世界最大保有国であるスイスの民間核シェルター、病院シェルター、文化財保護シェルター、およびスイスの特異な防衛戦略下で建設されたカムフラージュ要塞の歴史と背景、そして現在を、実地調査等をもとに概観する。

「私のスイス人はどこだ」と、デンマーク王クローディアスは暴徒が宮廷に乱入した際に叫んでいる(シェイクスピア『ハムレット』1602 年)。

ここでの「スイス人」とは宮廷の警護を担当する傭兵のことである。スイス人傭兵はすでに 15 世紀のヨーロッパ社会に広く浸透していた。今日ではミケランジェロのデザインと伝わるカラフルな制服に身を包んだヴァチカン衛兵を残すのみとなったが、1874 年憲法により「輸出」禁止となるまで、傭兵はスイスの重要な輸出産業だったのである。

アルプス山脈・山岳地帯が国土の半分を占めるスイスでは、耕作には適した平坦な土地は少なく、細々と牧畜を行っていたに過ぎなかった。産業の乏しいこの内陸国にとって、「血の輸出」は必然だったのだろう。後に、ヨーロッパ各地に派遣され形成されたスイス人のネットワークをバネに、かの有名な銀行業が発達していくことになる。

スイスといえば、そもそもイタリアとアルプス以北を結ぶ最短ルートであったゴットハルト峠の通行税を「資金源」とするいわば第三次産業国として独立を果たした根っからの異端であった。13 世紀のことである。現在でも同地は青函トンネルを超す世界最長のゴットハルト・ベーストンネル(2016 年開通)を含む三本のトンネルを擁し欧州南北交通の要となっている。

国際的に認められたのは 1815 年のウィーン会議にてであるものの、早く

も16世紀にはスイスは中立宣言をしていた。ドイツ語圏、フランス語圏、イタリア語圏が混成した国家としてであった。現在でも世界中で言語・民族間の対立は絶えないが、スイスは数世紀も前に多言語国家を実現し現在まで維持継続しているという意味でもやはり特異な存在だ。国際連合欧州本部をジュネーブに抱えながらも、中立を保つためとは言え国際連合に未加入だったこともスイスの単独行動ぶりを表している（2002年に加入）。ちなみに、冷戦の終了を受けて、中立と相反しないと見解を変え、実に加盟190番目の国として加盟したのだった。近代都市・建築に大きな影響を残すことになったCIAM（近代建築国際会議、1928年）は、ジュネーブの国連欧州本部の設計競技結果に不満をもったル・コルビュジエ等モダニストたちが集まってスイスにて結成されたことから始まっている。その他にも多くの国際機関がスイスに集中し、スイスは特殊な位置を世界の中で築いてきたのだった。銀行機密法、EUへの加盟拒否等々、「黒いスイス」とも呼ばれたりするスイスの異端ぶり、そしてスイスの防衛にたいする執念は深い歴史を持ったものなのであった。

### 「レデュイ」

だが、そんなスイスもさすがに第二次世界大戦中の1940年、中立を表明していたベルギーがナチス・ドイツに侵略されると、かなり緊迫した状況におちいる。そして追ってフランスが占領されると、明らかに非常事態となった。その時スイスは国境を接するすべての国─ドイツ、フランス、イタリア、オーストリア─が枢軸国支配下の領域となり、陸の孤島のさながら完全に包囲されてしまったのだ。極度に保守的で決断に時間のかかるといわれるスイスがこのときばかりは即座に行動に出た。スイスは直ちに通称レデュイ作戦（独 Reduit 仏 Réduit national、国立砦の意）を策定し即実行に移したのだった。それは政府機能を山岳地奥深くに隔離し、防衛機能を集中させ、そこだけを頑なに守る戦略だ。しばしばハリネズミに例えられる戦法である。

1943年3月にナチス・ドイツがスイスに攻撃を仕掛けるという「もみの木作戦（Operation Tannenbaum）」を当時スイスが入手していたとされており、それにあわせたように1942年中までには軍隊と政府要人がアルプス山中に六ヶ月間籠もれるだけの施設と備蓄が準備できていた。政府中枢機能だけで

なく、国立銀行の金庫に保管されていた金塊なども当時山岳地帯に隔離されていたという。

　言い換えると、レデュイ作戦体制下では、スイス人の大半の人口を占める平地居住者たちは、有事の際、少数の国境防衛隊とともにいわば見放された状態に置かれることになっていた。レデュイ作戦は、たとえ国境周辺の平地と多くの国民を失ったとしても、山岳地帯とアルプス横断交通路のみは守り通し、いわば13世紀に遡るスイス独立の契機であり、スイスのスイスたるゆえんであったゴットハルド峠を死守する企てであったのだ。

　4000m級の峰が並ぶアルプス山岳地帯は険しく空爆にも戦車にも向かず、歩兵が中心となる。したがってスイス軍の軍事力は弱小であっても、戦場を山岳地帯に持ち込めば地理、特に地形を知り尽くしているスイス歩兵に軍杯が上がるという勝算であった。都市のある平地部は安易に侵略が可能な一方で、その先の山岳地帯は侵略困難な上、得られるのは産業に向かない土地と、侵略時の、あるいは自爆による破壊によりナチスの同盟国イタリア側へ抜けられなくなったアルプス横断路のみとなる。つまりレデュイは、リスクが高くかつ費用対効果の低い状況を作り出すことで、侵略をそもそも諦めさせるという側面を持っていただろう。

　国境沿いでは誤爆等の決して少なくない数の被害が発生していたが、結局終戦まで「もみの木作戦」は実行に移されることなく、スイス軍そしてスイス国民は「待機」のまま事なきを得たのだった。

　しかし1945年以降も、スイスは引き続き防衛・軍事力の強靭化を猛然と進めていく。「レデュイ」施設は1950年代に入ってから一応の完成を見るが、その後も休むことなく軍事防衛力拡大は続けていたのだ。「民間防衛」という冊子が各家庭に配布された（1969年）のもその一環だ。スイスは中立国としてハンガリー動乱（1956年）からの亡命者らを多く受け入れるなど、東側諸国、ワルシャワ条約機構の動向をことさら無視できない立場にあったこと、また中立国として他国の協力なしに単独自力で自己防衛しなくてはいけないことなどが理由だ。それは冷戦が終わり1995年にスイスが軍縮を決定するまで、戦後50年もの間続いたのだった。スイスは様々な中立国のなかでも武装中立国として知られているが、「スイスには軍隊はない、というのもスイス自体が軍隊そのものだからだ」ともいわれるほど武装化は進んでいたのだった。

## スイスの民間・公共核シェルター

前記のように戦時中のレデュイ作戦は、スイスという連邦国の存続のみのために、一部の土地や市民が犠牲になるのが前提という残酷なものだった。多数の軍事施設を戦時中に瞬時に建設したのとは裏腹に、民間人用のシェルターは終戦時点で約70万人分しか存在しなかったことにも表れている。当時440万人の人口の16％程度しかカバーできていないことになる。

それを考慮してか戦後すぐにも、軍事施設・武器等の更新と合わせて、民間人用シェルター（Schutzraum）の建設が始まっている。

1959年に民間防護を定義する条項を含めるスイス憲法改正が国民投票で承認され、1963年1月にスイスに民間防護法（Zivilschutzgesetz、現Bevölkerungs- und Zivilschutzgesetz, BZG）が、軍事防衛法とは別個の法として制定される。全国民をカバーできるシェルターづくりを目指して、家屋新築の際に地下に自前の核シェルターを建設することが国民の義務とされるのはこの時からだ。ちょうどベルリンの壁建設から2年たたない頃だった。

第二次世界大戦当事国でなかったスイスにも戦後ベビーブームは到来し、当時鉄筋コンクリート造の団地群の建設ラッシュが訪れていたため、核シェルター建設は急速に進んだ。そうして1970年代には全国民を収容できる量の地下核シェルターを確保するに至っていた。2006年に公表された統計データでは、3万箇所以上の核シェルターに860万人以上を収納可能となっている。実に1945年の12倍になる。スイスは2006年当時の人口は約750万人だったので対人口比で114％のシェルターが存在することになる。スイスは対人口比では世界唯一全人口をカバーする世界最大のシェルター保有国と言われている所以である。

スイス人口が増加傾向にあることもあり、建設は現在でも続けられている。個人住宅や集合住宅を新築する場合、また昼間人口の多くなる事務所建築などにおいても、地下最下階に当局から通達された人数分のシェルターを建設しなければならないのだ。ただ、すでに充分確保できている自治体では近年緩和措置もとられている。ちなみに人口増加分は移民などスイス国籍を持たない人たちが多く占めるが、シェルター等の必要人数算定において国籍は問わず、人口の25％程度を占める外国人を含む全居住者がカウントされている。

一人に割り当てられる容積は2.5立方メートル。単純計算で人数分の容積

を用意し、指定された設備、例えば約30センチ厚の分厚い鉄筋コンクリートの扉を両側につけた風除室、簡易2段ベッド、乾式トイレ、電動手動両用の巨大な核生物化学空気フィルター設備、トンネル状の避難経路などを備え付けるなど、細かな規定がある。シェルター建設費の一部は地方自治体が補助金として出すが大半は建て主の負担となる。つまり国家（連邦）の支出である軍事費には一切含まれていない。

シェルターは日常的には洗濯部屋、物置、ワインセラーなどとしての利用が許可されており、非常用物資は備えていない（図I）。というのも万が一軍事衝突で核シェルターが使われることがあるとしても数年前から事前警告を出せる可能性が十分高いからだ。緊急の場合、例えば原子力発電所事故などの場合には、24時間以内にとりあえず出せる物だけシェルターの外に出して最低限の場所をつくり内部に入るということになっている。

また公共の民間人用核シェルター（Öffentlicher Schutzraum）もスイスには少なからずある。

スイスは近代的な大量破壊戦争を一度も経験していないため、歴史的建造物が多く残っている。もちろんそれらには地下シェルターは供えられてない。そういった建物に住む全住人らが、近隣に公共シェルターの割り当てを確保できるよう努めることを自治体が義務付けられている。そういった公共シェルターは2006年統計では5000件以上存在し、約100万人の収容能力を持っていた。収容人数比で言えば、民家地下のシェルターの15%弱になるが、集合的利用のため一般的に規模が大きく、設備が充実しているものが多いのが特徴だ。

最大のものはルツェルン郊外にある1.5km長ほどのソンネンベルグ・トンネル（Sonnenbergtunnel 1976年竣工）のシェルターだ。それはトンネル部および七階建て相当の地下大空間で構成されており、内部には病院などの

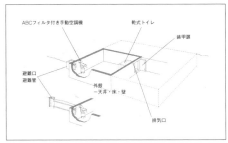

図1　家屋新築の際義務付けられている核シェルター。戸建て住宅用のもっともシンプルなスタイルのものの模式図。ABCとは核・生物・化学（Atomic Biological Chemical）の略

施設（後述）を擁し近隣住民2万人を収容できるものだった。毎時16万立方メートルという2万人分の安全な空気を確保するフィルター付きの給気・排気設備、非常用電源のみならず、独自の水源も確保してある。さらには監獄、郵便、消防などを運営する自治体を制定することも定められておりSFのような地下都市といっても差し支えない。

　平時は高速道路のトンネルとして利用され、有事の際には350トンという重さのゲートを閉じてシェルター化する。広島型原爆の50–70倍の威力である1メガトン級の爆弾が1キロ先で爆破した場合にも耐えられる強度とされている。ただ2002年に、トンネル部をシェルター利用計画から除外し、収容人数を2千人に減らす決定がなされている。

　こういった個人住宅や集合住宅に属さない独立した公共核シェルターは、通常自治体の倉庫などとして用いられてきたが、近年のシリア難民など難民増加に伴い、審査待ち難民の仮住まいとなどして仮使用されるケースが増えている。

　また、上記の1963年施行の民間防護法で定められた民間人用シェルターには、病院シェルターも含まれる。「防護手術所」（Geschützten Operationsstelle, GOPS）と名づけられたその施設は、例えば人口約20万人のバーゼル市には公立病院と大学病院の地下に2か所、ベッド数計約1100床があるが（人口比0.55%相当）、同様の巨大な地下施設がスイス中の大きな病院の地下に存在する。1963年に義務化され、1988年には120件、1996年には140件あった。現行の法律でも人口の0.6%のベッド数を確保するように定められており、人口増に対応して（病院の改築の際などに）現在も建設が続いている。手術室などを含む病院という特殊な機能柄、「60時間以内に稼動可能」という条件を保つためには常時からフル装備を保たなくてはならなかった。従って、個人・公共の一般的核シェルターが平時には倉庫などに利用されてきた歴史とは反対に、防護手術所は（古いものでは）半世紀もの間、一度も使われることなく待機状態のまま地下深く眠っていたのだった。ベッドシーツだけでなく巨大な発電設備などの清掃、点検は毎月行われていたといい、維持管理に膨大な費用を積み重ねていた。2018年に規制が緩和されるという前情報に従い、2016年8月バーゼル市は大学病院地下5階の「保護手術所」の全設備を廃棄し、スペースを地下駐車場として改築再利用する方向で動き始めている。ただ、有事の際には新たに設備を入れ直して再度病院として機能できるようにスペースを保つことが条件となると言われて

| 法律体系 | 連邦法（国土防衛法） | | | | カントン(州)法（例バーゼル都市州） | | | | インフラストラクチャー |
|---|---|---|---|---|---|---|---|---|---|
| 法律 | (B)軍事防衛法 | (A)国民および民間保護法 | | (C)経済的物資供給法 | 警察法 | 消防法 | 健康法 | | |
| 実働部隊 | 軍隊 | 民間保護隊 | | 自治体等 | 州警察 | 消防隊 | 医療従事者 | 救急隊員 | 交通上下水道電気ガス情報伝達 |
| 状況 | 武装衝突等 | 武装衝突および自然災害等 | | | 犯罪・事故等 | 火災等 | 病気・けが等 | | |
| 施設・設備 | 軍事施設 | 保護施設（シェルター） | 保護室（シェルター） | 倉庫等 | 警察署等 | 消防署 | 病院 | 救急車 | |
| | | 保護指令所 / 資材所 / 保護医療所 / 保護手術所 | 民間保護室 / 公共保護室 / 文化財保護室 | 食料、衣料品、石油などの資源備蓄と、運輸方法などを定義 | | | | | |

図2 スイスの国土・国民防護体系。軍隊とは別に民間保護隊が存在するのが特徴だ。

おり、施設が完全に廃止となるわけではない。

さらに、現行の国民保護および民間防護法では、上記地下病院とは別個に平時の病院と直結していない独立した「防護医療所」（Geschütztes Sanitätsstelle）、防護指令部施設や資材倉庫の保持も義務付けている（図2）。

これら人命のためのシェルターに加え、文化財保護のためのシェルター（Kulturgüterschutzraum）も存在する。

スイスは1962年に武力紛争の際の文化財の保護に関する条約（1954年ハーグ条約）に条約締約し、1966年に当該の連邦法が民間防護法の関連法として施行になっている。

現在スイスには約320の文化財専用シェルター施設に合計12万立米のスペースが確保されている。貨物列車に乗せると35キロもの長さになる容積だ。それとは別に2007年に展示室から20キロ離れたところに独立して建設されたスイス国立博物館の新中央倉庫施設は倉庫部だけで1.5万平米あることを考えると、上記の数字は決して多くはない。ただハーグ条約は具体的にシェルター建設を求めているわけではないため、古くからの協約締約国でもスイスのように文化財専用シェルターをこれだけ持っている国は他に例を見ないようだ。そのため、軍事衝突や自然災害等に見舞われている第三国・地域にユネスコを通じてこれらのシェルターを貸し出せることをスイスは申し出ている。

ただ冷戦終了後、スイス国内では文化財保護政策の文脈は、軍事衝突よりはむしろ地震や洪水などの自然災害から文化財を保護するためにはどうすべきかという議論にシフトしている。軍事衝突を想定して造られた遠隔地のシェルターは予告なしに突然訪れる自然災害に対する対策としては必ずしも

有効でないからだ。上記のスイス国立博物館の新中央倉庫施設はそういった文脈で建設されたスイスの文化財保護政策のパイロットプロジェクトでもある。高台に位置し、耐震性などの建築性能のほか、修復設備だけでなく、デジタル・アーカイブ化の設備などの複製記録分野での最新鋭の設備も完備した新時代の倉庫である。ちなみに日本はやっと2007年になってハーグ条約を批准している。

　スイス以外でも地理的にワルシャワ条約機構諸国に近い西洋諸国には民間人用シェルターを多く建設してきた国は多い。スイスに並んでシェルター保有国として知られるスウェーデンやフィンランドに加え、中国、韓国、シンガポールやインド、イスラエルなどに現在でも民間人用シェルターが存在するが、スイスのように対人口比100％以上保有している国はないとされている。ABC（Atomic, Biological, Chemical）空気フィルターが完備されるなど、スイスのシェルターは設備面でも世界トップで、冷戦中の1988年には年間で50もの視察団が外国から訪れていたという。

　しかし冷戦の終了を受けて、1990年代には多くの国で防衛関連政策が再考・緩和されている。スイスでもそういった声は度々あがっており、スイス連邦国会で最後に熱く議論されたのがちょうど福島で起きた原発事故の2日前だった。その日の議論では、シェルター義務の大幅な緩和への道が開かれようとしていた。しかし福島の事故を受けて反対派は急速に縮小し、「戦争時のみならず、核爆弾を使ったテロリズムや、化学系の事故や自然災害時に有効」という見方を示し議会は2011年6月には義務の継続を決議している。こうしてスイスはシェルターの最大保有国であるだけでなく、いまだに建設を継続している数少ない国の一つとなっている。

## スイスの軍事シェルター・要塞

　スイス防衛は連邦法にて主に三つの体系に分けられている（図2）。(A)の国民保護法（2004年以降は国民および民間保護法 Bevölkerungs – und Zivilschutz という名称となっている）に加え、(B) 軍事防衛法 Militärische Verteidigung と (C) 経済的物資確保法 Wirtschaftliche Landesversorgung がある。上記の民間シェルター、病院シェルター、文化財シェルターは (A) 国民及び民間保護法で定められたものだ。以下では (B) の軍事防衛法で定め

られる要塞などの建築施設群を取り上げる。

　上記の通り、1995年に軍改革とも呼ばれている大規模な軍縮が行われた。当時75万人いた軍を40万人に、つまり半分近くに減らした、スイス軍史上最大の軍縮だ。その軍縮により戦略インベントリーから外された要塞などが情報公開されたことで、伝説と化していたレデュイ作戦の詳細（一部）がやっと一般に知られることになった。2万件あるという軍事施設のうち1万3千という膨大な物件数が処分対象となったが、頑丈なつくりの要塞群は解体・撤去に莫大な費用がかかるため、個人や団体への払い下げ対象となっていた。しかし多くは交通の便が悪く、せいぜいワインセラーなど倉庫としての利用くらいしかないため、思うようには払い下げが進んでいないようだ。調査を行った2006年以降も軍縮は段階的に継続され「分譲要塞物件」も増えたようだが、2016年現在では10年前に比べ要塞博物館として再利用されている物件が増えていると見受けられた。

　ついに2011年のスイス軍縮をもってレデュイ態勢が実質的に終焉を迎えたと言われている。要塞の主要な武器であった大型の「ビソン型大砲」を完全放棄することが決められたからである。1990年代以降導入された射程距離の長いこの新型大砲があったおかげで1995年の軍縮で要塞の絶対数を減らすことができたとも言えるきわめて重要な大砲だった。一方で、最後の最後の砦である要塞群などの機密情報がすべて情報公開されたというわけではないようだ。有事の際には再度武装することでレデュイ態勢を直ちに復活できるようになっているのだろう。

　分かっている範囲で、諸施設を以下のカテゴリーに便宜上分けて記述する。この分類は筆者による建築タイポロジー的な大分類であり、必ずしも戦略的・軍事的機能による分類や、スイス軍編隊系による分類と一致するわけではない。また、レデュイ態勢での戦闘・防衛施設のみが対象で、演習場など平時の軍施設はここに含まれていない。

**A　侵入・通行を妨害する無人施設**
　　国境付近のほか、山間部へ抜けられる平原などに長距離にわたって帯状に存在するコンクリート塊「トブレローネ」や落とし穴等の仕掛け類。

**B　監視・攻撃する小規模有人施設**
　　国境付近・交通の要所などに多い10m四方程度のコンクリート要塞で、

単独のものや複数が地下でつながっているものなどある。

C　市街地内にて監視・管制・攻撃・滞在・保管する
　　カムフラージュ有人施設

上記コンクリート要塞を民家風などの周辺環境に溶け込む塗装などでカムフラージュしたもの。複数の「民家」砲弾が地下の管制・滞在スペースなどで繋がっている規模の大きなものもある。

D　山岳地の岩盤内部にて監視・管制・攻撃・滞在・保管する
　　カムフラージュ有人施設

C群のように周辺に溶け込むことが目的とされているが、主な違いは岩壁内を採掘するという建設方法だ。また施設として大きなものも多い。山岳地帯に存在する立地上、レデュイの心臓部にあたる最重要要塞も含まれる。内部はアリの巣のようにトンネル状の空間で構成されており、大きいものでは数百人が長期滞在できる基地として利用された。また、D群の一種として政府中枢施設も位置づけられるが、多くは情報公開対象になっていないため不明な点が多い。一般論として中枢・指令に関して言えることは、発見を遅らせ、被攻撃対象になることを避けるため、大きな攻撃設備をもたず、アクセスが悪い。武装・立地以外の建築的特徴においてはD群の類似施設と分類できよう。

E　軍用空港などの交通インフラストラクチャー

山岳地帯に退却するレデュイ態勢では、主に平地にあった既存の軍空港が使えなくなったため、急きょ山岳地帯に空港を整備していた。最大で24の軍用空港が存在したが、現在では7つを残すのみとなっている。また戦闘機用のカムフラージュ・シェルターも建設されている。一般市民の間では岩盤中にカムフラージュ滑走路が存在するという噂がたったりもしていたというが、そういった施設は現在確認されていない。

高所にある要塞には専用ロープウェイが設置されていることも多い。積雪もあるスイスの山岳地帯ではロープウェイは有効な移動手段なのだ。もちろん軍事用のロープウェイは非常時には容易に解体できる仕様になっている。

　また、厳密には軍事施設ではないが、橋・道路・線路などの一般交通インフラストラクチャーが有事の際には状況に応じて破壊され、敵軍の侵入・通行を妨げる焦土作戦があったことも記しておく（ナチスドイツ

がスイスに侵略しなかったのは、この作戦によりイタリアとの交通網が機能不順に陥るのを恐れたからともいわれている）。

## A　参考例　トブレローネ

戦車用障害物として設置された鉄筋コンクリートの塊は、スイスの有名な三角形のチョコレートから名前をとって「トブレローネ（仏語圏ではトブルローヌ）」（図3、4、5）と呼ばれている（その商品は1908年からほぼ現在の形状で存在する）。国境沿いに配置されたトブレローネでスイスはぐるりと一周囲まれていると言っても過言ではない。軍事施設を包囲していることも多い。緊迫した状況でほぼ基準不在のまま建設を一気に進めたため、現在知られているだけでも40種類以上のタイプが存在するという。畑や私有地を横断しているものもあり、建設時の緊迫さを現在まで伝えている一方で、深い緑に覆われ風景化しているものも多い。いずれにしても撤去には莫大な費用がかかるため、放置されているのがほとんどのようだ。

## C　参考例1　ファウレンゼー要塞（ベルン州、トゥーン湖畔）

アルプス北部のスイス中央平地から山岳地帯へ進む主な経路（峠）には3つあり、そのうちの一つの入り口に「ファウレンゼー」という村がある。スイス・アルプスの代名詞的なユングフラウ地方へと抜ける風光明媚な鉄道路線から見える位置にあるため、多くの人が（気づかずに）通り過ぎているはずだ。

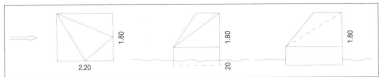

（左上）図3　トブレローネがサン・モーリス近辺で形成する防御線。背景にはヴァレー州で有名な白ワインのブドウ畑が見える

（右上・下）図4、5　トブレローネの特殊な形状は、正面から衝突したときに戦車が乗り上げバランスを崩すよう意図されているのだろう。ただ、形状は数多くヴァリエーションが存在する。コンクリートに装飾（ペイント）が施されているものもあるが、多くは無装飾だ。

 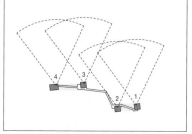

図6、7　ファウレンゼー要塞と村落。背後にトゥーン湖が見える、風光明媚な村落だ。1、2、3、4の農家風建物が大砲を備えた要塞で、すべてが同じ方向を向いている。

図8　2番の建物の大砲。牛舎や藁倉庫にしては扉が大きく、またその扉は道路に通じていないのが奇妙だが、良く見ないと気づかないだろう。

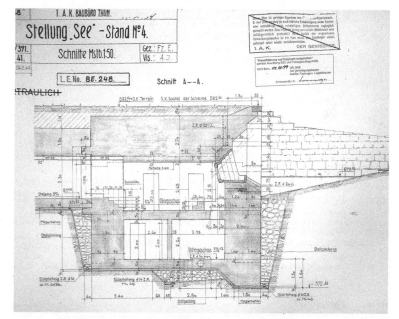

図9　建物4番の脇にある大砲部の断面図。壁や屋根が2m以上のコンクリートとなっているのが見える。さらに屋上は芝生だ。また1999年10月に「極秘 Vertraulich」が消されているのがスタンプなどから読み取れる。

ここには早くも1939年に砲台付掩蔽壕の計画が持ちあがった。コンクリート構造の上に近隣風景と同様の農家や藁倉庫風の装飾を施された4軒の「小屋」（図6、7、8、9）は、隠された砲台がすべて同じ方角、つまりドイツ軍が侵入してくるであろう谷方向に向くように配置され、同一の方角とエレベーションで、つまり地下の指令室からの単一の指令で同時に動かせるように組織立てられていた。「小屋」同士は地下道でつながっていて、地下2階にはキッチンと寝室、そして地下3階には司令室がある。空気はABCフィルターを通して送り込まれる。

　1995年に払い下げになって以来、軍事遺跡として財団により維持・公開されている。近所の住民の多くは情報公開になるまでこれらの施設の存在に気づいていなかったという。敵に対するカムフラージュだけでなく、住民そして観光客の目にとってもカムフラージュとなりスイスののどかな風景・街並みを破壊から守っていたのだった。

### C　参考例2　ヴィラ・ローズ要塞（ヴォー州、グランド）

レマン湖畔、オードリー・ヘップバーンが老後を静かに過ごした家からそう遠くないあたりの、晴れた日にはモンブランが見渡せる豪邸が集まる閑静な地域に建つ要塞（図10、11）。数多くあるスイスのカムフラージュ軍事施設の中でも最も手が込んでいると評判のものである。

　よほど注意しない限り要塞であることに気づかないが、通常の邸宅にしては道路から一切引きをとらず建てられている配置が奇妙であろう。立地としては、ジュネーブのあるフランス国境側から侵入したドイツ軍が前にはだかるレマン湖を迂回する際に通る唯一の経路上にある。2000年以降、博物館として公開されている。

### D　参考例3　サン・モーリス要塞区（セー要塞）（ヴァレー州、サン・モーリス）

レマン湖の50キロ上流、湖畔河口の扇状の地形が細く収束する場所で、中世からの要塞遺跡もある歴史的な要所に存在する。レデュイ態勢にて3つの最重要要所とされたうちの一つにあたる防衛上極めて重要な立地で、複数の要塞群から構成される。しかし1995年の軍縮であっさり戦力からはずされて、一部が公開されている（図12、13）。

　岸壁にはりつくように建てられた中世の礼拝堂に並んで、射程22キロと

図10 ヴィラ・ローズ。上階の窓は偽物で、1階の窓は銃口になっている。
図11 ヴィラ・ローズ要塞の上階窓の詳細。ガラスとカーテンが描かれたものである以外は、すべて本物だ。

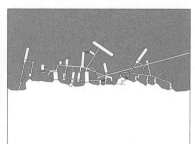

図12 サン・モーリス要塞区のセー要塞。崖に張り付くように建つ中世のエルミタージュ・チャペル脇に砲台が見える。チャペルと同様に要塞も自然の洞窟を利用したために近接した立地となった。
図13 サン・モーリス要塞区のセー要塞平面図。右端の砲台が写真（図12、I-4）のもの。右に切れている通路は7キロ超の長さで、隣の要塞へとつながっている。大きな矩形は2階建て相当の居室などだ。同地区に同様の要塞が複数ある。

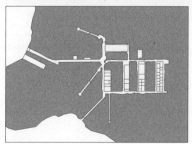

図14 ラ・クラウストラ内部。入れ子状に存在するコンクリートの躯体は要塞時代につくられたものだという。床は歩行しやすいように新しく付加されている。荒々しい岩肌がライトアップされて見える。
図15 ラ・クラウストラ平面図。大砲がなく、内部へ至る通路が長く奥深いため以前は司令部施設だったと想像される。

いう大きな大砲が数十台岩場の中に備え付けられているのがわずかに外部から確認できる。

　最重要施設ということもあり軍縮前には頻繁に軍事訓練に使われていたという。岩盤内部の気温は通年12度と安定しているが、約200人の若者が3週間の訓練を終える頃には25度程度まで上がるのだという。

## D　群参考例4　ラ・クラウストラ（ウーリ州、ゴットハルド峠）

スイス三大峠の一つであるゴットハルド峠に集中して存在する要塞群の一つで、1995年に払い下げとなったものだ（図14、15）。この要塞は2004年に会議場＆ホテルに改装された。4000平米の地中空間には要塞時には約1200人を収容できたものだが、スイスの要塞施設としては中規模のものである。ゆったりとした全18室の客室を持つホテルは、標高2000ｍを超える峠道は冬季閉鎖されるため、営業は夏季のみ。岩場の奥深くのため夏でも涼しく、独自のミネラル豊富な水源を持つ一方、新聞の配達もなく、携帯電話も通じない。

**註記**

本小論は、初出「1956年　危機管理とハッピネス　スイスの核シェルター」（三宅理一編 『きゅうぷらす』、VOL. 11、2006年）を大幅に加筆修正したものである。主な情報は2016年8月時点のものに更新したが、既存施設の調査結果および写真は2006年当時のものである。写真は筆者撮影。図面はパンフレット等をもとに筆者作成。

**参考文献**

Volker Reinhardt, *Die Geschichte der Schweiz*, C. H. Beck, München 2011

Jakob Tanner, *Geschichte der Schweiz im 20. Jahrhundert*, C. H. Beck, München 2015

Bundesamt für Bevölkerungsschutz BABS(Hrsg.) , *Der Zivilschutz; Grundlagen. Auftrag. Einsatz*, Vertrieb Bundespublikationen, Bern 2013

Bundesamt für Bevölkerungsschutz BABS (Hrsg.) , *50 Jahre Schutz und Hilfe - Der Schweizer Zivil- und Bevölkerungsschutz im Wandel der Zeit 1963–2013*, Vertrieb Bundespublikationen, Bern 2013

PD Dr. Phil. Hans Rudolf Fuhrer (Hrsg.) , *Dokumentation Réduit I*, BBL/EDMZ, Bern 2005

ADAB (Hrsg.) , *Inventar der Kampf- und Führungsbauten,*
Eidgenössisches Department für Verteidigung, Bevölkerungsschutz und Sport,
armasuisse, Bereich Bauten, Bern 1999–2006

Christian Schwager, *Falsche Chalets*, Edition Patric Frey, Zürich 2004

Leo Fabrizio, *Bunkers*, Infolio éditions, Gollion 2004

Bernard Dubuis, *La forteresse abandonnée*, Editions Pillet, Martigny 2001

3-2-2

# 被災地の「みんなの家」がもたらすもの
## 復興支援の在り方

高池葉子

東日本大震災の発生以来、地域でのコミュニティのあり方が減災と深く関わっていることがより鮮明になってきた。「みんなの家」という仙台につくられた小さな建築は、既存のコミュニティだけでなく、支援される側と支援する側という枠組みを超え、新たなつながりを生んだ。

　この論文では、東北で長年かけて培われたコミュニティが含み持つ力、また現代社会において小さな復興支援である「みんなの家」が、今後、防災・減災にどのような可能性を及ぼしうるかを考察する。

東日本大震災によって、私は価値観を大きく転換させられた一人だ。現代の資本主義社会では、欲しいモノやサービスを金によって手に入れる。勿論その行為はなんら法律的に間違ってはいない。新しいモノを手に入れるため、より多く稼ぎ、さらに大きな欲望を満たしていく。

　しかし、ゴミ収集日の朝、眠い目をこする出勤途中、小さくはない違和感が残る。実は私たちは肌感覚でその拡大した消費社会のいびつさに気がついていた。ただ、面倒なので、気づかぬふりをしていたのだ。フロンティア開拓によるドラスティックな富の開発は終わりを告げ、時代は既にミニマムな消費社会に突入している。そんななか、眠ったふりをしていた私たちを叩き起こし、目の前に本質を突きつけたのが東日本大震災であった。

　東北のみならず日本の各地域には小さなコミュニティがいまだ残り、人と人の結びつきが大事にされてきた。大地が大きく揺れたあの瞬間から、私の"時"は動き出した。東北の地で大事なのは、その辺縁に眠る温かく強い絆を建築の中心に据えることではないか。その思いで建築家・伊東豊雄氏のスタッフとして仙台で進めたのが「みんなの家」だった。そこで目指したのは、建

図I　仙台市宮城野区の「みんなの家」外観（設計：伊東豊雄＋桂英昭＋末廣香織＋曽我部昌史）

築家が一方的に設計を行うのではなく、利用する地域の当事者と語らう中で、共にその未来の形を描いていく事であった。図らずも大震災を契機に、東北の人々が築いてきた丁寧な暮らしの懐に入らせてもらったことで、東京では消えたと思っていた、温かな光の筋のようなものが、私にはおぼろげながら見えてきた気がしている。

　本稿では、著者が関わった東北での「みんなの家」の取り組みを中心に、それを取り巻く地域コミュニティのあり方や今日に至る展開などを紹介する。

## 仮設住宅の中の「みんなの家」——建築をゼロから考える

「みんなの家」とは、東日本大震災被災地の中の、主として仮設住宅に作られたコミュニティスペース、集いの場である。プレハブで無味乾燥な仮設住宅の並ぶ中に、温かみのある木造の小さな家を建設した。（図I）。「みんなの家」建設の特徴は、あらかじめ決まった中身に箱だけを与えるという、従

来の建築の作り方とは異なり、プランづくりの最初から、建築家と使用する住民が一緒になって考えていくことにある。

2011年5月、初めて被災地を訪れた。当時はまだ東北新幹線が復旧していなかったため、深夜0時、東京の伊東事務所から所員8人がワンボックスカーに乗り込み、6時間かけて仙台市へ向かった。

翌朝、降り立ったのは仙台市若林区荒浜。海岸に隣接する地域。そこは無の世界であった。見渡す限り人影はない。聞こえてくるのは鳥のさえずりだけだった。残った道とむき出しになったコンクリートの基礎が、人々の生活が一瞬にしてなくなったことを強く感じさせた。

荒浜の風景を見てから、仙台市の職員の方の案内で、被災者が生活をする避難所を数か所訪れた。ここは対照的な世界だった。人々の生活がむき出しの状態であふれかえっている。みんな生きることに精一杯で、そこにはプライバシーという概念はない。

「自分にできることを、何かしなくてはいけない。」そう感じた。

「今、我々に何ができるのか」事務所内で、議論を重ねた。

厳しい生活を強いられている被災者にとって、心の拠り所となるような場所を作ってはどうか。避難所や仮設住宅には、リビングのようにくつろげる場所がない。みんなが集まって、気楽に話ができるような居場所。そんな場所があれば、友人が訪ねてきた時に、お茶を出すことができる。避難所にこもらずに、外に出てみようか、という気持ちにさせるかもしれない。誰かと出会って、話をするだけで、元気になるかもしれない。その小屋を我々が一方的に提供するという形でなく、「作り手」と「住まい手」が話し合いながら作ってはどうかということになった。

1914年、近代建築の巨匠ル・コルビュジェは、ドミノ・システムを考案した。究極的なまでに装飾を削ぎ落とし、建築をフラットスラブ（無梁版）と柱だけで構成するというものだ。当時の建築は、ゴシック様式、アール・ヌーボーに代表されるように、装飾至上主義であった。コルビュジェは、一度建築をゼロに戻して、再出発を試みた。

当時のヨーロッパは、第一次世界大戦が始まり、戦火の中にあった。一瞬にして多くの人が亡くなるという近代型戦争に、人々は驚き、恐怖を感じた。同時に、それはこれまでの価値観を覆す、新しい世界の幕開けを意味した。現在、世界中で当たり前に存在する、白くて四角い建物は、コルビュジェの

ドミノ・システムが発祥である。

　一方、東北地方は、平安時代の奥州藤原氏の栄華や、「またぎ」と呼ばれる日本でも珍しい狩猟民族の名残の人々がいる深い山河森林を有する伝統のある地域であり、リアス式海岸という恵まれた漁場、漁師の伝統を伝える地域である。しかし、例えば、花巻の宮沢賢治が生まれた1896年は三陸地震津波の年であり、賢治が37歳で死亡した1933年にも三陸沖地震が発生し多くの犠牲者が出ているように、天災の地である。賢治の生家は質屋であったため、震災や地域を繰り返し襲う冷害により困窮した農民が、家財道具を売りに来る姿に胸を痛めたという。東北地方の人々は苦難に耐えてきた人々である。

　今回の東日本大震災の規模は、千年に一度の大きさであり、人々の生活が予想以上の規模で根こそぎ奪われた無の状態のときに、本当に必要なものは何かを探求することから始めた。それは、これまでの建築を捨て、ゼロから考えることである。コルビュジェがそれ以前の建築を捨てたように、これまでの建築方法を捨てること。大変だ。しかし実際に被災地を何度も訪れていた私は、すぐに受け入れることができた。被災地では、建築家が新しいものや表現をする以前に、生き残った人たちの存在意義と、そのための建築を問い直さなければならなかったからである。何より重要なのは、被災した人たちとの対話であった。

　2011年6月、伊東さんと伊東建築塾の塾生たちと、釜石市で3日間の復興まちづくりワークショップに参加した（図2）。3日間できる限り避難所を回り、被災者の方たちにインタビューをした。

　小学生の子どもを二人持つお母さんの言葉が印象的だった。「家が流され、これから生活がどうなるのだろうと心配する一方で、子どもたちにとっては、良い面があると思うこともあります。大人たちががんばって生きようとして

図2　釜石での復興まちづくり
　　　ワークショップの様子

いる姿を見て、子どもたちが急速に成長したからです。」

　東北の人は強いと私は思った。

## 心をつなぐ「みんなの家」

　2011年6月、最初の「みんなの家」を仙台市の仮設住宅の中に建設することになり、仮設住宅の住民の方たちの意見を聞きに行った。60代の方が「若手」というくらい、高齢者の集まっている仮設住宅である。意見と言っても、東北の人々の口は重い。さらに発言しても取り上げてもらえないという根強い不信感が感じられることもたびたびあった。それでも少しずつ、話し合いを重ね、7月には既存のプレファブの集会所と、「みんなの家」を渡り廊下（縁側）でつなぎ、両方を行き来しながら使うのはどうかと提案した。住民の方たちからは、薪ストーブがほしいなどという意見が出された（図3）。

　2011年9月〜10月にかけて、約一ヶ月間かけて「みんなの家」は完成した。その間、私は現場に常駐し、工事の監理と、全国各地から集まってくれた、ボランティアの学生たちの作業の指示を行った。住民の方たちとも仲良くなり、お母さんたちからはお昼の差し入れをいただいたり、お父さんたちとは夜一緒に飲み明かしたり、孫のようにかわいがってもらった。

　「みんなの家」が完成した日、「住んでいた家の温もりを思い出した。」と涙を流して喜んでくれたお母さんもいた。完成後は、お茶会や酒盛りの場として、楽しく使っていただいている（図4）。

　お父さんの一人、平山次雄さんは、左官職人として全国を渡り歩いていた方である。学生たちと外壁の塗装をやっていると「ハケはこういう風に使うんだ」などと、毎日のように現場へ指導に来てくれた。そのうちに、次雄さ

図3　住民の方に設計図と模型を提示して、意見を伺う。

図4　住民の方たちに囲まれて宴会。右下が伊東さん、中央で乾杯をしているのは著者。

んは「みんなの家」のような家をもう一つ、自分の手で建てたいという夢を語ってくれるようになった。「みんなの家」が完成した後は、館長として、毎週のように訪れる見学者の対応をしてくださった。本当に大変なことだったと思うが、世界からの訪問者の名刺をたくさん抱えながら、館長としてがんばってくださった。その後、自分の家を建てるという夢も、実現させた。次雄さんの妻のまさこさんは、震災後、心の病気で苦しんでいた。私が「みんなの家」の現場に通っている間も、ほとんど姿を見せることはなかった。次雄さんは、館長として忙しくしながらも、まさこさんを時々「みんなの家」に連れ出すようにしていた。「みんなの家」完成三周年の芋煮会には、まさこさんは大分元気になった様子で参加してくれ、一言だけ言った。

「お父さんはみんなの家をやって、本当によかったわね。」

これも復興支援である。

「みんなの家」をつくるプロセスに関わることで、津波に荒らされた荒地を目の前に、絶望的な気持ちになりがちな住民、亡くなった肉親や知人の記憶を忘れられずに、毎日を過ごしていた住民の方たちに、小さくとも復興への足掛かりを感じてもらえたような気がする。

2014年10月、仙台市宮城野区の「みんなの家」完成三周年となる芋煮会。寄付者である熊本県庁の方々、熊本大学の桂英昭氏、九州大学の末廣香織氏、宮城野区の住民の方たち、仙台市の職員の方々が、久しぶりに一堂に介し、同窓会のように盛り上がる。会が中盤にさしかかった頃、記者の方から聞かれた質問「高池さん、あなたにとって、『みんなの家』はどういうものですか？」私はこう答えた。「第2のふるさとです。東京からここへ来ると、『ああ、帰ってきた』という不思議な気持ちになります。それは、住民のみなさんがいつも温かく迎えてくれるからです。」私の言葉を聞いて、住民の一人、チーママこと、宗方さんがしみじみと言った。「葉子ちゃん、私はもう元の家のあった場所に帰ることができないの。だから、ここ（みんなの家）は私にとっても第2のふるさとなのよ。」復興支援には、思いを共有することが大切だと感じた。

## がれきの中に立ち上がった「みんなの家」── 商店街の復興

仙台市宮城野区の「みんなの家」が完成した後、釜石にも「みんなの家」をつくってほしいという人が現れた。釜石で老舗のお菓子屋さんを経営しなが

ら、まちづくりのNPOを立ち上げて活動していた鹿野順一さんである。釜石市の中心部にある商店街は津波によって甚大な被害を受けた。震災後、被災した商店街での営業をあきらめて立ち去る商店経営者も少なくなかった。中心市街地である東部地区の商店街を再生することは釜石の住民の悲願であり、復興まちづくりの最も重要な課題の一つであった。釜石市は、幕末の盛岡藩が洋式高炉で国内初めての出銑に成功した橋野鉄鉱炉で有名であり、明治以降も長く日本の中心的な鉄鋼の町として栄えてきた。海外との往来や、東京との交流も頻繁で、ラグビーや音楽教育で有名であった。私は、町の人々が開放的で進歩的な考え方をしていると感じた。

　鹿野さんのつくったNPO＠リアスは、震災前から釜石のまちづくりに関する活動を行ってきた。震災後も街の復興に精力を注いでいる。「みんなの家」を復興の拠点にしたいという＠リアスの方々と一緒に、浸水した商店街の中の土地に建築を計画した。建設にあたっては、近くの仮設住宅に住む方たちや伊東建築塾の塾生など、多くのボランティアが参加した。

　2012年6月、釜石市商店街「みんなの家・かだって」が完成した（図5）。その地域は津波でほとんどの商店が流されてしまった場所であり、壊されずに残っている全壊に近いビルが暗闇に点在していた。震災後、真っ暗だった元の商店街に「みんなの家」の明かりが灯り、希望の灯のように見えるという喜びの声が聞かれた。完成後は、＠リアスの運営により、復興支援の拠点として、あるいは子供たちの放課後教室、高齢者のためのパソコン教室など、さまざまに活用されている（図6）。

## 漁師の「みんなの家」——因習との葛藤

2013年になり、釜石湾を目の前に臨む敷地に、釜石の漁師のための「みんなの家」は計画された。このプロジェクトは、2010年ヴェネチア・ビエンナーレ国際建築展のバーレーン館（金獅子賞受賞）や、東京都現代美術館において展示された「漁師の番屋」の移設計画から始まった（図7）。バーレーンの漁師が気の向くままに自ら建築した、素朴で美しいこの小屋を再利用して、釜石の漁業復興の拠点とすることを、伊東事務所から釜石市に提案した。釜石市の賛成もいただけたので、冬でも暖かく過ごすことができる「母屋」である「みんなの家」にバーレーンの漁師小屋を併設する形で、建築することとなった。

建設前に、釜石漁連の方と地元の漁業関係の若手たちと何度か話し合いの場を設けて、運営の仕方を討議した。建設には、全国各地の学生と、地元や都市のボランティアの方の協力があり、上棟式には、漁協婦人部によるサンマのすり身汁とイカさし、地元の若手たちによる海の幸のバーベキューが振る舞われた。遠くから来た学生たちと漁師のお母さんたちが交流する姿は、「第2のふるさと」づくりそのものだと感じた。

　ところが、この後、地元の若手たちが、「釜石漁連の方が関わるのであれば、自分たちは一切協力したくない」と言い始める。それには、建設用地をめぐる複雑な問題や、主要な用地管理者である漁連の方の因習的な発言に、若手たちは納得できない思いが強かったという事情があった。「では釜石漁連の方に全面的に運営をやってもらおうか」と期待した。しかし、漁師は海を職場とすることや、天候に左右され予定の立ちにくい非常に忙しい職業であり、船を持つ一人一人の個性が非常に強い集団である。農民の集団のような助け合いという考え方よりは、お互いが切磋琢磨、競い合う関係で日々を生きてきたという伝統が強い。「みんなの家」完成の頃には釜石漁連の方も「協力したくない」ということになってしまった。

　完成はしたものの、日常的には、使ってほしい漁師の方々には使われない「みんなの家」となった。また、この建築に当たっては、地元の建設業者が、伝統的というか、因習的というか、独自の大工理論を振り回して、私は大変に苦労をした記憶がある。現在は釜石市商店街「みんなの家・かだって」運営者の鹿野さんの申し出で、釜石市と共同で管理していただいている（図8）。

　地域コミュニティは、人、文化、伝統が影響し合ってできており、重層的でとても複雑である。地域（地方）と都市の文化や人々の暮らしの違いがある上に、長年にわたる中央の決定と規則のしばりが、「話し合い」自体に、地域の人の反発や諦め、疑念をもたせている。そこにいる人のための建築という考え方を理解してもらうことから始めなければならなかった。そのことは決して簡単ではなかった。

## 馬と暮らす曲がり家——真の復興支援

　私は昨年伊東事務所を独立し、「みんなの家」の取り組みを活かした「場所づくり」をしたいと考えた。その第一弾が、「馬と暮らす曲がり家」という

(上)図5 釜石商店街「みんなの家・かだって」外観
　　　（設計：伊東豊雄建築設計事務所＋伊東建築塾）©西条佳泰
(下)図6 若手住民の復興まちづくりミーティング ©西条佳泰

図7 2010年のヴェネツィア・ビエンナーレのバーレーン館で展示された「Reclaime」
©Camile Zakharia-2010 courtesy of Minisert of Culture Kingdom of Bahrain

図8 釜石漁師の「みんなの家」外観

プロジェクトである。

始まりは、岩手県釜石市での黍原豊(きびばらゆたか)さんという若者との出会いであった。彼は、震災前は岩手県葛巻町で子どもの環境教育に携わっていたが、震災後、同様の活動をしているNPOに共鳴して釜石市へ移住を決断し、復興支援員として活動していた。

彼は、被災地の子どもたちの抱えるストレスの大きさを目の当たりにし、支援の必要性を感じた。ある時、仮設住宅や保育園、幼稚園で馬とのふれあいのプログラムを実施したところ、子どもたちがどんどん元気になっていく姿を見ることができた（図9）。そのような中で、釜石市内に空き家となってたくさん残っている古民家にも着目し、その復活を目指すようになる。そこで、子どものケアプログラムとしてホースセラピーを事業として行いながら、家族とともに古民家に住み込むことを考えた。

しかし、なかなか空き家を貸してくれる地元の人が現れなかった。

地方で空き家を貸してくれない理由は三つある。

一つ目は、赤の他人に、先祖代々受け継いできた大事な家を貸したくないから。

二つ目は、お盆やお正月など年に1、2回は使いたいから。

三つ目は、壊すにしても、修復して他人に貸すにも、莫大な費用が発生するから。

黍原さんは、復興支援員を辞めて、馬の事業に専念することを決意したところ、地元の人の紹介で古民家を貸してくれる家主が現れたという。「腹をくくると、プロジェクトは前進するものだ。」と笑っていた。

借りることができた古民家は、釜石市の橋野町にある築90年の「曲がり家」である。（図10、11）近くには、日本初の洋式高炉である橋野高炉があり、2015年世界遺産にも登録された。この地域には馬が貴重な労働力とされ、人と馬が共生する文化があった。曲がり家は、人が住む「母屋」と馬が住む「馬屋」がL字型につながり、人と馬が一つ屋根の下で暮らすこの地域独特の住宅様式である。

古民家は10年以上空き家となっていたため、あちこち傷んでおり、改修費用の捻出に苦慮していたところ、釜石市の「定住促進かまいし魅力体験事業補助金」の交付を受けることになり、改修が可能となった。助成金は全部で800万円。

改修の設計を任された私は、大きな曲がり家を改修するにはこの費用では足りないため、「みんなの家」の経験から、三つの方法を考えた。
　一つ目は、地域の内外からボランティアを募り、ワークショップ形式で改修する部分を多くとり、工賃を節約すること。（外国人の集まるイベントでトークの機会をいただき、多くの外国人も参加した。）

図9　仮設住宅の子どもたちと行った馬の交流プログラムの様子

図11　釜石の「馬と暮らす曲がり家」外観。

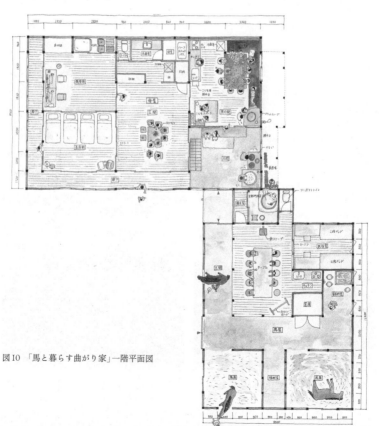

図10　「馬と暮らす曲がり家」一階平面図

二つ目は、企業から協賛を募り、資材の提供をお願いすること。

　三つ目は、あえて完成形をつくらないこと。とりあえず、最低限人が住める状態とし、その後もここを訪れた人たちと一緒に改修していくことにした。みんなの力で家をつくることで、より多くの人に愛着を感じてもらうことができる。

　こうした考えで進めた結果、プロジェクトは多くの方の協力によって順調に進み、2015年10月末に無事オープンすることができた（図12、13）。今後は、親子でこの曲がり屋を利用してもらったり、都会の若者達に馬と暮らしてきた地域の生活の一部を知ってもらう機会になればと考えている。

　完成した後も関わりを持ち応援し続けたいと考えた私は「まがりや　～釜石×東京 生きる力の交換プロジェクト～」と銘打って、東京に釜石ファンコミュニティを結成した。その活動は、希望者を募って釜石の古民家修復や農業・漁業体験をすること、また釜石の人を東京に招いてイベントを開催したりすることなどである。小さな試みであるが、イベントに参加した多くの人が釜石を訪れるようになり、手応えを感じている。復興支援とは、地域と都市との新たなつながりづくりになってゆくのではないだろうか（図14）。

図12　釜石の「馬と暮らす曲がり家」内観

図14　東京での釜石交流イベントの様子　　　図13

3-2-3

# 洪水リスクに対応した環境共生型の住まいの提案

田名後康明

### 災害人類学から考える浸水地域の住まい方

自然環境と折り合いを付け、適切な住処を見出すことは多くの生命にとって切実な営為であり続けてきた。なかでも天変地異の物理的脅威によりしばし致命的な状況に追いやられるなか、人々は繰り返される悲劇を通じて策を講じ、長らくそれを地域の知恵として共有し継承してきた。災害の社会的な捉え方には、イベントとして災害発生前後の人々のふるまいを扱う傾向にある社会学的なものと、災害を持続的な日常性という文脈のなかで捉えようとして来た人類学的なものとがあった。脆弱性という概念は人類学的な特徴の一つであり、HEWITT編の『災害の解釈学』(1983年)によって開かれたと言われる。そこでは、災害を「自然的物理的な要因(ハザード)」と「社会的な要因」の組み合わせとし、「災害弱者」＝社会的弱者(経済的あるいは身体的・空間的、さらには復興のためのリソースへのアクセシビリティや社会資本などの側面において脆弱な条件の下にある人々)が被害を最も受けやすいと考え、彼らの脆弱さを再生産するような社会文化的な仕組みを明らかにしようとした。こうした災害人類学的な研究対象のなか、在来知をして災害に対処する方法や技術を「災害文化」と呼び、防災・減災の文脈での重要性が高まりつつある。ひとつには在来知をして不確定な環境変化を動的に捉え、レジリエンスの強化を図る住まいの在り方について、もうひとつには自然環境と建築とを概念的に包括した環境共生型の居住環境によって、地域社会の脆弱性を低減させレジリエンスを高める住まいもあるだろう。

　建築のなかでもとりわけ住まいは日常に供するものであり、継続する時間のなかの当たり前の存在としてある。日常化した空間は身体の延長として意識

化されないものとなり、同時に知覚の枠組みとして環境を定義していく。防災という観点から住まいを考えたときに、イベントとして災害を捉え技術研究が進められてきた経緯がある。しかしながら繋がった時間のなかで、連続的な日常のシークエンスは本来分節できない冗長性を備えたもののはずである。そうしたときに、日常を捉える災害人類学的なアプローチを住まいにおける防災・減災の計画論に重ねることで、在来知によるレジリエンスの強化が図れるのではないだろうか。ここでは、こうした文脈のなか建築の主体がどこにあるのかを再考し、建築の実践が目指すところを明らかにしていく。

## 日本における治水と水害の傾向

日本における江戸時代末期までの治水方針は、城を中心とした城下町を洪水氾濫から重点的に守り、流域の農村地帯では住まいだけを高所に設け、大洪水時の一時的な遊水池の役割を農地に担わせていた。いわばゆっくりと遊ばせながら流すという、自然が本来持っていた水循環に沿う治水の考え方であった。しかし明治期に近代化・工業化へと政策が転換され、1896年に旧河川法が公布されると、それに基づき全国の主要河川で治水事業が展開された。拡張する産業地帯においては原則として氾濫を完全に防ぐことが要求され、洪水流量のすべてを迅速に海まで運ぶことが新たな治水戦略となった。戦後は流域の都市化が更に進み、それを守るために、より規模の大きな治水事業を進めなければならなず、そのうえ日本の河川は規模のわりに流量が多いため、主要河川の洪水流量は時代とともに増大することになった。そこには全国的な減反や、道路や水路のハードランドスケープ化、下水道整備などによって、雨水は地面に浸透することなく、きわめて短時間で河川に流れ込むようになり、都市河川を取り巻く環境が激変したという背景もある。つまり自然の水循環を積極的に変えることによって、洪水の安全性を高め、社会基盤を整備してきたのが、近代の河川工学と言えるだろう。

一方IPCC(気候変動に関する政府間パネル)の第五次評価報告書(2014年)では、20世紀半ば以降に観測された温暖化の支配的な要因を人間の影響によるものとし(可能性95％以上)、特定の地点と時期にしか起こらない極端な気象現象にも変化が見られることが示された。またSREX(IPCC特別報告書2012)の気候モデルによる予測によると、全球的に大雨の頻度が増加

する傾向にあることが報告された。これを裏付けるように1975年以降の気象庁アメダスデータは、短時間強雨（ゲリラ豪雨）の明瞭な増加傾向を示している（図1）。特に都市型水害ではヒートアイランド現象も相俟って短時間強雨が頻発し、マンホールを突き破って道路を水没させ、都市内河川の氾濫を引き起こすなど、降雨から水害発生までの時間が短くなっているのも特徴である。

　他方、温暖化のもたらす治水への影響として海面上昇が挙げられる。日本では東京湾・伊勢湾・大阪湾に海抜ゼロメートル地帯があり、これらの面積は今世紀末には1.5倍にまで拡大すると予測されている。特に伊勢湾北西部に広がる濃尾平野は歴史的に洪水に脅かされてきた地域であり、常に河川との共生に悩まされてきた。なかでも1959年の伊勢湾台風は高潮などを伴って、全国で5000人以上の犠牲者を出す戦後最悪の台風被害をもたらした。そのうち愛知県では3300人の犠牲者を出したのだが、その要因は高度経済成長期における流域の開発により、本来安全とはいえない場所に人の営みが集積したことと、地下水の過剰揚水による地盤沈下のために海抜ゼロメートルエリアが拡大したという人災的な面も大きかった。

　その後、90年代半ばから河川行政に「流域の視点」というキーワードが用いられるようになる。これは「河川は生物の生息・育成の場である」とした上で、流域に住む人間と川との関係を重要な視点として、河川行政や河川工学を考えるというものである。それまでの河川工学が、いわば人間不在の河道工学であったことへの反省に基づくもので、洪水対策と環境保全、そして農地利用とを一体的に捉えようとする世界的な潮流にも合致する動きであっ

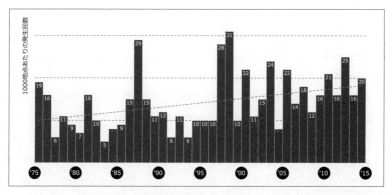

図1　アメダスで見た短時間強雨発生回数の長期変化について（出典：国土交通省 気象庁）
　　　1時間降水量80mm以上の年間発生回数は10年あたり2.2回の割合で増加している。

た。これは水源から河川の氾濫原、河口の三角州など流域一体を一つの系とみなし、自然の水循環における健全な冗長性・サスティナビリティを参照することで、河川のポテンシャルを高め治水を強化していくことでもあった。

## 環境変化に対応する在来知による住まいのレジリエンス

■アジアモンスーン帯における災害人類学的な視点
近代においては治水をメカニズム、つまり機械のアナロジーとして捉える時代が長く続いた。その一方で、降水量の偏りによる洪水や渇水など、治水の難しさを指して「川は生きもの」という比喩的な言い方も広く使われてきた。ここで生きものの世界を見てみると、生物学的概念の一つに「生命の動的状態」あるいは「生命の動的平衡」というものがある。それまでは生物学においても生命を機械に譬える時代が長く続いてきた。しかし機械はいつでも部品を抜き取り交換できるが、生物は不可逆的な流れに沿った一回性の時間のなかで存在することになる。そこでの要素は絶え間なく更新され、平衡が崩れると常に柔軟・可変的に反応し回復・修復が行われる。こうした時間軸のなかで、絶え間なく動き、危ういバランスを保つことで、相補性やレジリエンスを発揮するのが生命の本質であり、これはルドルフ・シェーンハイマーの「生命は機械ではない、生命は流れだ。」との言葉によく言い表されている。

治水に話を戻すと、一般的に河川のある部分で護岸工事を行うと施工した部分の問題は解決されるが、副作用として他の部分に綻びが現れることが多い。これは河川が本来流域として持っている動的平衡（冗長性のなか、可変的に対応しながら流れを維持しようとする性質）の破綻であり、生命のアナロジーで捉えると部分を部分として切り離して捉えるのではなく、全体性と時間軸のなかで捉えることの重要性を示していると言えるだろう。

また日本はアジアモンスーンの影響下にあり、この気候帯の住まいの形式は環境に開かれた外向的なつくりになっている場合が多い。これは寒冷地の住まいが環境との縁を切った上で住環境を自立させる傾向にあるのに対し、東南アジアの住まいには風通しや半屋外空間など、自然の環境要素を取り込みながら住環境を成立させる傾向にあり、それが生活文化の礎となっている。しかしながら自然は必ずしも都合良く作用するわけではなく、スコールや洪水などへの柔軟な対処が求められてきた。ここで確認したいのはこうしたス

コールや洪水といった現象そのものは水害ではなく、被害を被ってはじめて水害と呼ばれるということである。これは世界四大文明が大河の洪水に端を発していることからもわかるように、認識は観念によるところが大きい。そして日本と同じ、アジアモンスーンの影響下にあって毎年大洪水に見舞われる地域があり、そこでは近代土木技術による治水ではなく、現在でも自然の水循環に即した人と自然との関係が見られる。日本でも近代化以前には自然の水循環に即した治水が行われていたことから、ここで今一度洪水と共生するための在来知並びに災害人類学的なレジリエンスについて考えていく。

■カンボジア・トンレサップ湖の例

カンボジアのほぼ中央に位置するトンレサップ湖は東南アジア最大の湖であり、浸水期（8月～1月）と渇水期（2月～7月）とで湖面積が変動する氾濫湖として知られる。メコン川上流の雪解け水と雨季の降水が流れ込む浸水期には水域面積は16,000k㎡に及び、渇水期の5倍にまで拡大する。年ごとに最大水位の変動はあるものの、このような浸水期と渇水期の繰り返しが古来より続いている。また浸水期の水域面積の拡大は、湖岸にある森林地帯を浸水させ結果的に生じる浸水林は魚介類にとって格好の産卵・繁殖場となる。それに続く渇水期には水域面積が縮小し漁業に適した環境が整うことで、単位面積当たりの漁獲量が世界一という漁場が出現することになる。つまりこの大洪水のサイクルによって、魚介は育まれ、魚介をタンパク源とする人や他の生命の営みが成立しているのである（図2）。

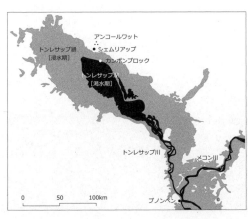

図2 トンレサップ湖の浸水期の水域と渇水期の水域。渇水期の水域は約3,000 k㎡、浸水期の水域は16,000 k㎡まで拡大する。東南アジア最大の淡水湖で、東南アジア最多約300種の淡水魚が生息している。

カンポンプロック村はアンコール遺跡群への観光拠点であるシェムリアップから南東へ21kmほど行ったトンレサップ湖の畔、渇水期には陸地だが浸水期には冠水する浸水域に位置している。450戸ほどからなる集落は浸水期に備え、高台であるロリュオス川の法面に沿って展開しており、河岸という特性から南北1.2kmにおよぶリニアな集合形式をとっている。渇水期と浸水期では水位の変動が8mに及び、渇水期には極端な高床式住居が宙高くならぶ空中集落となり、浸水期には水上集落へとその様相を大きく変える（図3、4）。

村にはおよそ3000人が暮らし、その多くがトンレサップ湖での漁業を生業としている。住居は縄で縛られた木造軸組で、壁や屋根はヤシやトタンで葺かれている。柱は掘っ立てで簡素な基礎の上に載り、ブレースは土中に斜めに突き刺され、集落の周囲が浸水林に囲まれていることもあって、風による吹き上げに耐えている。

高床式住居であるため、渇水期には河岸の頂部にあたる中央通りレベルに簡単な店舗などの下屋が増築される。また高床と下屋のあいだには中二階的なデッキが設けられ、そこがキッチンや食堂として使われるほか、道路に面したところに人々が集い店舗としても利用される。猛暑のさなかでも風の吹き抜けるこの日影のデッキで、中央通りとの関係性を保ちながら人々はそれぞれの方法で空間を使う。一方の浸水期には、高床のすぐ下まで浸水するため、高床端部のテラスが水上に張り出すことになり、この張り出しテラスに風除けの壁を設けた部分がこの季節のキッチンとして利用される。こうした高床の寸法は在来知により決定されており、建物の季節ごとの作り替えやメンテナンスは住民自らが行えるよう簡素な仕組みとなっている（図5）。

カンポンプロック村での住まいは、トンレサップ湖の季節変化を柔軟に受け止められるつくりになっており、機動的に居住空間の構成を最適化させな

図3　カンポンプロック村の浸水期の空撮（出典：江川直樹、関西大学江川研究室「カンポンプロック村調査を通して見えてきた住宅とマチの関係」『新建築住宅特集』2007-08、新建築社、p.150–155）

図4　カンポンプロック村の渇水期の中央通りの街並（撮影 山田脩二、出典：横山大樹『カンボジア両棲集落』旅とロック、2015年）

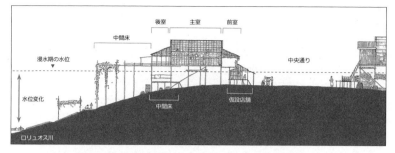

図5　浸水期・渇水期の集落断面図（出典：横山大樹「カンボジア 両棲集落」旅とロック、2015年）

がら住まいを環境変化に適応させている。こうした冗長性によって、自然の変化を柔軟に取り込む住まいが可能となっており、結果的にレジリエンスの強化に繋がっていることが分かる。そして一見脅威とも言える環境条件でありながら、その乗りこなしのしなやかさにはある種の朗らかさが認められる。それは漁で捕れた魚介を半屋外のキッチンで調理し一同に会して食卓を囲む風景や、人々の行き交う通りや後背部の森林といった環境を、開かれた関係性のなかで積極的に住まいに取り込むなど、日常における生活のシークエンスが環境との外向的な関係性のなかで定義され、そうした生活シーンの重なりが生命力のある集落の風景を形成しているからである。ロリュオス川の自然堤防や周囲の浸水林といった自然環境と共生することで、建築が単体で完結するのではなく、様々な環境要素の相互連関のなかで成立していることが分かる。そして通りを挟んで寄り添うように建ち並ぶ家々には、日頃から開かれた関係性により育まれた建物のあいだのアクティビティがあり、それが地域のコミュニティを形成する役割を果たしている。つまりカンポンブロックの集落では在来知によるレジリエンスを備えた環境共生型の生活文化圏が形成されているのである。

## 中部地方・濃尾平野を例として

■濃尾平野における治水の変遷

岐阜県の南西部から愛知県の北西部にかけて広がる濃尾平野は、木曽三川（木曽川・長良川・揖斐川）により形成された沖積平野で、下流では後背湿地である海抜ゼロメートル以下の地域が広がる。歴史的に濃尾平野は洪水による

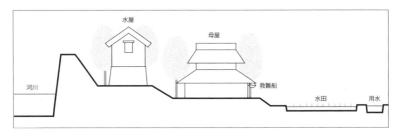

図6　輪中の部分断面図

恩恵を享受しながら、水害にも悩まされてきた。そうしたなか、水田を含めた集落全体を堤防で囲う輪中と呼ばれる特徴的な治水対策が鎌倉時代以降に取られるようになった。堤防で囲まれたクレーター状のエリアのなかで、比較的高い土地に住まいが設けられ、低い土地は水田に充てられた。また輪中では避難用の高台や軒下に救難船を備えるなどの設備的な工夫も多く見られた（図6）。

　こうした輪中が形成される地域はそもそも氾濫原であり、多くの場合潜在的な遊水池となり得る場所であった。そのため新しい輪中の形成は遊水池の縮小を意味し、近隣地域の水害リスクを増大させた。またそれまで流れ込んでいた土砂が輪中のために川底に堆積し、天井川の形成を促す結果をもたらした。こうした経緯を経て以前は洪水に見舞われなかった流域でも水害リスクが高まり、順次輪中が増設されるという悪循環に陥った。これは河川が流域として持っている動的平衡が輪中の建設によって崩れたために生じた副作用といえる。また輪中にとって堤防の決壊は集落の存在を脅かすものであり、各輪中では水防組が設けられ、強い結束のもと共助によって水害に備えた。その一方で前述のように一つの輪中の成立は他の輪中の水害リスクを高めることを意味したため、近隣の輪中は新たな輪中の建設に強く反発し、それぞれは排他的な関係にあったといわれる。その後、明治時代に木曽三川流域で大規模な治水対策が取られ水害が激減したため、ほとんどの輪中は取り壊されて現在は天井川が残るのみである。

■愛知県津島市における南海トラフ巨大地震の被害予測
津島市は濃尾平野の西部、名古屋の西方16kmに位置し、鎌倉時代から木曽三川をわたって尾張と伊勢を結ぶ要衝として発展した。尾張平野を基盤とし

て発展してきた都市の例に漏れず、ここでの居住文化は治水と共に育まれてきた。市域の大部分が海抜ゼロメートル地帯に属しており、木曽川などの河川から豊かな恵みを享受するとともに、幾多の水害も経験してきた（図7）。今後も台風や集中豪雨による浸水被害が懸念されており、東日本大震災を受け2014年に愛知県が発表した「東海沖地震・東南海地震・南海地震（以下、南海トラフ巨大地震）の被害予測調査結果」では、最大震度6弱の揺れが予測されており、地震による土手の決壊のため多くの地域で浸水危険度が極めて高いとされている。これを受け津島市では耐震性の確保、浸水被害・液状化被害への対応、並びに災害時に生命・財産を守るための住宅として、周辺環境との調和を考慮した津島市に住み続けるための「防災・減災のための津島型住宅モデル」を公募する建築設計競技を開催した。ここでは筆者らによる最優秀受賞案「水と生きる家」をとおして、具体的な建築的実践について考察していく。

　津島は古墳時代には伊勢湾の海岸線上に位置しており、古くから40を超える集落が市内全域に形成され、そのあいだを縫うように川が流れていた。南海トラフ巨大地震の被害予測調査結果によると、津島で想定される災害は大きく三つに区分される。水害については、洪水による最大予想水位5m、地震の津波による直接的被害は比較的小さく、それよりも液状化による河川堤防の決壊に高潮が重なる場合が深刻とされた。また市域のある沖積平野の地層は沖積層と呼ばれ形成年代が浅く締め固まっていない上、地下水位も高く水を多分に含む軟弱地盤が広く分布しているという特徴がある。そのためほぼ全域で液状化リスクが極めて高く、不同沈下の危険性が警告された。さらに延焼・倒壊の危険度は既存不適格建築物の多い古くからの集落でリスク

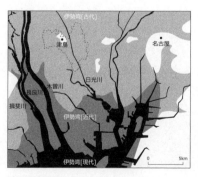

図7　伊勢湾海岸線の時代変化と津島

図8　防災・減災の概念図

が高くなっている。

　住宅としてこれらの災害に備えることは自助にあたり、自然災害の発生直後は自分自身で身を守ることが重要になる。また自然災害への備えとしては、地域の人々が協力しながら防災・減災に取り組むことが重要であり、それには共助を担う地域コミュニティの育成を図る必要がある（図8）。阪神淡路大震災並びに東日本大震災の教訓として、発災時刻から生存率が急激に低下するとされる「72時間の壁」を目安とした緊急救助措置は、自助並びに共助を基本とし、災害に備え自主防災組織を形成し地域防災訓練を実施するなど地域が連帯して能動的な災害対策を取ることの重要性が示された。

■防災・減災のための津島型住宅モデル
洪水に備えて高床式とした桂離宮や濃尾平野の水屋など、建物を持ち上げて未然に浸水を防ぐ手法は伝統的な建築様式の一つである。ここでは防災・減災のための津島型住宅モデルとして、平屋を高く持ち上げた高床型モデルと、建築面積を抑え3階建てとした蔵型モデルの二つを提案する。前者は住まいの内部空間をワンフロアで成立させ、その全てを予想最高水位より高く設定するものであり、後者は建築面積を抑え、階ごとの浸水リスクにヒエラルキーを与えるものである（図9、10）。

　敷地は日光川の左岸、天井川の脇に広がる典型的な海抜ゼロメートルエリアにあり、川沿いに展開する南北に長いブロックである。二種類の住宅によって形成される住宅地は地盤面の専有面積が比較的小さく、各階に屋外空間を持つ立体的な空間構成のためプライバシーも確保しやすいものになっている。そのためあえて垣根を設けず、各住戸の敷地をひとつながりとするこ

 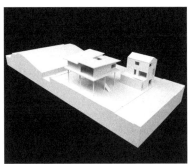

図9　外観イメージ図　　　　　図10　模型写真

とで、街区で共有する公園のような住環境を実現しようと考えた。これは各住戸のあいだの空間にアクティビティを発生させるためである。また天井川の性質として、壁のように土手が立ち上がり河川の存在は周辺環境から隔離されている。しかしながら防災の観点からは、日常的に川の流れや水量の変化を認知することが重要であるため、すべての住戸の配置を斜向かいとすることで、どの住戸からも日光川の川面の眺望が得られるようにしている。こうした親水性の向上が地域の住環境へ認識を深め、結果的に災害に対するレジリエンスが強化されていくよう、自然を含んだ相互連関のなかで住まいを体系づけられるよう意図している（図 I1、I2、I3、I4）。

## 開かれた関係性によるレジリエンスの強化と住まいのあり方

カンポンブロック村では住環境と自然環境とが在来知を通して動的平衡を保っていることが分かった。そこでは産業化以前の人間以外のものや自然を巻き込んだ相互連関のなかで環境が体系化されている。つまり、建築を統一された意思の下でつくられた完結したものとして捉えるのではなく、環境の関数として捉えることに成功しており、結果的に相補的でサスティナブルな住環境が達成されているのである。そして、いかに地域の環境要素を取り込み活用するかという生命力にあふれた姿勢が認められ、日本の住宅産業が前提としてきたマスプロダクションによる流通や生産のシステムに支配された住戸とは異なる、地域密着型のマテリアルフローでコンテクストを根拠とした建築の姿が認められる。このような地域性と建築とを概念的に包括した環境共生型の居住環境とすることによって、洪水への脆弱性を低減させ、レジリエンスを高めた住まいが実践されているのである。

　そして津島型住宅モデルでは、高い堤防で隔離された天井川である日光川を、地域の生活文化を育んできた環境要素としてふたたび日常に取り戻すことを目指した。それは、歴史的に津島の生活文化と日光川とが強く結びついており、地震による堤防決壊がもたらす洪水が水害リスクの筆頭に挙げられるのであれば、日光川の存在と日常生活との繋がりを修復することは不可欠であると判断したためである。そこで、住まいと環境要素との関係性、あるいは住戸同士の関係性を、防災・減災といった視点から検証し、関係性そのものを空間構成の関数として評価することで、住まいと集落とを相補的にデ

図11 「水と生きる家」配置図、平面図、断面図
立体的なコミュニケーションを可能にする垂直方向の空間展開と、斜向い平面配置されることにより全ての住戸から日光川の川面の眺望が得られ、住戸同士のコミュニケーションも多様化する。

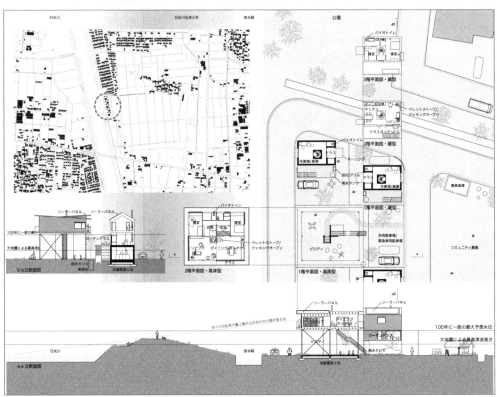

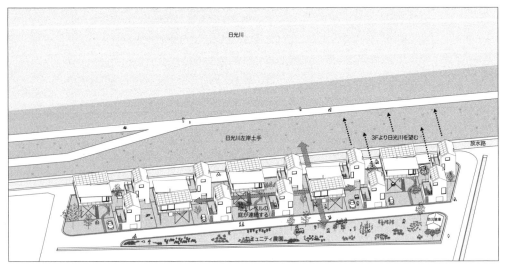

図12 「水と生きる家」配置計画 屋外アクティビティからはじまる共助の基盤づくり
農地とのあいだにコミュニティ農園を併設することで、栽培から収穫、調理といった地域交流をとおして人とものや自然を含めたコミュニティをつくり、地域防災の人的基盤の形成促進を図っていく。

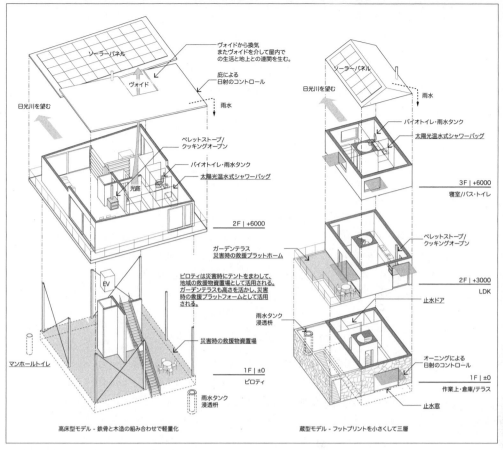

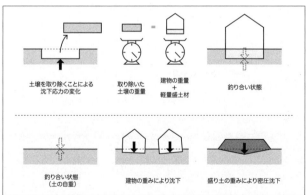

(上)図13 防災設備・再生可能エネルギーの概念図
これらの住まいでは再生可能エネルギー(ソーラー発電、雨水利用、ペレット暖炉、バイオトイレなど)の活用をとおして、日頃からサスティナブルな生活様式を確立することで災害に対するレジリエンスを高め、災害でインフラが途絶えたとしても住まいとしての機能を最低限維持できる設備計画とする。

(下)図14 地盤置換工法の概念図
深刻な被害の想定されている液状化現象には、津島のように支持地盤が深く軟弱な地盤に有効で、不同沈下対策に優れる「地盤置換工法」を採用する。この工法では地中に埋設される置換材が圧縮バネの役割を果たし、空気層によって振動波であるP波とS波を低減するため直下型地震にも効果が見込めるという利点がある。

ザインしていった。

　この過程で重視したのはテクニカルな側面と同時に、人々が集まって住むことを地域コミュニティの魅力として評価し、結果的に共助の礎とすることであった。これは集合の形成における建築の責務ともいえるものである。戸建て住宅でつくられた住宅地を生活の場とする時、各住宅をつくる個人の意思がその地域環境の豊かさに貢献できなければ、その集合はいずれ活力を失う。故にそれぞれの住まいの在り方がコンテクストとの関係のなかで地域の魅力を創造し、それが再帰的に住まいそのものの魅力にも貢献することが重要となる。

　河川を自然の水循環のなかで捉え、生きものとして捉えることは、河川の動的平衡という概念をもたらした。そこでは冗長性をもって水域全体を維持していく、河川工学の認識が示された。また住まいの単位を戸建て住宅とするのではなく、地域という開かれた系で捉えることで、冗長性というレジリエンスを内包し、環境要素を含んだ住まいの枠組みによって、地域社会の脆弱性を低減できることが示された。このように、開かれた関係性のなかで体系化することにより、学問分野の枠組みによる弊害が解消され、学際的な見直しも進められる。同じく、災害人類学のもたらす防災・減災に関する在来知は、建築学にも新たな視座をもたらし防災と環境共生によって相補的に定義された住まいのあり方を問うことになる。

## 参考文献

橋本裕之、林勲男『災害文化の継承と創造』、臨川書店、2016年
木村周平『文化人類学』第70巻第3号「研究ノート　災害の人類学的研究に向けて」、2005年
髙橋裕『川から見た国土論』、鹿島出版会、2011年
髙橋裕『川と国土の危機』、岩波書店、2012年
福岡伸一『動的平衡　生命はなぜそこに宿るのか』、木楽舎、2009年
江川直樹『公益財団法人大林財団 研究助成実施報告書』「カンボジア・カンポンプロック(村)における持続的集住構造に関する研究」、2008年
横山大樹、鈴木ヒデツグ『両棲集落 カンボジア・カンポンプロック村』、旅とロック、2015年

## 参考作品

田名後康明、中村広毅「水と生きる家」、2015年

第 3 章
再生に向けたヴィジョンとデザイン

# 3-3
# 地球への新しいヴィジョン

### 3-3-1
オーサグラフ図法による世界地図
——歪みの少ない多面体図法の理論とその応用例
鳴川 肇

### 3-3-2
アルゴリズムによるネットワーク型の空間をめざして
——細かい離散系によるネットワークとしての建築・都市のデザインの方法論
柄沢祐輔

3-3-1

# オーサグラフ図法による世界地図
## 歪みの少ない多面体図法の理論とその応用例

鳴川 肇

人を取り巻く環境は、英語で表すと atomo-sphere（雰囲気）、bio-sphere（生命圏）、stratosphere（成層圏）のように大小様々な球として認識できる。一番大きなものは電波望遠鏡で観測できる半径 138 億光年のビッグバン宇宙である。「オーサグラフ」と名付けた図法は、このような様々な球体情報を、歪みを極力分散しつつ、長方形へ転写することができる特長を持っている。

### 建築デザインと世界地図

ここでは、本論文に先立って筆者が行った、建築分野における空間表記方法に関する考察を手短に紹介し、建築分野に属する筆者が世界地図図法を考案することになった経緯を説明する。

■透視図法

自分の設計した建物を遠近感豊かに表現できる透視図法は、建築家にとって重要なデザインの道具である。この図法は、500 年前にフィリッポ・ブルネレスキ、レオナルド・ダビンチらによって発明され、ルネッサンスの絵画と建築において大きな役割を果たした[1]。

■写真

描く者、例えば画家の右目を一点に固定し、描く対象、例えば花との間に透明なガラス板を設置して、ガラスごしに見える花の輪郭をガラスになぞる。以上が透視図法の大まかな原理だ。

乱暴な言い方だが、前述のガラス板をフィルム（もしくは受光素子）に置

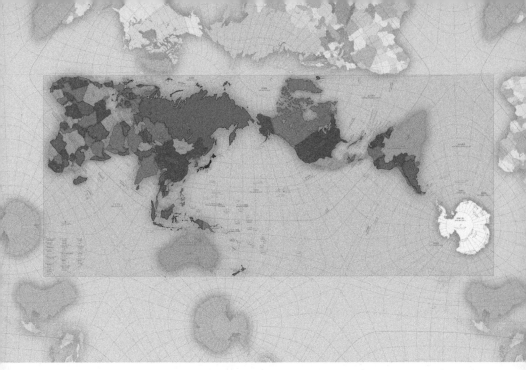

図I　日本を中心としたオーサグラフ世界地図

き換えれば、現在使われている写真技術になる。しかし、この透視図法や写真には画角を広くすると歪みが著しくなる、言い換えると画角に制限がある、という課題を共に抱えていた。

■パノラマ写真
　実はこの課題は19世紀に生まれたパノラマ写真が解決している。前述のガラス板を円筒にし、円筒の内側から360°の風景をぐるりと一周して描く手法だ。しかしこのパノラマは全視野を360°と規定している所に限界があった。真上と真下をまともに描く事ができないからだ。このように360°という考えに裏打ちされた全視野には死角があった。

■全視野の表記方法
　筆者はこの課題の解決方法を1999年の間に発表した。「ダイマキシオンマップ」と呼ばれる既存の世界地図図法を用いて全視野の風景を平面化する

方法だ。この地図図法は既存の世界地図図法の中で最も歪みが少ない、と筆者は判断したからだ。さらにこの図法を実践する為に全視野を撮影できる写真機（ピンホールカメラ）を独自に製作し、この図法による空間表記の視認性に関して、実際に撮影、現像を行い例証した。

■副産物の世界地図

　この透視図法に関する研究は建築分野（ベルラーヘインスティテュートアムステルダム）において行われたものであるが、この研究を礎に、筆者は既存の世界地図を転用するのではなく、球体を平面に描き写す独自の図法を考案する必要性に気づいた。透視図法に転用する際の検証においてダイマキシオンマップは歪みが少ないものの、地図の輪郭がギザギザなため見づらいという課題に直面したからだ。

　下記に記述する世界地図図法は上記のような研究の流れで生まれた。以上が建築家の筆者が世界地図を作ることになった経緯であり、本論文の出発点となった。

## 概要

■大小の球体環境

　人を取り巻く環境は、英語で表すと atomo-sphere（雰囲気）、bio-sphere（生命圏）、stratosphere（成層圏）のように大小様々な球として認識できる。一番大きなものは電波望遠鏡で観測できる半径138億光年のビッグバン宇宙である。「オーサグラフ」と名付けた図法は、このような様々な球体情報を、歪みを極力分散しつつ、長方形へ転写することができる特長を持っている。

■惑星という球体

　その中で、もっとも身近な例は世界地図である。オーサグラフにより製作された世界地図では、陸や海など球面上に描かれている物の大きさを極力正しく描画でき、形の歪みも低減されている。例えばよく知られているメルカトル図法上では、歪んでしまう南極大陸も適正に描画できる。とくに図Ⅰに記載のオーサグラフ地図では、大陸から小さな島まで全て海岸線が途切れずに長方形の枠内に納まる投影軸の設定を見つけ出し、良好な視認性を担保している。

## 時代背景と目的

ここでは、過去200年間での地理的な発見と政治的な変化によって世界観が急変していることを手短にまとめ、この地図図法開発の目的を示す。

■南極大陸と北極海

1820年まで南極大陸は発見されず、人類が北極点に到達したのは1909年のことだ。それまでは、かのキャプテンクックの果敢な挑戦ですら極地に人類を送り込むことはできなかった。200年前まで極地は完全に未開拓であり、ゆえに世界地図に描けなくても誰も困らなかった。

それが一転して20世紀後半から、北極の海氷の減少、石油やガス等、海洋資源に絡む領海問題、南極のオゾンホールなど、関心事が海洋や極地にも広がり始めた。

■G20 中心のない世界観

第二次世界大戦後、世界は米ソの二大国がしのぎを削る世界観だった。それがG5 → G7 → G8 → G20と世界をリードする国数が増加してきた。これは台頭するBRICSを含めて世界の政治経済が多中心になっている事を端的に示している。

本地図図法開発の目的は、上記のような地政学的な観点で全球面にまんべんなく展開する注目地域を、良好に見渡せる視点を提供する事にある。

## 従来地図図法の検証と課題　四角か精度か

地球を四角い紙に写し取る歴史は長い。完全な解が無いからだ。世界地図図法の「正しさ」には以下の4つの歪みの種類がある。
1. 面積
2. 形
3. 方角
4. 距離

これら4つを同時に担保する図法は、数学的に存在しないことが証明済みだ。そのため既往の世界地図は4つのうちのいずれかの正しさを担保し、その他

の正しさを切り捨てている。

　ここでは様々な世界地図があるなかで、以下の2つの世界地図に絞ってその特長を述べる。筆者の知る限り、既存の世界地図は全てこの2つのタイプのどちらかに必ず分類できるからだ。

■メルカトル図法
　四角い平面に投影できるメルカトル図法（1569年）は、地球の赤道に接するように巻き付けた円筒に地理情報を投影した世界地図である。身近なところではグーグルマップで使われているものだ。この地図は大航海時代の道しるべとなって以来、現在まで440年間親しまれてきた。だがこの地図では、2点間の最短経路が大きく湾曲したり、緯度が高くなるにつれ、大きさ、形、距離が著しく歪む課題を抱えている（図3）。

■ダイマキシオンマップ
　この課題に対し、R.B.フラーは「ダイマキシオンマップ」と呼ばれる世界地図を1946年に考案した（図4）。この地図は正二十面体に球面を描写した後、それを切り開く事で得られる。これは多面体投影と呼ばれる図法の一種

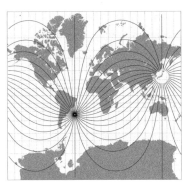

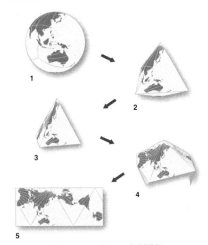

図2　メルカトル図法
黒い曲線は日本から世界各方面への
最短航空路

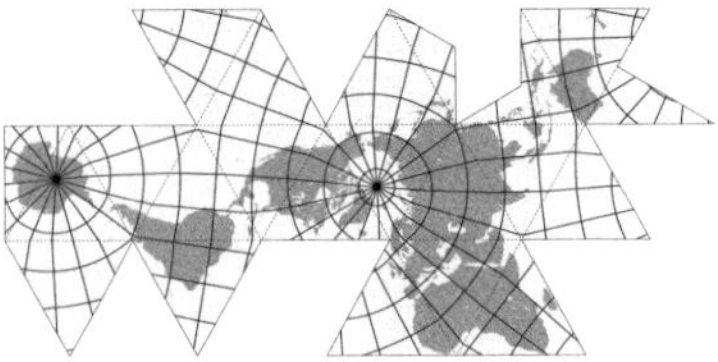

図4　ダイマキシオンマップ
　　　地図データ出典：Courtesy of Buckminster
　　　Fuller Institute and Eric Gaba

図5　オーサグラフの投影過程

である。この地図によれば陸の大きさと形を極力正しく表示できる。そのためメルカトル図法ではうまく描けなかった南極大陸の大きさや形も、北極海を挟んで米ソが対立する構図も好適に描くことができる。一方、この世界地図が採用した正二十面体の展開図はどう切り開いてもギザギザの複雑な輪郭になってしまう。ゆえに陸地を優先したレイアウトにすると海が分断されてしまう。フラーが開示したダイマキシオンマップでは、太平洋が3つの領域に分断されてしまい、例えば、世界規模の異常気象を起こすエルニーニョを矢印で示そうとすると矢印が途中で途切れてしまうという課題があった。

　ここで取り上げた2つの世界地図に限らず、従来の世界地図はいずれも
　タイプ1. 全球面を四角い平面に収めようとすると歪む
　タイプ2. 歪みを直そうとすると地図の輪郭自体がギザギザになり、矩形
　　形式に収めると余白ができる
のどちらかの課題を持っていた。

## 解決手段

### ■立体角写像と多階層写像　多中心な世界観
　筆者は、メルカトル図法のように四角形に世界を余過分なく収めつつ、ダイマキシオンマップのように歪みが少ない世界地図を考案した。その具体的な投影[*2]手順は以下である（図5）。
1. 球面を面積が等しい三角形領域に96等分する。
2. 曲面で構成された正四面体を球体に内接させ、96の球面領域からこの曲面正四面体を96等分した領域に各々写像する。全体に対する面積比を維持しながら各分割領域を写像する。
3. 曲面による正四面体の面を平らにしつつ、96の曲面領域から正四面体を96等分した領域に再び写像する。この多階層な処理を"多階層写像"と名付けた。
4. 正四面体を切り開くことで、矩形世界地図が得られる。

### ■平面充填　行き止まりのない世界観
この図法の更なる特長は、得られた世界地図をシームレスに縦横斜めに並べる事ができる点にある（図6）。ちょうど画家のエッシャーが描く、鳥と魚が隙間なく絡み合った、模様画に類似したイメージだ。

かつて世界が無限平面だと誤解されたように、球面と無限平面はトポロジカルに類似しており、行き止まりがない点で共通している。この世界地図は図のようにタイリング（平面に充填したという意味）することで地理情報を全方向に連鎖でき、行き止まりのない球面世界を平面において再現できる。

この図法の更なる特長は、このタイリング地図から世界地図一個分の四角い枠をビューアと見立てて、回転、連続移動、変形させることで多様な地域を中心にした世界地図を新たに取り出せる点にある（図中各太線枠）。その結果、極東、北上、西洋等の既成の世界観とは異なる視点から世界を見渡すことができる。

### 実施例

ここでは、上述の世界地図図法の特長をこれまで筆者が製作してきた下記の具体的なテーマ地図を用いて例証してゆく。

■ISSロングタームトラッキング
オーサグラフ世界地図が持つ、行き止まりのない世界観を利用した作品である。NTTインターコミュニケーションセンターにて開催の企画展「OPEN SPACE 2009 MISSIONG」への出展作品である。

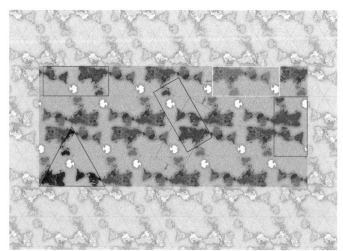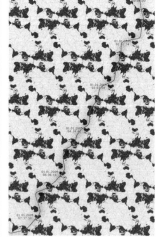

（左）図6　タイリングされたオーサグラフ世界地図。様々な地域を中心にした四角い世界地図を切り取る事ができる。
（右）図7　ISSロングタームトラッキング。展覧会でISSを追跡したデジタル地図からの抜粋

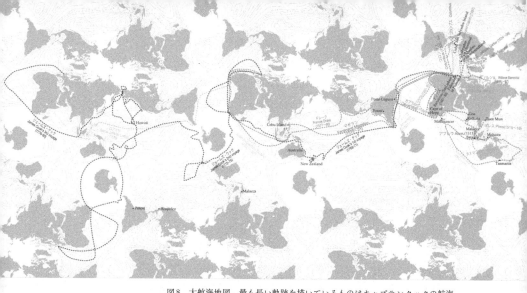

図8 大航海地図。最も長い軌跡を描いているものはキャプテンクックの航海

　図7はオーサグラフ世界地図45枚によるタイリング地図に、国際宇宙ステーション（ISS）の軌跡を途切れず表示したものである。上記展覧会の開催期間中（2009年5月～2010年3月）の10ヶ月間、ISSをリアルタイムで地図上に継続表示した。
　このように地球を周回するような、従来表現しづらかった人工衛星の動きを一筆書きで描くことができる。

■大航海地図：海中心の世界観
これもオーサグラフ世界地図が持つ行き止まりのない世界観を利用して表現した作品である（図8）。学研教育出版発行の図鑑「くらべてみる地図帳」に掲載された作品であり、デザイン展、DESIGN TIDE（2013年、ミッドタウンホール）の出展作品である。
　これは、オーサグラフのタイリング地図に、西回りでインドを目指したコロンブス、東周りでインドに到達したヴァスコダ・ガマ、史上初の地球一周に成功したマゼランら大航海時代の英雄達の複数の航海の軌跡を途切れず同時表示したものである。
　このように様々な方向に展開される複数の軌跡を視認性高く一筆書きで描画できる。

世界地図はこれまで、陸を図とし、海を地としてきた。しかし実は大航海時代を境に、スペイン、イギリスと次々に海洋国家（MARITIME NATION）が誕生してきた。これらの海洋国家の特徴は陸地の版図（国土）に反映されにくい点である。典型的にはシーレーンなど重要な情報は海に描かれる。のちに重要な海の道となった、彼らの航海経路が一筆書きで分かりやすく描かれた地図（海を主、陸を従とした世界観）を提供する目的もあった。

■世界史地図：全経緯を一望する世界観

オーサグラフを用いた「クロノマップ4700」はプロジェクタと操作卓によるインタラクティブ作品である。東京都写真美術館にて開催された企画展「映像を巡る冒険・見えない世界の見つめ方」（2012年）の出展作品である。図9に示された二つのスクリーンのうち、左側には古代エジプト時代から現在までの各時代を示した96の世界地図がタイリングされている。こうして4700年間の世界史を一望できる四角い画面を提供する。個々の地図は50年毎に各時代を表す世界地図になっている。左上が一番古い地図であり、B.C.2750年からB.C.2700年の世界地図、その右隣に今度はB.C.2700年からB.C.2650年の世界地図が続く。このように多数の地図が時系列で並び、人類の世界史の全貌を網羅している。

高校の教科書を参照して作成したこの地図の更なる特長は、学校で学ぶ世界史が地域的にはヨーロッパと中国に偏り、時間的には近世から現代に偏っている、ということを視覚表現している点にある。

モンゴル帝国は版図が最大の帝国だったが短命だった。ゆえにこの作品でも一度しか地図に登場しない（図10）。一方でローマ帝国はモンゴル帝国ほど大きくないが長期間存続したので繰り返し現れる。それらの「ローマ帝国たち」を束ねると、モンゴル帝国の版図よりも大きくなることを見比べられる。この世界史地図の更なる特長は、このように「時間の鳥瞰図」を提供し版図×時間でその帝国の重要度を視覚化できる点にある。

つぎに作品を構成している右側のスクリーンを説明する。こちらには世界地図が一つ表示されている。そこに国々の盛衰と偉人たちがいつどこで生まれ何をしたかがアニメーションで描かれている。このように異なる地域での出来事を並列することで、例えば、紀元前550年から500年のシーン（図11）ではピタゴラス、孔子、ブッタが実は同じ時代に生きていたことが分かる。

## 研究成果

本研究では以下の成果を上げることができた。
1. 独自の図法を開発する事で、面積比の正しい、歪みを均等に分散した長方形の世界地図を考案した。
2. 上記世界地図をシームレスにつなぎ合わせてタイリング地図と呼ばれる世界地図を考案した。これによれば、行き止まりのない世界観を平面において再現できる。
3. 上記のタイリング地図から様々な地域を中心とした長方形地図を切り出す事により、多中心な世界観を提供できた。
4. さらに、時間軸をずらしながら上記タイリング地図を作製する事で、シークエンス（時刻歴）を持つ情報を一望できる全経緯地図を提供できた。

■考察　繋がる地図、繋がる学問
この世界地図図法の提案は言うまでもなく投影幾何学、つまり数学の技法を駆使して完成させたものである。一方で、世界地図図法ができ上がるとその地図をどのように活用するのかを試す必要があった。それぞれのテーマ地図に対して、協力してもらえる専門家に打診をし、地図を共同製作する事になる。このような学際的な作業は、労力と時間を費やす一方で新しい発見が多く成果が期待できる。翻って多角的な考察が必要な地球環境データの視覚化において、理系と文系の垣根を取り外して活動する事が非常に重要である事が分かった。

■考察　慣習
ヨーロッパから見てちょっと東を「中近東」、東の果てを「極東」と言うように、我々の世界観はメルカトル図法によって歪んだまま定着してきた。この長い慣習をある日突然やめさせて、新しく作り出した世界観を押し付ける事は不可能である。一方、筆者がこの世界地図図法を考案してから今日に至るまで、想像を上回るスピードで着実に広まっている側面がある。急速に変貌しつつある世界観を的確に表現する需要があるからだということを筆者はこの研究活動を通して実感している。

図9 世界史地図クロノマップ4700の展示風景
　　写真：東京都写真美術館／山中慎太郎

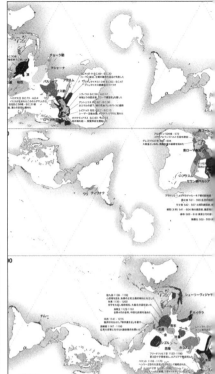

図11 世界史地図クロノマップ4700。中央下にAD1250ごろのモンゴル帝国が、
　　 上部に3時代にまたがってローマ帝国が三つ描かれている。

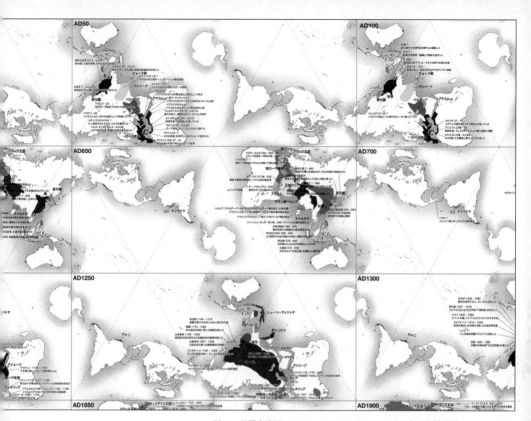

図10　世界史地図クロノマップ4700。BC500〜450年の世界地図

■考察　正しい選択肢

　我々の目は丸く（眼球）、そこに写し出される風景を正しく切り取るカメラのフィルムは四角い。おなじように我々の住む丸い世界（地球）は丸く、それを紙に写し取る地図は四角い。だが丸い球を四角くするにはどこかで無理が生じる。何かを思い切って切り捨てて、何かを正しく保つ。そうすることで様々な世界地図は生まれてきた。

　本研究の初期段階では面積の正しさだけを担保さえすれば良いと言う方針で開発を進めてきた。裏を返せば一種類の「正しい」を担保すれば残りの形、方角、距離はどうでも良いという方針である。そうしてできた世界地図の第一案をヒアリングにかけた際、地図の専門家からは好意的に受け入れられた。その一方で最も厳しい評論をする一般人として妻から「いくら面積が正しく

ても形が不自然である。形が不自然だと女や子どもには受けない。ゆえに広く普及しない。普及しなければ新しい世界地図は意味がない。」という意見が得られた。

本論文に記載の多階層投影はこの意見から生まれ、多段階に投影を組み合わせる事で面積以外の3つの歪み指標を巧みにトレードオフさせ、バランス良く歪みを分配させることに成功した。その結果、形にも違和感が少ない世界地図図法が生まれたのである。

この事は「正しい」には複数の選択肢がある。それらを粘り強く調整しないと有用性のある解決案は生まれないと言う課題を提示している。

### 註記

*1 厳密には古代ローマ時代に発見されていた透視図法の投影幾何学をこの時代に体系化した。
*2 厳密には光学的な投影ではないため、写像という表現が正しい。

### 参考文献

J P特開2003-178298公報(「画像処理装置及び画像処理方法、記憶媒体、並びにコンピュータプログラム」、ソニー株式会社)
米国特許第6141034号公報(「Immersive imaging method and apparatus」、Immersive media Co.)
Dymaxion Map,『INVENTIONS』, R. Buckminster Fuller (St. Martins' Press, 1983, P.85)
JP特表昭62-502515(周期的なモザイク構造を有する地図パズル、スピラウス　アーセルストーン)

### テーマ地図の制作協力者

[ISSロングタームトラッキング]
制作協力：NTTインターコミュニケーションセンター、星鉄矢(ビーグル株式会社)、桑沢デザイン研究所SD分野
衛星の位置情報算出協力：Dr. T・S・ケルソ (CelesTrak)、柏井勇魚 (Google Sat Track)、セバスティアン・ストッフ (Orbitron)

[大航海地図]
制作協力：(株)学研教育出版

[世界史地図　クロノマップ4700]
制作協力：東京都写真美術館、(株)学研教育出版
歴史データ協力：久保木進児(TNコンテンツ工房)
監修：関真興
設計：石橋素(株)ライゾマティクス

3-3-2

# アルゴリズムによる
# ネットワーク型の空間をめざして
## 細かい離散系によるネットワークとしての建築・都市のデザインの方法論

### 柄沢祐輔

アルゴリズムの方法論による建築と都市の設計とデザインの理論と実践について、コンピューターが可能とする「細かい離散系」という視点から考察し、また、その細かい離散系の要素が織りなすネットワークという観点から、今後の可能性と展望についての考察を行う。同時に s-house として実現したアルゴリズムの方法論による住宅の分析を通して、同手法を用いて作られた実際の空間の可能性についても検証・考察を行う。

今日の建築の世界における潮流は多様であるが、もっとも重要な流れとして、コンピューターによって創作を下支えされたアルゴリズム建築の潮流が存在していると言って良い。私たちはコンピューターによる都市と建築の設計の方法論によって、まったく新たな造形性と空間の知覚を手に入れようとしている。では、このアルゴリズム建築の本質とは一体いかなるものか。それを一言で言うならば「細かい離散系」による建築であると言えるだろう。離散とは、世界の事物を指折り数えて1,2,3…と自然数によってカウントすることに端を発し、本来的には連続的である世界を区切り、有限の要素へとばらばらに（＝離散的に）分節を行う過程を指す。私たちがデザインを行うという行為の本質を考察するならば、それは建築であれプロダクトであれ、ファッションであれ、何かしら人工物を生み出すということは、ひとえに連続としての世界を、有限の離散として捉え帰すことに端を発している。（レヴィ・ストロースは歴史上の思想家の中でこの事実に最も深い考察を行い、氏の晩年の著作の『神話論理』の最終章においては、人間の文化＝構造そのものの誕生が、この連続としての世界を離散として把握・分節する行為によるものだという認識が語られる。この文化＝構造の中にデザインという行為もす

べからく含まれるということは言うまでもないだろう。)

　コンピューターによる設計という行為が持つ可能性とは、実はこの離散のプロセスが、かつての紙とペンというアナログな方法論では想像がつかないほど解像度が細かくなり、「細かい離散系」を扱うことができるようになったという事実を指す。そこでは、かつての紙とペンによる設計という行為が、どうしても自然数や整数による世界の離散的な把握に留まり、いわゆる「粗い離散系」による世界の把握・分節しか可能でなかった事実と対比されるだろう。建築においても、ギリシアのパルテノン神殿から始まって、20世紀初頭のル・コルビュジェやミース・ファン・デル・ローエらによる近代建築、そして今日の高層タワーマンションに至るまで、基本的には1:1:1の整数比によるデカルトグリッドを基準線として設計されているが、このデカルトグリッドのような整数比のグリッドは、まさに自然数や整数をベースとした「粗い離散系」による世界の把握・分節の端的な例であると言えるだろう。対して、コンピューターによる世界の把握・分節は、気象現象のおける複雑な気流の運動をモデル化したローレンツ・アトラクターのように、まったく解像度の異なる視点で世界の複雑さを分節し、その把握とコントロールを可能とする。いわばアナログな方法論に基づく「粗い離散系」から、コンピューターによって可能となる「細かい離散系」へ。世界の分節と把握の方法論は、根底から大きな変化が生じていると言って良い。建築の世界でも、コンピューターによる設計によって、かつての紙とペンによるアナログな方法論による「粗い離散系」では想像もつかない程多様で複雑な建築の形態と空間が、コンピューターの本質である「細かい離散系」による世界の把握と分節という特性によって生み出されつつある。アルゴリズム建築の本質とは、端的にまとめると以上のようになるだろう。そしてこの根本的な変化は建築の世界だけに留まらず、都市設計からプロダクトデザイン、グラフィック、ファッションからはたまた音楽や映像に至るまで、およそすべての表現と人工物の設計行為の全般にいずれ不可避的に広がってゆくだろう。そして先述のレヴィ・ストロースによる文化＝構造の定義に立ち戻るならば、現在私たちは表現とデザインの世界のみならず、広く文化＝構造そのものの巨大な変容に立ち会っていると言って良い。

　更に言うならば、このコンピューターという「細かい離散系」による世界の把握と分節を可能とする技術によって、私達は世界を「細かな離散系」

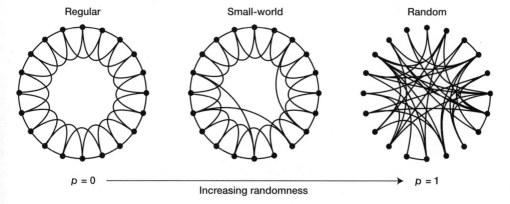

図I　ダンカン・ワッツ、スティーヴン・ストロガッツによるスモールワールドネットワーク（WSモデル）。左が局所的/断片的なネットワーク、右がランダムネットワーク、中央がスモールワールドネットワーク

として眺めるだけでなく、世界自体を「細かな離散系」が複雑に錯綜する「ネットワーク」として理解して把握することも可能となりつつある。コンピューターによる情報技術の進展は、それまで手作業では不可能であったネットワークの構造をシミュレーションして把握することを可能とし、人々が昔から直観的に理解をしていたネットワークの構造に潜む数理的な法則を徐々に明らかにしつつある。その最も鮮やかな事例として、アメリカの複雑ネットワークの研究者ダンカン・ワッツとスティーヴン・ストロガッツによって1998年に発見された「スモールワールドネットワーク」（図I）という概念が挙げられるだろう。ダンカン・ワッツとスティーヴン・ストロガッツは、社会的なネットワークの構成原理に注目し、その原理をもとに数理モデルを構築し、ネットワーク構造の生成のシミュレーションを行った。そのシミュレーションの過程において二人は、ネットワークの構造がある瞬間を境にして劇的な変化を起こす瞬間があることに気が付いた。ネットワークが互いにリンク構造を貼りめぐらしてゆく過程において、ある過程まではリンクは秩序的な振る舞いを示す局所的なネットワークを構成するのみに留まるが、ある時点を境にネットワークは突然全体と接続を果たしてしまう。数理

物理学的にはこの現象は相転移現象として扱われる。この相転移現象の後、全体との接続を果たした後にはそのネットワーク構造は数学的には無秩序な「ランダムネットワーク」と呼ばれるが、ダンカン・ワッツとスティーヴン・ストロガッツによるならば、自然界に潜むネットワークの構造のほとんどは、秩序的で局所的なネットワークでもなく、全体がつながったランダムネットワークでもなく、両者のちょうど中間の状態のバランスが取れた、「スモールワールドネットワーク」の構造を成しているという。そこでは局所的なネットワーク（クラスター性）に見られる「短い距離」と、全体と接続した大域的なネットワーク（ショートカット性）に見られる「長い距離」という二つの本来ならば矛盾するはずの距離の概念が同時に存在し、共存を果たしている。また局所的なネットワークに存在する強い規則性、いわば秩序と、大域的なネットワークに存在するランダム性、いわば多様性が共存した、秩序と多様性が共にバランスした状況が成り立っているという事実が指摘できる。今日では、この「スモールワールドネットワーク」の構造が、有機体の細胞から社会的なネットワーク、インターネットの構造などに至るまで、世の中のありとあらゆるネットワーク構造に普遍的に見出されることが判明している。何よりも重要なのは、この「スモールワールドネットワーク」の構造には本来ならば矛盾するはずの「短い距離」と「長い距離」が共存し、そればかりでなく「秩序」と「多様性」がバランスを取って共存しているという事実である。コンピューターによるネットワーク構造の把握・分析の末に、私達は自然界のネットワークに多様な距離が交錯し、秩序と多様性が精妙にバランスの取れたネットワーク構造を示していることに理解が及ぶようになった。かつてアナログな手段に基づく「粗い離散系」のみをコントロールしていた時代においては想像もつかなかった、精妙なネットワークの構造の実体が、コンピューターという「細かい離散系」の把握と分節を可能にするツールを駆使することによって、目の前に鮮やかな姿で立ち上がろうとしているのである。これは、私達の世界の認識のあり方の大きな変化であるとともに、世界のあり方を「細かな離散系のネットワーク」として捉える見方を劇的に推し進めてゆくことになるだろう。同時に、この「スモールワールドネットワーク」は、近代までの「粗い離散系」に基づいた人工物のデザインとは異なる、コンピューターという情報処理技術を駆使した「細かい離散系」による人工物のデザインにおける、ある巨大な指針、デザインの「あるべき姿」

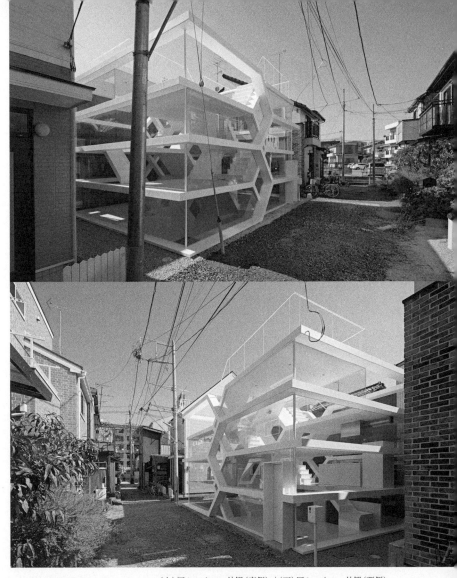

(上)図2 s-house外観(東側)/(下)図3 s-house外観(西側)

を指し示すのではないか。より具体的には、「スモールワールドネットワーク」に見られる各種の特徴（秩序と多様性のバランスの取れた共存など）は、今後の建築や都市、ひいては私達の社会のあり方の望ましいあり方を指し示しているのではあるまいか。そしてアルゴリズム建築の方法論の可能性とは、

まさにこの「スモールワールドネットワーク」のような性質を有する、「細かい離散系のネットワーク」としての建築や都市を生み出すことに、その可能性の本質があるのではあるまいか。

　このアルゴリズム建築の可能性を、一つの建築に凝集させることを試みた。2013年に完成した、埼玉の大宮駅に程近い住宅地の中に佇むs-houseという小住宅である。100㎡あまりの延床面積の二階建ての小住宅であるが、総ガラス張りの外観に4層にわたって複数の床が空中に浮遊し、構造を兼ねる庇がそれらの床を立体的につなぎ、内部で動線と空間が複雑に編み込まれた住宅をアルゴリズムの手法によって設計・完成させることができた。ここでのテーマは、「アルゴリズムによるネットワーク型の空間」の創出である。単純にアルゴリズムの方法論によって建築を生み出すことを超え、将来のアルゴリズムの建築のあり方を模索するために、ここではネットワーク型の建築を、独自の方法論によって生み出すことを試みた。おそらくはこの住宅s-houseは世界でも最初に実現した「ネットワーク型の建築」となる。より具体的には「複雑な階層状のネットワーク」として空間のあり方を定義し、幾つもの層が単純にまっすぐな柱や壁によって積層されているのではなく、庇や斜めの壁などの構造体そのものがネットワークとなり、多様な層を予期しない仕方でつないでいる。この特殊な構造を実現するために、厚さ6mmのスティールプレートを工場で溶接して作られた特注のボックス梁が外周を取り巻いて水平力を負担し、建物の四隅は直径わずか44.6mmの極限的に細い丸柱によって支えられている。このため建物全体はあたかも鉄の塊が空中でネットワークとして浮遊するかのような印象が生み出されている。また空間内部にも吹き抜けやヴォイドが多様に埋め込まれ、空間それ自体のネットワークが実現している。構造のネットワークと空間のネットワークはあたかも虚と実が錯綜するように絡み合い、全体として複雑なネットワークを生み出している。先述のように、今日のネットワークの科学は、自然界のネットワークが短い距離と長い距離が錯綜しつつ共存する複雑なネットワーク構造が生体細胞やインターネット、社会的な集団のネットワークなどの自然の様々な事物に存在していることを発見したが、この建物では階段や動線は複雑に絡み合い、また建物の中央には斜めの壁の隙間にヴォイドが設けられ、反対側の空間が望むことができるが、この反対側の空間は視覚的にはすぐ近くに見えるものの、階段を下りて長い距離の迂回を経なければ、

図4　s-house外観（北側）

辿りつくことができない。階段と動線が複雑に錯綜し、「短い距離」と「長い距離」が同時に埋め込まれた空間を体験することが可能となっている。あたかも今日のネットワークの科学が指し示す、自然界に遍在するネットワーク構造を現実の建築の空間のあり方として、生活の空間として日常的に体験することが可能となっている。（ちなみに掲載の写真では、このネットワーク型の空間のあり方の状況を明確に図示するために、入居前の状況を撮影した写真を用いている。お施主さんの入居後は、ガラス壁面には特注のポリエステルのミラーカーテンが取り付けられ、この特注のミラーカーテンのために建物の外側からは内側の様子は覗くことができず、建物の内側からは外側が透けて外の風景を見通すことができるようになっている。夜間も内側が透けて見えることがない）

　では、この「アルゴリズムによるネットワーク型の空間」における生活、日常とは、果たしてどのようなものだろうか。筆者の自邸ではないので生活の体験は記述できないが、パーティを行った際の経験を少し紐解いてみる。この空間でパーティを行うと、さまざまな視点からさまざまな人達が語り合うのを互いに眺め合いながらおしゃべりをすることができ、階やフロアを超えて会話をしたり、会話をしている人のグループに突然フロアを超えて他の人達の会話が入り込んだりと、空間の中で多様に会話が飛び交うコミュニケーションの錯綜した状況を楽しむことができる。また複数の人がこの空間の中を移動してゆく状態は、空間にいる人同士のお互いの見えがかり等の予測がつかず多様となり、ヴォイドの手前にいた人が突然壁の向こうに消え、ヴォイドの向こうからまた姿をちらちらと現すという不思議な体験をしながら、大人数でのパーティを楽しむことができる。また音楽をかけると三次元的に複雑なネットワーク型の空間に音響が響き渡り、それらは互いに別のフ

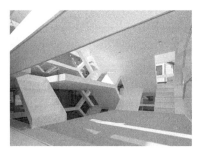

図5　s-house 外観
　　（西側からリビングルームを覗き込む）

図6　s-house 外観（西側からリビングルーム、
　　ダイニングルーム等を覗き込む）

ロアでそれぞれが反射をしながら微小な時差をもって元の空間に戻り、音が多重に三次元的にフィードバックしながら重ね合わせられるという独自の音響効果を楽しむことができる。もっとも劇的なのは光の効果だろう。朝から昼にかけては太陽の光が上部から差し込み、その光が層状にグラデーションを生みながら建物下部へと降りてゆく。昼少し前には建物全体は壮麗な光のレイヤーと化す。夕刻には光がバウンドし、西日が建物内部に複雑に反射をしながら、東側の壁がもっとも輝き出すという現象が起きる。通常の建物において西日は必ず建物の西側が最も明るいために、方向感覚が極度に攪乱される瞬間である。

　このs-houseとして実現した「アルゴリズムによるネットワーク型の空間」を、私は今日の社会における建築空間のモデルと捉え、大きな建物から都市計画に至るまで、様々なスケールや用途で実現してゆきたいと考えている。それはコンピューターなどの「細かい離散系」を可能とする情報技術が隅々まで浸透した社会において、新たな多様な表現やデザイン、社会のあり方が実現する状況における、最もふさわしい建築のあり方なのではないかと考えている。「細かい離散系」の浸透した社会では、人は、かつての近代までのアナログな方法で捉えられた「粗い離散系」に取って代わって、情報技術によって把握された「細かい離散系」の要素をつなぎあわせて新たなネットワークを生み出してゆくだろう。そして私たちの生活の関心は、日々そのネットワークを不断に編み変えてゆくことがその主題となる。その「細かい離散系」の新たなネットワークは、私たちが想像もつかないかたちで、確実に私たちの周りの空間や生活、都市を変えてゆくだろう。「アルゴリズムによるネットワーク型の建築」がそのように変化してゆく社会の中で、人々の生活を根底から支える新しい空間のプロトタイプとなることを期待している。

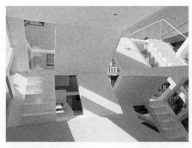

図8　s-house内観（書斎）

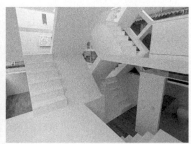

図7　s-house内観（玄関ホールを見下ろす）
※写真は全て鳥村鋼一氏撮影

# 執筆者プロフィール

### 三宅理一●Riichi Miyake

東京理科大学客員教授。1948年東京生まれ、1972年東京大学工学部建築学科卒業、同大学院修士課程を経て、パリ・エコール・デ・ボザール卒業。工学博士。1982年より2017年まで、芝浦工業大学、リエージュ大学、慶應義塾大学、パリ国立工芸院、藤女子大学にて教鞭をとる。建築史、デザイン理論、遺産学を専攻。主要著書として、『パリのグランドデザイン』(2010年)、『限界デザイン』(2011年)など多数。ポンピドーセンター、ヴィトラ・デザイン・ミュージアム等で多くの国際展の企画を行う。瀋陽市ユネスコ世界遺産登録の業績に対して瀋陽市栄誉市民、日仏学術交流の業績に対してフランス政府より学術教育功労勲章(オフィシエ等級)を授かる。

### 土屋和男●Kazuo Tsuchiya

一級建築士。常葉大学造形学部教授。専門は近代日本建築史。1968年東京生まれ。工学院大学建築学科卒業。芝浦工業大学大学院建設工学専攻、同地域環境システム専攻修了。博士(学術)。共著に『都市デザインの系譜』鹿島出版会、1996。論文に「近代数寄者の茶会記録に見られる「田舎家」に関する記述」『日本建築学会論文集』687号、2013等。

### ヘラ・ファン・サンデ●Hera Van Sande

ブリュッセル自由大学教授、ルーヴェン・カトリック大学客員教授。1969年生まれ。ゲント大学(ベルギー)にて大学院修士課程修了後、1996年に来日、芝浦工業大学研究員。ブリュッセル自由大学にて博士号取得(2008)。前川國男を中心とする日本の近代建築史を研究。A+Uの編集に関わる傍ら、伊東豊雄の海外プロジェクトに協働。Archipelの芸術部門責任者。

### イヴ・ショーンヤンス●Yves Schoonjans

ルーヴェン・カトリック大学教授。1960年生まれ。ゲント大学大学院修士課程修了、設計事務所勤務の傍ら同大学で博士号取得。その後、ルーヴェンに移り、建築を広く文化事象として捉え、2013年にクリス・シェールリンクとともに〈Urban Projects, Collective Spaces and Local Identities〉を立ち上げ、都市と建築、インフォーマルな都市などの研究を行う。

### 木下壽子●Toshiko Kinoshita

(一社)住宅遺産トラスト理事。1993年日本女子大学住居学科卒業。1995年芝浦工大大学院を修了後、英国に留学。1996年ロンドン大学大学院を修了。1996〜1997年グラスゴー大学マッキントッシュ建築学校で建築史研究を行う。1997〜2000年A+Uエディトリアル・アソシエイト。

1999〜2004年東京理科大学非常勤講師。2000〜2005年東京大学大学院博士課程松村研究室に在籍。2006〜2008年東京電機大学非常勤講師。2006年(有)コミュニティー・ハウジング設立。2013年より現職。

### 和田菜穂子●Nahoko Wada

(一社)東京建築アクセスポイント代表理事。慶應義塾大学非常勤講師。博士(学術)。慶應義塾大学大学院政策・メディア研究科修了後、神奈川県立近代美術館、コペンハーゲン大、東北芸工大、東京藝大を経て、2016年10月より現職。建築文化資源を活用した建築ツアー等を主催。主な著書として「近代ニッポンの水まわり」「アルネ・ヤコブセン」「北欧モダンハウス」「北欧建築紀行」など。

### 柘植雅美●Masami Tsuge

指定確認検査機関にて既存建築物の違法性調査業務に従事。一級建築士。慶應義塾大学法学部卒業後、同大学院政策・メディア研究科を経てベルギー国フランス語圏共同体奨学金留学生としてリエージュ大学で中世建築史を学ぶ。

### 舘崎麻衣子●Maiko Tatezaki

文化財保存計画協会 主任研究員補。1973年東京生まれ。芝浦工業大学建築工学科卒業、同大学院修了。歴史遺産の保存修復に興味を持ち、修士時代よりルーマニアの世界遺産の保存修復に従事。帰国後、コンサル業務を経て、2011年より現職。日本イコモス国内委員会事務局幹事。ポスト社会主義の保存修復政策について、博士論文を執筆中。

### 前島美知子●Michiko Maejima

フランス国立科学研究所(CNRS)研究員。学術博士(日本、フランス)。2005年慶應義塾大学大学院修了後、フランス政府給費留学生として渡仏。建築史研究を続ける。そのかたわらワインやモードの通訳や翻訳を手がけ、フランス文化と世界の関係について新たな視座を開拓中。共著書「サンゴバン ガラス・テクノロジーが支えた建築のイノベーション」、訳書に「パリの街並みと暮らし」、「ぼくは建築家ヤング・フランク」他。

### 石山さつき●Satsuki Ishiyama

東京理科大学建築学科助教。2005年慶應義塾大学大学院修了後、フランス政府給費留学生として渡仏、都市政策を仏国立土木高等大学(ENPC)で学ぶ。仏レンヌ市の新地下鉄駅設計やミュールーズ市DMC地区のマスタープラン制定といった実務を経験、帰国後建設会社設計部勤務を経て、現職に就く。

### 夫 学柱●Hak Joo Boo

一級建築士。(株)エイトコラムス一級建築士事務所(8.architect)代表。清泉女子大学講師。1974年東京生まれ。1998年芝浦工大建築工学科卒業。2000年同大学院建設工学専攻修士課程修了。2007年慶應義塾大学大学院政策メディア研究科修了。Ph.D/博士(学術)。研究活動は江戸時代の日本人町「倭館」の建築をテーマとしている。倭館の再現はCGや模型、そしてヨコハマトリエンナーレ2011では原寸大の試作など、復元作品を多く手がける。

### 外崎由香●Yuka Tonozaki

北海道カラーデザイン研究室代表、(一社)日本色彩療法士協会代表理事、カラーデザイナー。札幌市生まれ。藤女子大学人間生活学研究科修了。東京理科大学建築学専攻博士後期課程。講師、講演など色彩学の指導や、ファッション、インテリア、商業施設、サイン標識など幅広いコンサルティングの実績多数。色彩教材、食品やプロダクトの商品開発や色彩をテーマにしたまちづくり活動など幅広く活動中。

### 山名善之●Yoshiyuki Yamana

東京理科大学教授。1966年生まれ。東京理科大学卒業後、香山アトリエ勤務。パリ・ベルヴィル建築大学修士課程ならびにパリ大学パンテオン＝ソルボンヌ校博士課程修了、美術史学博士。ナント大学にて教職の後、2002年より東京理科大学に勤務。近現代建築史の研究に従事。ベネチア・ビエンナーレ(2016)でコミッショナーを務め、審査員特別賞。国立西洋美術館の世界遺産化に貢献。著書に『ジャン・プルーヴェ』『縁 アート・オブ・ネクサス』など。

### 岡田真弓●Mayumi Okada

北海道大学創成研究機構特任助教。2015年慶應義塾大学大学院博士号取得(史学)。文化遺産のなかでも、とくに考古学に関するモノ・コトが現代社会でどのように受容されているのかに着目し、パブリック考古学や文化遺産論の視点からイスラエル、パレスチナ、北海道を対象に研究を行っている。

### 香川 浩●Hiroshi Kagawa

一級建築士、工学院大学非常勤講師、DOCOMOMO Japan幹事。東京生まれ。工学院大学建築学科卒業、芝浦工業大学大学院修了。中村勉総合計画事務所、東北芸術工科大学環境デザイン学科助手を経てスタジオ香川主宰。

### 伊達 剛●Tsuyoshi Date

伊達剛建築設計事務所代表。1973年静岡県生まれ。1997年

芝浦工業大学大学院修士課程修了。現在、日本建築専門学校非常勤講師、常葉大学非常勤講師、静岡デザイン専門学校非常勤講師。

### 古崎陽子●Yoko Furusaki
2010年よりエチオピア・メケレ大学にて、エチオピア日本研究所所員及び日本語講師として勤務。横浜市生まれ。1997年お茶の水女子大学数学科卒業。1997〜2010年アクセンチュア（株）勤務。2008年、同社の社会貢献活動によりエチオピアに9か月滞在。2017年外務大臣表彰受賞（エチオピアにおける日本語教育の推進）。

### 藤田 朗●Akira Fujita
日建設計総合研究所主任研究員。早稲田大学理工学部建築学科卒業、慶應義塾大学大学院政策・メディア研究科修士課程修了。技術士（建設部門・都市及び地方計画）、一級建築士。専門分野は都市計画、政策分析。

### 長谷川栄子●Eiko Hasegawa
建築家。1988年日本女子大学住居学科卒業後、建築設計事務所勤務。1997年芝浦工業大学大学院建設工学専攻修士課程修了、（株）設計室青一級建築士事務所設立。1999年向島のまちづくりを支援する専門家集団SONOTA設立。2001〜2008年慶應義塾大学非常勤講師、2001〜2014年東海大学非常勤講師。2010年まち・ひと・住まい方研究室（向島学会内）設立。NPO向島学会理事。

### 坂倉杏介●Kyosuke Sakakura
東京都市大学都市生活学部准教授、慶應義塾大学大学院政策・メディア研究科特任講師、三田の家LLP代表。専門はコミュニティマネジメント。多様な主体の相互作用によってつながりと活動が生まれる「協働プラットフォーム」という視点から、地域や組織のコミュニティ形成手法を実践的に研究している。

### 小草牧子●Makiko Kokusa
（株）小草建築設計事務所勤務。1975年島根県生まれ。1999年芝浦工業大学建築工学科卒業、同大学院修士課程、Institut de recherche pour le développement (IRD)、慶應義塾大学大学院政策・メディア研究科特別研究助手を経て、2005年慶應義塾大学大学院後期博士課程政策メディア研究科修了、P.h.D。

### 岡崎瑠美●Rumi Okazaki
坂茂建築設計勤務、慶應義塾大学非常勤講師。1984年生まれ。慶應義塾大学卒業、同大学院修士課程を経て、同助教。2011年よりフランス国立研究センター（CNRS）研究員。学術博士。開発途上国の都市・居住問題についての研究を進める一方、坂茂によるVANに参加、フィリピン等での災害復興支援活動に従事。

### 唐 敏●Tang Min
上海生まれ。2009年同済大学卒業後（期間中熊本大学にて交換留学）、同大学院ならびにフランスのパリ・ベルヴィル建築大学を修了。現在、ベルギーのルーヴェン・カトリック大学とパリ第一大学にて博士候補生。同済大学、藤女子大学等にて非常勤講師。研究領域は「南」における自発的都市計画と空間デザイン、トルコ、インド、中国の比較研究を行う一方、ケニアのスラムにて学校建設とコミュニティ・イベントを手掛ける。

### リジャル・ホム・バハドゥル●Hom Bahadur Rijal
東京都市大学教授。トリブバン大学卒業、芝浦工業大学卒業、京都大学大学院修士課程・博士課程修了。博士（工学）。2005年度日本建築学会奨励賞受賞、Mahendra Vidya Bhusan "A" His Majesty's Government of Nepal受賞、など。専門は建築環境、適応的快適性、環境調整行動。京都大学／オックスフォード・ブルックス大学／東京大学研究員、東京都市大学講師・准教授を経て現職。

### 設楽知弘●Tomohiro Shitara
（株）毛利建築設計事務所海外設計部勤務。博士（学術）。1974年秋田県能代市生まれ。慶應義塾大学大学院政策・メディア研究科後期博士課程単位取得退学。著書（分担執筆）に『エチオピアを知るための50章』、『100万人のフィールドワーカーシリーズ13巻 フィールドノート古今東西』がある。

### 清水信宏●Nobuhiro Shimizu
慶應義塾大学大学院政策・メディア研究科後期博士課程、日本学術振興会特別研究員（DC2）。1987年生まれ。慶應義塾大学総合政策学部卒業。修士（政策・メディア）。2013〜2015年エチオピア・メケレ大学先史環境遺産保護研究所遺産保護学科講師。

### 浅見麻衣●Mai Asami
時事通信社エルサレム特派員。1980年浜松市生まれ。2004年慶應義塾大学文学部美学美術史学専攻卒業（2001〜2002年、米ブラウン大学に交換留学）。卒業後、太田記念美術館に勤務。2009年慶應義塾大学大学院政策・メディア研究

科卒業。同年、時事通信社入社。福岡支社、横浜総局、外信部、政治部を経て、2014年からエルサレム支局。中東における紛争問題からアートまで幅広くカバー。

### 石坂 玲(大友)● Rei Ishizaka
大成建設札幌支店勤務。1989年札幌市生まれ。2012年藤女子大学人間生活学部卒業後、大成建設に入社。在学中に東日本大震災復興支援活動に関わる。

### 青島啓太● Keita Aoshima
2015年より芝浦工業大学特任講師。2006芝浦工業大学大学院修了。2006年アトリエ・天工人勤務。2008年エチオピア・メケレ大学専任講師。2011年パリ・ベルヴィル建築大学 DEA 取得(フランス政府給費留学)。2011年トルコ・TAGO ARCHITECTS勤務。2013芝浦工業大学特任助教。

### 宮下智裕● Tomohiro Miyashita
金沢工業大学環境・建築学部建築デザイン学科准教授。1968年静岡県生まれ。1997年南カリフォルニア建築大学(SCI-Arc)修士課程修了後、1999年芝浦工業大学大学院工学研究科において博士(工学)号を取得。環境時代の構法デザイン、リノベーションなどを中心に研究を行なっている。

### 山下保博● Yasuhiro Yamashita
建築家。(株)アトリエ・天工人代表。1960年鹿児島県奄美大島生まれ。芝浦工業大学大学院修了後、設計事務所を経て1991年に独立。都市の狭小住宅にて ar+d 世界新人賞グランプリ、英国 LEAF Awards3部門最優秀賞、日本建築家協会賞、日事連建築賞、ARCASIA金賞受賞ほか多数。阪神淡路大震災、東日本大震災の復興を支援する NPO法人理事長、九州大学非常勤講師も務める。

### 木村浩之● Hiroyuki Kimura
建築家。1971年北海道生まれ。東京大学大学院工学系研究科建築学専攻博士課程中退(香山研、大野研)、スイス連邦工科大学に留学。1999~2017年ディーナー&ディーナー建築設計事務所勤務(スイス・バーゼル)。ノヴァルティス製薬上海キャンパス研究棟(2015年竣工)などの建築プロジェクトのほか都市計画のプロジェクトに多く関わる。

### 高池葉子● Yoko Takaike
1982年千葉生まれ。2008年慶應義塾大学大学院修了。2008~2015年伊東豊雄建築設計事務所勤務。2015年高池葉子建築設計事務所設立。2017年より慶應義塾大学非常勤講師、工学院大学非常勤講師を務める。

### 田名後康明● Yasuaki Tanago
1975年 福岡生まれ。2000年 芝浦工業大学卒業、2002年横浜国立大学大学院修了、2011年メンドリジオ建築大学大学院修了。スイス政府認定建築士。10年ほど欧州で活動後、2013年より田名後康明建築設計事務所代表、2014年より芝浦工業大学非常勤講師。現在、日欧を中心に設計活動に従事。

### 鳴川 肇● Hajime Narukawa
2015年より慶應義塾大学政策・メディア研究科准教授。1994年芝浦工業大学卒業、1996年東京藝術大学大学院美術研究科修了。2001年 VMX Architects勤務。2003年佐々木睦朗構造計画研究所勤務。2009年オーサグラフ(株)設立。2011年、日本科学未来館、ジオコスモス、ジオパレット、ジオスコープ設計協力。2012年日本科学未来館アドバイザー。2016年グッドデザイン大賞受賞。

### 柄沢祐輔● Yuusuke Karasawa
1976年生まれ。慶應義塾大学大学院政策・メディア研究科建築・都市デザインコース修了。文化庁派遣芸術家在外研修制度にて MVRDV(蘭) 在籍、坂茂建築設計勤務を経て、2006年に柄沢祐輔建築設計事務所設立。主な著作に『アーキテクチャとクラウド──情報による空間の変容』(millegraph)、『設計の設計』(INAX出版)等。

カバーグラフィック：鳴川 肇
写真（p8–9、p200–201、p328–329）：平 剛

「境界線から考える都市と建築」制作実行委員会
三宅理一、矢谷明也、青島啓太、高池葉子、高木伸哉、長谷川栄子

## 境界線から考える都市と建築
（ボーダーかんがえるとしけんちく）

| | |
|---|---|
| 発　行 | 2017年8月15日　第1刷発行 |
| 監　修 | 三宅理一（みやけりいち） |
| 編　者 | 「境界線から考える都市と建築」制作実行委員会 |
| 編集協力 | 高木伸哉（flick studio）、岩井桃子 |
| ブックデザイン | 古谷哲朗（furutanidesign） |
| 発行者 | 坪内文生 |
| 発行所 | 鹿島出版会 |
| | 〒104-0028　東京都中央区八重洲2丁目5番14号 |
| | 電話　03-6202-5200 |
| | 振替　00160-2-180883 |
| 印刷・製本 | 藤原印刷 |

©Riichi Miyake committee, 2017
ISBN978-4-306-04652-8 C3052
Printed in Japan

落丁・乱丁本お取替えいたします。
本書の無断複製（コピー）は著作権法上での例外を除き禁じられております。
また、代行業者などに依頼してスキャンやデジタル化することは、
たとえ個人や家庭内の利用を目的とする場合でも著作権法違反です。

本書の内容に関するご意見・ご感想は下記までお寄せください。
URL: http://www.kajima-publishing.co.jp
E-mail: info@kajima-publishing.co.jp